U0448299

国家自然科学基金面上项目资助（41371157）
国家自然科学基金重点项目资助（41230634）
国家科技基础性工作专项项目资助（2014FY210900）

陈喜波 著

漕运时代
北运河治理与变迁

商务印书馆
The Commercial Press

2018年·北京

图书在版编目(CIP)数据

漕运时代北运河治理与变迁/陈喜波著.—北京：商务印书馆，2018
ISBN 978-7-100-15433-8

Ⅰ.①漕… Ⅱ.①陈… Ⅲ.①运河—流域—水利史—河北 Ⅳ.①K928.42 ②TV882.822

中国版本图书馆CIP数据核字(2017)第251836号

权利保留，侵权必究。

漕运时代北运河治理与变迁
陈喜波 著

商 务 印 书 馆 出 版
（北京王府井大街36号 邮政编码100710）
商 务 印 书 馆 发 行
北京市十月印刷有限公司印刷
ISBN 978-7-100-15433-8

2018年2月第1版　　　开本 787×960 1/16
2018年2月北京第1次印刷　印张 22½

定价：58.00元

目　录

前　言	1
第一章　绪论	6
第一节　研究背景	6
第二节　研究现状	7
第三节　研究区概况	9
第四节　研究区水文特征和主要河流	13
第二章　金代以前北京地区的运河	21
第一节　隋唐以前北京地区的运河	21
第二节　隋唐时期的永济渠	27
第三节　关于萧太后运粮河的讨论	52
第三章　金元时期潞水河道的治理与变迁	56
第一节　金代潞水河道的治理与变迁	56
第二节　元代白河变迁	69
第三节　元代白河河道治理	94
第四节　白河堤防建设与河道疏浚	102
第五节　金元时期白河水道复原研究	106
第四章　明代白河治理与变迁	143
第一节　漕运制度变迁	143

第二节　北运河河道治理与变迁 …………………………… 155
   第三节　通惠河的重新开通 ………………………………… 190
   第四节　竨运与昌密水道 …………………………………… 214
第五章　清代北运河治理与变迁 …………………………………… 230
   第一节　漕运概况 …………………………………………… 230
   第二节　北运河河道治理 …………………………………… 234
   第三节　北运河堤防建设与维护 …………………………… 266
   第四节　北运河河道浚淤 …………………………………… 286
   第五节　通惠河、温榆河和会清河河道治理 ……………… 298
   第六节　蓟运河河道治理 …………………………………… 309
   第七节　永定河治理与北运河关系 ………………………… 315
第六章　北运河治理和变迁的特点与规律 ………………………… 325
   第一节　北运河治理的矛盾性 ……………………………… 326
   第二节　北运河的水源治理 ………………………………… 327
   第三节　北运河治理的方法 ………………………………… 330
   第四节　北运河河道变迁的规律 …………………………… 335
   第五节　北运河治理的特征 ………………………………… 337
   第六节　北运河水系格局与河道治理的关系 ……………… 342
参考文献 ……………………………………………………………… 347
后　记 ………………………………………………………………… 354

前　言

"一条大河波浪宽，风吹稻花香两岸，我家就在岸上住，听惯了艄公的号子，看惯了船上的白帆。"这是电影《上甘岭》的主题歌，每当人们听到这首歌，总是不由自主地想起家乡，想起祖国，思乡之情油然而生，"大河"成了每个中国人心中永恒的乡愁。每个人心中都有一条家乡的河，对不同的人而言，家乡的河或许是具象的，彼此之间并不一样。但是有一条"大河"却能超越具象，上升为民族精神并在每个人心中引起集体的共鸣，这就是纵观南北数千里，流淌数千年，集无数中国人经验与智慧于一体的京杭大运河。众所周知，大运河对于促进地区经济发展和文化交流、维护国家完整统一、塑造中华民族精神方面发挥了巨大的作用，是中华文明的重要文化元素，是先人留给今人的一笔宝贵文化财富。其所蕴含的文化内涵和民族精神足以光耀千秋，永存于世。

在封建时代，王朝统治有赖于漕运，漕运畅通有赖于河道治理，因此运河水利治理是运河文化的深层次影响因素。北运河在历史上是京杭大运河最北部的一段漕运河道，北近京师，南达河海，是人员往来和各种物资汇总之区，文献上称其为"万国朝宗之地"。俗语说"大运河漂来的北京城"，历史上北京城的发展和繁荣一刻也离不开大运河的经济支撑作用。同样，作为北京地区的漕运通道，北运河积淀了非常深厚的文化内涵。北运河漕运始自于金代潞水漕运，元明清三朝定都北京，同样借助漕运维持都城繁荣和国家运转。北运河是京师附近最重要的漕运通道，而运河河道治理关系到漕运畅通与否，进而影响到国计民生，因此历代王朝均十分重视北运河河道的治理。关于北运河河道治理，历史没有专门水利治理的志书，关于其治理多散记于各类漕运文献当中，或者存在于关于河流水利治理的文献当中。或许基于历史文献缺乏与零散的缘故，在近现代关于运河的研究当中，对于北京地区运河的各类研究文献，多关注北京城内及城郊的运河河道治理和变迁，北运河河道治理和变迁却成了一个研究的"盲区"。在目前关于北京地区的河流水系研究中，永定河、温榆河、通惠河、坝河等河流都有专门论文或著作问世，但关于北运河的研究成果却十分稀少。可见，关于北运河河道治理和河道变迁的研究十分薄弱。

鉴于前人对于北运河研究的不足，本书重点对漕运时期北运河河道的治理和变迁进行了专门研究。北运河的漕运时代，是指自金代北京正式成为封建王朝都城以后，潞水实行漕运开始，历经金元明清四朝，在长达近千年的时间里，北运河一直发挥漕运作用的时期。虽然北运河号称运河，但其本身却是一条自然河流，作为漕运河道以后，因漕船航行需要，北运河河道受到人力的强烈干预，河道形状和变迁均呈现出迥异于纯粹自然河流的面貌。运河治理和变迁属于古代水利工程治理方面的重要内容，并随着时代的发展而日益完善，北运河的治理和变迁过程为此提供了一个非常完好的案例。

本书在内容上按照时间顺序重点研究了漕运时代北运河治理和变迁方面的四个问题。首先，本书对北运河实行漕运以前的运河水道治理和变迁进行梳理和研究。正如一个人对于远处事物只能观测其轮廓一样，早期的历史留给我们的漕运状况同样是模糊不清的。基于历史的久远，文献的简略，我们只能对北京地区早期的运河河道做一个整体上的描述性研究。本书主要研究了三国时期曹操开凿的泉州渠和辽西新河，隋唐时期的永济渠北段和辽代的萧太后河。其中，本书对永济渠的研究不同于以往的宏观分析，而是从微观层面进行细致考察，利用考古学、地名学、文献学、田野考察等方法对隋唐时期永济渠最北段河道进行了有益的探索。

其次，本书对金元时期北运河河道情况进行了深入研究。金代海陵王迁都燕京，利用潞水实行漕运，元朝统一天下，定都大都，继续实行漕运制度，潞水仍旧为重要漕运河道。由于文献记载简略，今天难以了解金元时期北运河河道的详细情况，因此金代潞水河道治理长期以来一直是学术界难以直面的一个重要问题。本书根据北运河水文特点和明清北运河治理办法，借助元代文献中关于治河的记载，利用文献学、考古学、地名学、地貌学和环境生态学方法对金元北运河河道进行了探索性研究，并对金元时期的潞水河道进行了复原，明晰了金元时期河道变迁规律，同时合理地解释了金代漕运实行春秋两运的内在原因。

明代是漕运制度走向完善的时期，运河治理水平也在前代基础上进入一个新的发展时段。明朝定都北京，利用大运河漕运向北京运输漕粮，维持都城运转。明代对于北运河的治理在元代的基础上继续发展，进一步完善了北运河河道走向，奠定了今日北运河河道的基本水系格局。而且，在北运河堤防治理和河道泥沙疏浚方面也取得了较大进步。其中，值得一提的是明代通惠河重新开通，通过建立系统的河道治理制度，其漕运功能一直延续到清末。

清代是北运河治理取得巨大成就的时期，也是北运河河道变动比较剧烈的时期。康熙、雍正年间对于北运河堤防治理采取了开挖减河疏泄洪水的办法，比较彻底地解决了夏季汛期北运河中段泛溢决口的问题。自乾隆以后，随着清王朝国势日衰，运河漕运也开始走向衰落。巧合的是，自清中叶开始，北运河河道也开始发生变化。如乾隆年间温榆河与潮白河汇合口因潮白河河道东摆而从北关迁移至杨坨村附近，嘉庆年间张家湾段北运河河道东移沿温家沟河道南下，同光年间潮白河多次向东决口，都表明了北运河河道变迁进入相对活跃期。清代北运河变动最明显的现象是潮白河开始向东摆动的趋势，同治以后潮白河多次决口进入箭杆河，清政府多次堵筑潮白河，竭力使之回归北运河故道。虽然取得了一定的成效，但潮白河决口趋势不可更改，终于在1939年脱离故道，夺箭杆河河道南下，结束了长期与温榆河合流的历史。雪上加霜的是，整个运河漕运同时受到来自自然和社会方面的影响，咸丰年间，黄河在河南铜瓦厢决口，对运河漕运形成巨大打击。近代以来，铁路、公路的兴起对运河漕运也产生了巨大影响，并最终替代漕运。由此可见，漕运衰落既是社会进步的结果，也有自然变迁的原因，天道变化与社会更替决定了漕运必然走向终结。

最后，本书对北运河河道治理和变迁的规律性问题进行了全面总结。从时间上对于金元明清历代治河的手段和河道变迁过程进行了梳理，明晰了不同历史时期运河治理和变迁的特点。从空间上对于运河水源治理、河道疏浚、河道形态，以及不同河段的治理方式均进行了总结，明确了运河治理在空间上的分布特点和规律。

北运河漕运功能自金代潞水实行漕运开始，至清末北运河停止漕运为止，通漕时间长达750多年。运河水利工程治理是运河漕运能够得以持续进行的前提，也决定了漕运的形式和方法，因此对运河河道治理和变迁的探索无疑有助于从更深层次上理解运河文化内涵。从漕运时期北运河治理和河道变迁的历史情况来看，运河治理是在顺应自然的基础上进行利用和改造的结果，运河漕运功能的发挥凝结了古人无穷的智慧，反映了中华民族独特的宇宙观和水利治理的哲学观念。今天京津地区的北运河已经失去了漕运功能，但是其所具有的遗产功能和文化功能却日益凸显。其中，运河水利文化中所蕴含的运河治理经验和智慧对于今天水利治理仍然具有启发和借鉴作用，值得深入研究和探讨。

2015年，北京市政府决定东迁通州，这是北京城市发展史上一次重大历史性转折，北京城市格局也发生重大转变，拥有3 000年城市史的北京城首次从永定河冲积扇扩展到潮白河冲积扇。毋庸置疑，北京所拥有的近千年的运河文化将成为未来北京城市发展的重要文化支撑。通州是大运河北端的漕运码头，北运河上曾经帆樯林立，景色壮观。清乾隆年间，朝鲜使臣朴趾源来到潞河边，曾写下了"不见潞河之舟楫，则不识帝都之壮也"，"潞河舟楫之盛，可敌长城之雄"的千古名句，由此可想象古代潞河漕运之盛景。北京是展现中华文明的重要窗口，运河文化是中华文化的典型范例。在北京市"十三五"规划当中，北京市提出建设运河文化带、西山文化带和长城文化带的三大文化带发展战略。北京市所拥有的深厚运河文化还需要我们进一步去研究、传承和弘扬，希望本书的探索能够有益于北京运河文化研究，能够在北京城市副中心未来城市文化建设中发挥积极的作用。

第一章 绪论

第一节 研究背景

北运河是京杭大运河最北段的漕运河道，是河运和海运漕船来往北京和各地的总汇之区，实为漕运要路。北运河漕运始于金代，直至1901年清政府废除漕运制度，从此结束了长达750年的漕运使命，成为京津地区一条普通的河流。自隋代开挖永济渠，蓟城通过运河实现南北经济、物资和文化交流，城市地位不断上升。金元明清四朝均定都北京，通过大运河漕运保持都城与全国各地的联系，大运河一直是封建王朝维持统治和国家运转的经济命脉。民间俗语有"大运河漂来的北京城"之说，这反映了大运河在历史上推动北京城市繁荣发展的重要作用。不止于此，大运河在维持国家的统一、促进经济发展、推动国内外社会和文化交流方面，也起着极为重要的作用。繁华落尽，大运河完成了自己的历史使命，如今已经成为中华文化的重要组成部分，运河文化也成为中华文明最具有代表性的国家名片。自大运河漕运功能停止之后，其所积淀的文化遗产功能日益凸显，随着世界范围内的文化遗产保护大潮的发展，运河日渐成为全社会的主要关注点之一，关于运河文化的研究也如火如荼地开展起来。2014年，京杭大运河被列为世界文化遗产，这是中国运河文化研究和保护的巨大进步,然而关于运河文化的研究还远远没有结束。北运河是北京地区最主要的运河,连同其支流运河,共同构建了封建王朝都城内外的运河水系。近千年来,北运河水系对北京自然地理格局和人文地理格局产生了巨大的影响,是北京地区运河文化的主要塑造者,因此,要研究运河文化必须深入研究北运河的治理和变迁,这是研究运河文化的基础工作。正是基于此,本书将对漕运时期北运河河道的治理和变迁进行深入研究,明晰其演变源流和变迁过程,探讨影响和塑造运河文化的深层次问题。

第二节　研究现状

正是由于运河在漕运历史上的重要作用及其对经济社会的巨大影响,国内很早就有人开始研究运河,特别是随着近年来运河遗产价值提升,运河文化成为当前的热点研究领域之一。由于运河文化涉及学科领域众多,诸如经济、社会、政治、地理、历史、水利、生态、文化、民俗等方面,故关于运河文化的学术研究成果大量出现。北运河作为京杭大运河的重要河段,很早就有人开始关注。根据王云的研究,1949年新中国成立前关于运河史研究最早的有张景贤、清水泰次、高殿钧、汪胡桢、吴士贤、史念海等人,他们撰述论文对运河沿革、变迁和漕运等进行研究。1949年新中国成立后,随着国民经济发展和水利工程开展,学术界开始加强对运河的研究。总体来看,20世纪前中叶关于运河史的研究,主要关注运河的开挖、疏浚、管理、交通、漕运,对这些问题大多停留在一般性介绍、基本知识普及和资料搜集整理方面,真正研究性的论著不多[①]。20世纪80年代以后,随着社会经济发展,水运重要性的日益凸显和南水北调工程的论证,出现了研究京杭大运河的热潮,如1989年

---

① 王云:《近十年来京杭运河史研究综述》,《中国史研究动态》,2003年第6期。

以来出版的关于运河的著作有常征、于德源著《中国运河史》、岳国芳所著《中国大运河》、庄明辉所著《大运河》、姚汉源所著《京杭运河史》、陈璧显主编《中国大运河史》、陈桥驿主编《中国运河开发史》等。这些著作均对运河河道的变迁与治理进行了研究，但由于这些书籍均为通论性著作，侧重于宏观层面研究，对于区域性河道变迁和治理研究深度不够。在整个运河河道的研究中，它们更多关注黄河河道、山东段运河河道、苏北运河河道，而对于北运河河道的研究涉及很少，更多的研究集中在通惠河河道的治理。

关于北运河河道变迁和治理的研究，最早的研究是张景贤的文章"北运河考略"，1919年公开发表于《地学杂志》第9、10期10卷，该文涉及通州附近的运河河道系统演变。1944年史念海的《中国的运河》是一部较早对大运河进行研究的专著，该书对元代通惠河开凿和明代重新疏浚有所论述，但没有深入研究。姚汉源的《京杭运河史》对通州附近的运河有专门论述，主要对元明清时期的通惠河等河道研究深入且全面，对于北运河的研究则较为粗略。于德源的《北京漕运和仓场》对明清时期北京和通州附近运河河道变迁也进行了较为详细的研究，其中部分内容也涉及通州至天津之间北运河河道的治理，但多为历史文献引述，没有从历史地理的角度进行研究。

关于北运河及其支流运道的研究，多集中于通惠河、坝河的河道研究，20世纪80年代以后发表在期刊上研究通州运河的论文越来越多。蔡蕃的"北京通惠河考"对元明清通惠河的水源与水库调节进行了研究，以及明清通惠河的河道演变，重点研究了明代通州城北通惠河河道的开通以及通州城南运河水道的废弃，通州护城河在漕运上的利用，最后探讨了通惠河易于淤塞的原因[①]。侯仁之在"古代北京运河的开凿和衰落"一文对古代北京城内及近郊运河的

---

① 蔡蕃："北京通惠河考"，《中原地理研究》，1985年第1期。

变迁进行了全面的梳理，侧重从开发水源的角度来解析北京运河的发展和演变[①]。蔡蕃的《北京古运河和城市供水研究》是研究区域性运河的一部专门著作，它对通惠河、坝河、金口新河等河道变迁研究比较详细，另外还对元代张家湾附近的河道变迁进行了探索性研究。总体来说，关于北运河河道治理和变迁还较少有人研究，对于运河河道变迁过程和河道治理方式和方法等均缺少细致和深入的考证和论述。此外，前人对于通惠河和坝河的研究虽然比较深入，但今天看来有些观点还需要进一步商榷，因此对于通惠河和坝河还要做更进一步的研究。

第三节 研究区概况

一、研究范围

本书研究对象为历史时期的运河河道变迁，所涉及的地理范围大致包括北京市、天津市、河北省东部的山前平原地区。该地区北以燕山山脉为界，西抵太行山脉，南至子牙新河，东界唐山，东南临渤海，基本上是以海河流域的北部地区为主要研究范围，涉及的水系主要包括北运河水系、永定河水系和蓟运河水系。由于河流水系受北部和西部山地影响比较大，故对研究区基本概况的研究范围也包括了北部山区和西部山区的山地范围。

二、地形

研究范围内除了西部和北部为连绵的山脉之外，地形主要以平原为主，平原的海拔高度多在50米以下。研究区内西部山地属于太

---

① 侯仁之："古代北京运河的开凿和衰落"，《北京规划建设》，2001年第4期。

行山脉，海拔一般在1000~1500米，向南海拔逐渐降低至500米。北部山地属于燕山山脉，是镶嵌若干山间盆地的断块山地，海拔多在500~1000米。长城以南是海拔100~500米的丘陵山区。群山之中有许多天然峡谷，成为沟通华北地区与蒙古高原和东北地区的孔道，这些孔道不仅是历史上重要的军事关隘，也是南北物资和文化交流的重要通道。平原地区自太行山麓向东一直延伸至海滨，基本上可以划分为山前平原区、近海平原区和濒海平原区三个部分。山前平原主要为海拔100米等高线至海拔20米等高线之间的地带，地面坡降较大，以洪积冲积平原为主，土质多为沙壤土，地下水丰富，排水条件良好，是主要的农耕地区。在海拔30~50米的洪积冲积平原地带，主要分布着褐土，肥力高，是农业生产条件较好的地区。近海平原为海拔20米等高线至海拔5米等高线之间的地带，地势由西北向东南倾斜，该地带历史上长期为黄河、永定河、海河等河流携带泥沙沉积而成，因此分布有许多古河道。古河道分布地带地势较高，土壤质地轻，地下水矿化度低，适宜农耕。而古河道之间的低洼地带，多分布黏土或者亚黏土，地下水埋藏浅，水质的矿化程度高，土壤有不同程度的盐渍化，耕作条件差。濒海平原地带海拔在5米以下，地势低平，地下水埋藏浅，土壤含盐量高，因此濒海平原广泛分布着盐土，农业生产条件很差。在古河道等地势较高地带水土条件较好，适宜农业耕作。

三、气候

该地区属于暖温带半湿润季风大陆性气候。气候的主要特点是四季分明。春季干旱短促，夏季炎热多雨，秋季天高气爽，冬季寒冷干燥。受季风环流影响，盛行风向有明显的季节变化，冬季盛行西北风，夏季盛行东南风。

在春季，气温回升快，昼夜温差大，干旱多风沙。随着太阳高度角的逐渐增大，白昼时间加长，地面所得热量超过支出，因而气温回升迅速，月平均温可升高9℃~6℃，3月平均温4.5℃，4月为13.1℃。白天气温高，而夜间辐射冷却较强，气温低，是昼夜温差最大的季节。一般气温日较差12℃~14℃，最大日较差达16.8℃。此外，冷空气活动仍很频繁，由于急剧降温，出现"倒春寒"天气，易形成晚霜冻。且多大风，8级以上大风日数占全年总日数的40%。当大风出现时常伴随浮尘、扬沙、沙暴天气。降水稀少，加重春旱，素有"十年九春旱"之说。

在夏季，酷暑炎热，降水集中，形成雨热同季。受副热带高压和西风带天气系统交错影响。夏季北太平洋副热带高压北上，形成偏南的夏季风。在其控制下带来热带海洋气团，水汽丰沛，是造成夏季降水集中的主要原因。除山区外，平原地区各月平均温都在24℃以上。最热月虽不是6月份，但极端最高温多出现在6月份。进入盛夏7月，是全年最热月份，平均温接近26℃，高温持久稳定，昼夜温差小。降水量占全年降水量的70%，并多以暴雨形式出现。因此，山区易出现山洪，平原造成洪涝，暴雨是北京夏季主要自然灾害之一。此外，山区热对流作用较强，形成局部地区雷阵雨，并伴有冰雹，给农业造成一定损失。

在秋季，天高气爽，冷暖适宜，光照充足。入秋后，副热带高压带南撤，蒙古高压得以发展南下，偏南气流日渐衰退，转变为偏北气流，形成秋高气爽的天气。9月末10月初，冷空气开始入侵，降温迅速。因此，初霜冻的过早来临时有发生。

在冬季，寒冷漫长。冬季受强大蒙古冷高压控制，气候寒冷，时间长达5个月，若以平均温0℃以下为严冬，则有3个月（12月至次年2月）。隆冬1月份平原地区平均温为-4℃以下，山区低于-8℃，极端最低气温平原为-27.4℃。冬季降水量占全年降水量的2%，常出现连续一个月以上无降水（雪）记录。冬季虽寒冷干燥，但阳光却多，每天平均日照在6小时以上，为开发利用太阳能创造了有利条件。

该区域年平均降水量为550~690毫米左右,并且雨量季节分配不均匀,降水主要集中在夏季,约80%的降水集中在6~9月。而冬春季节雨雪稀少,常有春旱发生。总的来说,降水总量可以满足旱作农业的需要,但是由于降水年内分配不均,年变化率大,因此不能保证农业的稳定发展;并且由于区域内地势倾斜和降水集中,区域内河流在夏秋季节易于泛滥,造成水土流失和洪涝灾害,对沿河区域的经济社会发展造成重大影响。

四、植被

受温带大陆性季风气候的影响,区域地带性植被类型为暖温带落叶阔叶林。西北部和北部是太行山和燕山山脉的前缘地带,地貌多样,地形复杂,生态环境多样,区域植被种类组成丰富,植被类型多样,并且有明显的垂直分布规律。自然条件对区域植被的发育是有利的,历史时期本区山地80%以上的面积为原始森林所覆盖,在平原地区森林植被也广为分布。辽金以后,原始森林植被开始受到人类活动的干扰和破坏,长期的滥砍滥伐与开荒垦地,致使原始森林已经砍伐殆尽,植被分布稀疏。区域内的天然森林全部为次生林和次生灌丛所代替,森林面积很小,植物群落类型单纯,结构简单,覆盖度极低。

研究区内植被现状依据类型的组合情况及类型的分布规律,并结合影响植被的地理条件,特别是地质、地貌条件,可分为三个大区。西山区位于北京市西部,在地质构造和地形上,属于太行山的北端,与北部山区的区别主要表现为褶皱山地特点突出,向斜成山,背斜成谷,岭谷相间排列。气温降水的平均状况与北山相差不大,但由于多属石灰岩山地,植被破坏得也很严重,所以地表径流少,环境的旱化现象突出。岭谷发育,小环境复杂,且随垂直高度、坡向等变化而变化,特别是谷地里较为温暖。反映在植被上,一些喜暖的南方植物沿太行山北上，分布到此处的低山坡谷，如黄栌、漆树、柘树等。喜暖耐旱的荆条灌丛，是北京山区阳坡的典型代表，但在西山区阴坡上也有较为广泛的分布。

北山区位于北京市北部、天津市北部和河北省东北部，在构造上属燕山山脉的一部分。花岗岩体广泛出露，断块山地特点显著，一般坡脊缓坦，谷地宽广。北山区植被受破坏程度较西山略轻，天然次生林和萌生丛占的面积比例比西山大得多。西山区常见的黄栌和少量的漆树在这里很少见到，而一些耐旱的东北地区区系成分较多，如平榛、刺五加、风箱果、椴等。平榛灌丛广泛分布在本区海拔400米以上的低山、中山的阴坡。椴树也以北山为多见，小片的椴树林或混生有椴树的杂木林分布甚广。

东南部平原区属于华北平原北部，是由永定河、潮白河、蓟运河等河流冲积而成。整个平原自西北山麓向东南缓倾，海拔高度一般在50米以下，向东南一直到海滨。按本区气候和土壤条件，原生的地带性植被应为温带落叶阔叶林，它们主要分布在受不到地下水影响的洪积冲积平原的上部及河间高地，而在受到地下水影响的沿河两岸、扇缘地带和洼地应为草甸。但由于这里开垦历史悠久，天然植被早已彻底改变，栽培植被居绝对优势，为北京天津地区粮食、果蔬生产基地。

第四节　研究区水文特征和主要河流

一、水文特征

研究区北部大部分位于阴山、燕山东西向复杂构造带内。西段的阴山山地多由前震旦纪花岗片麻岩、闪长片麻岩等组成，部分地区有中生代碎屑岩及大量的火山岩。东段的燕山山地广泛分布着震旦纪石英岩和矽质灰岩、下古生代浅海相沉积页岩和灰岩以及上古生代含煤构造。阴山及燕山地区中生代构造运动强烈，断层发育，地面长期隆起上升。岩石受到风化剥蚀，形成了平缓的丘陵山地。区内山地是以北东、北西向构造线为主，所以河道大多数是沿上述两个方向发育。在山区，河道横切山脊为峡谷，两组构造线断陷为盆地，河谷形态有峡谷、盆地相间分布的特点。山区支流众多，河网密度大，河床纵比降大，所以产水量大于平原地区。山区河流多为终年流水的常态河。山前地区多为构造断裂带通过区，山体相对抬升和平原区相对下沉，第四纪松散沉积物有较厚的堆积，且以砾石、卵石和粗砂为主，地表水容易入渗，所以山前区多为季节性河流，或地表水流明显减少，但地下水比较丰富。在平原，由于山前形成洪积冲积扇群连续分布，基本上向东南、向南倾斜，再加上基底北西—南东向断裂控制，所以平原区河道多东南向、南向发育。由于地形倾斜坡度大，河道弯曲系数小，多为平直顺流。

受地质条件控制，区域内水系呈扇形分布，由周边山地向平原汇集。入平原后，纵坡减小，流速降低，泥沙沉积，一遇洪水则决口泛滥。径流季节变化大，各河水量主要集中于夏秋季节，冬春水量很小，有的河流甚至干涸，流量过程暴涨暴落。各河山区面积大于平原面积，永定河、北运河山区支流多，河网密度大，有利于地表径流汇集。在山区比降大的山前暴雨中心区，容易发生特大洪水，其中潮白河和永定河最为突出。

区内河流含沙量大。河流中的泥沙主要受地质地貌、气候水文、土壤植被等自然因素，以及人类活动等诸多条件影响。北京地区正处于黄土高原以东和内蒙古高原以南，由高原向平原过渡的地带。物理风化强烈，土质疏松，植被破坏严重，覆盖率低；在季风作用下，降水集中在夏季，且以暴雨形式出现。由于上述原因，区内河流含沙量和侵蚀模数都大于我国东部其他地区。海河含沙量在全国大中河流中，含沙量仅次于黄河，居第二位。

二、各大河流

研究区内河流众多,水资源丰富。永定河、潮白河、北运河、御河、蓟运河、拒马河等大小河流均属于海河水系,汇聚于天津一带入海,并呈扇形分布(图1—1)。这些河流大多自西北向东南流,不仅塑造了区域内的平原,还因为历史上水量充沛而具有航运和灌溉之利。历史上,北运河由于潮白河、温榆河的注入,水量丰沛,成为南北大运河的北段漕运河道。南北大运河在古代是最重要的沟通南北的经济大动脉,不仅便利了南方和北方地区的社会经济和文化联系,而且对于繁荣国家经济,促进了统一国家形成与发展方面起到了巨大的作用。

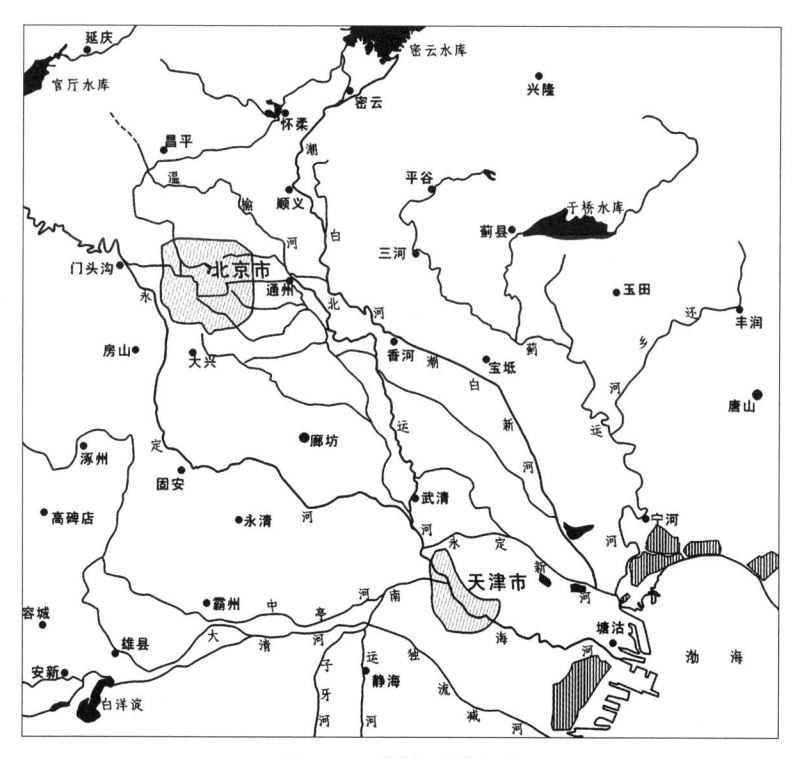

图1—1 研究区域水系

1. 北运河

北运河是京杭大运河的北段河道，今河道为通州北关闸以下至天津三岔河口，上游河流主要为温榆河、通惠河和小中河。小中河与温榆河在通州北关闸下不远处汇合，自北关闸以下河段始称北运河。北运河全部河段北起自通州北关闸，南至天津三岔口入海河，干流长度约有160公里，位于东经115°25′～117°30′，北纬39°28′～41°05′，地跨北京通州区、河北省香河县、天津市武清区和天津市区。北运河干流分为上游、中游和下游三个河段。上游河段始于通州区北关闸，南至河北省香河县土门楼闸，整个河段长为59.8公里。北运河中游起自香河县土门楼拦河闸，南至天津市武清区筐儿港节制闸，河长41.4公里。北运河经青龙湾减河分洪后，以下河道基本上无行洪任务，北京市排污河在筐儿港建"倒虹吸"，避免对北运河的污染。在北运河中游的河西务至南蔡村河段，土质较差，河道弯曲，历史上险工众多，经常发生水患。北运河下游起自筐儿港节制闸，南至天津市三岔河口，在天津市北辰区屈家店与永定新河相交，进入市区北运河与南运河在三岔河口汇流，入海河干流。

北运河沿途有不少支流汇入。自北关闸往下至通州古城北关，通惠河自西注入北运河，北运河向东南流，至苏庄村南凉水河自西北向东南注入北运河，北运河迤逦东流至牛牧屯，有牛牧屯引河汇入，北运河在牛牧屯村进入香河县后折向南流，有凤港减河汇入，在红庙村有青龙湾减河，在武清县筐儿港有筐儿港减河，这两条减河开凿于清代，是北运河的分洪泄水河流。北运河流域平原区地层系由冲积洪积物构成，上游以轻壤质为主，约占一半以上，沙壤、中壤次之，重壤较少；低洼地带间或有盐碱地，其面积随降水量丰枯而增减。中下游运河两岸的盐化潮土，轻壤、中壤分布较广，沙黏配合适当，质地适中，宜种各类作物。在古河道地带，或河流决口泛滥地带，土壤多为细沙、粉细沙，结构疏松，在风力作用下形成各种沙丘、沙地、沙带和沙岗,对排水造成不利影响。北运河流域多年平均降水量北部为603毫米,南部为590.7毫米,分配不均,多集中于6～9月。根据通州水文站统计,1949～1984年平均年径流量为3.6亿立方米。

2. 温榆河

温榆河为北运河上源,古名湿余水、温余水、榆河等。温榆河发源于北京市昌平区,承泄西山及燕山南麓的诸小水流,由东沙河、北沙河、南沙河汇合于沙河镇以后称为温榆河。北沙河上源有高崖口沟、柏峪口沟、白羊城沟、兴隆口沟等,汇合后称北沙河。沿途在双塔村东有关沟汇入,在踩河村东有虎峪沟汇入,北沙河东流经过沙河镇北,在郑各庄北与东沙河汇流,流入沙河水库。东沙河上源为德胜口沟、锥石口沟、上下口沟、老君堂沟,在十三陵水口北汇合始称东沙河,十三陵水库以下南流在沙河镇北汇入北沙河。南沙河上源是周家巷沟,发源于海淀区寨口村附近,东北流,在常乐村以南有一条小河汇入后称南沙河,东流至沙河镇南东入沙河水库。东沙河、南沙河、北沙河皆汇入沙河水库,自沙河水库以下称温榆河。温榆河向东北流,在马坊村有东沙河汇入,而后折向东南,在蔺沟村南有蔺沟河自西北向东南注入温榆河,温榆河流经沙子营附近,有清河自西汇入,然后温榆河沿顺义、朝阳界继续东南流至通州葛渠村向南流至通州北关闸,入北运河。温榆河河长90公里,流域面积2 478平方公里。

3. 潮白河

潮白河是海河水系支流之一,上有两源,一个是潮河,一个是白河。白河发源于河北省沽源县,潮河发源于河北省丰宁县,两条河流在密云县河漕村汇流后始称潮白河,在北京市境内流经密云、顺义、通州等地,沿途纳入小东河、怀河、城北减河、南彩排洪沟、箭杆河等支流，在通州区大沙务村东出境后始称潮白新河，流经河北省香河县、天津市宝坻区，在八台港分洪入黄庄洼滞洪，经里自沽闸调蓄后下泄，至宁车沽入永定新河，东流在天津北塘入海河。潮白河在密云城以上称为上游。上游河道除了河源段河道比较开阔外，多呈 V 字形河谷。潮白河自密云水库以下至顺义苏庄河段为中游，河流流经在冲积扇上，地势比较平坦，平均坡度为 1.1‰，河中会出现沙洲及叉河，洪水期以搬运作用为主，枯水期以沉积作用为主。潮白河苏庄以下河段为下游地区，地势低洼，河谷开阔，有广阔的河漫滩，以沉积作用为主。潮白河流域多年平均降水量 610 毫米，年内分配不均，6~9 月降雨约占全年的 85%，年际变化悬殊，最大为 1100 毫米（1959 年），最小 290 毫米（1965 年），且存在连丰、连枯现象，一般为 2~3 年，最长可达 6~9 年。潮白河多年平均年径流量为 16 亿立方米（1950~1990 年），最大年径流量为 60 亿立方米（1939 年），最小为 0.97 亿立方米（2000 年）。

潮白河因其上游的两条支流白河和潮河汇流后而得名。白河古称沽水，潮河古称鲍丘水，东汉以前潮河和白河分别入海。据《水经注·沽水》记载，沽水和鲍丘水穿过燕山后，沽水在西，鲍丘水在东，南流经过潞县，两河合流，称作潞河；上游的沽水在西，称西潞水；鲍丘水在东，称东潞水。潞河东南流，入雍奴县为笥沟，至雍奴县西北，鲍丘水从笥沟分出单独东流，沽水继续东南流，经过泉州县东，注入清河，同归于海。白河和潮河北魏时在潞县汇合，五代时白河和潮河汇合点上移至牛栏山附近。潮白河原为北运河的主要支流之一，与温榆河在通州北关附近合流。金代潮白河称作潞水，元明时期称作白河，清代以后称作北运河。清朝后期，潮白河开始呈现出向东摆动的趋势，屡次决口东流。1939 年，潮白河夺箭杆河南下，从此脱离北运河水系，形成现代潮白河水系。金代迁都燕京，开始利用潞水实行漕运，元明清三朝定都北京，实行漕运制度，潮白河成为主要的漕运河道，在封建社会时期发挥了巨大的经济支撑作用。

4. 蓟运河

蓟运河全长为320公里，有两大支流。一是州河，发源于河北遵化县北部燕山南侧；二是沟河，发源于河北省兴隆县长城黄崖关北。沟河流经兴隆、平谷、三河、蓟县、宝坻，州河流经遵化、蓟县、宝坻，二河在宝坻张古庄汇流，以下始称蓟运河。蓟运河继续东流，沿途有金水河、兰泉河、双城河、还乡新河（还乡河分洪道）和煤河等汇入，至天津市滨海新区塘沽防潮闸与永定新河汇流后入渤海。蓟运河古代称作庚水，《水经注》记载："庚水出右北平徐无县北塞中而南流，历徐无山，得黑牛谷水，又得沙谷水，又合周卢溪水，世谓之为柘水也……庚水又南，径北平城西而南入鲍丘水，谓之柘口，南入雍奴薮而入海。"明代，为了向蓟镇长城沿线运送军粮，开始利用古庚水漕运，称之为蓟运河。

5. 永定河

永定河是区域内最大的河流，也是对区域影响最大的河流。发源于山西省宁武县管涔山，上游称为桑干河，流经山西、内蒙古、河北，沿途有洋河、妫水河汇入，三支河流汇于官厅水库，之后进入官厅山峡，于三家店出山，东南流至卢沟桥，南下至河北省固安县，东南流至天津北辰区屈家店村北汇入北运河。1970~1971年，为保证北京、天津及京山铁路安全，缓解海河干流行洪压力，开挖了自屈家店至北塘入渤海的永定新河。总流域面积47 000平方公里，流域各地区多年平均年降水量为360~650毫米，多雨中心沿军都山、西山分布，多年平均降水量650毫米，京津河北所在的山前平原区多年平均降水量约600毫米。平均年径流量20.29亿立方米，最大年径流量为36.30亿立方米（1956年），最小年径流量为

11.19亿立方米（1972年）。永定河上游多黄土，泥沙易被冲刷，河水含沙量大。历史上，永定河拥有多个名称，西汉以前称作治水，东汉至南北朝称㶟水，也称作清泉河，说明永定河早期河水比较清澈。辽金以后，上游植被的破坏和土地的不合理利用，致使水土流失加剧，河水泥沙含量增加。随着永定河流出山地进入平原，流速顿减，泥沙迅速淤积，加之降水集中，形成区域内河流善淤善决的特点。金代永定河称作卢沟河，元明时期称作浑河、无定河，又有小黄河的说法。康熙三十七年（1698年），清圣祖主持治理浑河，并赐名"永定"，从此以后才叫作永定河。永定河至天津三岔口与北运河、南运河、子牙河、大清河等汇流入海，由于永定河水势最大，并且河道下游改道频繁，对南北运河漕运均有一定的影响。元明时期，对永定河采取不治而治的办法，清代对永定河采取筑堤治理的办法，永定河的治理除了消除水害之外，还有保障漕运的成分在内。

第二章 金代以前北京地区的运河

第一节 隋唐以前北京地区的运河

一、秦汉时期的运河

运河开凿的最直接动因均与军事行动有关。北京地区因地处中原地区北端,与东北地区和蒙古高原接壤,是中原王朝经略塞外的基地。早在秦汉时期,出于军事征伐的需要,北京地区就曾有开凿运河之举。根据《史记》记载,秦始皇北抗匈奴,"又使天下蜚刍挽粟,起于黄、腄、琅琊负海之郡,转输北河,率三十钟而致一石"[1]。此文当中未明确北河为哪条河,但从运输路线来看,漕粮从今山东沿海一带海运北上,必定经过北京地区,"北河"当为流经北京地区的一条河流。东汉初期,王霸任上谷太守二十年,史书称其"凡与匈奴、乌桓大小数十百战,颇识边事,数上书言宜与匈奴结和亲,又陈委输可从温水漕,以省陆转输之劳,事皆施行"[2]。王

---

[1] 《史记》卷112《平津侯主父列传》。
[2] 《后汉书》卷20《王霸传》。

霸建议运输军粮可利用"温水",从"事皆施行"来看,说明在温水的确实行了漕运。那么,温水是哪一条河,学术上众说纷纭。唐高宗太子李贤注《后汉书·王霸传》,认为温水即温榆河,学者蔡蕃认同此说①。但是,李贤所征引文字来自《水经》,而非郦道元之《水经注》,《水经》中与"温水"对应原文为"濕馀水",即今温榆河。《水经注》记载有"㶟水",清人纪晓岚认为"温与㶟并溼之讹","霸所漕者㶟水,非温余也",㶟水为永定河古代称呼,即纪晓岚认为王霸利用永定河来输送军粮。吴文涛的《北京水利史》一书支持此说法②。于德源认为,东汉王霸输送军粮所用"温水",永定河和温榆河都有可能,但倾向于温榆河③。虽然文献记载过于简单,无法明晰温水源流,但这是北京地区最早的利用河流进行漕运的记载。

二、泉州渠和辽西新河

东汉末年,曹操北征乌桓,为便于输送军粮,开凿平虏渠、泉州渠和辽西新河三条运河。据《三国志》记载:"太祖患军粮难致,(董)昭建策凿渠自滹沱入泒水,名曰平虏渠;又从泃河口凿入潞河名曰泉州渠,入海通运。"④同时,曹操又命人在幽州东南的雍奴县盐关口引鲍丘水(潮河)东流,与泃河一起引水向东流,一直通往今唐山一带的濡水(今滦河)入海,这就是辽西新河。这三条运河将幽州与曹魏都城邺城联系起来,可以将军需物资运往辽东地区。由于平虏渠在研究范围之外,故下面仅就泉州渠和辽西新河进行研究。

---

① 蔡蕃:《北京古运河和城市供水研究》,北京出版社,1987年,第49页。
② 吴文涛:《北京水利史》,人民出版社,2013年,第34页。
③ 于德源:《北京漕运和仓场》,同心出版社,2004年,第15~18页。
④ 《三国志》卷14《魏书·董昭传》。

1. 泉州渠

由于时代久远，泉州渠如今已经无法在地面考察其踪迹，故泉州渠的具体路线无法判定。目前，关于泉州渠的研究有清人杨守敬等编绘的《水经注图》，其中有泉州渠的大致路线绘制；谭其骧主编的《中国历史地图集》对泉州渠也有绘制；严耕望的《唐代交通图考》第五卷也有对泉州渠的讨论并有略图。大体来说，各家关于泉州渠的看法大同小异。

泉州渠开凿于三国时期，以其渠首起于泉州境内而得名，《水经注》记载了泉州渠名称的来源，以及大致的经行路线。"故渎上承滹沱水于泉州县，故以泉州为名，北经泉州县东，又北经雍奴县东，西去雍奴故城百二十里。自滹沱北入其下，历水泽百八十里，入鲍丘河，谓之泉州口。陈寿魏志曰：曹太祖以蹋顿扰边，将征之，从泃河口凿渠经雍奴、泉州以通河海者也。今无水。"[①] 北魏时，泉州渠遗迹尚存，但已无水。

关于泉州渠的南端位置，《水经注·清水》有相关记载：

> 又东北过穷河邑南。
>
> 　　清河又东北经穷河邑南，俗谓之三女城，非也。东北至泉州县北入滹沱，水经曰笥沟，东南至泉州县与清河合，自下为派河尾也。又东，泉州渠出焉。又东北过漂榆邑入于海。
>
> 　　清河又东经漂榆邑故城南，俗谓之角飞城。《赵记》云：石勒使王述煮盐于角飞，即城异名矣。《魏土地记》曰：高城县东北一百里，北尽漂榆，东临巨海，民咸煮海水，藉盐为业，即此城也。清河自是入于海。[②]

---

① 《水经注》卷14《鲍邱水》。
② 《水经注》卷9《清水》。

这说明泉州渠南端渠口在穷河邑东北，笥沟与派河合流之处以东，泉州渠口以东则为漂榆邑，清河经漂榆邑故城南流。《水经》所说"派河尾"实际是沠河尾，即海河军粮城以上河段，是清河、滹沱河、沽河等河流汇流之后的尾闾，合流后互称。韩嘉谷认为，漂榆邑在今天津军粮城一带①。天津历史博物馆考古部根据实地考察，认为漂榆邑故城是天津军粮城街道的务本村古城②。按照文献记载，泉州渠南端渠口当在军粮城以西之处。

泉州渠北端的位置，在《水经注·鲍邱水》有记载：

> 鲍邱水自雍奴县故城西北旧分笥沟水东出，今笥沟水断，众川东注，混同一渎，东经其县北。又东与泃河合……泃水又南入鲍邱水，又东合泉州渠口。③

这说明北魏时鲍邱水与笥沟合流，原笥沟下游已无水，合流后的鲍丘河经雍奴县北向东流，与泃河汇流，而泉州渠口则在泃河入鲍丘河河口以东之处。《水经》说泉州渠东经雍奴县东，距离雍奴县故城120里。北魏雍奴县治所为武清的邱古庄古城，西汉雍奴县城在武清大宫城村，从方位和距离来看显然不是《水经注》所说的雍奴县故城。

韩嘉谷认为，《水经注》所言雍奴故城在今通州区的德仁务村，是东汉时的雍奴县治所。现德仁务村有一座古迹叫晾鹰台，文献记载其为辽元时期帝王狩猎之所。韩嘉谷通过实地考察，认为晾鹰台是利用了原先一座土城的东城门加以改造堆筑而成的。这里原有一座古城，土城的四面城墙皆已不存，按城墙遗迹推测，原东城墙的整个长度约为500多米，正是一般汉代县城的规制。关于城址年代，

---

① 韩嘉谷："漂榆邑地望辨析"，《天津社会科学》，1986年第3期。
② 天津市历史博物馆考古部："天津军粮城海口汉唐遗迹考察"，《考古》，1993年第2期。
③ 《水经注》卷14《鲍邱水》。

从台内填土中多有汉绳纹砖等遗物看,年代不晚于汉。此城址北距潞县古城的直线距离为56公里,较《后汉书》所说的里程差10余里;东距泉州渠口约85里左右,基本接近《水经注》记载的里程。由北魏时期潞县西20多里南流的沽河正应在城址西北面与西来的灅水汇合。按年代、位置,此城非东汉雍奴故城莫属①。文献记载和考古发掘皆证实西汉末年的海侵事件,濒海一带人民生活大受影响,泉州、雍奴等县城纷纷内迁,雍奴县治就搬迁至今德仁务村。德仁务村东南有三大冢,为东汉晚期一座贵族家族墓地,规模宏大,反映了德仁务在当时绝不是一般的聚落。

德仁务村本来的名字是得仁务,从明嘉靖《通州志略》、康熙《通州志》、乾隆《通州志》等比较早的志书中,德仁务村均写作"得仁务"。自光绪《通州志》中开始出现"德仁务"三个字,当时德仁务与得仁务并行,其后得仁务渐渐被德仁务代替。据当地人说,德仁务村历史上曾经改过名字,这种说法印证了德仁务名称的演变过程。德仁务的本来名字是得仁务,其中的"得仁"两个字是有所指的,韩嘉谷论证了德仁务村晾鹰台是东汉时雍奴县故城的东门,那么"得仁"两个字当与雍奴古城东门有密切关系。古代有"五常"之说,即人要具备"仁、义、礼、智、信"五种品德。在古人的观念当中,这五种品德是有固定的空间位置的,其中仁处在东方,故在古代城市建设当中,城市东门常常以"仁"字命名,如金代中都城(今北京城)东门称作"施仁门",元大都东门称作"崇仁门"。"得仁"两字,应当是雍奴古城东门的名字,当时的名称应叫作"得仁门"。德仁务村在东汉时应当是雍奴县城东门关厢的一个聚落,该聚落名称则以古城东门命名,后来古城消失,东门遗址及东门名称"得仁"得以保留,这就是"得仁"两字的来历。

既然已经确定德仁务为东汉雍奴故城所在,根据《水经注》所

---

① 韩嘉谷:"通县晾鹰台为东汉雍奴县故城东门考",《北京文博》,2000年第4期。

说泉州渠北端渠口距离雍奴县故城120里的记载，在地图上测量从宝坻城关向西至通州南部的德仁务80多里，合汉里120里，可知泉州北端渠口大约在宝坻县城附近。

按曹操征伐乌桓之时，鲍邱水与灅水（古永定河）、笥沟（沽水）在雍奴县故城西北合流东注，大致沿潮白新河一线向东，沿途汇沟河、庚水等河流，自今北塘口入海。今海河一线为派河经行之水道。曹操开凿平虏渠，引滹沱河北上，汇入派河，故派河尾又称滹沱河。在派水（滹沱河）和鲍邱水之间，泉州雍奴以东为古代著名的淀泊雍奴薮，《水经注·鲍邱水》说："自是水（鲍邱水）之南，南极滹沱，西至泉州、雍奴，东极于海，谓之雍奴薮，其泽野有九十九淀，枝流条分，往往径通。"按此记载可知，雍奴薮中拥有无数小型淀泊，河流枝分漫流，相互连通，曹操于是利用雍奴薮的这种河淀相连的地理环境借以疏浚水道，开挖泉州渠。《水经注》说泉州渠"自滹沱北入其下，历水泽百八十里，入鲍丘河"[①]，就反映了泉州渠的180里河道是利用了众多水泽的事实。

2. 辽西新河

曹操还开凿了辽西新河，辽西新河西起鲍邱水，东至今滦河。滦河古称作濡水，《水经注·濡水》记载：

> 濡水东南流经乐安亭南，东与新河故渎合，渎自雍奴县承鲍邱水东出，谓之盐关口，魏太祖征蹋顿与沟口俱导也，世谓之新河矣。陈寿魏志云以通海也。又东北出，经右北平绝沟渠之水，又东北经昌城县故城北；新河又东分为二水，枝渎东南入海，新河自枝渠东出，合封大水……地理志曰：封大水于海阳县南入海；新河又东出海阳县，与缓虚水会，地理志曰：缓虚水与封大水，皆南入海；新

---

① 《水经注》卷14《鲍邱水》。

河又东,与素河会……(素河)南合新河又东南入海;新河又东经九潓口,枝分南注海;新河又东,经海阳县故城南,新河又东与清水会……新河东绝清水;又东;木究水出焉,南入海;新河又东,左以为北阳孤淀,淀水右绝新河,南注海;又东会于濡水,濡水又东南至絫县碣石山[①]。

辽西新河是一条连接鲍丘河和滦河的东西向运河,途中跨过很多南北向自然河流。辽西新河自盐关口承鲍邱水,一路向东,横截庚水、封大水、缓虚水、素河、九潓口、清水、木究水、北阳孤淀水等众多河流,最后至海阳县注入滦河,或上溯至滦河上游,或入海,经过这两条路线均可到达辽东地区。《水经注》指出辽西新河的起点在盐关口。韩嘉谷认为,宝坻县城关一带为古之盐关口,盐关口当与泉州渠口距离不远。此推测较为合理,濒海地带产盐,而宝坻一带地势较高,有水泽与海滨相通,自古以来就是盐运的重要据点,五代设置新仓镇,金代设置宝坻县,均以盐业兴盛所致。

同泉州渠一样,辽西新河在地面上已无遗迹可寻,目前关于辽西新河的河道走向及路线的研究均依据文献推测而来。杨守敬的《水经注图》、谭其骧的《中国历史地图集》、严耕望的《唐代交通图考》第五卷均有绘图。

第二节　隋唐时期的永济渠

一、隋唐永济渠的开凿

隋炀帝即位后,为了漕运便利和东伐高丽的需要,利用天然河

[①]《水经注》卷14《濡水》。

道和旧有渠道开凿了以洛阳为中心沟通南北五大水系的大运河，南通余杭（今杭州），北达涿郡（今北京）。隋炀帝大业元年（605年）三月，"发河南诸郡男女百余万，开通济渠，自（洛阳）西苑引谷、洛水达于河，自板渚引河通于淮"①。通济渠自板渚开始，经开封、杞县、睢县、永城、宿州、灵璧、泗洪，至盱眙入于淮水。淮水以南则自山阳（今淮安）利用古代邗沟，南至江都（今扬州）入于长江。大业六年（610年）为东巡会稽（今绍兴），开凿了江南河，"自京口至余杭八百里"②，这就是江南运河。大业三年（607年），隋炀帝北巡，发现高丽欲与突厥结盟之后，决定讨伐高丽。大业四年（608年），隋炀帝决定以幽州作为讨伐高丽的军事基地，为了便利漕运以供辽东军需，"正月乙巳，诏发河北诸郡男女百余万开永济渠，引沁水南达于河，北通涿郡"③。大业五年（609年），隋炀帝在涿郡蓟城营建临朔宫。据《隋书·阎毗传》载，隋炀帝将兴辽东之役，"自洛口开渠，达于涿郡，以通运漕。毗督其役。明年，兼领右翊卫长史，营建临朔宫"④。大业七年（611年）二月隋炀帝北巡涿郡，"乙亥，自江都行幸涿郡，御龙舟，渡河入永济渠"⑤，"夏四月庚午，车驾至涿郡之临朔宫。文武从官九品以上并令给宅安置。先是诏总征天下兵，无问远近，俱会于涿。"⑥同年五月，隋炀帝命名征伐各地民夫及军士输送军需物资。"敕河南、淮南、江南造戎车五万乘送高阳，供载衣甲幔幕，令兵士自挽之，发河南、北民夫以供军须。秋，七月，发江淮以南民夫及船运黎阳及洛口诸仓米至涿郡，舳舻相次千馀里，载兵甲及攻取之具，往还在道常数十万人，填咽于道，昼夜不绝。"⑦大业八年（612年）正月，征伐辽东大军集于涿郡，总数113万，号称200万，

---

① 《隋书》卷3《炀帝纪上》。
② 同上。
③ 同上。
④ 《隋书》卷68《阎毗传》。
⑤ 《资治通鉴》卷181，大业七年二月条。
⑥ 《资治通鉴》卷181，大业七年四月条。
⑦ 《资治通鉴》卷181，隋纪五炀帝大业七年。

征辽大军从蓟城出发,军队行进长度前后长达数百里。百万大军汇聚涿郡,大量军需物资也需要运至幽州,所需要的劳力人数更多,《隋书》称"其馈运者倍之"[1],由此判断从事军需物资供应的人数应多达200多万人。此后于九年三月、十年三月,隋炀帝又两次东征高丽,粮草均经永济渠运往涿郡,蓟城是当时最重要的军事物资供应基地。根据记载,当时"城中仓库山积",置留守名将镇守,数万兵众屯驻。《旧唐书·罗艺传》记载:"涿郡物殷阜,加有伐辽器仗,仓粟盈积。又临朔宫中多珍产,屯兵数万。"[2]

唐初,唐太宗也发动了征讨高丽的战争,仍以幽州作为后方军事基地。贞观十八年(644年)开始准备伐辽工作,七月,"敕将作大监阎立德等诣洪、饶、江三州,造船四百艘以载军粮","又命太仆卿萧锐运河南诸州粮入海"[3]。唐太宗患令韦挺负责运粮之事,"挺至幽州,令燕州司马王安德巡渠通塞。先出幽州库物,市木造船,运米而进"[4]。十一月,大军会集于幽州。次年,唐太宗自洛阳出发,到达幽州,"(贞观十九年)四月癸卯,誓师于幽州,大飨军……十一月癸酉,大飨军于幽州"[5]。唐高宗第一次征讨辽东以失败告终。贞观二十二年(648年),唐太宗准备再度征伐高丽,七月,"遣右领左右府长史强伟于剑南道伐木造舟舰,大者或长百尺,其广半之。别遣使行水道,自巫峡抵江、扬,趣莱州";八月,"敕越州都督府及婺、洪等江南诸州造海船及双舫千一百艘"[6],各载粮米兵员,分自河、海北输幽、平诸州。唐代武则天万岁通天元年(696年),陈子昂随建安王武攸宜东讨契丹,上书言军国机要事时说道:"江南、江淮诸州租船数千艘已至巩洛,计有百余万斛,所司便勒往幽

---

[1] 《隋书》卷4《炀帝纪》。
[2] 《旧唐书》卷56《罗艺传》。
[3] 《资治通鉴》卷197,唐纪贞观十八年七月辛卯。
[4] 《旧唐书》卷77《韦挺传》。
[5] 《新唐书》卷2《太宗本纪》。
[6] 《资治通鉴》卷199,唐纪贞观二十二年八月丁丑。

州充纳军粮。"①来自江淮等地的数千艘船将本年租米自洛阳直接转运到幽州蓟城,必定利用永济渠进行运输。

在隋初和唐初征伐高丽的历次战争中,永济渠都发挥了巨大的作用,不仅将大量军队运送到前线,而且大量的军事后勤物资也通过运河运到蓟城等地。水路适合长距离、大吨位物资的运输,这是农业社会陆路运输所无法比拟的,唐太宗贞观二十二年欲东征高丽,即有人指出水路运输的益处,"或以为大军东征,须备经岁之粮,非畜乘所能载,宜具舟舰为水运"②。永济渠的开凿,主观上是为征辽东便利漕运,输送粮草,客观上将涿郡所在的幽燕地区与中原地区和日渐富庶的江淮地区连接起来,形成一条重要的沟通南北经济纽带。隋末时大运河已经是"商旅往来,船乘不绝"③,到了唐代大运河的作用更加显著。唐代诗人皮日休说:"隋之疏淇(永济渠)、汴(通济渠),凿太行,在隋之民,不胜其害也;在唐之民,不胜其利也。今自九河之外,复有淇、汴,北通涿郡之渔商,南运江都之转输,其为利也博哉。"④

二、永济渠北端经行路线的相关研究

根据研究,永济渠上游利用沁水南抵黄河,由于沁水多沙易于淤浅,永济渠上游的漕运价值并不高。所以,隋唐时期,永济渠的起点一般置于卫州汲县一带,建在卫州大伾山上的黎阳仓位于永济渠渠首的位置,是漕运的重要集散地之一。在卫州以北,永济渠利用了曹操开凿的白沟故道,经今内黄、大名、临西、清河、德州、吴桥、东光、沧州、青县等20余县,在河北青县北的"独流口"东流入海。由独流口直至运河终点涿郡,主要利用了桑干河等

---

① (唐)陈子昂:《陈伯玉文集》卷8《上军国机要事》。
② 《资治通鉴》卷199,唐纪贞观二十二年六月。
③ 《旧唐书》卷67《李勣传》。
④ 皮日休:《汴河铭》,《皮子文薮》卷4。

水源，为永济渠北段①。由于《元和郡县志》关于幽州卷帙亡佚，无法得知永济渠至涿郡的经行路线。因此，永济渠北段经行路线也似乎成了一个有待破解的历史谜团，许多学者对于永济渠的这一段进行过研究探讨。严耕望在《唐代交通图考》（第五卷）一书中，经详考认为：永济渠自"卫县以东，北至独流口约五百公里（就直线言）之流程，实亦与郦注之淇水、清河（淇水下游名清河）流程略相一致……具见永济渠之工程实多循汉魏北朝之旧河道也"。如果是这样的话，大致可以认为，隋唐时期永定河应该经行通州南部地区，永济渠经过通州也就是顺理成章了。《旧唐书》记载，贞观年间唐太宗打算兴兵征辽东，为了运送粮草太宗以韦挺的父亲在隋朝曾官营州总管，经略高丽有经验，并有相关著述，决定由韦挺担任运粮官。贞观十八年（644年）秋，韦挺来到幽州，"令燕州司马王安德巡渠通塞。先出幽州库物，市木造船，运米而进，自桑干河下至卢思台，去幽州八百里。逢安德还曰：'自此之外，漕渠壅塞。'挺以北方寒雪，不可更进，遂下米于台侧贮之，待开岁发春，方事转运，度大兵至，军粮必足，仍驰以闻"②。上述记载明确表明永济渠是利用桑干河河道，只是桑干河的具体走向没有详细说明，由此给后来的研究留下太多的遐想空间。目前关于永济渠北段河道走向的研究，主要有以下两种观点。

1.《中国历史地图集》和《北京历史地图集》的观点

谭其骧主编的《中国历史地图集》认为，永济渠北段自天津经由潞水北上，至武清县西北之旧县村东北，转向西北，再循桑干水直达涿郡蓟城（图2—1）。根据谭图，永济渠利用桑干水一段路线大致沿凉水河东南行，进入通州南部约马驹桥、于家务、永乐店一带进入天津武清境内，沿今凤河路线汇入潞河。侯仁之主编的《北京历史地图

---

① 郑平：《隋唐时期河北永济渠运输的兴衰》，《河北学刊》，1988年第6期。
② 《旧唐书》卷77《韦挺传》。

集》中永济渠路线与谭其骧的观点略同,只是在具体路线上略有偏差,永济渠大约沿凤河东南行至大兴区东南的周营村东行进入通州境,沿通州与廊坊交界北侧一线入武清,再沿凤河进入潞河(图2—2)。

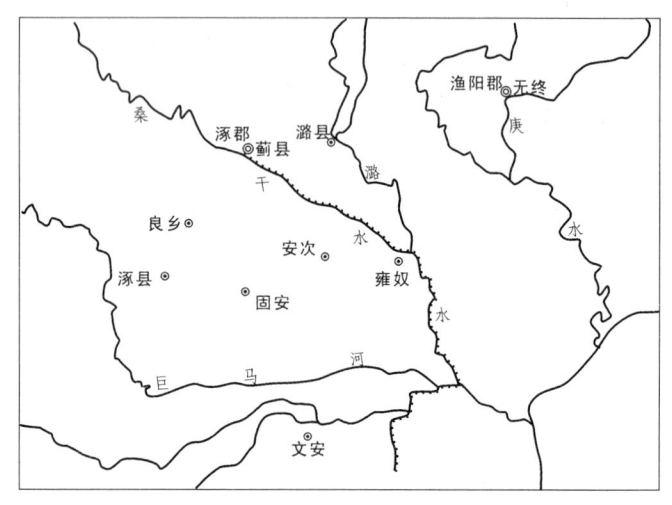

图2—1 《中国历史地图集》中的永济渠河道

资料来源:谭其骧主编《中国历史地图集》第五册"隋·唐·五代十国时期"隋代河北诸郡图幅。

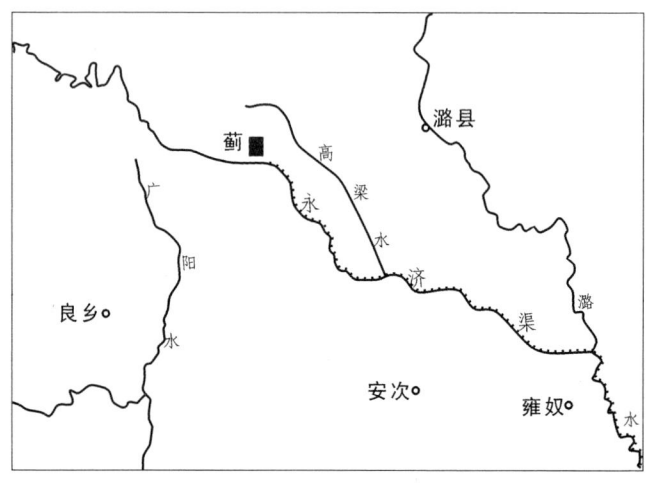

图2—2 《北京历史地图集》中的永济渠河道

资料来源:侯仁之主编《北京历史地图集》隋大业十三年图幅。

2. 严耕望的观点

严耕望在《唐代交通图考》第五卷"河东河北区"有专门章节探讨了永济渠的河道走向（图2—3）。他认为，永济渠自幽州城南东南行，经安次县城东郭外，又东经永清县东境，又东南至淤口关北注入巨马河，合流后向东至独流口。其流程之西北半段（安次以北），利用桑干河河道，东南半段（安次以南）则利用《水经注》所记载的滹沱河枯沟与八丈沟，下巨马河[①]。史念海认为，"永济渠就循着淇水东北行，到了今河北静海县独流镇折而西北行，于今永清县北合桑干水，再西北达于当时的涿郡，也就是唐时的幽州"[②]。

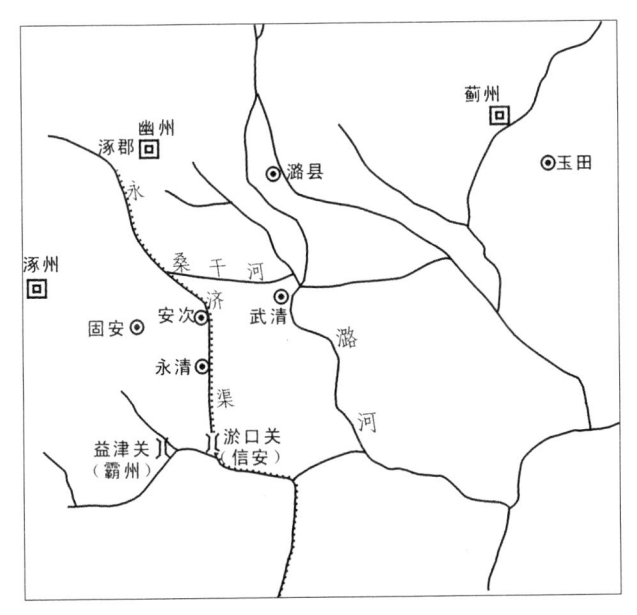

图2—3 《唐代交通图考》中的永济渠河道

资料来源：严耕望著《唐代交通图考》第五卷"河东河北区"所附"隋唐永济渠图"。

---

① 严耕望：《唐代交通图考》第五卷，台湾"中央研究院"历史语言研究所，1986年，第1625~1628页。
② 史念海：《隋唐时期运河和长江的水上交通及其沿岸的都会》，《中国历史地理论丛》，1994年第4期。

综合上述两种观点来看，关于永济渠北段的上游河道路线的看法比较一致，即大致沿凉水河一线，但关于永济渠北段的下游河道路线分歧明显。谭图和侯图认为永济渠下游河道利用潞水，而严耕望和史念海则认为永济渠下游河道自安次、永清下行至淤口。

三、永济渠北段经行路线分析

1. 永济渠经行路线的框架性分析

研究表明，永定河在辽金以前，河水较为清澈，河道相对稳定。自辽金北京建都以后随着京城大规模的建设，周边山区森林植被遭到大规模开发导致水土流失，永定河泥沙含量增加，河水一进入平原地带，泥沙淤积日趋严重，河道不稳定，频繁改道泛滥。辽金以后，桑干河有"浑河""小黄河"之称，并且历朝采取不治而治的政策，浑河在卢沟桥以下数百里流域内任其荡漾泛滥，四处摆动，由是水散沙停，散布于各处，地面不断淤高。千百年来，在永定河逐年淤积的作用下，古河道都被埋藏在地表以下，难见天日。康熙三十七年，清廷筑浑河大堤，康熙皇帝赐名"永定河"。虽然永定河筑堤使水灾治理一时收效，但自清中期，永定河下游泥沙淤积日益严重，京南水患频发。根据尹钧科等人的调查，廊坊一带明代地面比今地面低3.5~4米，清初地面比今地面低约1~2米。隋唐时代的地面应在更深的地下，那么永济渠埋深在地下何处呢？据《历史上的永定河与北京》记载，永清县城西北四五里地有一个叫作"通泽"的村庄，是隋代设置通泽县治所。《读史方舆纪要》记载："通泽废县，在（永清）县西五里，隋大业七年置，属涿郡，寻废。"① 通泽村外有村民集中取土之地，年深日久，形成一个面积有上千平方米的大坑，深处已达十余米。在大坑底部，有数眼古井出

---

① 《读史方舆纪要》卷11《直隶二·永清县》。

露，井中无水，有修葺井壁的砖头可见，井筒中还有不少陶片出土，多为破碎的陶质水罐。从砖头与陶片特征来看，可确定为隋唐文物。由此可知，隋代地面已经埋在地下 10 米左右处。在廊坊旧东安城一带，村民打井，在地下 8.5 米处出土有朽木渣和唐币"开元通宝"。另在固安县城西南六七里处发现系晚唐至五代时期的公主府古墓，均在地表 8 米以下的位置。根据上述几个出土文物的埋深位置来看，可以断定永清、固安、廊坊等地，隋唐时代的地面普遍要比今地面低 8~10 米①。由此可知，隋唐永济渠河道埋深在地下 8~10 米以下，由于埋藏太深，利用遥感等现代科技手段精确确定永济渠河道基本上无能为力。

在受永定河泥沙淤积较小的北京东南的大兴、通州一带，古代地面埋深相对较浅。1991 年，北京文物研究所在朝阳区小红门构件厂出沙场内发现了一艘独木舟，出土地点位于今凉水河北侧 200 米，船底位于距今地面以下约 3 米处的淤沙层内②。从埋藏位置来看，唐代古河道应该埋藏在地面 3~4 米左右的位置。

永济渠埋藏于地下，其经行路线又无明确的文献记载可资利用，无疑增加了研究河道走向的难度。尽管目前没有直接的史料可供利用，但还有不少史料可以间接判断永济渠的大致经行路线。

大业七年，隋炀帝乘船沿永济渠北上幽州，在路上曾新设置两个县，这非常值得注意。《太平寰宇记》云："隋大业七年征辽，途经淤河口，当三河合流之处，割文安、平舒二邑户，于河口置丰利县。隋末乱离，百姓南移，就是城。唐贞观元年，以丰利、文安二县相逼，遂废文安城，仍移文安名，就丰利城置文安县，即今理也。"③ 贞观元年，丰利县省并入文安，文安迁至于原丰利城，此后

---

① 尹钧科、吴文涛：《历史上的永定河与北京》，北京燕山出版社，2005 年，第 254~261 页。
② 北京市文物研究所："朝阳区小红门出土一只独木船"，《北京文物与考古》，1992 年，第三辑。
③ 《太平寰宇记》卷 67《河北道十六》。

文安县治所未有变动，可知隋代丰利县治所即今文安县城。既然隋炀帝途经淤河口并置丰利县，可知永济渠一定经过今文安。另外，隋炀帝还在今永清县城西设置通泽县，"隋大业七年，于今县西五里置通泽县，隋末废"①。隋炀帝设置丰利、通泽两县与其北上征辽的时间吻合，且都位于永济渠附近，显然这两个县的设置与永济渠有密切关系。永济渠是重要的军事物资补给通道，保证漕河运输畅通是朝廷的头等大事。借鉴后世金代事例，金朝实行潞水漕运后，曾确定运河沿线州县负责治理漕河事务的制度，"（泰和）六年，尚书省以凡漕河所经之地，州县官以为无与於己，多致浅滞使纲户以盘浅剥载为名，奸弊百出。于是遂定制，凡漕河所经之地，州府官衔内皆带'提控漕河事'，县官则带'管勾漕河事'，俾催检纲运，营护堤岸"②。隋时安次县至文安县之间距离约70公里，永济渠经过这里，并且众多河流在此交汇，堤防维护、水道疏浚等工程均需朝廷进行有效管理，而二者中间地段距离遥远，管理不易，因此，这两个县的设置很可能是出于维护永济渠河道以保持漕运畅通的目的。若永济渠利用潞水，那么隋炀帝在经潞水北上时，却在距离潞水很远的永清县一带设置通泽县，实在令人匪夷所思。结合《太平寰宇记》对永济渠的记载，可以断定永济渠北段系经文安、永清、安次一线抵达蓟城，并没有利用潞水。

2. 考古发现与永济渠河道的推测

（1）北京城南的唐代古河道

近年，北京大学学者岳升阳等人在北京外城南护城河和西护城河底的管道工程中发现唐代古河道。2006年3～4月，高碑店中水管道工程永定门桥至西便门桥段开工，岳升阳等调查了白纸坊桥至

---

① 《太平寰宇记》卷69《河北道十八》。
② 《金史》卷27《河渠志》。

开阳桥的工程剖面,发现了不同时期的河流洪水遗迹。在右安门桥东侧,出现含有大量唐代陶瓷片的含砾石砂层,砂层一直延续到东面的开阳西桥,剖面宽度在 500 米以上。右安门东桥以东 100 余米处,出土古树一株,古树仅余根部和根部以上 70 厘米高的树干,古树下面是一块厚 30 多厘米的灰色粉土层,树根固着在土层中。这块灰色粉土层已被水流严重侵蚀,东西只有数米宽,上面被将近 2 米厚的含砾砂层所覆盖,下面是早期的砾石层。这株古树可能是生长在河滩上的树木,在洪水中被埋入砂层之中。古树的 ^{14}C 测年为 1165 ± 35 年,树轮校正为公元 770~980 年,属于晚唐时期。从上述特征可以看出,在一千多年间,古河道呈现出向东摆动的特征。在唐代河流沉积层的东北边缘,也就是古㶟水故道的东北边缘,仍保留着古㶟水故道边缘的沉积地层。在开阳桥西北的清芷园工地岩土考古发现,西汉时期的地层叠压在灰色淤泥层之上,这处残存的早期河流沉积层呈西北至东南向分布,由清芷园延伸至开阳桥下,没有完全被唐代河流所侵蚀。

在唐代河道中发现了人工护岸、古船残骸、陶瓷砖瓦残片等文化遗物。在白纸坊桥南面的唐代河道北侧发现有三处木桩和石块组成的河岸残迹,第一处位于白纸坊桥以南约 84 米处,下部为木桩,上部为石块,木桩直径最大为 28 厘米。在它南面大约 27 米的地方是第二处护岸遗迹,在大约 3 米宽的范围内分布有木桩、木板、汉白玉石块等。由于受到水流破坏较大,遗迹保留很不完整。由此向南 10 米,是第三处护岸遗迹。第三处护岸遗迹在三处遗迹中规模最大,护岸的下部是木桩,木桩最大直径为 34 厘米,木桩之上是长方形汉白玉石块砌筑的岸墙,共存留有四层,石块厚 30~32 厘米,宽 50~60 厘米,石块之间的砌土中发现有白瓷片。木桩经 ^{14}C 测年,为距今 1215 ± 45 年,树轮校正为公元 680~900 年,属于唐代中后期。另外,此次调查还发现三条木船残骸和一处木船构件的堆积,从木船特征和埋藏情况推测,应为同一时代的遗物。第一条木船出土于白纸坊桥南约94米处，即第一处护岸遗迹南侧约9米处。船体仅露出底板部分，船头朝北，偏西数度，船位于砂层底部，船头依河底地势微微翘起，有一个向上的折弯。从挖出的船板残骸看，船头部位应该有用原木挖成的弧形护板，弧形护板厚度约10厘米。船板厚8厘米，宽约30厘米，船板相接处相互咬合，缝隙处施以白腻子，并以铁钉加固。船板出露长度超过315米，由于没有考古发掘，不知其全貌。第二条船出土于开阳西桥西约250米处，埋藏于唐代砂层中部，已十分残破，船身呈西北—东南向，船体向一侧倾斜约20度。船底残宽214米，板厚4~5厘米。船旁砂中有唐开元通宝钱一枚。第三条船出土于开阳西桥西约145米处，埋藏于灰褐色的粉土之中，很像是某一次河流过程的岸边。船头西向，偏南约15度。船体埋藏姿态尾高头低，呈5度倾斜角。船残长约9米，两侧船帮外撇，舷高约18米，船底宽约216米。船板厚4.15~5厘米，宽24~31厘米，船尾板残高60厘米，厚9厘米。船板接口处交错咬合，缝隙内填充白色腻子。船内有横木加固，横木之间的距离多在40~60厘米，船头底板向前翘起约30度。船木的^{14}C测年，为距今1240±40年，树轮校正为公元670~890年，属于唐代中后期。船构件出土于开阳西桥西数米处，埋藏于护城河底以下约215米深处的灰褐色粉土中。在大约10米的范围内，分布有木板、木杆、弧形木板、横木等。

右安门以东唐代古河道走向为西北至东南走向，河道砂层的实际宽度约为300米。在白纸坊桥南，唐代古河道大致呈东西向分布，与白纸坊桥下的护城河呈垂直相交状，该处隋唐河道砂层的宽度有多次变动。河道砂层的南缘在白纸坊桥南约290米处。砂层向南尖灭，在尖灭处的砂层中裹挟有陶片、土块和植物残体。陶片中包含有汉代陶片和北朝时期的手按纹灰陶瓦残片，年代应不早于北朝。在白纸坊桥南约196米处，有另一次砂层的南缘，砂层透镜体向南尖灭，尖灭处的砂层中裹挟有大量唐代陶片、土块和植物残体。植

物的 ^{14}C 测年为 1360±45 年,树轮校正为公元 600~780 年,属于唐代早期。此砂层晚于前一道砂层,显示砂层南缘向北移动。白纸坊桥南侧的隋唐河道北岸也有变动,河道的北缘在白纸坊桥南侧,那里的灰色淤泥层距白纸坊桥仅有 5 米左右。但人工修筑的护岸在桥南约 100 米处。护岸有两至三道,早期的在北侧,晚期的在南侧,反映出河道北岸在向南推移。由此可以推测此处河道砂层的总宽度大约为 290 多米,后减至 100 余米。当然这一宽度表示的只是河道中砂层的总宽度,它是由多次洪水过程形成的,并不代表平时的水流宽度。从白纸坊桥南侧剖面和右安门东侧剖面看,唐代河道的含砾砂层底面虽然深浅不一,但平均深度都在护城河河底以下 3 米左右处,也就是今地表以下 7~8 米深处。河道中的砂砾石层厚度多在 1.5~2 米,其下为早期河流的砾石层。

今人推测永济渠上游河段应该是利用了蓟城南面的桑干河。"大业七年,征辽东,炀帝遣诸将,于蓟城南桑乾河上,筑社稷二坛,设方墠,行宜社礼。"① 大军出发之前,炀帝在城南桑乾河上举行仪式。唐太宗于贞观十八年(644 年)亲征高丽,以幽州作为军队补给的重要基地,向辽东运送粮草也是由桑干河出发的。永济渠在蓟城南面的一段应是利用了桑干河河道。此次出土的隋唐河道,可能就是隋炀帝、唐太宗时期蓟城南面的桑干河②。

(2)朝阳区小红门出土沉船与古河道

1991 年 11 月,朝阳区小红门构件厂出沙场内发现了一艘独木舟,出土地点位于今凉水河北侧 200 米,船底位于距地面以下约 3 米处的淤沙层内。该木船系用一根大柏木的主干刳制而成,先将柏木沿纵向截成平面,树干断面呈现半圆形,然后在平面上向下挖空形成船体。船体长 9.7 米,船体中部保持完好,两端被水冲刷破

---

① 《隋书》卷 8《志第三·礼仪三》。
② 岳升阳、苗水:"北京城南的唐代古河道",《北京社会科学》,2008 年第 3 期。

损，船头宽约80厘米，船舱上口宽约70厘米，尾端宽110厘米，上口宽100厘米，船体最宽处116厘米。船舱深度48～60厘米，船舱壁及底部厚4～10厘米。舱内出土的几件瓷器从器物做法和器形上来看，具有典型的唐代风格，因此可以断定该船的年代为唐代。考古人员在现场清理时，发现在距地面1米深处沙层内有少量明代青花瓷残片，在距地面2～2.5米深处沙层内出土金元时代的残沟纹砖及白瓷、钧窑瓷碗罐残片。从出土地点和地层位置来看，唐代的古河道应位于今凉水河北侧200米处，古河道废弃时间约在明代。从木船的长度、重量来看，这条河道的水量在唐代还是很可观的（图2—4）[①]。根据此船的位置判断，隋唐时期的永济渠很可能就经过这里。

图2—4 小红门出土之独木舟

[①] 北京市文物研究所："朝阳区小红门出土一只独木船"，《北京文物与考古》，1992年，第三辑。

另据民国三十六年北平市郊区地图中,小红门村西北凉水河北侧1公里左右有宋家楼、五间楼等三个地名,与凉水河基本平行分布。楼字地名皆与河流堤防有关,至少形成于金元时期,是古河道存在的指示性地名,这在后文中有论证。该处地名也证明历史上的古河道在今凉水河的北侧附近。

3. 通州南部漕运河道的判断与分析

《永乐大典》成书于明代初期,对于元朝的历史文献多有收集,其中就保留有元代《经世大典》关于京通仓储情况的记载。元《经世大典》详细记载了大都城、通州和河西务三个地方粮仓名称、间数和储量规模。元代通州共设置十三仓,在《元史》、《禁扁》和《经世大典》三个文献当中均有记载。《经世大典》记载的通州十三仓有:乃积仓、及秭仓、富衍仓、庆丰仓、延丰仓、足食仓、广储仓、乐岁仓、盈止仓、富有仓、南狄仓、德仁府仓和杜舍仓(表2—1)[①]。但元史当中记载的通州十三仓则为乃积仓、及秭仓、富衍仓、庆丰仓、延丰仓、足食仓、广储仓、乐岁仓、盈止仓、富有仓、有年仓、及衍仓、富储。元王士点撰《禁扁》关于通州十三仓的记载与《元史》一致。两相比较,可发现《经世大典》中的南狄仓、德仁府仓和杜舍仓这三个漕仓与《元史》和《禁扁》中的记载不同。

表2—1 《经世大典》所载通州十三仓

序号	仓	间数	贮粮(石)
1	乃积仓	70	172 500
2	及秭仓	70	175 000
3	富衍仓	60	150 000
4	庆丰仓	70	175 000

---

① 《经世大典·仓库》,引自《永乐大典》卷7511《十八阳·仓字引》,中华书局,1986年,第3398页。

续表

序号	仓	间数	贮粮（石）
5	延丰仓	60	150 000
6	足食仓	70	175 000
7	广储仓	80	200 000
8	乐岁仓	70	175 000
9	盈止仓	80	200 000
10	富有仓	100	250 000
11	南狄仓	3	
12	德仁府仓	20	
13	杜舍仓	3	

实际上，元代通州十三仓当以《禁扁》、《元史》为准。《经世大典》所记载的南狄、德仁府和杜舍是今通州的三个乡村地名。南狄是今永乐店镇南堤寺村，南堤寺原名南堤，村中有光绪十五年立娘娘庙碑，碑文中有"通州潞邑南堤天仙娘娘庙"之语，至今当地百姓仍习惯称南堤寺村为南堤村。《永乐大典》抄写元代的记载写作南狄，康熙、乾隆和光绪版《通州志》皆写作南德。南狄、南德都是南堤的异写，民国《通县志要》写作南堤。在现状南堤寺村之北，有一个村叫作北堤寺。显然，南堤、北堤是相对而言的，既然叫作堤，那么堤之间一定有河流存在。在野外采访中得知，南堤寺和北堤寺之间原来属于地势低洼地带，当地居民称之为河影子，在其中尚能找到螺蛳、河蚌等水生动物遗迹。另南堤寺村娘娘庙后以前曾有一个很高的土堆，村民称之为"河山子"，很可能是以前的河堤或风积沙土堆。

德仁府是德仁务村，在华北地区的村落中，凡是叫作"某家务"的村落也叫作"某家府"，务府不分，故有"逢府必务"或"逢务必府"的说法，德仁务村今天也叫作德仁府。另据《通州文物志》记载，20世纪50年代，在德仁务村东南修挖水渠时，曾发现一艘古代沉船，长约20米①。此外，自德仁务村北向西北延伸一直到南堤寺村与北堤寺村之间有一个略洼的条状地带，当地居民说这里"十年九涝"，并猜测这里过去可能是一条河。

杜舍是杜社，马驹桥镇有大杜社、小杜社两个村。从成村规律来讲，很可能大杜社村就是早期记载的杜舍，小杜社村可能是后来分化出来而形成的。

从文献上可以知道，南狄、杜舍和德仁府这三个地方拥有粮仓，且记载入京城仓储文献当中，显然不可能为社仓或常平仓，必定与漕运有一定关系。这几个村的仓储记载说明元代有一条漕渠经过这里，但德仁府、南狄、杜舍三个漕仓规模很小，可以推断出其漕运功能已经严重弱化。《辽史》记载，辽圣宗统和十二年"春正月癸丑朔，潞阴镇水，漂溺三十余村，诏疏旧渠"②。潞阴镇位于今通州南的大小北关和前后南关村之间。潞阴镇于辽太平中设为潞阴县，今大杜社、南堤寺村、德仁务村均为潞阴县的属地，元代经过此处的漕河去潞阴镇不远。统和十二年潞阴镇大水漂没三十余个村子，朝廷命令疏挖旧渠，说明这条河渠早就存在。联想到清雍正四年，怡贤亲王允祥即沿着大杜社、南堤村、德仁务一线开挖凉水新河以排除通州、武清一带沥水的事实。辽统和十二年疏挖旧渠，显然是为了排除潞阴镇一带滞留的积涝之水。元代《经世大典》所记载的经过杜舍、南狄与德仁府的漕河很可能就是辽代的旧渠。既然辽代潞阴镇附近有"旧渠"，说明该渠早于辽代，据此推测"旧渠"很可能是隋唐时期的永济渠。

另在大杜社村西北，有前堰上村、后堰上村。在后堰上村西北的凉水河北岸有一个村叫水南村，显然是因位于河流或湖泊之

---

① 北京市通州区文化委员会、北京市通州区文学艺术界联合会编：《通州文物志》，文化艺术出版社，2006年，第21页。
② 《辽史》卷13《本纪第十三·圣宗四》。

南而得名，但今天水南村北却是一片田地，丝毫没有水的影子。水南村西北有次渠村，从名字上来看，村名来源与河流有关。那么，次渠村名的含义是什么？要解释这个问题，先得考察一下几个地名。今平谷城区东南泃河边有东寺渠、西寺渠两个村，因村中有八蜡庙，且濒临泃河，故名"寺渠"，但当地老人皆称作"刺"渠；大连旅顺有寺儿沟村，当地皆读作"刺儿沟"，因该村位于山沟内，且山沟内建于明代的寺庙而得名；延庆有茨顶村，因该村临近的山顶上有寺庙而得名。上述几个地名均因寺庙和地物而得名，按照现代发音分别为"寺渠""寺儿沟""寺顶"，但实际上民间将"寺"字皆读作"cì"，并且存在于"寺"字打头的地名当中，在国内还有许多类似的地名可作为佐证。由此，可判断通州次渠地名中的"次"字，当为"寺"字，次渠村得名应与其村内的寺庙有关。事实上，次渠村的确有一座大庙叫作宝光寺。按文献记载，次渠村宝光寺建于元代，寺内有定光佛舍利塔，塔高30余米，是方圆十几里地最高的建筑。可以想象，此寺庙势必成为村落指代性地标，另外该村位于一条河流之畔，也成为该村的指代性地标，该村自然命名为"寺渠"，因"寺"读为"cì"，故文字上记作"次渠"。现状次渠村附近并没有河流，从次渠村名来看，历史上村旁应当有一条河流经过。依据宝光寺建成年代可知，至少在元代，次渠村附近是有一条河流存在的。根据上述地名分析，可知在水南村北侧西北至次渠村，早期应有一个河流存在，并且该段河流位于流经大杜社、南堤寺、德仁务的漕渠的上游，且都为西北—东南向，应当是同一条河。这条河存在时间至少在元代及其以前，并且这条河自西北而上，可抵达朝阳区小红门。

那么，这条河是哪条河呢？要解答这个问题需要对马驹桥村的地名进行分析。《通州文物志》记载，马驹桥村曾发现有一金代金崇教院通州都纲大德塔经幢，根据铭文记载，马驹桥金代叫作马驹里,经幢建于金明昌二年(1190年)[①]。马驹桥应是来源于马驹里和村北河上的桥梁,当是后来建桥以后才出现马驹桥这个名称,由此推测金明昌二年浑河尚未改道至此,或浑河流经此处,但还没有建桥。结合水南村、次渠村这两个地名分析,至少元代在次渠村和水南村北部一线有一条河存在,这条河向东南流经大杜社、南堤寺、德仁务等村落。根据永定河历史上自北向南摆动的规律,推测至少在金明昌二年以前,浑河自小红门向东南流经次渠、水南、堰上、大杜社、南堤寺、德仁务一带,还未改道经过马驹桥。如果作进一步推测,这条河应当就是辽代统和十二年所疏浚的"旧渠"。元《经世大典》记载杜社、南堤和德仁务有漕仓,说明该河历史上曾经有漕运功能。这条河既然辽代之前就已经存在,且辽距唐时代较近,由此进一步推测,该河应当是隋唐时期的永济渠,辽金元时期也曾有所利用,只是小规模运输,缺乏相关记载。

4.廊坊地区的永济渠河道分析

按照前面的分析,可判定永济渠约在德仁务附近向南进入今河北省廊坊境内。由于廊坊以南地区元明清时期受永定河影响很大,故河道遗迹几无保留,只能依据文献记载进行宏观分析,同时结合地名进行微观上的考证。《太平寰宇记》幽州安次县条记载:"本汉旧县,东枕永济渠。"[②]说明安次县有永济渠。现代研究者多以为"东枕永济渠"意味着永济渠经过安次县城东,其实未必,本段文字并未详明县治与永济渠的关系。若永济渠在安次县东境,用"东枕永济渠"也说得过去。因此,这句话只说明永济渠经过安次县之东。

[①] 北京市通州区文化委员会、北京市通州区文学艺术界联合会编:《通州文物志》,文化艺术出版社,2006年,第228~229页。

[②] (宋)乐史:《太平寰宇记》卷69《河北道十八》。

今廊坊市南有马头镇，位于唐宋安次县治所旧州镇东南，永乐《顺天府志》记载东安县有马头社①。按马头当系"码头"的谐音，显然此地名与航运有密切联系。元代以来，京杭大运河贯通，运河沿线出现很多叫做码头的村落，如通州的马头村、张家湾的上马头、下马头、武清河西务北的马头村，其他与码头相关的地名有通州的双埠头、南运河的泊头等。从北运河沿线马头村的得名来看，这些村落均位于运河边并有着长期通航历史。据此推断，廊坊的马头村显示出这里曾有河流经过，并且能够通航。按照文献记载，永济渠在安次县东境，且此处除了永济渠在这一带长期作为通航河道以外，就没有其他漕运河道了。因此，码头地名的得来应与永济渠有一定关系。

五代时，柴荣北伐契丹，也曾在隋唐永济渠的基础上疏治水道。为了保证军事后勤供应，柴荣在北伐之前就开始治理通向契丹境内的水道。宋人王巩在其著作《闻见近录》中说："世宗开御河，本为蓟燕漕运计，御河其不可废也。"②御河等河道的疏治，不仅为收复幽州输送物资作了准备，而且在军事行动中发挥重大作用。宋辽对峙时期，以巨马河为界，俗称界河。为防止辽军南下，宋朝在沿巨马河一线利用河流、湖泊较多的特点，将河湖贯穿连通起来，形成一条横亘东西的塘泺。《武经总要前集》记载宋辽边境的乾宁军至霸州之间的塘泺地带时说：

一、塘水东沧州界，去海西岸黑龙港，西至乾宁军，沿御河岸。

一、东起乾宁军，西信安军御河西。

一、东起信安军御河西，至霸州莫金口③。

---

① 永乐《顺天府志》卷14《东安县》。
② （宋）王巩：《闻见近录》。
③ （宋）曾公亮等：《武经总要前集》卷16《真定府路》。

《宋史·河渠志》对塘泺的记载基本与《武经总要全集》一致：

"其水东起沧州界，拒海岸黑龙港，西至乾宁军，沿永济河合破船淀、灰淀、方淀为一水……东起乾宁军，西（至）信安永济渠为一水……东起信安军永济渠，西至霸州莫金口……"

根据上述文字记载，可以判定，永济渠经过信安。不过此处的信安，当理解为信安军境内，并非指信安城。信安以北的永济渠河道因文献无记载，无法判定具体河道走向。

五代时期，后唐大将赵德钧镇守幽州十余年，曾开挖河渠以运粮。《旧五代史·赵德钧传》记载："奏发河北数镇丁夫，开王马口至淤口，以通水运，凡二百里。"[①] 另《旧五代史·唐明宗纪》也有同样记载："长兴三年六月壬子朔，幽州赵德钧奏：新开东南河，自王马口至淤口，长一百六十五里，阔十五步，深一丈二尺，以通漕运，舟胜千石，画图以献。"[②] 查在廊坊市区西南，永定河北岸有一村落，名叫王玛，当为后唐时的王玛口；淤口，即今河北省霸州东南的信安镇，古称淤口关。今王玛至信安的直线距离不足80里，而赵德钧所开东南河长165里，倍于直线距离有余，说明当时所开的河渠并非直行，而是因旧河，就地势，曲屈而成。这里的旧河必是桑干河的多条故道[③]。王玛位于旧州镇南，东南可至码头镇，自码头下达淤口。若永济渠从安次县城东经过，则下行可经王玛至今码头村，然后再下行至淤口。若如此，那么赵德钧开东南河很可能利用了永济渠旧河道。若永济渠从安次县东境经

---

① 《旧五代史》卷98《赵德钧传》。
② 《旧五代史》卷43《明宗纪九》。
③ 尹钧科、吴文涛：《历史上的永定河与北京》，北京燕山出版社，2005年，第321～322页。

过，下经码头至淤口，那么东南河就与永济渠没有关系了。孙冬虎认为，河北南部粮船沿原永济渠至独流口后，西北折入巨马河，溯流西上至淤口，再循新开凿的东南河向东北行，经永清县东境至王马口入桑干河南派，西北浮航至幽州蓟城西南。这条自淤口的至王马口的东南河代替了旧有的永济渠北段，已非隋唐的永济渠了①。

5. 信安至文安的永济渠河段

大业七年，隋炀帝征辽，"途经淤河口，当三河合流之处，割文安、平舒二邑户，于河口置丰利县"②。隋炀帝沿着永济渠北上，途经淤河口，并在三条河的合流之地设置丰利县，由此可知三条河流当中必有永济渠，这说明永济渠经过今文安县城附近。关于淤河口，今人均以为是信安，信安唐为淤口关，后周改为淤口寨，宋为信安军，金改信安县，元初省入霸州。但是，文安与信安的直线距离约 30 多公里，且参照《中国历史地图集》，隋以前在两地之间有滹沱河、滱水、易水等诸河流过，嘉靖《霸州志》记载有"新挑河"云："州南八里许，旧有古河，上自莲花台，下达台山，绵亘数十里，岁久淤塞，诸水散漫为害，副使陆公坤寻故道浚之，水势以杀，民甚赖之。"台山是霸州所辖之地，今有台山村，"在州东三十里，实九河所经，俗谓台山无山是也"③。由此可知，文安淤河口与信安淤河口不是一个地方，一个在南，一个在北。按《太平寰宇记》所说淤河口在丰利县一条记载，可判断隋代永济渠当自平舒县向西北流向文安，在文安与另外两条河相汇合，即三河汇流的淤河口。谭其骧《中国历史地图集》所画文安附近滹沱河系依据《太平寰宇记》所记，即在文安西北三十里，这不是隋唐时的情形。《隋

---

① 孙冬虎、许辉：《北京交通史》，人民出版社，2012 年，第 62 页。
② （宋）乐史：《太平寰宇记》卷 67《河北道十六》。
③ 嘉靖《霸州志》卷 1《舆地志·山川》。

书》《旧唐书》《新唐书》均无滹沱河记载,无法判断其具体流向,但按照丰利县"三河汇流"的情况来看,滹沱河很可能在文安县南即丰利县一带与永济渠合流,并与另一条河流汇合。据此分析,永济渠在文安与滹沱河等河流汇合后,向东北流抵达信安,在信安附近沿桑干河北上抵达蓟城。今人研究多以现代南运河为永济渠之故道,均以为至独流或东北至今天津北上潞水,或西行至信安经桑干河北上,不但与史料记载不符,且以为河流千百年静止不动的观念来分析问题,难免不出错误。

6. 关于永济渠自独流口向西沿巨马河至信安河段的分析

《太平寰宇记》记载:"御河,在(乾宁军)城南十一步,每日潮水两至。其河从沧州南界流入本军界,东北一百九十里入潮河,合流向东七十里于浊流口入海。此水西通淤口、雄、霸等州水路。"① 永济渠自沧州北流进入乾宁军,即今青县,在军界东北 190 里处与潮河合流。此处的潮河,当为潞河,系潮河和白河合流而成。潮河与永济渠合流处向西还有一条河流,可抵达淤口、雄州、霸州等处水路,而这条水路当为巨马河。今人研究均以此为基础,认为永济渠利用了巨马河的一段,即永济渠自独流口溯巨马河而上,至淤口溯桑干河上行至幽州。但这段文字实际上描述的是五代和宋朝时的河流走向,柴荣利用巨马河一段开辟御河,并非隋唐永济渠的原样。

御河、潮河和巨马河三河汇流之处,当为唐杜佑所著《通典》当中所记载的"三会海口"。

渔阳郡,东至北平郡三百里,南至三会海口一百八十里,西至范阳郡二百十里,北至庆长城塞二百三十五里,

---

① (宋)乐史:《太平寰宇记》卷 68《河北道十七·乾宁军》。

东南到北平郡石城县一百八十五里，西南到范阳郡雍奴县界一百二十五里，西北到密云郡二百十七里。①

依据《太平寰宇记》和《通典》可知，按照唐代里数，三会海口距离渔阳郡为 180 里，距离海岸 70 里。按唐代一里约合现在的 550 米左右，依据今天的标准算，三会海口距离渔阳郡为 100 公里，距离海岸线约为 40 公里。今天津境内有四道贝壳堤，其中第二道贝壳堤在白沙岭、军粮城、泥沽，向南一直到黄骅的歧口。贝壳堤是古海岸线的标志，根据测年数据分析，第二道贝壳堤形成于距今 2500—1100 年前，由此可知唐宋时期的海岸线在军粮城、泥沽一线②。依据《中国历史地图集》标示，唐代海岸线约在天津葛沽一带。据此推算，唐代三会海口并不在今天的天津三岔口一带，而是在天津市以西的杨柳青附近。近现代学者多以今天津三岔口一带作为唐代的三会海口，其实是错误的。宋仁宗八年（1048 年）黄河北支自天津入海，直至金明昌五年（1194 年），长达 150 年左右，并且辽金以后永定河、子牙河等河也在此汇聚，这些河流含沙量大，泥沙淤积，势必推动河口向下游迁移，并且当时这里基本上荒无人烟，在缺少人力的干预下，三会海口怎么会在一千多年时间里居然没有任何变动，这显然不符合常理。

四、永济渠北段河道的推测

隋唐时今永定河称作桑干河，大致沿今凉水河一线东南流，往下应与潞河合流。今涿州有白沟河，该河在涿州境向南流汇入大清河，这是由于受到现代永定河冲积扇的影响而形成的流向。永定河

---

① （唐）杜佑：《通典》卷 178《州郡八》。
② 赵希涛等："渤海湾西岸的贝壳堤"，《科学通报》，1980 年第 6 期。

冲积扇自元以后因河道在京南来回摆动而向南延伸，这阻挡了其西侧来自太行山的河流向东南流的流向，被迫改向南流，白沟河就是受到永定河冲积扇向南延伸的影响而被迫改向南流。隋唐时期，古白沟河当在桑干河之南大致与其平行东南流，经行固安、永清、码头镇东南入巨马河。永济渠北段河道应当是利用了桑干河和古白沟河的干流，在两条河流之间横向开挖河道，将两条河流连接起来，就形成了永济渠的北段。根据目前掌握的资料分析，永济渠北段河流大约在今通州德仁务村以下开河，西南经安次，至通泽县与古白沟河相连，然后利用古白沟河作为运道，下行注入信安境内的巨马河。另信安以东为众河交汇之处，当有许多湖泊存在，通泽县的设置显然是与古白沟河通往此处淀泊遍布的水环境有关。

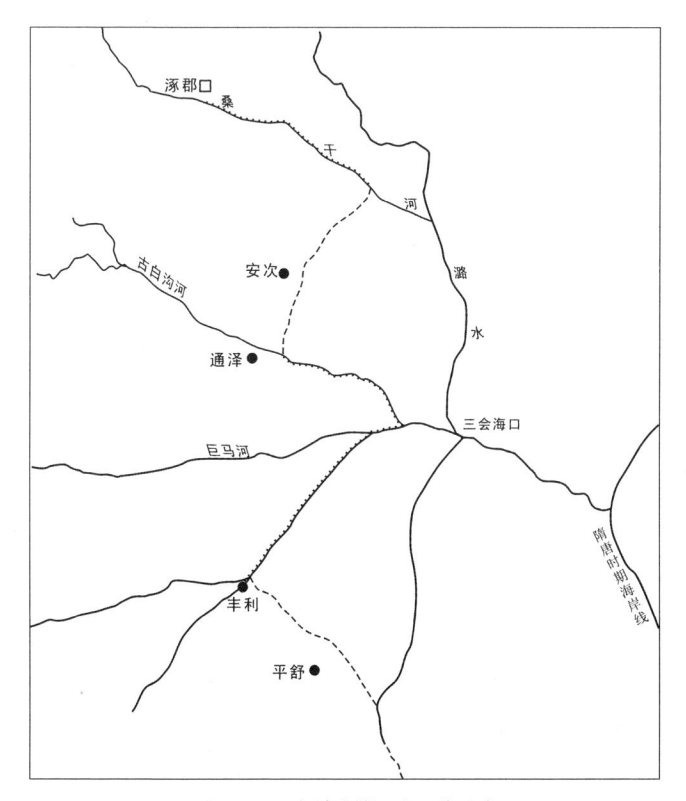

图 2—5　永济渠推测河道示意

综合上述，关于隋唐时期永济渠的大致走向可推测如下：永济渠从蓟城城南沿着今凉水河东南行，经小红门向北偏离凉水河，然后入通州南境，沿着东石、次渠、水南村北一线，再经行大杜社、南堤寺、德仁务村折而向南，进入廊坊市境，很可能经旧州镇东，东南经码头镇，再向南至霸州信安镇，然后西南至文安，再东南至青县，与南运河相会（图2—5）。由于北京至天津之间地势较陡，河水下泄较快，而运河需要保存一定的水量，才能浮送漕船。金元明清时期，为了确保北运河有足够的水量，在河道治理上，采用了使河道弯曲的办法，降低河流的纵比降，减缓河水流速以保持足够的水位。据此推测，隋唐时期的永济渠为保持河道存有足够的水量，当也是采用弯曲形状。

那么，永济渠当时为什么不直接从三会海口沿潞水北上，溯流而上由桑干河上游抵达蓟城呢？这可能是因为桑干河和潞河都是北京地区的大型河流，桑干河汇入潞水后，河流水势难以控制的缘故。另三会海口为滨海地区，地域开发程度较低，人口稀少，运河的维护和管理不易。

第三节 关于萧太后运粮河的讨论

宋辽对峙时期，双方以白沟河为界，白沟以北为辽南京地域。辽代，南京地区人口最为稠密，粮食需求较大，除了南京本地供应之外，有时候需要周边地区接济，如辽开泰六年（1017年）南京道饥荒，朝廷"挽云、应、朔、弘等州粟振之"[1]。辽太平九年，"燕地饥，户部副使王嘉请造船，募习海漕者，移辽东粟饷燕。议者称道险不便而侵"[2]。可见，南京地区的粮食有时需要西京地区和东京地

---

[1] 《辽史》卷15《圣宗纪六》。
[2] 《辽史》卷59《食货志上》。

区供应。

  为把辽东的粮食运到南京，辽朝实行了海运，又开通了运粮河，把渤海运输线与南京河运连接起来。太平九年从辽东海运漕粮之议虽然没有成功，但根据文中招募"习海漕者"的记载，可以推断当时有海运的存在。南京距海数百里，海运漕粮当通过运河运至南京。在北京东南郊有一条河，民间俗称萧太后运粮河。该河源于北京城的东南护城河，自西北向东南流，在通州张家湾汇入凉水河。关于萧太后运粮河，明代文献就有记载，《帝京景物略》关于"白云观"条记载，"西南五六里，为萧太后运粮河，泯然湮灭，无问者"①。康熙《通州志》则记载为饮羊河，"与牧羊台相近，在州城南，俗传苏子卿牧羝处，或云即萧太后运粮河"②。清人震钧在《天咫偶闻》中提到萧太后运粮河，"八里庄之西二里，有河名十里河，又名萧太后运粮河。东岸有土城，闉堵宛然，土人名萧太后城。考其地，即金代都城之西面门，即灏华门也。金城方七十里，每面相距十八里。而其内城则在今广渠门外，以地度之，正相合。盖土人不知有辽金元，而但知有萧太后，故举归之焉"③。震钧关于金中都城的考证显然是错的，但其对萧太后运粮河的名称推测倒是有一定道理。历史朝代是系统的专门知识，对于普通老百姓来说，超越了现实生活层面，很少有人能弄清楚，仅有代表性的朝代或著名历史人物能够在民间口碑中流传，并且多张冠李戴，讹误颇多。萧太后作为历史上的传奇人物，在北京地区有较大影响，故有很多民间传说，如通州漷县有萧太后的驻跸井，海淀区有肖家河，据说也与萧太后有关。

  现今萧太后运粮河经考证为元代金口河故道，乾隆《通州志》记载清中期时其河道情形："按河已久涸，惟地势洼下，犹有河形，

---

① （明）刘侗、于奕正：《帝京景物略》卷3《城南内外》。
② 康熙《通州志》卷1《封域志·山川》。
③ 震钧：《天咫偶闻》卷9《郊坰》。

遇夏潦则聚水成流。"① 或许，元金口新河在民间被讹传为萧太后所挖之河，但也有另外一种可能，即金口新河在元以前的旧河道基础上疏挖而成。金口新河仅仅位于北京城和通州张家湾之间，如果是第一种可能，那么萧太后河的传说应仅仅局限于北京一带。事实上，京东香河、宝坻均有萧太后河的传说。民国《香河县志》记载有康熙《香河县志》关于萧太后运粮河记载："萧后运粮河，自城西经城北面，东过白庙、套里、渠口等，跨宝坻入于海，遇河泛涨，即能通舟。又载白庙庄萧后运粮河，在城北五里，水泛则上通本县城河，下由张家小套庄、许家庄、焦家庄、康家庄、马家窝、宣教寺等庄，入于双港河出境，入宝坻云云。"②《光绪顺天府志》记载："窝头河，俗呼溰溰河，又曰箭杆河，又曰绛河……其水无专源，一出牛栏山水，一出新庄河水。新庄河即苍头河上源也。昔为凤河水道，今为窝头河别源，故一统志有苍头河目。刘深香河县志、洪肇楙宝坻县志并云即萧后运粮河。"③清代箭杆河自通州东境南流，至香河西北东南折，在香河县北东南流，入宝坻县境，经宝坻县南入鲍丘河，东流入蓟运河。至北塘口入海。《光绪顺天府志》进一步确认了窝头河与康熙《通州志》所说饮羊河之间的关系："按窝头河即萧后运粮河也，然则饮羊河，亦窝头故道。"④

综合上述，可知在北京、通州、香河、宝坻一带，均有萧太后运粮河的传说，似乎佐证辽代的确曾经开凿过运河以运输海运漕粮。另外，明人蒋一葵在其著作《长安客话》中谈到了辽代的海运故道，香河县"境南有大龙湾、小龙湾二水，夏秋始合流，经宝坻界入海，相传辽时海运故道"⑤。此段文字所说大小龙湾在香河县境南部，而清代志书所说萧太后运粮河却在香河县境北部，这或许是

---

① 乾隆《通州志》卷1《封域志·山川》。
② 民国《香河县志》卷2《地理志·河流》。
③ 《光绪顺天府志·河渠志三·水道三》。
④ 同上。
⑤ （明）蒋一揆：《长安客话》卷5《畿辅杂记》。

因为河流变化所引起。按照明嘉靖《通州志略》记载,牛家务河(即箭杆河)曾在王家摆渡入潞河。嘉靖《通州志略》记载宝坻县有"粮河","古海运故道也。元世祖以越海不便,塞之。今河形尚存"①。民国《宝坻县志》记载粮河位置,"在县南五里"②。据尹钧科研究,辽代漕粮是由海路运至蓟运河河口,然后转入内陆运河,由大小龙湾河溯流而上,至香河县西南境入白河,继续向西北逆行几十里到达潞县南(今张家湾),然后经萧太后运粮河便可到达燕京③。宝坻原为新仓镇,因位于这条海运故道上,漕运便利,通达四方,"河渠运漕,通于海峤,篙师舟子,鼓楫扬帆,懋迁有无。泛历海岱青兖之间,虽数百千里之远,徼之便风,亦不浃旬日而可至"④。新仓镇由于商业繁盛,金朝于此设宝坻县。在辽金文献中,目前并未发现辽代萧太后开凿运河的记载。这条河是否真正为萧太后所开凿,还没有确切的证据来证明。

根据常征、于德源所著《中国运河史》,辽代南京附近还开凿了辽运河。辽运河是利用州河(即蓟州河)的支流殷留河,开凿其上源使其径直南流,在蓟县城南与州河汇合,这样舟船可以从蓟县南的州河上航行,绕过燕山西端即今天于桥水库大坝,出至辽运河,下汇玉田县的兰泉河、荣辉河而在玉田县以南的杨板桥入蓟州河。辽廷之所以修建这条运河,就是为了改善州河运道,用以漕运州河盆地的粮食。对于辽南京来说,州河盆地的蓟县、遵化、玉田等县是主要的农业区之一。它所以与州河平行,大约是因为州河当时在航行上曾经有什么障碍。这条河开凿于什么年代,文献上也没有记载⑤。

---

① 嘉靖《通州志略》卷1《舆地志·古迹》。
② 乾隆《宝坻县志》卷14《拾遗·古迹》。
③ 尹钧科:《北京古代交通》(北京历史丛书),北京出版社,2000年,第89~90页。
④ 乾隆《宝坻县志》卷18《艺文下卷·纪载》。
⑤ 常征、于德源:《中国运河史》,北京燕山出版社,1998年,第299~300页。

第三章　金元时期潞水河道的治理与变迁

第一节　金代潞水河道的治理与变迁

一、金中都漕运与漕粮来源

金国灭北宋后，占据中原地区，与南宋划淮河为界。随着疆域向南扩展，金朝的政治中心因位于今黑龙江哈尔滨的阿城而僻处一隅，燕京恰好位于金朝国土的居中之地，便于控扼天下。1149年，海陵王完颜亮弑熙宗，自立为帝。为了巩固自己的统治，也为了适应金朝政治中心南移的需要，海陵王决定迁都燕京。1151年，海陵王下诏书说：

> 又以京师（上京）粤在一隅，而方疆广于万里，以北则民清而事简，以南则地远而事繁。深虑州府深陈，或至半年而往复；间阎疾苦，何由期月而周知。贡馈困于转输，使命苦于驿顿。未可时巡于四表，莫如经营于两都。眷惟全燕，实为要会。①

---

① （清）张金吾辑录：《金文最》卷2《诏令》，"议迁都燕京诏"。

在这道诏书中,完颜亮决定迁都燕京,并列举两个重要影响因素。一是金朝地域南扩,上京位置偏僻,北方人口稀少,事务简约,而中原地区人口众多,事务繁重,公务办理不便;二是都城过于偏远,物资运输供应和政令传递压力极大。因此都城南迁可一举两得地解决问题。金世宗时,大臣梁襄论述燕京的地位时曾说:"燕都地处雄要,北倚山险,南压区夏,若坐堂隍,俯视庭宇,本地所生,人马勇劲,亡辽虽小,止以得燕故能控制南北,坐致宋币。燕盖京都之首选也。"①

天德三年(1151年),海陵帝命户部尚书张浩增广燕京城,营建宫室。经过三年建设,新都建成。天德五年,海陵帝迁都燕京城,并改燕京为中都。海陵王迁都之举顺应了历史发展潮流,使中都成为北中国的政治中心,为中都进一步发展成为统一国家都城奠定了基础。

金王朝迁都燕京,定为中都,金朝中央机构、皇族、贵族、军卫等开始迁入中都。《金史》记载,"贞元迁都,遂徙上京路太祖、辽王宗幹、秦王宗翰之猛安,并为合扎猛安,及右谏议乌里补猛安、太师勗、宗正宗敏之族,处之中都"②。中央机构官员也迁入中都,据金代中期中都所设中央与中都地方官吏统计,其数额分别为1749名与1458名,韩光辉认为这当与迁都之前差不多③。此外,海陵王还实行"凡四方之民欲居中都者,给复十年,以实京城"④的政策。皇室、贵族、文武官僚等巨大的消费群体聚集在中都,产生了对粮食、奢侈品以及各种商品的巨大需求。《金史·食货志》记载,"以正隆之后仓廪久匮,遣太子少师完颜守道等,山东东、西路收籴军粮"⑤。正隆是海陵王称帝后的第三个年

---

① 《金史》卷96《梁襄传》。
② 《金史》卷44《兵志》。
③ 韩光辉:《北京历史人口地理》,北京大学出版社,1996年,第240页。
④ 《金史》卷83《张浩传》。
⑤ 《金史》卷50《食货志五》。

号，迁都之后使用贞元年号。可见，自海陵帝正隆之后，中都粮储一直供应不足，不得不去外地进行收购粮食，客观形势的发展使金朝不得不利用漕运制度来解决中都粮食需求问题。《金史·河渠志》记载："金都于燕，东去潞水五十里。故为牐以节高良河、白莲潭诸水，以通山东河北之粟。"①

为存储漕粮，金政府在中都和通州均建立了仓储设施。大定五年（1165年）世宗曾说："朕谓积贮为国本，当修仓廪以广和籴。"命官员增修粮仓。大定十二年"诏在都和籴以实仓廪"，在中都收购粮食入仓储备。大定十四年，为防止自然灾荒、供应不继或者平抑粮价的需要，金王朝决定实现常平仓制度，"大定十四年，尝定制，诏中外行之"。根据规定，常平仓一般设置在府州级城市中，距离州城六十里范围内的县城一般不设常平仓，而在此距离之外的县城则特置常平仓，"县距州六十里内就州仓，六十里外则特置"。金代的中都城设有官仓、常平仓以储备粮食，根据运粮船"计道里分临沂流、沿流为限，至所受之仓"的记载，漕船可以直接开至粮仓之处。可以推知，中都城的粮仓应设于城北部或者西部的沿护城河一带②。

由于金代疆域南至淮河流域，中原一带为金朝重要的粮食产地。金代河北、山东地区在金朝具有重要的经济地位，用金人的话说："中都、河北、山东，久被抚宁，人稠地窄，寸土悉垦，则物力多，赋税重，此古所谓狭乡也。"③自海陵王完颜亮迁都至燕京以后，国家财赋的消费地与生产地都集中在这里，金人称"本朝皇业根本在山南之燕"④，燕京成为金朝最大的消费地，而山东、河北一带则是粮食的重要生产地，也是朝廷赋税主要来源地区。

---

① 《金史》卷27《河渠志》。
② 曹子西主编：《北京通史》第四卷，中国书店，1994年，第204页。
③ （金）赵秉文：《滏水集》卷11《梁公墓铭》。
④ 《金史》卷96《梁襄传》。

以河南、山东及附近地区为主体的中原地区原属北宋，该地区一向以人烟稠密，商业发达，经济繁荣而著称①。金代据有中原地区之后，金代初期，由于这里遭受到战争的蹂躏，中原地区人口大量逃亡，于是金政府在统一北方地区之后，开始招抚流亡，恢复中原地区的农业生产。金代中期，金政府采取大规模迁移居于塞北地区的以女真为主体的人户迁移至中原地区。这次移民始于金天会十一年（1133年），断断续续延续近二十年，直到海陵王完颜亮时才停止。《大金国志》记载："（天会十一年）秋，起女真国土人散居汉地。"宋代的文献中也有记载："金人既复取河南地，犹虑中原士民怀二王之意，始创屯田军及女真、奚、契丹之人，皆自本部徙居中州，与百姓杂处，计其户口，授以官田，使自播种……凡屯田之所，自燕之南，淮陇之北，俱有之，多至五六万人，皆筑垒于村落间。"②经过金代前期和中期的招抚流民和人口迁移，中原地区成为金朝境内人口最为稠密的地区，中都路、河北东路、大名府路、河北西路东部、山东东路西部共同构成人口密集分布区。中原地区人口的聚集为地区开发奠定了良好的基础，在金朝政府的扶持下，中原地区农业经济迅速发展，并成为金朝境内的经济核心区③。

根据韩茂莉的研究，河北地区的主要粮食生产地主要集中在以下几个地区。①太行山山前冲积扇地带。漳河、滹沱河等河流自太行山流出，在太行山山麓形成一系列冲积扇。冲积扇地带土壤肥沃，且地下水丰富，利于农业生产，金人记载说："太行之麓，土温而沃。"④南宋使臣楼钥在出使金国时，路过太行山麓，在其著作《北行日录》中描述太行山山前一带"土地平旷膏沃，桑枣相

---

① 王德鹏:《论金代商业经济的若干特征》,《辽宁大学学报》,2009年第3期。
② （宋）李心传:《建炎以来系年要录》卷138,绍兴十年十月。
③ 韩茂莉:《辽金农业地理》,社会科学文献出版社,1999年,第189～202页。
④ （金）蔡松年:《水龙吟词序》,载（清）张金吾辑录:《金文最》卷37。

望"。可见这里的农业生产是相当不错的。②华北平原河流冲积淤土地带。华北平原上河流纵横，在沿河冲积淤土地带，土壤相对肥沃，非常适合发展农业。③原宋辽边界塘泊区。金代原宋辽之间广大的塘泊水域已经成为金朝内地，已经失去军事防御意义。因此，塘泊在金代逐渐向农业区开始转化。金朝中期，朝廷积极鼓励开发农田水利，安肃、定兴、清苑等县开辟大量的水田，农业生产日渐兴盛。

在山东地区，山东西部是重要的农业经济带。早在宋代，山东西部之益都府、兖州、东平府一线以西，在地理区域上与河北四路连为一体，是土地肥沃，盛产粮食的地区①。金代，这里依旧是重要的粮食产地，如金代初年金朝对南宋作战，当时主要的粮饷就主要来自于此地，宋人曾说，金人"粮运所出，自来止藉东平、济南及淄、青、德、博等数州而已"②。大定年间，河北一带水灾，山东一带成为重要粮食来源③。

二、潞水漕运的确立

在迁都燕京之前，完颜亮先建设燕京城，并开始利用潞水向燕京运输物资。由于潞水在中都东部的潞县，经由潞水运来的各种物资需要经潞县中转而后再运至中都城。鉴于潞县的物资转输枢纽地位，天德三年（1151年），即海陵帝命张浩增广燕京城的同一年，金朝升潞县为通州。《元史·地理志》说："金改通州，取漕运通济之义。"④显然，通州之设是由于潞县据守水陆要地，是漕运枢纽，在城市功能上主要服务于漕运。按《金史》记载，海陵

---

① 韩茂莉:《宋代农业地理》，山西古籍出版社，1993年，第46~47页。
② （宋）吕颐浩:《忠穆集》卷5《论边防机事状》。
③ 韩茂莉:《辽金农业地理》，社会科学文献出版社，1999年，第220~226页。
④ 《元史》卷58《地理志》。

迁都燕京后，打算南下征伐宋朝，遂于正隆四年（1159年）二月，下令"造战船于通州"，同年十月，海陵王"观造船于通州"①。宋人周麟之在其著作《海陵集》说："金人每年于此（通州）造海船。"并记载当时造船情景，"大船辟舼容万斛，小船飞鹛何翩翩。传闻潞县燕京北，木梯翻空浪头白。近年升作北通州，谓是背吭宜控扼"②。海陵王在通州造战船，准备南下征伐宋朝，说明战船沿着潞水可以一直向南航行进入到中原地区，否则也不会在通州制造战船的。

金朝利用潞水将河北、山东的粮食运至通州，然后再转运至中都。按《金史·河渠志》记载，金朝漕粮运输采用纲运之法，"其制，春运以冰消行，暑雨毕。秋运以八月行，冰凝毕。其纲将发也，乃合众，以所载之粟直而封之，先以付所卸之地，视与所封样同则受。凡纲船以前期三日修治，日装一纲，装毕以三日启行。计道里分溯流、沿流为限，至所受之仓，以三日卸，又三日给收付"③。纲运制度创建于唐代，广德元年（763年），刘晏主持漕政，立纲运法，他把10只船编为一组，是为一纲，每纲篙工50人，官兵300人，武官押运。金代潞水漕运一年分两次运输，与元明清时期潞水漕运从春至秋无间断运输相比，显见潞水漕运早期尚未完善。

《金史》还记载与潞河相连接的通漕之水，"其通漕之水，旧黄河行滑州、大名、恩州、景州、沧州、会州之境，漳水东北为御河，则通苏门、获嘉、新乡、卫州、浚州、黎阳、卫县、彰德、磁州、洺州之馈，衡水则经深州会于滹沱，以来献州、清州之饷，皆合于信安海壖，溯流而至通州，由通州入闸，十余日而后至于京师。其他若霸州之巨马河，雄州之沙河，山东之北清河，皆其灌输之路

---

① 《金史》卷5《海陵纪》。
② （清）于敏中等：《日下旧闻考》卷108《宫室》引《揽辔录》。
③ 《金史》卷27《河渠志》。

也"①。河北平原上的旧黄河、漳水、衡水、拒马河、沙河等河流，皆汇聚于信安海壖，所谓信安海壖，壖即壖，意思是河边地。马永赢通过研究，认为壖是指江河湖海边的空地，那么到底是指岸上空地，还是水滨滩涂地呢？马永赢进一步运用文献进行考察，《利济庙记》"初庙于湖壖……，乡人孔泽、赵瑗谓：地势洼狭，非立伽蓝之所"，南宋"大江之壖，其地广袤，使水之蓄泄不病，而皆为膏腴者，圩之为利也"其意指大江边空地，可用圩阻水，变为良田。司马光《类篇》卷三十九释壖为"一曰游地、水滨地"。由此可见，壖就是与水相接的滩涂地②。信安海壖即信安靠海边的滩涂地。显然，这几条河汇合在海边以内不远处的陆地，漕船先抵达这里，然后溯流而至通州，这条溯流而上的水路，即金中都东部的潞水。那么，信安海壖在哪里？按唐代的三会海口大约在天津杨柳青附近，《金史》所说漕船合于信安海壖，自然是受河流汇聚于此的地理条件影响，因此信安海壖约在唐代三会海口附近。卞僧慧经过详细考证，认为信安军东界约在天津西青区北部或天津旧城以西一带③，信安海壖当位于此。另据《大元海运记》记载，元代漕粮分为南粮和北粮，在记录南北仓添鼠耗则例时说，运输南粮的粮船自直沽至河西务，河西务至通州，通州至大都几段路程计算鼠耗，北粮漕船按自唐村等处运至河西务，河西务至通州，坝河运至大都等路程计算鼠耗④。元代

---

① 《金史》卷 27《河渠志》。
② 马永赢：《说"壖"》，《文博》，2012 年第 5 期。
③ 卞僧慧：《试说直沽寨和信安》，载卞僧慧：《天津史志研究文集》，天津古籍出版社，2011 年，第 210～211 页。
④ 《大元海运记》卷下。书中在写南北粮添耗粮例时记载："臣等圆议去年奏添南粮，自直沽里运至河西务，每石元破七合，今添五合；河西务运至通州，每石元破七合，今添八合；河西务仓内每石元破一升三合，今添七合；通州仓内每石元破一升三合，今添七合；坝河站车运至大都，每石元破一升，今添五合；省仓内每石元破三升，今添一升。北粮内自唐村等处运至河西务，每石元破五合，今添二合；河西务仓每石元破一升二合，今添三合；河西务船运至通州，每石元破二合，今添二合；通州仓每石元破一升三合，今添二合；坝河站车运至大都，每石元破七合，今添三合；省仓每石元破二升五合，今添五合。"可见，南北粮鼠耗分为运输过程中的粮食损失和入仓过程中的粮食损失。

北粮漕运利用的是金代漕运系统,即依据金代漕船在信安海壖汇合,再溯流北上的制度。元代北粮自唐村等处开始算粮耗,其作为漕粮运程粮耗的起始点,很可能是金代的信安海壖所在地(图3—1)。

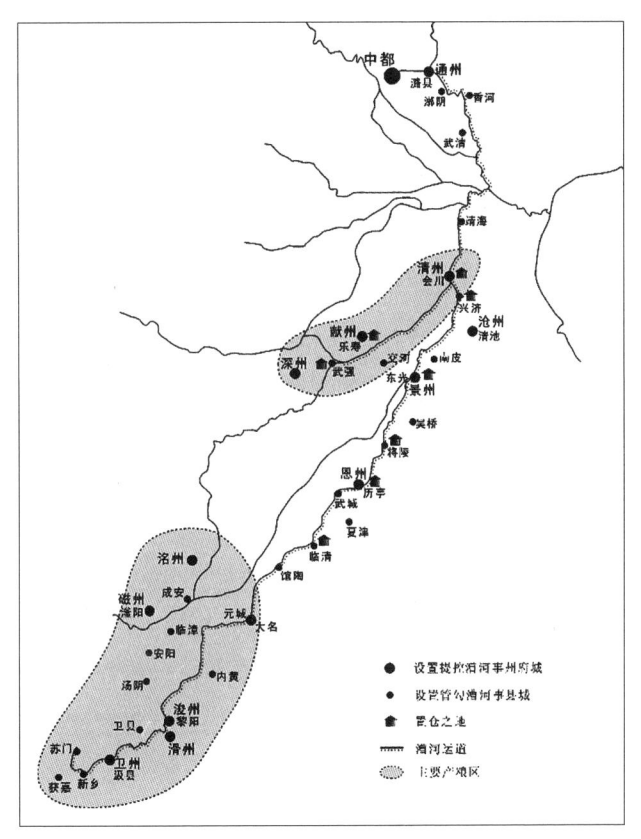

图3—1 金代中原主要产量地与漕粮运输路线

资料来源:据谭其骧《中国历史地图集》和韩茂莉《辽金农业地理》绘。

金代首次实行潞水漕运制度,最初漕河管理尚未归属地方,遂导致漕河运道淤浅,致使漕运大受影响。直至泰和六年,朝廷开始确立漕河所经地方州县负有维护运道的职责,情况才有所改观。

(泰和)六年,尚书省以凡漕河所经之地,州县官以为无与於已,多致浅滞,使纲户以盘浅剥载为名,奸弊百出。于是遂定制,凡漕河所经之地,州府官衔内皆带'提控漕河事',县官则带'管勾漕河事',俾催检纲运,营护堤岸。为府三:大兴、大名、彰德。州十二:恩、景、沧、清、献、深、卫、浚、滑、磁、洺、通。县三十三:大名、元城、馆陶、夏津、武城、历亭、临清、吴桥、将陵、东光、南皮、清池、靖海、兴济、会川、交河、乐寿、武强、安阳、汤阴、临彰、成安、滏阳、内黄、黎阳、卫、苏门、获嘉、新乡、汲、潞、武清、香河、漷阴[①]。

从上述文字记载来看,潞水漕渠经过潞县、武清、香河、漷阴四个县,与今日北运河经过的通州、香河、武清、天津等地是一致的,这说明潞水河道自金代至今其变动幅度不大,其具体经行路线我们在后面的章节中予以探讨。漕渠沿线州县"提控漕河事"和"管勾漕河事"的设置,是朝廷为了维护漕运水路的重要措施。按照规定,州府官和县官皆需负责督运漕粮,又要维护河岸堤防与疏浚河道。为进一步强化漕河运道的管理,泰和六年十二月,"通济河创巡河官一员,与天津河同为一司,通管漕河闸岸,止名天津河巡河官,隶都水监。"[②]通济河,当是潞水,朝廷设置巡河官,专门管理漕河闸岸,针对漕河的管理职能大大加强了。

三、金中都城附近漕渠治理

1. 大定五年疏浚旧漕渠

金代漕粮从河北、山东等地经潞水运至通州,然后把粮食再

---

① 《金史》卷27《河渠志》。
② 同上。

从通州转运至中都城。在中都和通州之间，曾有旧漕河存在。金世宗大定四年（1164年）八月，"以山东大熟，诏移其粟以实京师"。同年十月，金世宗出近郊，见运河湮塞，遂询问原因，主管官员说是由于户部没有好好经划所致。于是，世宗召户部侍郎曹望之，责备说："有河不加浚，使百姓陆运劳甚，罪在汝等。朕不欲即加罪，宜悉力使漕渠通也。"①大定五年正月，尚书省奏疏浚方案，提出征发夫役数万人。世宗说："方春耕作，不可劳民。以宫籍监户及摘东宫、诸王人从充役，若不足即以五百里内军夫补之。"②从本段文字可以看出，中都附近有运河，当时已经湮塞。这条河很可能位于通州和中都之间，所以世宗才会联想到自通州陆运漕粮的事情，进而质问有司为何不考虑采用水运。那么这条运河到底是哪条河，目前未有定论。有人认为从中都以东的几条水道看，当是疏浚辽代使用过的萧太后运粮河。这条辽代旧渠，疏浚比较简便，运粮离中都最近。蔡蕃认为金世宗看到的湮塞运河很可能是坝河③。侯仁之认同蔡蕃的意见，并认为这应该是262年和565年先后引高梁水东接坝河以会于潞河的故道。到金朝初年，可能曾利用它作为通漕济运之用④。于德源根据金世宗多次出城观稼以及行猎和祭天等活动情况，认为这条旧漕渠很可能是今北京西北的高梁河。

这条河疏浚之后，文献上就没有了下文，很可能没有发挥作用。《金史·河渠志》曾这样说："自通州而上，地峻而水不留，其势易浅，舟胶不行，故常从事陆挽，人颇艰之。"⑤通州比中都城海拔低20米左右，距离仅50里，地势陡峻，水流下泄较快，存水不

---

① 《金史》卷27《河渠志》。
② 《金史》卷92《曹望之传》。
③ 蔡蕃："元代的坝河——大都运河研究"，《水利学报》，1984年第12期。
④ 侯仁之："北京历代城市建设中的河湖水系及其利用"，载侯仁之：《侯仁之文集》，北京大学出版社，1998年，第97~98页。
⑤ 《金史》卷27《河渠志》。

易,导致河流浅涩,漕船无法航行。当时在这条运河上尚未使用河闸节制水流,这当是此次疏浚旧运河没有成功的根本原因。为此,通州至中都之间的粮食只能通过陆运进行,成本十分高昂。

为了解决通州至中都之间的漕粮运输问题,金朝在中都附近曾几次修浚中都附近的河流,试图利用水运把粮食运到中都城。

2. 大定十二年开挖金口河

或许由于前述漕渠没有发挥作用。大定十年(1170年),有人建议引卢沟河水济京师漕运,金世宗高兴地说:"如此,则诸路之物可径达京师,利孰大焉。"于是命人计算工程量,需要征发京城千里以内民夫,当时因山东岁饥,不便征工挖河作罢。大定十一年十二月,主管官员再次奏请开河引水,"自金口疏导至京城北入濠,而东至通州之北,入潞水,计工可八十日"。大定十二年三月,世宗命重新核算工程,结果只需五十日。于是开工挖河,由麻峪开引卢沟河水,于今石景山北麓开凿金口,再由金口向东开渠,在今北京西郊半壁店附近转向东南,经今玉渊潭南折入中都北护城河,下接闸河,这就是金口河。根据今人考证,金口所在是今石景山麻峪村东石景山发电厂院内洼地。卢沟河水自此引入开凿好的渠道,东行至中都城北护城河,然后向东抵达通州之北,汇入潞水。但是,由于从金口至通州的地形落差较大,纵坡陡,水流急,金口闸下视都城140尺,平均比降2‰多,中间仅有玉渊潭,调蓄能力有限。同时由于永定河泥沙含量大,不能用河闸节制水流,金口河并未取得预期效果,《金史·河渠志》说明其原因,"以地势高峻,水性浑浊。峻则奔流旋回,啮岸善崩;浊则泥淖淤塞,积滓成浅,不能胜舟"。卢沟河是典型的季节性河流,年流量分布不均,泥沙含量高,水急则冲蚀堤岸,水缓则泥沙淤积,不利于航运。金世宗谓宰臣曰:"分卢沟为漕渠,竟未见功,若果能行,南路诸货皆至京师,而价贱矣。"平章政事驸马元忠曰:"请求识河道者，按视其地。"不过，该建议没有得以实行①。此次开金口河引卢沟水通漕工程失败。

金口河引卢沟水，还引发了洪涝灾害问题。大定二十五年卢沟河洪水暴发，河水在上阳村附近决口。此前，卢沟河曾在显通寨决口，朝廷诏发中都三百里内民夫堵塞决口。因再次决口，朝廷恐枉费工物，遂不加以治理。大定二十七年三月，宰臣以"孟家山金口闸下视都城，高一百四十余尺，止以射粮军守之，恐不足恃。倘遇暴涨，人或为奸，其害非细。若固塞之，则所灌稻田俱为陆地，种植禾麦亦非旷土。不然则更立重闸，仍于岸上置埽官廨署，及埽兵之室，庶几可以无虞也"②。世宗认可了宰臣的第一种说法，遂遣使塞绝了金口河。故《金史·河渠志》说："世宗之世，言者请开卢沟金口以通漕运，役众数年，竟无成功。"③开金口河引水失败，北京至通州之间水路运输无法解决，漕粮依旧从通州陆运至京城。

3. 泰和四年开凿闸河

自大定年间开金口河引水工程之后的30多年，金朝再次开凿闸河以通漕运。《金史·韩玉传》中有记载："泰和中，建言开通州潞水漕渠，船运至都。"④这说明翰林院应奉韩玉提出开漕渠运粮至京城之策。《金史·乌古论庆寿传》中又载："泰和四年，迁本局（近侍局）提点。是时，议开通州漕河，诏庆寿按视。漕河成，赐银一百五十两、重币十端。"⑤由上述两段文字可知，泰和四年（1204年），韩玉建言开凿自通州至中都漕河，金章宗采纳了他的建

---

① 《金史》卷27《河渠志》。
② 同上。
③ 同上。
④ 《金史》卷110《韩玉传》。
⑤ 《金史》卷101《乌古论庆寿传》。

议，任命乌古论庆寿督工开凿漕河，并取得了成功。

于德源在《北京漕运和仓场》一书中认为这条运粮漕河就是西起中都，东至通州的闸河，其河道主要是利用了金世宗时期开凿的金口河的旧河道。《金史·河渠志》说："金都于燕，东去潞水五十里。故为牐以节高梁河、白莲潭诸水，以通山东、河北之粟。"由于中都至通州地势下降约20米左右，为防止河水下泄致使河道存水不足影响漕运，遂在开凿的漕河中修建数座水闸以蓄水通航，因而此河被称为闸河，闸河即今北京城至通州之间的通惠河的前身。闸河能够通航，关键在于新水源的开辟，闸河引用了高良河（高梁河）、白莲潭（积水潭）等水源，另根据侯仁之研究，闸河还引用了今昆明湖的湖水以济漕运。水源的开拓大大增强了闸河的输送能力，漕粮自河北、山东等地抵达通州后，"由通州入闸，十余日而后至于京师"。闸河的开凿无疑在一定程度上改善了通州至金中都之间的漕粮运输效率，并为元明清时期通惠河的开凿埋下了伏笔。尽管金朝后期开凿闸河解决通州至燕京之间的漕粮运输问题，但是闸河在实际使用上或通或塞，并未取得理想效果，故通州至中都之间漕粮转输仍旧以陆运为主。贞祐二年（1214年），蒙古大举入侵，河北、山东受战火袭扰，金宣宗被迫迁都南京（开封）。自泰和四年至贞祐二年，闸河使用时间不过十年，且淤塞不定，在金末元初的战争中，闸河因弃用而湮没。

泰和年间，金政府曾对中都附近漕河进行整治。

> （泰和）五年，上至霸州，以故漕河浅涩，敕尚书省发山东、河北、河东、中都、北京军夫六千，改凿之。犯屯田户地者，官对给之。民田则多酬其价[①]。

---

① 《金史》卷27《河渠志》。

显然这次对旧有漕河的改凿,是开挖新河道。按《金史·河渠志》记载,霸州巨马河也是金朝重要的漕运河渠,此处霸州的故漕河,很可能是巨马河。

第二节　元代白河变迁

一、元代定都燕京与漕运

在蒙古灭金的战争中,金中都城被毁,变成一片废墟。在从1415年城陷至忽必烈定都燕京历时半个世纪的时间里,田园荒芜,人民流离,社会经济一直处于极端凋敝状态。由于燕京地处蒙古草原与中原的结合部位,地理形势险要。早在忽必烈登基之前,霸突鲁曾向其建议定都燕京:"幽燕之地,龙蟠虎踞,形势雄伟,南控江淮,北连朔漠。且天子必居中以受四方朝觐。大王果欲经营天下,驻跸之所,非燕不可。"[①] 忽必烈受此影响,遂萌生定都燕京的想法。蒙古宪宗八年(1259年),蒙哥汗死于前线,忽必烈遂北上争夺帝位,于该年冬抵达燕京,驻跸近郊。中统元年(1260年)三月,忽必烈在开平即帝位。六月,在与阿里不哥争夺帝位的征战中,曾从燕京等地运米至开平,作为军事储备。燕京漕粮运输始自于1260年,系沿用金代漕运制度,中统元年十月,"创建葫芦套省仓落成,号曰千斯。时大都漕司、劝农等仓岁供营帐工匠月支口粮,此则专用收贮随路僭漕粮料,只修应办用度及勘会亡金通州河仓规制。自是漕船入都。"[②] 中统二年设立军储所,不久改为都漕转运使。中统三年,郭守敬因熟习水利被举荐受到元世祖召见。郭

---

① 《元史》卷119《霸突鲁传》。
② (元)王恽:《秋涧集》卷80《中堂事记》。

守敬遂面陈水利六事，针对漕运提出建议："中都旧漕河，东至通州，引玉泉水以通舟，岁可省雇车钱六万缗。通州以南，于蔺榆河口径直开引，由蒙村跳梁务至杨村还河，以避浮鸡淀盘浅风浪远转之患。"①按《元史·世祖纪》记载，中统三年"八月己丑，郭守敬请开玉泉水以通漕运，广济河渠司王允中请开邢、洺等处漳、滏、澧河、达泉以溉民田，并从之"②。可见，郭守敬提议利用中都旧漕河从通州运粮至燕京的建议得以实行。按该旧漕河应为金代曾经使用之漕渠，不过因金代闸河已经湮没无闻且尚未重开，显然此河应为坝河。中统四年，"立漕运河渠司"。至元元年（1264年），"立漕运司"。同年，忽必烈定开平为上都，改燕京为中都。至元九年，改中都为大都。每年夏天，皇帝前往上都，处理蒙古漠北地区军政事务；秋季返回大都，处理漠南军政事务，由此形成分列燕山南北的两都制。蒙古帝国版图辽阔，地跨欧亚大陆，大都城的政治地位和社会影响远远超过了以往任何一个朝代。元大都人口众多，远超金时中都规模，商品和粮食需求量极为庞大，因此元代漕运规模超过了金朝。

至元十三年之前，漕粮来自原金朝漕粮交纳区域，即河北、山东一带。为了运输漕粮，至元年间多次治理运河。至元元年，"夏四月戊申，以彰德、洺、磁路引漳、滏、洹水灌田，致御河浅涩，盐运不通，塞分渠以复水势"。至元二年春正月，"徙奴怀、忒木带儿炮手人匠八百名赴中都造船运粮"。至元七年三月，"浚武清县御河"。同时，出于转运和存储漕粮需要，至元三年十一月，"濒御河立漕仓。"至元五年八月，"敕京师濒河立十仓"。

至元十三年，元朝平定南宋，开始从江南运粮。运送江南漕粮最初的路线是从浙西北运，涉江入淮，由黄河逆流而上，至今河南

---

① 《元史》卷164《郭守敬传》。
② 《元史》卷5《世祖本纪二》。

封丘境内的中滦旱站，然后用车载牛驮陆运至淇门，入御河，顺流抵达直沽，再溯白河然后抵达京师。至元十九年十二月立京畿、江淮两个都漕运司，仍各置分司，以督纲运。每年命江淮漕运司将粮食运至中滦，京畿漕运司自中滦接运，陆运漕粮至淇门，经御河运至大都。

至元十九年，元政府开济州河，使船只可由泗河入济州河，再经大清河至利津入渤海，至直沽，经由白河至大都，以代替中滦—淇门—御河的陆路运输线。当时元廷还不知海运之利，仍致力于漕粮的水陆联运。该年，伯颜追忆海道载宋图籍之事，认为海运漕粮可行，于是命上海总管罗璧、朱清、张瑄等造平底海船六十艘，运粮四万六千余石，从海道至京师。但因初次航海，经验未足，沿海滨行驶，风信失时，次年才抵达直沽。此次海运漕粮成功，元政府遂从至元二十年开始推行海运，《元史》说："元自世祖用伯颜之言，岁漕东南粟，由海道以给京师，始自至元二十年。"[①] 但是，河运也并未放弃，至元二十年，济州河开凿成功，可以通航，于是命山东三省造船三千艘于济州河运粮。由于海运有风涛之险，元政府仍致力于打通河运，尚未完全采用海道运粮。至元二十年，元政府采纳王积翁的建议，命阿八赤等广开胶莱新河，以缩短海上航程，然而新河水浅，漕船需候涨潮时才能进入河中，船多损坏，民亦苦之。至元二十一年（1284年），"罢阿八赤开河之役，以其军及水手各万人运海道粮"。到至元二十三年，海运漕粮数额达57万石之多。至元二十四年（1287年），元廷开始设行泉府司，专掌海运。至元二十五年，"内外分置漕运司二。其在外者于河西务置司，领接运海道粮事"。

元政府加强漕粮海运的同时，依旧在探索河运之法。至元二十四年，由于利津海口泥沙壅积，漕运不便，元政府遂罢东平河

---

① 《元史》卷97《食货五》。

运粮,即停止漕船经由大清河至利津入海漕运路线,将漕粮从东阿旱站陆运至临清,经御河转运至京师。为减轻陆运劳顿,至元二十六年,元政府开凿会通河,南起安山,北至临清,沟通汶河和御河。至元二十七年夏四月,"改利津海道运粮万户府为临清御河运粮上万户府"。但是,由于山东段运河水源不足,运河常因天旱水浅,河道淤塞而影响漕运。与此同时,随着海运管理的加强,至元二十六年海运漕粮数额约92万石,至元二十七年达151万石。元政府看到了海运之利,遂于至元二十八年(1291年),"罢江淮漕运司,并于海船万户府,由海道漕运"①。此后,海运成为元朝输送漕粮的主要形式,直至元末。随着海运能力提高,海运漕粮的数额也不断攀升,延祐六年超过300万石,天历二年高达350万石。《大元海运记》记载:"初岁运四万余石,后累增及二百万石,今增至三百余万石。"②

综上所述,元代漕粮运输以海运为主,河运为辅。无论河运还是海运,漕粮均需经白河运至通州,再转运至大都,故白河运道对于朝廷来说十分重要。元朝不仅积极治理通州至大都之间的运河水道,对白河也进行了大规模的治理与改造。

元朝沿袭金代制度建立仓储制度。中统元年(1260年)在大都建千斯仓,专门储备漕粮,并参考金代旧制建立"船漕入都常平救荒之法"③。自此,元代粮仓的设置和管理制度初步建立,终世祖一朝,在大都城设置了可储240余万石粮的仓房955间,并在沿御河、运河及直沽沿海,建立了大量的粮仓储备漕粮。至元初期,元政府还对中原地区金代旧仓进行了统一的规划,添盖了大量的粮仓。在大都地区,储藏漕粮的城市有大都、通州、河西

---

① 《元史》卷16《世祖纪十三》。
② 《大元海运记》卷上。
③ (元)王恽:《秋涧集》卷80《中堂事记》。

务和直沽。大都建有 22 仓，可储粮 310 万石以上；通州建 13 仓，可储粮 182 万石以上；河西务建 14 仓，可储粮 226 余万石。除了这几个大的仓廒外，还有通州附近设置的李二寺仓和直沽设置的广通仓①，但规模均比较小②。

二、元大都附近河道的开凿

1. 元初重开金口河

至元元年（1264 年），元政府沿用金朝旧制实行漕运，但是大都至通州间水运不畅。至元二年，郭守敬提议重开金口河，以引水济运。他建议说："金时，自燕京之西麻峪村，分引卢沟一支东流，穿西山而出，是谓金口。其水自金口以东，燕京以北，灌田若干顷，其利不可胜计。兵兴以来，典守者惧有所失，因以大石塞之。今若按视故迹，使水得通流，上可以致西山之利，下可以广京畿之漕。"郭守敬认为金口河有灌溉之利，而且可以把西山的木材等物资运往燕京，还可以为运河增加水源，可一举多得。同时，郭守敬考虑到卢沟河水性凶悍，不易驾驭，提出建议："当于金口西预开减水口，西南还大河，令其深广，以防涨水突入之患。"③ 郭守敬认为应该在金口西侧开挖减水河，一旦涨水可分减水势，保证漕运用水平稳，防止出现灾害。至元四年（1267 年），忽必烈在中都旧城东北营建新城。由于元大都营建工程庞大，对于各种建筑材料的需求量极大，尤其中国古代建筑以木石为主，对于木石等营建物料产生巨大的需求。据《元史》记载，至元十九年（1282 年）七月，

---

① 《元史》卷 85《百官志一》。
② 于德源：《北京漕运和仓场》，同心出版社，2004 年，第 155~156 页。
③ 《元史》卷 164《郭守敬传》。

朝廷议筑阿失答不速皇城，枢密院言："用木十二万，地远难至，依察罕脑儿筑土为墙便，从之。"① 仅修筑阿失答不速皇城就需要木材十二万根，那么元大都工程更为庞大，所需木材数量则更多。大都城营建工程所需木材很多来自西山，木材砍伐后利用永定河顺水漂运至卢沟桥，然后陆运至大都城，《卢沟运筏图》描绘了利用卢沟河运输木材的情形。尽管金口河为营建大都新城运输西山木石物料，起到了巨大的作用。但是卢沟河终难驾驭，大德二年（1298年），浑河（卢沟河）发生洪水，酿成水患，大都路督水监在金口处下闭闸板。大德五年，浑河水量大增，郭守敬担心洪水冲出金口，威胁大都新城和旧南城，因此将金口以上河身用砂石杂土进行堵闭。

元代末期，为了引水济运，曾有开挖金口新河之举。至正二年正月，"中书参议孛罗帖木儿、都水傅佐建言，起自通州南高丽庄，直至西山石峡铁板开水古金口一百二十余里，创开新河一道，深五丈，广二十丈，放西山金口水东流至高丽庄，合御河，接引海运至大都城内输纳。"此建议遭到众多廷臣抵制，左丞相许有壬尤其反对，他列出几条理由，其大略是：①卢沟河不可航运，卢沟桥距京城20里，而通州距京城40里，若可行船，不会在通州设码头；②金时卢沟河因金口河在城北，对中都影响不大，今则在大都新城之西南，一旦大水，影响都城；③金口河地形高下不同，若不作闸，则水泄导致河道浅涩，若作闸，则水性浑浊，必导致淤塞，挑浚无穷。郭守敬开通惠河别引白浮泉水，而不用卢沟河水，说明此水不可用于漕运。②此时，中书右丞相脱脱一意孤行，力排众议排，决定采纳孛罗帖木儿、傅佐二人建议，兴工开河。元顺帝至正二年二月，元政府征调民夫10万，开始兴修金口

---

① 《元史》卷12《世祖纪九》。
② 《元史》卷66《河渠三》。

新河,到当年十月竣工,历时八个月。金口新河修成后开闸放水,出现了预料不到的事情,"水至所挑河道,波涨潺淘,冲崩堤岸,居民彷徨,官为失措,漫注支岸,率不可遏,势如建瓴,河道浮土壅塞,深浅停滩不一,难于舟楫。其居民近于河者,几不可容"。在大都顺承门西南两岸,受迫害严重,"大废民居房舍、酒肆、茶房,若台榭虚墓"①。此次开金口新河失败,引起官民巨大反响,朝廷于是杀掉建议开河的中书参议字罗贴木儿和都水监傅佐,以平众怨。

据《析津志辑佚·属县·宛平县·古迹》载,金口新河"东南至董村、高丽庄、李二寺运粮河口"。《北京历史地图集》认为金口新河河道即今萧太后河,其上源取自浑河,引水口在今门头沟区三家店附近左岸,东南行至今石景山区麻峪村处,与金代金口河重合,至金中都城北,大都城丽正门南,向东南方向开挖新河道,出今北京左安门,经今朝阳区八里河村,至十里河村附近接上辽时萧太后运粮河,然后沿萧太后河直达高丽庄入白河。金口新河在明代还曾有利用其河道开凿运河的计划。明宪宗时,为将漕粮从通州运至北京城,曾有疏浚三里河之议。户部尚书杨鼎、工部侍郎乔毅建议重开通惠河,并反对当时有人提出的疏浚三里河的建议。据《明实录》,二人实际踏勘通惠河至张家湾一带的河道情形,对三里河河道的描述如下:"勘得城南三里河至张家湾运河口袤延六十余里,旧无河源,正统年间因修城壕,作坝蓄水,虑恐雨多水溢,故于正阳桥东南低洼处开通壕口以泄其水,始有三里河名……自壕口三里至八里始接浑河旧渠,两岸多人家庐舍、坟墓,流向十里迤南全接旧河,流入张家湾白河……况元人开此河,曾用金口之水,其势汹涌,冲没民舍,船不能行,卒为废河,此乃不可行之明验也。"②上述文字交代了三里河的来源,以及其与

---

① (元)熊梦祥:《析津志辑佚·属县》。
② 《明宪宗实录》卷97,成化七年十月丙戌。

浑河旧河的关系。文中说三里河自壕口至张家湾为六十里,今在地图测量,从正阳门沿萧太后河旧河道至张家湾,约在30公里左右,与古籍记载完全符合。另雍正《畿辅通志》引述明嘉靖时大臣桂萼对金口新河河道的记载:"正阳门外东偏,有古三里河一道,东有南泉寺,西有玉泉庵,至今基下俱有泉脉,由三里河绕出慈源寺、八里庄、五箕、花园一带,直抵张家湾烟墩港,地势洼下,故道俱存,冬夏水脉不竭。见今天坛北芦草园、草场、九条巷,其地下者俱河身也。"①

2. 坝河漕运

坝河位于北京城东北部,源自东城区东北护城河,经朝阳区东流入通州与温榆河汇合。坝河前身是高梁河东注鲍丘水的河道,因元代在此河上适应逐级运输漕粮需要筑坝而得名。《元史》中有记载,"坝河,亦名阜通七坝"②。另从"阜通七坝"用语可知坝河以前的名称为阜通河。据《元史·罗璧传》,约在大德年间,罗璧担任都水监,"通州复多水患,凿二渠以分水势;又浚阜通河而广之,岁增漕六十余万石"③。雍正《畿辅通志》也有阜通河的记载,"阜通河,在大兴县东,一名坝河"④。坝河之名出现后,遂成为民间通称,而原有阜通河之名则日渐消失。早在中统三年(1262年),郭守敬就向世祖献策,引玉泉水入中都旧漕渠,东至通州,济运行船,此河即为坝河。至元十三年开始,江南漕粮入大都,漕粮数额日渐增加,迫切需要提高通州至大都之间漕运能力。据《元史·王思诚传》记载:"至元十六年,开坝河,设坝夫户八千三百七十有七,车户五千七十,出车三百九十辆,船

---

① 雍正《畿辅通志》卷21《山川》引桂萼奏议。
② 《元史》卷64《河渠一》。
③ 《元史》卷166《罗璧传》。
④ 雍正《畿辅通志》卷21《山川》。

户九百五十，出船一百九十艘。"① 元政府为漕运需要而在此河上修筑闸坝，共建有千斯坝、常庆坝、郭村坝、西阳坝、郑村坝、王村坝、深沟坝七坝。漕船至水坝后，采用逐坝"倒搬"方法，从通州北上进入坝河的漕船从下游行驶到第一个水坝后，由该坝坝夫把粮食搬到坝西面的空船上去，然后继续向西行驶，逐坝递运，最终抵达大都城东北门光熙门。《析津志》记载："光熙门与漕坝千斯坝相接。当运漕岁储之时，其人夫纲运者，入粮于坝内。""（坝河）岁漕米百万，全藉船坝夫力。自冰开发运至河冻时止，计二百四十日，日运粮四千六百余石，所辖船夫一千三百余人，坝夫七百三十，占役俱尽，昼夜不息。"按每天运 4600 余石计算，以一年当中漕运时间 240 天，则共计运粮 110 余万石，符合"岁漕米百万"的数目。

关于阜通河上七个水坝的位置，因时代久远早已无存，学者蔡蕃对其位置进行过专门研究。他认为位于坝河最西端的千斯坝在元大都光熙门南一二里处，常庆坝应在今东直门外尚家楼村，郭村坝在今坝河上酒仙桥闸稍东，西阳坝在今西坝村，郑村坝在今东坝村，王村坝在今沙窝村附近，深沟坝在坝河入温榆河河口处②。不过，根据笔者的考察和文献分析来看，蔡蕃关于坝河河口的位置以及深沟坝的位置的判断均值得商榷。蔡蕃认为坝河河口就是今天的坝河入温榆河处，但是这种判断显然有误。从元代到现在有七八百年的时间，其间温榆河河道本身就发生过多次摆动，坝河河道也有一定的变化，坝河入温榆河的河口怎么可能在这么长时间里如此稳定呢。《元史·河渠志》有这样一段记载：

至元三十年九月，漕司言："通州运粮河全仰白、榆、

---

① 《元史》卷 183《王思诚传》。
② 蔡蕃："元代的坝河——大都运河研究"，《水利学报》，1984 年第 12 期。

浑三河之水，合流名曰潞河，舟楫之行有年矣。今岁新开闸河，分引浑、榆二河上源之水，故自李二寺至通州三十余里，河道浅涩。今春夏天旱，有止深二尺处，粮船不通，改用小料船搬载，淹延岁月，致亏粮数。先是，都水监相视白河，自东岸吴家庄前，就大河西南，斜开小河二里许，引榆河合流至深沟坝下，以通漕舟。今丈量，自深沟、榆河上湾，至吴家庄龙王庙前白河，西南至坝河八百步。及巡视，知榆河上源筑闭，其水尽趋通惠河，止有白佛、灵沟、一子母三小河水入榆河，泉脉微，不能胜舟。拟自吴家庄就龙王庙前闭白河，于西南开小渠，引水自坝河上湾入榆河，庶可漕运。又深沟乐岁五仓，积贮新旧粮七十余万石，站车挽运艰缓，由是访视通州城北通惠河积水，至深沟村西水渠，去乐岁、广储等仓甚近，拟自积水处由旧渠北开四百步，至乐岁仓西北，以小料船运载甚便。"都省准焉。通惠河自通州城北，至乐岁西北，水陆共长五百步，计役八万六百五十工。①

深沟坝位于坝河最东端，是非常重要的粮食转运枢纽。从"通州城北通惠河积水至深沟村西水渠，去乐岁、广储等仓甚近"这句话来看，深沟村位于通州城北不远处，深沟坝也在此处，是漕粮从白河导入坝河的第一站，因此元代这里设置了较大规模的仓储设施，共有五座仓群。从乐岁五仓存储粮食约70余万石来看，可见其粮食储备规模不小。漕司提出："拟自积水处由旧渠北开四百步，至乐岁仓西北，以小料船运载甚便。"该建议得到了都水监批准，于是兴工开挖河渠，"通惠河自通州城北，至乐岁西北，水陆共长五百步，计役八万六百五十工"。按照此处的记载，乐岁仓至通州城北通惠河

---

① 《元史》卷64《河渠一》。

积水处大约 400 步的距离。按步是中国旧制长度单位，一步等于五尺。另古时一举足叫跬（半步），两足各跨一次叫步，即相当于今天我们所说的两步。若按照现代人迈一步的距离约为 75 公分来计算的话，那么古代的一步约为 1.5 米。乐岁仓距离通惠河积水处约 400 步，那么二者之间的距离在 600 米左右，通惠河积水处当为今天通州旧城北的水泊葫芦头，可见乐岁仓等五仓离通州城北大约 1 里多地，由此推断深沟村很可能在通州城北的盐滩村附近。据此可知，乐岁、广储等五仓也在盐滩村一带。运到通州的漕粮一部分经由坝河转运至大都，一部分漕粮由陆路运至大都城。在通惠河北岸过去有地名曰"夹沟"，光绪《通州志》载有其事，"夹沟在北门外自圣人庙至十方院旧系夹沟一段，年久失修，深约丈余，行人见阻。光绪六年，民人郭维垣、何宽劝捐修垫一律平坦，并立石纪其事"①。民国时，夹沟受雨水冲刷，沟又加深②。在通州区的旧村改造过程中，发现此沟截面皆为蒜瓣土，显然系古代车马长时期碾压而形成，俗语说"多年的大路走成河"，夹沟当为古代的一条大道③。在 1970 年出版的通县地形图上，还可见盐滩村西有一个深沟，断断续续向西延伸至前窑村北，再向西延伸到卢庄村北，一直到京榆旧路，此沟当为一条运送物资的古代大道，经多年碾压而形成深沟（图 3—2）。从沟中盖满房屋可以推测，此沟不可能为河沟。若元代乐岁仓等五仓建在盐滩村附近，那么这两条道路当为元代陆运漕粮的道路。基于以上分析，可见深沟坝村当在盐滩村一带，坝河故道当为现在的温榆河河道，深沟坝就在深沟村（盐滩附近）东的坝河上。按照《元史》记载，至元三十年，温榆河和坝河在此处尚未合流，温榆河在坝河以东一带，很可能在今小中河河道所在之处。

---

① 光绪《通州志》卷 2《关梁》。
② 民国《通县志要》卷 3《建置志·桥梁》。
③ 北京市通州区文化委员会、北京市通州区文学艺术界联合会编：《通州文物志》，文化艺术出版社，2006 年，第 29 页。

图 3—2 夹沟所在位置

资料来源：1970 年出版的测绘地图《通州》图幅的局部。

元代以后，坝河不复为漕运水道，失去作用，相关记载较少。嘉靖《通州志略·舆地志·古迹》记载有"长店运河"条目，"在州城北安德乡，有通衢曰长店。店南河源自元旧京城，流出东南，入潞河，元□漕运所历，自此抵京，置坝储水，以□舟楫"①。显然这条河就是元代的坝河，在明代已经成为古迹。清代康熙、乾隆、光绪《通州志》，民国《通县志要》均无坝河记载。康熙《大兴县志》则说"坝河在东直门城角"②。

在嘉靖《通州志略》中还有一条河流的记载："白沫河，在州城北，源自京清河，合东直门外舆道泉沟潦河，流为白沫，入富河。"③ 从该河的流经路线看，似乎是元代的坝河。民国时期的《京兆通县农工银行十年史》一书中附有《京兆通县农工银行营业区域

---

① 嘉靖《通州志略》卷 1《舆地志·古迹》。
② 康熙《大兴县志》卷 1《舆地·山川考》。
③ 嘉靖《通州志略》卷 1《舆地志·山川》。

图》，图中通县北部一条河流标注"白马河"①，流经前曹各庄、娄子庄（楼梓庄）、沙窝注入温榆河，其位置与坝河完全一致（图3—3）。白马，是白沫的同音异体写法。白马河当为嘉靖《通州志略》所记载的白沫河。按照地图河流位置所在，可以判定，白沫河（白马河）为元代的坝河。清代文献中，坝河记载为白马河，《清德宗实录》记载光绪四年温榆河治理时多次提到白马河：

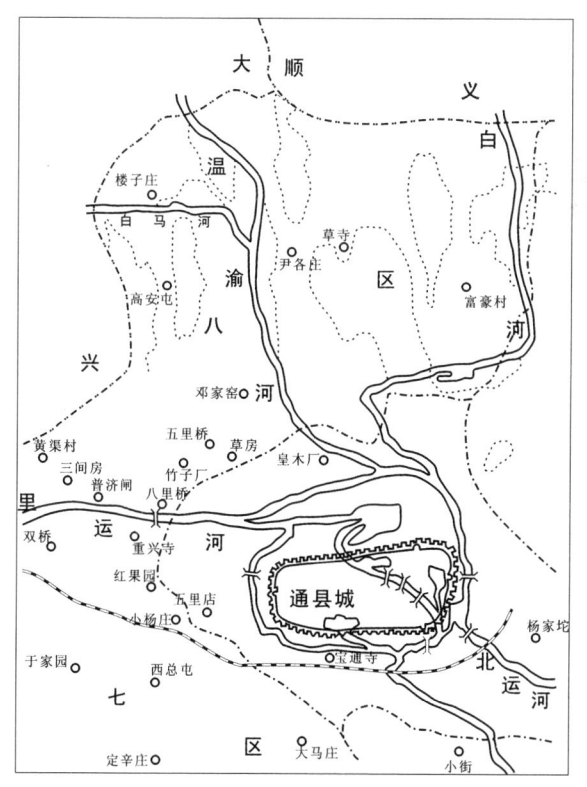

图3—3 《京兆通县农工银行营业区域图》中的白马河

丙辰，谕内阁、广寿、贺寿慈奏遵查北运河上游情形

---

① （民国）卓宣谋编纂：《京兆通县农工银行十年史》，大慈商店发行，1928年，第130页。

请分别疏筑一摺。据称详查潮白温榆两河泛滥淤塞情形，拟将通州东北浮桥东西两岸缺口坚筑堵塞，以免潮白西灌温榆之患。另将沙窝村、铃铛口两处缺口修补，于白马河南岸起至西浮桥西岸止，斜筑长堤一道，以为北关保障。至温榆改道之处，宜裁湾取直，挑挖旧河，俾循故道。新旧河相接之处筑挡水坝二道，其东岸通大道处另筑一堤，使河流不至东灌，并将下游自下关口起至小河口止，及白马河下游淤浅处所，均挑挖疏通，使漫流仍由温榆而下，庶有裨益。请饬筹款兴修等语，著照所请，即由直隶总督会同仓场侍郎自行筹款，赶紧兴修，以卫民生而济漕运①。

3. 温榆河与富河关系辨析

温榆河又名富河，富河之名最早见于《明太宗实录》，永乐十五年，"修通州城东白、富河桥"②，可见明初温榆河已经被称作富河了。在《明英宗实录》中，也有同样的记载："（正统九年）命修芦沟桥，通州白河、富河桥。"③明嘉靖《通州志略》记载说："富河，在州城北，源出口外，自白羊口入，流为榆河，下流为沙河，经顺义县界流至州城东北，会白河。"④《行水金鉴》则说富河"源出顺天府西瓮山口，由顺义县界至通州北关外，与白河会"。又说："按富河昔称榆河，志云榆河源发昌平州月儿湾，下流为沙河，经顺义县与白河合。"⑤《顺天府志》记载："榆河，在县西南二十五里，古名温渝河，其源出昌平境，由本县孙堠店东南流入通州。"⑥此处提到富

---

① 《清德宗实录》卷81，光绪四年十一月丙辰。
② 《明太宗实录》卷193，永乐十五年十月壬辰。
③ 《明英宗实录》卷114，正统九年三月丙寅。
④ 嘉靖《通州志略》卷1《舆地志·山川》。
⑤ （清）傅泽洪：《行水金鉴》卷143《运河水》。
⑥ 《顺天府志》卷13《怀柔县·山川》。

河有两处发源地,那么为什么对富河的记载出现这样的讹误呢?

清代刘锡信对此进行了考证,在其著作《潞城考古录》中有如下记载:

> 考瓮山在宛平县境内,白羊口远在昌平西四十里关隘之地,若源出瓮山,何以返经白羊口?盖瓮山乃通惠河上源经由之地,州志复指为富河之源,似属牵混。长安客话云自塞外西流入白羊口,经榆河下流沙河,由顺义南界至通州城东北入白河,即通州富河也,较州志颇明确。榆河为古湿余水,以水经注考之,富河疑即古沽水,水经注谓湿余水注于沽水,今富河会榆河下流,其说相合。①

这里,刘锡信否认了富河发源于瓮山的说法,他怀疑富河是《水经注》记载的沽水。在同书中,他进一步论证富河即来源于沽水。

> 今通州白河自东北来,富河自西北来,至州城东北合流为潞河,以水经注即今地势考之,白河为古鲍邱水,富河为古沽水,富、沽或音相近而讹耳。况所云沽水又南,湿余水注之,湿余水即今昌平榆河,下流为沙河,入于富河,合考之益见富河为沽水之证②。

刘锡信认为富河之名来自于语言变化,即富河之富字,来自于古代沽水之沽字的变音,即因发音相近而造成。乾隆《通州志》也对富河进行了考证,对刘锡信的富河发源塞外说予以支持。

---

① (清)刘锡信:《潞城考古录》卷上。
② 同上。

> 富河，在州城北。旧志云：富河在州城北，源出瓮山口，自白羊口入，经榆河，下流为沙河，经顺义界至州城东北，与潞河会。按刘锡信潞城考古录云：瓮山在宛平县境内，白羊口则在昌平西四十里，关隘之地，若源出瓮山，何以反经白羊口？盖瓮山乃通惠河上源经由之地，州志复引为富河之源，似属牵混，长安客话较为明确。至榆河为古湿余水，今以水经注考之，富河疑即古沽水。盖水经注谓湿余水注于沽水，今富河为榆河下流，其说似合。又张维基考云：康熙间，京西沙子营漕粮由富河转运于上清河。①

然而，《光绪顺天府志》却对此说予以否定：

> 按州志所言舛错，何不考之甚！白河，沽水也。潮河，即鲍邱水，而富河，则今沙河，古之漯余水也，何得言沙河入于富河耶？本不足辩，恐或孰非疑是，附注于此。②

温榆河俗名富河，但并不是整条河流都称作富河，根据调查，富河之称呼仅仅限于通州境内，即通州城北的温榆河段。《嘉庆重修一统志》顺天府河流部分有关于温榆河条目记载："北沙河，在昌平州南十八里，由居庸关南流，绕州西会翠屏山泉而东南流，又东至州南三岔口，会南沙河、高丽河，经顺义县西南三十里，又东南至通州东北八里，入于白河，俗又名为富河。"③在今天的通州北关的温榆河西侧，还有富河园、西富河园等居住小区，还有一条街称作富河大街。温榆河称作富河的说法主要集中于通州北关地区，温

---

① 乾隆《通州志》卷1《封域志·山川》。
② 《光绪顺天府志·河渠志二·水道二》。
③ 《嘉庆重修一统志》卷7《顺天府二·山川》。

榆河流经的其他地区则无此说法。

那么，流经通州北关的温榆河下游为什么又称作富河？这或许与河道变迁有关。

按照《元史》记载，至元三十年（1293年）通惠河修成以后，漕司曾进言："通州运粮河全仰白、榆、浑三河之水，合流名曰潞河，舟楫之行有年矣。今岁新开闸河，分引浑、榆二河上源之水，故自李二寺至通州三十余里，河道浅涩。今春夏天旱，有止深二尺处，粮船不通，改用小料船搬载，淹延岁月，致亏粮数。先是，都水监相视白河，自东岸吴家庄前，就大河西南，斜开小河二里许，引榆河合流至深沟坝下，以通漕舟。今丈量，自深沟、榆河上湾，至吴家庄龙王庙前白河，西南至坝河八百步。及巡视，知榆河上源筑闭，其水尽趋通惠河，止有白佛、灵沟、一子母三小河水入榆河，泉脉微，不能胜舟。拟自吴家庄就龙王庙前闭白河，于西南开小渠，引水自坝河上湾入榆河，庶可漕运。"① 根据这段文字描述，可知元初坝河与温榆河在通州北关附近并流。坝河在元初作为漕运河道之前，称作阜通河，元初在河上修建闸坝七座用以漕运，故有阜通七坝之说，后称作坝河。按照《光绪顺天府志》记载，葛渠村之东有温榆河故道。元初温榆河当流经葛渠村之东，大致经由今小中河流至北关，与阜通河并行，约在通州城东南汇合。北京地区的很多河流在民间都有简称，如温榆河简称榆河，潮白河简称白河，以此推断阜通河应简称为阜（富）河。按照古籍记载，明初温榆河已经有富河的称呼。

那么，一条河流为什么会有两个名称？这或许从近代的河流变迁当中寻找答案。今通州区东部的潮白河又称作箭杆河或瀴瀴河，与温榆河又称作富河现象类似。潮白河之所以又称作箭杆河，这与潮白河的河道变迁有关。金元明清时期，潮白河一直在通州北关一代与温榆河合流，清末潮白河开始出现向东摆动的趋势，河流多次

---

① 《元史》卷64《河渠一》。

决口进入箭杆河，1939年潮白河在李遂决口夺箭杆河道南下，不复流经通州北关，现代潮白河就此形成。从此李遂镇以下潮白河就出现一河多名现象。潮白河的例子无疑给温榆河称作富河的现象给予合理解释。历史上，温榆河下游河道并不稳定，经常发生河道摆动迁徙现象。按《元史·河渠志》记载，元初坝河（阜通河）与温榆河在通州城北关并流，相距不远。很可能在此不久，温榆河河道发生迁徙，向西摆动，袭夺阜通河河道南流，即温榆河下游河道和阜通河（简称富河）下游河道合二为一。温榆河下游与阜通河下游合流共享一条河道，势必在民间形成一河两名的现象，既称作温榆河，又称作富河。由于温榆河是大河，而富河是小河，温榆河的影响自然超过富河，虽然温榆河改道占用富河河道，但却喧宾夺主，成了这段河道的正式名称，富河反而成了温榆河的别名（图3—4）。

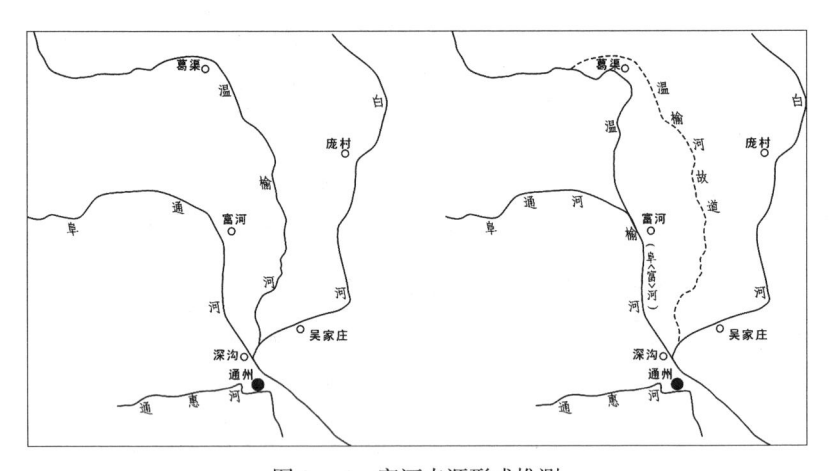

图3—4　富河来源形成推测

三、元代开凿通惠河

1.通惠河开凿始末

随着漕粮输送能力提高，抵达通州漕粮日多。至元十六年，元政府开坝河以加强通州至大都的漕运,其漕运能力仅为百万石。剩下的漕粮则由车载,人力或畜力推拉,陆运至大都城齐化门(今朝阳门)。但是,通州至大都之间的陆路运输极为艰苦,清代朝鲜使臣曾描述北京至通州之间道路情形:"盖辽沈以西,率是平野,路多沮洳,通州北京之间为尤甚。潦雨之节,泥淖不可行。"①《元史》记载通惠河开通以前陆路运输漕粮的情形,"先是,通州至大都,陆运官粮,岁若千万石,方秋霖雨,驴畜死者不可胜计"②。

　　至元二十八年,郭守敬上陈水利十一事,提出开凿大都运粮河计划:"大都运粮河不用一亩泉旧源,别引北山白浮泉水,西折而南,经瓮山泊,自西水门入城,环汇于积水潭,复东折而南,出南水门,合入旧运粮河。每十里一置闸,比至通州,凡为闸七,距闸里许,上重置斗门,互为提阏,以过舟止水。"③《元史·月赤察儿传》也有相应记载:"(至元)二十八年,都水使者请凿渠西导白浮诸水,经都城中,东入潞河,则江淮之舟既达广济渠,可直泊于都城之汇。"④元世祖忽必烈看到郭守敬的漕渠开凿计划后,喜曰:"当速行之。"由此可以看出忽必烈希望通惠河早日开凿成功的心理。世祖对通惠河修筑工程高度重视,"于是复置都水监,俾守敬领之。帝命丞相以下皆亲操畚锸倡工,待守敬指授而后行事"⑤。该工程始于至元二十九年(1292年)春,次年(1293年)秋工程竣工,用时约一年半。工程兴建之日,忽必烈下令丞相以下都要亲自操畚锸挖河,并听从郭守敬的指挥。在通惠河设立水闸之处,往往于地中发现旧有砖木,当是金代所开挖的闸河遗迹,时人为之感服。据《元史·月赤察儿传》记载:"帝亟欲其成,又

---

① 〔朝鲜〕韩德厚:《承旨公燕行日录》,载林中基:《燕行录全集》第50卷,东国大学校出版部,2001年,第223页。
② 《元史》卷164《郭守敬传》。
③ 同上。
④ 《元史》卷119《月赤察儿传》。
⑤ 《元史》卷164《郭守敬传》。

不欲役其细民，敕四怯薛人及诸府人专其役，度其高深，画地分赋之，刻日使毕工。"①为加快工程进度，同时又不扰动民间，世祖忽必烈调用护卫部队和诸府人夫挖掘运河，分段施工，令其在规定工期内完成工作。

通惠河完工之后，漕船可从通州一直行至大都，公私省便。这一年秋天，世祖由上都回銮大都时，过积水潭，看到湖中舳舻蔽水，非常高兴，赐河名为"通惠"，并赐郭守敬一万二千五百缗钱，命其兼任提调通惠河漕运事。根据研究，通惠河上游收受北京西山的白浮诸之水，沿着西山山麓，至瓮山泊，然后东南流，汇聚于大都城积水潭，出海子闸（澄清闸），过万宁桥，入金代漕河旧道，向东通向通州，至通州城西沿西城墙南流再至通州城南门，而后东行南折，东南流至张家湾，在张家湾城南注入潞河。《光绪顺天府志》认为，郭守敬开凿通惠河即是沿着金代韩玉所开闸河河道遗址上进行的。"守敬传所云不用一亩泉者，盖玉所开河，本用一亩泉为源，而守敬乃用白浮泉耳。守敬建牐，往往得旧时砖石，故址当即玉遗迹也。盖燕都自金宣宗迁汴后，迨元世祖至元十一年，始来都之，其间荒废者已四五十年，旧时河道，久已湮没。"②

此次开凿通惠河的成功，其根本在于郭守敬找到了解决运河水源的办法。金代和元初皆利用永定河水济运，都因河水浑浊、含沙量大，兼以水性凶悍水流不稳，因而失败。郭守敬开凿通惠河利用大都西北山前诸山泉清水，汇聚成流，使通惠河有了稳定而可靠的水源保障。《元一统志》云："（通惠河）上自昌平白浮村之神山泉下流，有王家山泉，昌平西虎眼泉，孟村一亩泉，西来马眼泉，侯家庄石河泉，灌石村南泉，榆河温汤龙泉，冷水泉，玉泉诸水合。"③

---

① 《元史》卷119《月赤察儿传》。
② 《光绪顺天府志·河渠志三·水道三》。
③ （元）孛兰肹等撰，赵万里校辑：《元一统志》卷1《中书省统山东西河北之地·大都路》，中华书局，1966年，第15页。

通惠河源头在今昌平东南白浮村北的龙山东北的白浮泉，明《顺天府志》记载："白浮泉，源出县东神山，流经本县东入双塔河，为通惠河、坝河之源。"① 神山即今名龙山，光绪《昌平州志》称为龙泉山，"城东南五里曰龙泉山，旧名白浮山"，"上有都龙王祠，山半一洞……洞北有潭，潭西北泉出乱石间"。② 今白浮泉遗址在昌平城区白浮泉公园内，龙山上的白浮泉早已干涸，白浮泉遗址有一亭，匾额曰"白浮之泉"，亭子内有侯仁之书写的白浮泉石刻，记述其来源及历史作用。亭子前有一水潭，曰九龙池。关于一亩泉，文献也有记载，《读史方舆纪要》记载昌平有官河，"在州西南二十里，源出一亩泉，分为二流，一曰官河，入宛平县，一曰双塔河，在州西南三十里，经双塔店入榆河。志云一亩泉在州西南新屯，广一亩许，因名。又清河源亦出一亩泉，流入宛平界，其下流皆汇於沙河"③。所谓官河，即由政府主导疏挖的人工河，此河当即为元郭守敬所主持开挖的人工河。成书于天顺年间的《大明一统志》载："源出昌平县一亩泉，分为二流，一曰官河，流入宛平合高梁河，一曰双塔河，经双塔店入榆河。"④ 万历《顺天府志》引用了《大明一统志》关于官河的记载。

2. 通惠河河闸设置

通惠河从昌平龙山东北侧的白浮泉引水，经龙山东侧南流，然后沿着山前白浮村北折而向西，沿途经过西山山麓南流，至今颐和园昆明湖，再东南入长河，沿着西山山麓流入京城。至今昌平人依旧把京密引水渠流经昌平龙山前的河段叫作运河。同时，因地势逐级下降，为了防止水流下泄，郭守敬在通惠河上修

---

① 《顺天府志》卷14《昌平县·山川》。
② 《光绪昌平州志》卷5。
③ （明）顾祖禹：《读史方舆纪要》卷十一《直隶二》。
④ 《大明一统志》卷1《京师顺天府》。

建了一系列的坝闸，以节制水流。"通惠河之源，自昌平县白浮村，开导神山泉，西南转，循山麓，与一亩泉、榆河、玉泉诸水合。自西水门入都，经积水潭为停渊，南出文明，东过通州，至高丽庄入白河。上下二百里，置闸二十有四：护国仁王寺西广源闸二，西水门外会川闸二，万亿库前朝宗闸二，海子东澄清闸三，东水门外文明闸二，魏村惠和闸二，籍田东庆丰闸二，郊亭北平津闸三，牛店普济闸二，通州通流闸二，高丽庄广利闸二。"[①] 这24座闸从西至东依次为如下所示。

广源闸二，在护国仁王寺西，即在今紫竹院西北，万寿寺前。

西城闸二，元成宗元贞元年（1295年）七月，改名为会川闸。上闸在大都和义门（今西直门）外西北一里。下闸在和义水门西三步。

朝宗闸二，上闸在万亿库南百步，下闸距上闸百步，此水出高粱桥，入积水潭。

海子闸三，元贞元年，改为澄清闸，《析津志》记为闸二，《元一统志》记为闸三。在都水监东南，积水潭东岸，水流过丙寅桥、枢密桥、南薰桥、流化桥，出南水门外，入哈达门南文明桥下。

文明闸二，上闸在丽正门外水门东南，下闸在文明门西南1里。《析津志》记为闸四，有皇后水磨一所。

魏村闸二，上闸在文明门东南1里，下闸西至上闸1里。元贞元年改名为惠和闸。附近有苇草场，有民磨一所。

籍东闸二，在都城东南王家庄，元贞元年改名为庆丰闸。

郊亭闸三，在都城东南25里银王庄，元贞元年改名曰平津闸。《元史》记为闸二，《析津志》记为闸三。

杨尹闸二，在都城东南30里。今朝阳区八里桥附近。元贞元年改名普济闸。

---

① （元）孛兰肹等撰，赵万里校辑：《元一统志》卷1《中书省统山东西河北之地·大都路》，中华书局，1966年，第15页。

通州闸二，上闸在通州熙门外，下闸在通州南门外。元贞元年改名为通流闸。

河门闸二，在通州高丽庄、通惠河入白河处。元贞元年改名广利闸。

上述水闸共建24座，《析津志·河闸桥梁》载："凡水之上下二百余里，置闸节水二十四，实有利于国矣。"这些闸最初都是木闸，元武宗至大四年（1311年）六月，省臣言："通州至大都运粮河闸，始务速成，故皆用木，岁久木朽，一旦俱败，然后致力，将见不胜其劳。今为永固计，宜用砖石，以次修治。"①该建议得到批准，通惠河各木闸陆续改建为石闸，到泰定四年（1327年），才修换完整。

通惠河的修建在水利工程上取得了重大成就。郭守敬设置斗门"互为提阏，以过舟止水"，就是在通惠河上的置闸处之前另置一水闸，两个水闸配合使用，所谓"互为提阏"，即一启一闭互相配合。这样，在河道坡度较大的地方，可以使水量保持在同一水平线上，以便漕船行驶，其作用相当于现代的船闸，故通惠河上所安置的水闸是即可调节水深又可调节水量的复闸。这样，漕船从高丽庄入通惠河以后，北上至通州，然后自通州至大都的各处复闸，先提起下闸让船进入闸内，然后关闭下闸闸板，待闸内水位和上游持平后，再打开上闸，漕船继续向上游行驶。各处复闸依次如此操作，漕船便可自东向西，由低到高，节节攀升，直至大都城内。郭守敬在通惠河内使用船闸技术，其应用在北京地区是首创，充分展示了元代水利科学技术水平。

3. 关于通惠河河口的讨论

元代通惠河故道在通州天桥湾沿通州旧城西护城河南行（今西

---

① 《元史》卷64《河渠志一》。

海子西路），至西水关进入旧城，沿今新华大街向东，至通州南门（今闸桥以北），再东至东水关，出东水关入东护城河南行经南溪闸沿着今玉带河至土桥，西南折经广利桥向西不远即南折，经张家湾城东入白河。自郭守敬开凿通惠河成功以后，张家湾成为榆河、潮白河、浑河和通惠河四条河流总汇之地。因此，人们就把张家湾以下的一段潞河叫作泗河。明人蒋一葵在其著作《长安客话》卷之六《畿辅杂记》中曾经记载：

> 泗河，在潞县东四里，即运河也。四水会流，故名泗河。一发源自塞外，东流经密云，与潮河川合流，注通州城东北入白河，即通州潞河也，一自塞外西流入白羊口，经榆河下流沙河，由顺义南界至通州城东北入白河，即通州富河也。一发源于昌平白浮村神山泉，出西南汇为西湖，东入都城积水潭，入宫墙太液池，南至玉河桥，由东南大通桥迄东入庆丰等闸，即通会河，入白河。一自都城左安门外草桥流入南海子，东出宏仁桥，由水南新河至张家湾板桥入白河，总名运河。凡江南粮运自是达于京仓。河岸俱白沙，不生寸草，故亦名白河。

在上述文字中，蒋一揆描述了泗河名称的来源、位置及构成泗河的四条河流名称。今潞县镇以东的一段河道历史上被称作泗河，这是由潮白河、温榆河（明代称富河）、通惠河、浑河（凉水河）四条大河汇流而形成。这四条河流中，潮白河在通州城北与富河汇流合为白河（潞河），通惠河自京城东流至张家湾入白河（潞河），浑河（永定河故道，即凉水河）在张家湾板桥入白河。

在张家湾以下有一个村子叫作里二泗，即《元史·河渠志》中记载的"李二寺"。按《大元海运记》记载南粮北粮耗则，规定运粮水程之间的粮食破耗数额。其海运水程分为海运至直沽、直沽至河西务、河西务至通州仓、通州仓、坝河至大都、车运至大都省仓。北粮水程自唐村等运至河西务,河西务以上同海运水程一致。至元二十九年通惠河通航,南粮和北粮的鼠耗水程则有河西务至通州李二寺之间的水程①。由此可知,通惠河通航后,李二寺成为通汇河河口附近的漕运码头,漕粮在此转运经由通惠河运至大都。元代张家湾尚未兴起,当时里二泗为重要码头,今里二泗村北有漕运码头遗址,码头遗址南为元代的天妃宫遗址。里二泗村在《元史》中记载为"李二寺",从张家湾以下河段被称作泗河的名称来看,里二泗一定与泗河有关,《元史》中记载"李二寺"当为错误。为什么这里叫里二泗,这恐怕与当时运河河道的变迁有关。里二泗中的"里"字是什么含义呢?不妨举一个例子来说明。在通州旧城北门外通惠河南侧的居民区叫作里河沿,而在石坝遗址公园即原石坝码头以南潞河西岸的居民区则叫作外河沿。里河沿、外河沿是以石坝为界区分的。里河沿和外河沿的称呼来自里河和外河,所谓里河是指连接北京和通州的通惠河,外河是指潞河。由里河之名可以推想,所谓"里二泗",其含义应当为在"二泗之内",顾名思义,很可能当时此处泗河有两股河道。因此,"里二泗"村名当是因为位于泗河两股河之间而形成。合理的推测是,元初潮白河、温榆河、通惠河、浑河在张家湾附近汇合后,号称泗河。里二泗位于张家湾下游,该河在流经里二泗村时,泗河分成两股,分别从村落南北流过,该村因位于两条泗河之内而称作里二泗,史书上讹写作"李二寺",并进而演绎出荒诞不经的故事来。还有一种可能是,运河自张家湾以下东流,在里二泗村西的烧酒巷村分出一条河流,即港沟河,为泗河岔流,里二泗因位于运河及其岔流之间而得名。在民间,泗河之名也并未完全消失。在今通州区西集镇吕家湾村,当地人们还有把运河故

---

① 《大元海运记》卷下。

道叫作北泗河的说法，因今天的运河河道已经南移，故原来的运河河道位于现河道以北，故流传下来北泗河之说，这恰好说明此处运河历史上被称作泗河的文化印记。在1928年顺直水利委员会实测图上，可以看出在陈桁（地图记载为陈家巷）、和合站、吕家湾、萧家林、牛牧屯几个村南侧有一条古河道，显然这条河道就是被称为"北泗河"的那条河，从泗河名称来推测，这条古河道当是元代的运河河道。

通惠河开凿成功之后，郭守敬还曾提出环大都城护城河实行漕运的计划，但并未成功。《元史·郭守敬传》记载："守敬又言，于澄清闸稍东，引水与北霸河接，且立闸丽正门西，令舟楫得环城往来，志不就而罢。"①

第三节　元代白河河道治理

元代，北运河在古籍中更多地记载为白河。关于白河命名的来历，在古代书籍中有多种说法。明嘉靖《通州志略》："以两岸沙白，寸草不生，故名。"②康熙《顺义县志》也说："俗以两岸沙白，寸草不生，故名。"③该书同时也给出另外一种解释："发源塞外，从石塘岭白马关入，故曰白河。"纵观上述几种解释，最为合理的当为第一种说法，白河含沙量高，河床上铺满泥沙，沿河两岸白沙茫茫，故称为白河。如今在顺义城东的潮白河河道上，因为河流干涸，可以十分清楚地看到河床及两岸一片白沙，完全符合古籍中描述的"两岸沙白"的特点。明代来华的朝鲜人所写的《燕行录》中也有相关记载，可作为白河得名的时代佐证。明弘治元年（1488年），

---

① 《元史》卷164《郭守敬传》。
② 嘉靖《通州志略》卷1《舆地志·山川》。
③ 康熙《顺义县志》卷2《形胜·山川》。

朝鲜使臣崔溥来北京朝贡,沿潞河北上,他在其著作《飘海录》中描述道:"自天津卫以北,白沙平铺,一望无际。狂野无草,五谷不生,人烟稀少。"①

一、通惠河开通后与通州城附近白河河道治理

据《元史·河渠志》,元代白河(即潞河)自顺义流入通州境,在通州城北附近与温榆河、坝河合流,然后自通州城东向东南至张家湾,白河与元代郭守敬开凿的通惠河、萧太后河和浑河(今凉水河)三条河流汇合后,继续南流。因此,张家湾以下,白河水势较大,而张家湾至通州之间白河河道水势相对较小。据《元史·河渠志》,通惠河开通对于张家湾至通州之间的河道河流水势也产生了影响。至元三十年(1293年)九月,漕司进言:

> 通州运粮河全仰白、榆、浑三河之水,合流名曰潞河,舟楫之行有年矣。今岁新开闸河,分引浑、榆二河上源之水,故自李二寺至通州三十余里,河道浅涩。今春夏天旱,有止深二尺处,粮船不通,改用小料船搬载,淹延岁月,致亏粮数。先是,都水监相视白河,自东岸吴家庄前,就大河西南,斜开小河二里许,引榆河合流至深沟坝下,以通漕舟。今丈量,自深沟、榆河上湾,至吴家庄龙王庙前白河,西南至坝河八百步。及巡视,知榆河上源筑闭,其水尽趋通惠河,止有白佛、灵沟、一子母三小河水入榆河,泉脉微,不能胜舟。拟自吴家庄就龙王庙前闭白河,于西南开小渠,引水自坝河上湾入榆河,庶可漕运。②

---

① 〔朝鲜〕崔溥:《锦南飘海录》卷3,载林中基:《燕行录全集》卷1,东国大学校出版部,2001年,第498页。
② 《元史》卷64《河渠一》。

这段文字指明了里二泗至通州之间河道浅涩的原因在于通惠河截引昌平西山之水，只有"白佛、灵沟、一子母"三条小河之水入温榆河，按"白佛"为白浮，"灵沟"为蔺沟河，"一子母"不知所指，因温榆河上游来水减少，进而影响了下游河道水量，致使通州至里二泗之间水量不够，影响漕运。

按前文已经证明，深沟村在通州城北的盐滩村一带，深沟坝当在此处。坝河、温榆河和白河在通州城东分流，坝河在西，温榆河在中间，白河在东边。经过丈量，吴家庄龙王庙前白河至坝河八百步，按照一步1.5米计算，那么坝河至吴家庄龙王庙前白河约有1200米。

这段文字也表明，元代白河与今天的潮白河河道并不一致，而是在吴家庄附近，因此需要确定白河河道和吴家庄的位置。根据民国文献资料，在通州小潞邑一带，有沙龙一道，"沙龙，一在县东五里小潞邑、焦王庄、耿各庄外，有沙陀数道，约长四里，宽二里。一在县东南三十余里，曹庄西口，有沙坨数道，约长三里，宽亦如之。每当朔风起时，沙飞如龙，所以土人以沙龙呼之"①。小潞邑附近的沙龙应为潮白河早期河道，河流改道后形成沙坨。小潞邑村西有一个苏坨村，显然是依据地貌而得名，坐落于古河道上。按《元史》记载，吴家庄位于白河东岸，庄前有龙王庙。今焦王庄东有龙旺庄，龙旺庄村即位于沙龙东南附近，该村名的来历当为龙王庄，龙王庄显然是因为龙王庙而得名，也就是说，龙旺庄是龙王庄地名的讹误。按吴家庄在清代志书及古地图上均无踪迹，但龙王庙提供了一个非常有用的信息。结合龙旺庄村西的古河道，民国文献所记载的"沙龙"，还有龙旺庄村的来历，可知元代白河河道在

---

① （民国）何绍曾修、刘鸥书纂：《通县编纂省志材料二·古迹》，载董光和、齐希编：《中国稀见地方史料集成》（稀见地方史料丛书），学苑出版社，2010年，第40页。

小潞邑、焦王庄、耿各庄、苏坨、王家场一线，龙旺庄恰好位于河东，应是元代的吴家庄。牛作坊村东的温榆河东至龙旺庄村西的王家场古河道一带，其直线距离约为1200米左右，其方向也为东北—西南向，完全符合《元史》中所说的深沟村、深沟坝与白河、吴家庄龙王庙的位置关系（图3—5）。

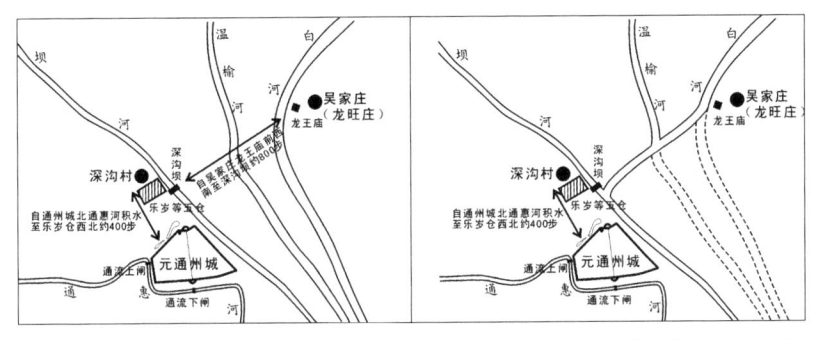

图3—5 推测元代坝河、深沟坝的位置和元至元三十年通州城北白河治理概况

漕司提出一个河道治理计划，"拟自吴家庄就龙王庙前闭白河，于西南开小渠，引水自坝河上湾入榆河"，按此文中"引水自坝河上湾入榆河"，有误。依据漕司丈量运河时的记载，"自深沟、榆河上湾，至吴家庄龙王庙前白河，西南至坝河八百步"。由此可知，原文当是"引水自榆河上湾入坝河"，按河流位置关系，白河在东，榆河在中间，坝河在西，漕司计划在吴家庄龙王庙前堵闭白河，引河西南行，当先与温榆河汇合而后至深沟坝下之坝河。

对于《元史·河渠志》关于通州至里二泗河道浅涩的记载，明人王琼认为漕司所说通州运河浅涩，并非因通惠河截取温榆河上源之水导致下游河道缺水所致，而是漕司受到车户集团所蒙蔽。元代漕粮自通州至大都除坝河漕运外，多为陆运，车户握有运输之利益，通惠河开通显然车户集团影响很大，故车户集团利用当时天气亢旱，借机歪曲事实，蒙蔽漕司。

愚意元始开通惠河，导神山泉，过双塔、榆河，则榆河亦引而西至都城南，又引浑河注之。二水相合，故河水盈溢而舟楫行焉。其后值时亢旱，二河之源及诸泉皆细微，故河浅而不能通舟。漕司言因引浑、榆二河上源之水，故通州河道浅涩。殊不知浑、榆二水虽引入新开牐河，而其下流亦必至于通州，别无走泄。其浅涩不能载重者，乃时旱水涸之故，非引其上源之所致也。至于脱脱开金口河，则因开河之始，偶值浑河泛溢而至壅淤耳。若当水势平缓之时引之，而又于分流之处为之节制，未必遽尔泥壅也。使果水性善淤如是，则自卢沟以至通州浑河经流之道，至今淤为平地矣，岂理也哉。盖陆运车户得力，而漕卒受害。元时亦多陆运，故接运粮提举司有车户之设，隶都水监，漕司之言，未必不惑于车户之私，因时亢旱而为沮废之计者①。

二、关于从浑河引水济运的讨论

《元史·河渠志》记载说："通州运粮河全仰白、榆、浑三河之水，合流名曰潞河，舟楫之行有年矣。今岁新开闸河，分引浑、榆二河上源之水。"重开闸河时间为至元二十九年，并且为了保证水源从浑河、榆河上源引水入河。郭守敬开白浮泉引榆河上源之水，史有确载。但引浑河之水，却无相应的史料支撑。不过值得注意的是，今凉水河历史上有"新河"之称，《明史·地理志》漷县条记载："有漷河，一名新河，东入于白河，即卢沟之下流。"②康熙《通

---

① （明）王琼：《漕河图志》卷2。
② 《明史》卷40《地理一》。

州志》记载有南新河,"在州西南二十里,其上源曰凉水河,自大兴县流入,又东北流至张家湾城南,东北流入白河"[①]。凉水河自南苑至马驹桥,然后东流至高古庄,明显向东北拐弯,在高古庄东北的凉水河北岸有一村曰新河村,其名称颇耐人寻味,当与开挖新河有关。另外,京东地区的河流多为西北东南流向,唯有马驹桥以下凉水河河道却拐向东北,似乎为非自然形成之河道。按该河为明代的浑河,即清代的凉水河。康熙《通州志》所说南新河即今凉水河通州河段,该书显然认为南新河引自自凉水河,从大兴县引入通州至张家湾入运河。根据上述历史记载、现状地名以及河道情形判断,此河当为元代引用浑河水济运的河道。

三、河西务附近河道治理

据《元史·世祖纪》,至元十三年七月,"以杨村至浮鸡泊,漕渠洄远,改从孙家务"[②]。浮鸡泊又称舒鸡淀,在香河县城附近,这段话说明白河在杨村至舒鸡淀之间,河道呈湾环曲折之形,漕船绕行路程较远,因此才在孙家务改凿运河,使河道顺直,避免湾环。孙家务在香河县西,今在北运河西岸,元代当在此处改凿河道。接下来,"八月己巳,穿武清蒙村漕渠"[③]。这说明蒙村以下也有一个大弯,故于蒙村穿渠改道。关于这两处河道的状况后文将有详细研究,此处暂不讨论。另据《元史》,至元二十二年(1285年)二月,"以应放还五卫军穿河西务河"[④]。这说明河西务附近白河也有一个弯环,此次兴工使河道改为顺直形状。

据《元史》,河西务曾开刘二总管营相对河,元泰定三年

---

① 康熙《通州志》卷1《封域志》。
② 《元史》卷9《世祖纪六》。
③ 同上。
④ 《元史》卷13《世祖纪十》。

（1326年）三月，都水监言："河西务菜市湾水势冲啮，与仓相近，将来为患，宜于刘二总管营相对河东岸，截河筑堤，改水道与旧河合，可杜后患。"于是，泰定四年开河工程开始，共派遣军夫五千，招募大都路民夫五千，于三月十八日兴工，六月十一日完工。按刘二总管营、菜市湾等地名，今皆已不存，无从考证其具体位置。但依据此段文字，当是刘二总管营在运河边，于运河对岸即东岸开凿新河，引水东流，再弯环回到下游河道，避免河水冲击菜市湾，影响粮仓，此即刘二总管营相对河。尽管开河避免了河水冲啮堤岸，但是却对漕粮运输产生负面影响（图3—6）。两年后，即天历二年（1329年）三月，漕司言："元开刘二总管营相对河，比旧河运粮迂远，乞委官相视，复开旧河便。"于是兴役重新开通疏浚了旧河道。

河西务在元代是白河沿线的漕运枢纽，据《元史》记载，1287年"自京畿运司分立都漕运司，于河西务置司，分司临清"，掌握运河上下漕运。又于1288年分置内外二漕司，"其外者河西务置司，领接海道运粮"。元政府在河西务设置了14座粮仓，即永备南仓、永备北仓、广盈南仓、广盈北仓、充溢仓、崇墉仓、大盈仓、大京仓、大稔仓、足用仓、丰储仓、丰积仓、恒足仓、既备仓。河西务十四仓处于河西务城的西北部，所处的区域在元代有一片湖水，与运河相通，入口处的北岸有一座码头（河坝），为上码头，南岸有一码头为下码头，现在上下码头合称码头村。向西500米即是宽阔的湖面，湖泊南北长近2公里，东西宽近2公里，湖西岸向湖泊中间凸出一块陆地，呈半岛形状将湖泊分成两部分，湖东部将两部分连通入运河。北边的湖泊称后海子，南边的称前海子，这两个海子可以停泊漕船卸载漕粮。海子的北边有北仓（今蔡庄附近），南边有南仓（包括今龚庄附近），在伸向湖中的岛上有东仓，中仓，西仓，今合称东西仓村[①]。据顺直水利委员会实测五万分之一地形图的

---

① 武清："河西务十四仓考"，《天津日报》，2008年1月1日。

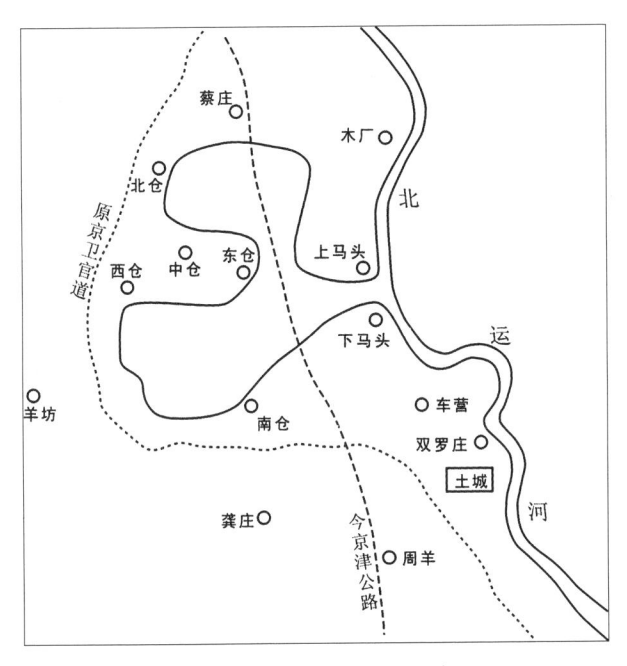

图 3—6　元代河西务附近河道概况

资料来源：据武清《河西务十四仓考》文中图改绘，《天津日报》，2008 年 1 月 1 日。

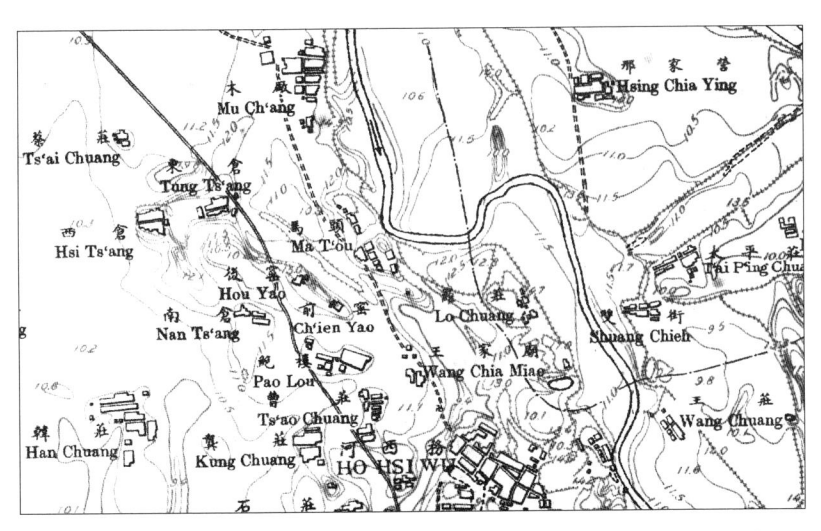

图 3—7　20 世纪 20 年代实测的马头村、东西仓、南仓村附近的地形

资料来源：1927 年印行的顺直水利委员会地形图《武清县图幅》。

《武清县》图幅，可以看到马头村西，南仓和东仓、西仓之间地势低洼，东仓和西仓北侧也有一小块洼地（图3—7）。现状土地地貌已经平整，但民间还保留着"海子地"的说法。1973年，在东西仓村东南的京津公路附近距地表2米深处发现一艘沉船的方形船头，长5米余。船身木质坚硬，保存完好。船身中部和尾部压在京津公路下，沉船所在地离元代十四仓遗址500米[①]。

第四节　白河堤防建设与河道疏浚

受北京地区气候特点影响，春季天旱，河道水量稀少，白河含沙量大，易于淤浅，汛期水势盛大，易于冲决，这对航运不利，影响漕粮运输。金元两朝十分注重对白河的治理。金朝规定漕河所经州县有维护漕河之责任，"于是遂定制，凡漕河所经之地，州府官皆带'提控漕河事'，县官则带'管勾漕河事'，俾催检纲运，营护堤岸。为府三：大兴、大名、彰德。州十二：恩、景、沧、清、献、深、卫、浚、滑、磁、洺、通。县三十三：大名、元城、馆陶、夏津、武城、历亭、临清、吴桥、将陵、东光、南皮、清池、靖海、兴济、会川、交河、乐寿、武强、安阳、汤阴、临彰、成安、滏阳、内黄、黎阳、卫、苏门、获嘉、新乡、汲、潞、武清、香河、漷阴"[②]。元朝建立，对漕河治理设有专门机构管理。"元有天下，内立都水监，外设各处河渠司，以兴举水利、修理河堤为务。决双塔、白浮诸水为通惠河，以济漕运，而京师无转饷之劳。"[③]《元史·百官志》记载都水监的职责："秩从三品，掌治河渠并堤防水利桥梁闸堰之事。"[④]

---

　　① 国家文物局主编：《中国文物地图集·天津分册》，中国大百科全书出版社，2002年，第107页。
　　② 《金史》卷27《河渠志》。
　　③ 《元史》卷64《河渠一》。
　　④ 《元史》卷94《百官六》。

一、金元时期白河堤防建设

金代对于运河的堤防建设十分重视，规定运河沿线各州县有"营护堤岸"的责任，并设有都巡河官，从七品，"掌巡视河道、修完堤堰、栽植榆柳、凡河防之事"①。金代潞河治理，没有相关文献，但可依据其他文献知其大概。《河防通议》记载金代河防令，其中规定："州县提举管勾河防官每六月一日至八月终，各轮一员守涨，九月一日还职"，"沿河兼带河防官知县官，虽非涨月，亦相轮上提控"，"河埽堤岸，遇霖雨涨水作发暴变时，分都水司与都巡河官往来提供官兵，多方用心固护，无致为害"，"除滹沱、漳、沁等河，其余为害诸河，如有卧著冲刷危急等事，并仰所管官司，约量差夫，作急救护。"② 元代白河堤防修防制度更为完备，为保证漕运顺利进行，十分重视堤防建设。白河武清段因地势低下，上游众水汇聚，河道容受不下，河水漫溢冲决，向来是堤防修筑重点。如大德二年五月，运粮河堤自杨村至河西务冲毁35处，都水监委官巡视，督巡河夫修理河堤，"自寺洵口北至蔡村、清口、孙家务、辛庄、河西务堤，就用元料苇草，修补卑薄，创筑月堤，颇有成功。其杨村两岸相对出水河口四处，苇草不敷，就令军夫采刈，至九月住役。杨村河上接通惠诸河，下通滹沱入江淮，使官民舟楫直达都邑，利国便民。奈杨村堤岸随修随圮，盖为用力不固，徒烦工役，其未修者，候来春水涸土干，调军夫修治"③。元至正十年八月，"庚午，命枢密院以军士五百修筑白河堤"④。

除白河以外，坝河、通惠河等漕运河道也筑堤防，至元二十八

---

① 《金史》卷56《百官二》。
② （元）沙克什《河防通议》卷上。
③ 《元史》卷64《河渠一》。
④ 《元史》卷42《顺帝本纪五》。

年十二月,"浚运粮坝河,筑堤防"①。元成宗大德六年三月,京畿漕运司言:"岁漕米百万,全藉船坝夫力。自冰开发运至河冻时止,计二百四十日,日运粮四千六百余石,所辖船夫一千三百余人,坝夫七百三十,占役俱尽,昼夜不息。今岁水涨,冲决坝堤六十余处,虽已修毕,恐霖雨冲圮,走泄运水,以此点视河堤浅涩低薄去处,请加修理。"坝河堤防修理工程自当年五月四日兴工,六月十二日竣工。根据《元史记载》,各坝用工数如下:"深沟坝九处,计一万五千一百五十三工。王村坝二处,计七百十三工;郑村坝一处,计一千一百二十五工;西阳坝三处,计一千二百六十二工;郭村坝三处,计一千九百八十七工。千斯坝下一处,计一万工;总用工三万二百四十。"②

金元时期,为了巩固运河两岸河堤,提高防洪能力,曾采用种植柳树固堤的办法。如都巡河官的职责之一就是"栽植柳榆",另据《金史·刘玑传》,金世宗时户部员外郎刘玑曾建议河堤种柳,可省每岁堤防之费③。金代堤防已经广泛使用卷埽之法,柳树榆树是制埽的主要材料,《河防通议》记载卷埽物色的主要组成就是杂梢,"即沿河采斫柳榆杂梢,或诱民输纳者"④。植柳固堤之法在我国起源很早,春秋战国之时就有在河堤植柳加固河堤的记载,《管子·度地》曰:"树以荆棘,以固其地,杂之以柏杨,以备决水。"秦汉时期在灞水两岸种植柳树,盛弘之《荆州记》载南朝刘宋时在荆州护城河堤植柳,"绿城堤边,悉植细柳"⑤。隋唐以后,河流堤防采用大规模种植柳树以固护堤岸。唐人著《开河记》记载隋炀帝开汴渠,

---

① 《元史》卷16《世祖本纪十三》。
② 《元史》卷64《河渠一》。
③ 《金史》卷97《刘玑传》。
④ (元)沙克什:《河防通议》卷上。
⑤ 盛弘之《荆州记》,载刘纬毅辑:《汉唐方志辑佚》,北京图书馆出版社,1997年,第209页。

虞世基建议河堤两岸栽垂柳，"一则树根四散，鞠护河堤，二乃牵船之人，护其阴凉"，于是隋炀帝"诏民间有柳一株，赏一缣，百姓竞植之"①。白居易写有《隋堤柳》一诗："大业年中炀天子，种柳成行夹流水；西至黄河东至淮，绿荫一千三百里。"宋代修筑黄河等河流大堤，十分重视植柳护堤的工作。

二、金元时期白河河道疏浚

金代河道疏浚之事因记载缺失而无法得知。元代白河河道疏浚情况，可依据《元史》相关记载可窥豹一斑。元世祖时，曾几次疏浚白河，如至元十六年六月，"辛丑，以通州水路浅，舟运甚难，命枢密院发军五千，仍令食禄诸官雇役千人开浚，以五十日讫工。"②至元二十四年正月，"戊辰，以修筑柳林河堤南军三千，浚河西务漕渠"③。至元二十六年，"五月庚辰，发武卫亲军千人浚河西务至通州漕渠。"④

延祐六年十月，省臣建议说："漕运粮储及南来诸物商贾舟楫，皆由直沽达通惠河。今岸崩泥浅，不早疏浚，有碍舟行，必致物价翔涌。都水监职专水利，宜分官一员，以时巡视，遇有颓圮浅涩，随宜修筑，如功力不敷，有司差夫助役，怠事者究治。"⑤于是，元政府在白河沿线开始设置官员专门按时巡视河道，随时维护堤岸和疏浚河浅。

为了避免漕运河道淤浅，元政府往往对河道及时疏浚。至治元年正月十一日，漕司言："夏运海粮一百八十九万余石，转漕往返，

---

① （唐）佚名：《开河记》。
② 《元史》卷10《世祖本纪七》。
③ 《元史》卷14《世祖本纪十一》。
④ 《元史》卷15《世祖本纪十二》。
⑤ 《元史》卷64《河渠一》。

全藉河道通便，今小直沽汊河口潮汐往来，淤泥壅积七十余处，漕运不能通行，宜移文都水监疏涤。"当时，工部汇报说农作即将开始，无法征调民夫，而枢密院也汇报说军夫不够，最后在大都路招募民夫三千人，"日给佣钞一两、糙粳米一升，委正官提调，验日支给"，从四月十一日兴工，至五月十日工毕，历时近一个月①。

通惠河开通后，河道用水皆来自于西山各河及泉源。但是，由于通惠河上游河水被盗决私用，致使通惠河河道浅涩，影响漕运。文宗天历三年三月，中书省臣言："世祖时，开挑通惠河，安置闸座，全藉上源白浮、一亩等泉之水以通漕运。今各枝及诸寺观权势，私决堤堰，浇灌稻田、水碾、园圃，致河浅妨漕事，乞禁之。"漕运是国家命脉，事关重大，于是文宗下旨禁止私决通惠河水灌溉农田，"白浮、瓮山直抵大都运粮河堤堰泉水，诸人毋挟势偷决，大司农司、都水监可严禁之。"②

元代坝河是重要的漕运河道，也经常需要疏浚，至正九年三月丁酉，"坝河浅涩，以军士、民夫各一万浚之。"③

第五节　金元时期白河水道复原研究

金元时期的运河水道因时代距今较远，自然地理环境和地貌形态变化较大，古河道湮没无闻，加之文献记载不足，故复原古河道的难度极大。为将金元时期古河道复原，本章将利用多种研究方法来探讨古河道的具体位置，其中最重要的一种方法就是利用地名。地名是了解区域地理情况的一把钥匙，往往能够提供非常有用的线索。为此，本章利用地名学原理结合考古、文献分析等方法对金元时期古河道进行研究。

---

① 《元史》卷64《河渠一》。
② 同上。
③ 《元史》卷42《顺帝本纪五》。

一、基于地名学研究确定运河古河道的方法

1. 黄河流域楼字地名的地理分布

自通州至天津之间的北运河河道两侧，分布着为数众多的"楼"字地名。在通州潞城镇有崔家楼、谢家楼，虽然现在这两个村庄不在运河边上，但是依据近代测绘地图和明清方志所绘的古代地图，可知明清时期，运河河道是经过谢家楼和崔家楼的，至今还可以发现崔家楼和谢家楼附近的运河河道。通州西集镇有耿家楼，武清县有土门楼、包家楼、郑家楼、高家楼、柴家楼等，均分布在北运河沿岸。楼字地名不仅仅分布在北运河沿线，在南运河沿线也分布着较多的楼字地名。在黄淮流域有更多的叫作"楼"的地名，如某家楼、某楼、某岔楼、暗楼等众多村落。这些带有楼字的村落地名为数众多，主要分布在山东、河南、安徽、江苏等地，与历史上的黄泛区基本吻合（图3—8）。在淮河中上游流域、湖北、南阳盆地等地也有楼字地名分布。

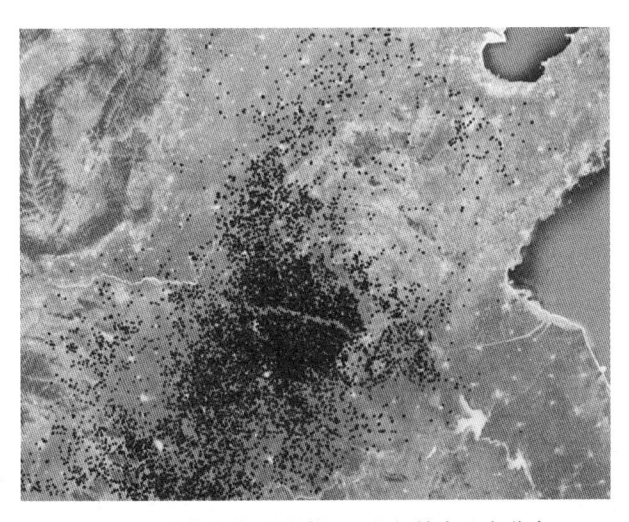

图3—8 黄淮平原（淮河以北）楼字地名分布

在各地近年编制的地名志或政府的地名网站中，对楼字地名解释为与民间建造楼房有关。在田野采访中，楼字地名或解释为与建造楼房有关，或说楼就是村庄的意思。目前对于楼字地名的解释多认为来自于楼房建设。如张家楼、王楼等村落从名称上似乎与张家或王家楼房有关。但有一些楼字地名却无法给人以信服的解释。例如，破楼类地名有许破楼、孙破楼、黄破楼等，多解释为破坏的楼房。如静海县有"朴楼"村，该村原名"破楼"。因明永乐年间有孙姓迁至此地，建楼定居，后楼房年久失修，人称破楼，后谐音演化为"朴楼"。类似的地名解释在全国各地比较普遍，均是从字面上来进行望文生义的解释。这种解释荒诞不经，一座破楼怎么能成为村落的代称呢？何况即便在今天，很多村落也没有楼房，在古代村落建造楼房的几率更低，如何得名为"楼"呢？现在的村庄即便建造楼房，基本上也没有更改名字的，在古代怎么建个楼就会把村庄命名为某家楼呢？其他如岔楼、花楼、所楼、七楼、八楼等众多地名用楼房来解释楼字地名并不完全合理，楼字地名来源应该重新审视和探讨。

2. 楼字地名含义辨析

（1）楼字地名分布与古河道关系密切

根据调查发现，楼字地名在地理分布上与河流存在着一定的关系。如北京市通州区有崔家楼、谢家楼、耿家楼等村落均分布在北运河沿岸或其故道附近。南运河沿岸静海县有王家楼、高家楼、朴楼均位于南运河沿岸，沧州南运河沿岸有荀家楼、张家楼、时家楼、吕家楼等村落均沿着运河分布。在河南、安徽境内的颍河、涡河、睢水等黄河泛道区域，楼字地名呈现出随河而行的条带状分布趋势。如在安徽省的浍河、包河中下游地区，有不少楼字地名分布在河流两岸并沿河岸呈现条形分布的现象（图3—9）。浍河、涡河

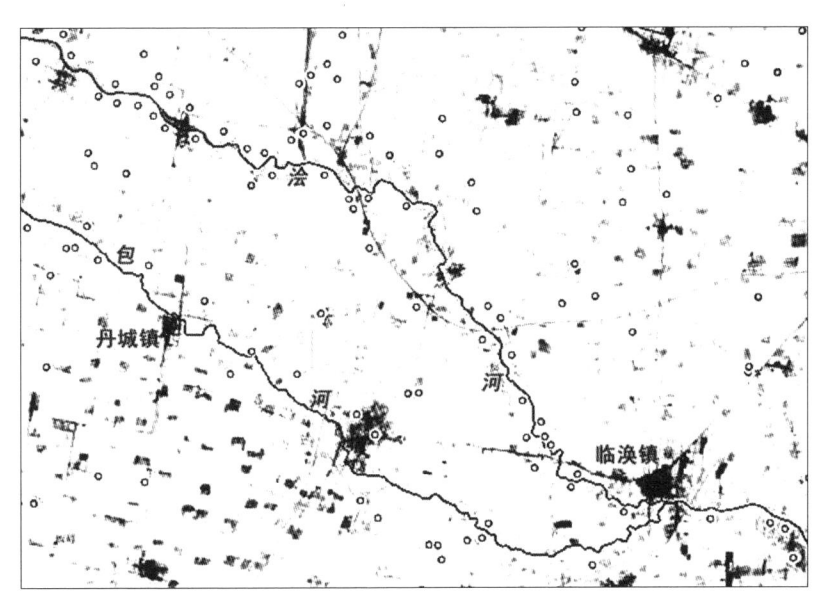

图3—9 浍河、涡河两岸楼字地名群呈现沿河条带状分布

注释：图中圆点为楼字地名村落。

图3—10 周口市北郊黄河泛道区域带状分布村落和楼字地名

在历史上曾经为黄河入淮的泛道，楼字地名沿河呈现条带状分布，恰恰与今天废黄河两岸沿黄河大堤呈现带状分布的村落布局极其相似，可见楼字地名当与古代河流堤防建设有关。在周口、西华、淮阳之间，为黄河泛道，楼字地名呈现条状沿河分布，周口市北的几个楼字村落与其他村落几乎连在一起，自西北向东南条带状展布，如同废黄河大堤上的村落一样（图3—10）。

（2）楼字地名中"楼"的含义分析

按《尔雅》载："四方而高曰台，陕而修曲曰楼。"即狭长曲折型的条形人工建筑为楼。《管子·度地》记载："令甲士作堤大水之旁，大其下，小其上，随水而行。"可见，河堤在形状上往往沿河曲折修筑，自然与楼字的古意相同。另据《说文解字》，楼为"重屋"，引申为建在高层的建筑物。从上述释义来看，河堤的形状和建筑在其上的房屋能够说明楼字的来源。根据笔者研究，楼字地名的来源或许还与汉语语言的变迁有关。在河堤种类中，缕水堤是最常见的一种。缕水堤是用来束缚水流的河堤，"河直则水溃，故堤以缕之，河广则水散，故堤以束之"①。缕水堤在文献中往往简称"缕"，如《河防一览》中有"濒缕居民"的记载，可见河堤当时也简称作"缕"。按缕字现代发音为[lǚ]，但其古代发音同今天并不一样，从缕字的构成来看，缕为形声字，"娄"部表示发音，当与楼字同音，在广东话、客家话当中缕、楼发音十分接近，广韵发音近乎同音。可见古代"缕"、"楼"当为同音。在民间"楼"字相对于"缕"字更为通俗易懂，缕水堤因其明显的地标性特征，往往成为村落的代称，由此产生楼字地名，如河北省大城县城北有南楼堤、北楼堤村，容城县城西有大楼堤、小楼堤村。

在黄泛区有许多旗杆村，如于旗杆、任旗杆村、旗杆董村、旗

---

① （明）刘天和：《问水集》卷2。

杆楼等地名。明代黄河堤防守护有官守和民守。官守每堤三里设铺一座，设铺夫30人，各铺树立旗杆灯笼以示防守。"各铺相离颇远，倘一铺有警，别铺不闻，有误救护。须令堤老每铺树立旗杆一根，上书某字铺三字，灯笼一个。昼则悬旗，夜则挂灯，以便瞻望。"①清袭明制，河兵驻扎地多设在大堤上，一般称为"堡"或"铺"。各铺设旗杆，挂方形黄旗。《河工器具图说》说："释名：旗，期也，言与众期于下也。以布为之，悬于堤上各堡及有工处所……大书布旗，欲官民共相警勉，务保安澜耳。"②显然旗杆村依托于河堤上的防河之铺而形成，并以旗杆命名。据此可知，旗杆楼的楼字除了河堤以外别无所指。

基于上述分析，无论从宏观上楼字地名在分布上与河流的关系，还是微观上一些楼字地名分析，可以确定，楼是河堤的指代词，楼字地名反映了村落形成与河堤的密切关系。

3. 历史上黄河下游地区的河道变迁

作为中华民族的母亲河，黄河也是一条著名的害河，历史上以"善淤、善决、善徙"而闻名。据不完全统计，自周定王五年（公元前602年）黄河迁徙开始，约有1500多次决口，重大的改道有7次。黄河河道变迁主要在下游的黄淮地区，邹逸麟把黄河下游河道变迁过程划分为四个时期。

第一，春秋战国时代至北宋末年由渤海湾入海时期。战国中期以前，黄河下游河道在河北平原上来回游荡，分成数股入海。战国中期黄河下游河道全面筑堤，河道基本上被固定下来并维持了400多年，其间曾有多次决口改道。公元前132年黄河在东郡濮阳瓠子决口，洪水泄入钜野泽，由泗水入淮。公元11年，河决

---

① （明）潘季驯：《河防一览》卷3。
② （清）完颜麟庆：《河工器具图说》卷1《宣防》。

魏郡元城，泛滥近60年。王景治河后，出现了一条新的河道，即《水经注》以至唐代《元和郡县志》里的黄河。这条黄河已较西汉大河偏东，经今黄河和马颊河之间至利津入海。这条大河稳定了近600年，直至唐朝末年开始在河口段有部分河段改道。五代和宋初，流经山东入海的黄河下游河口段淤高，导致澶州、滑州间的河段经常发生决口。北宋庆历八年（1048年）黄河在澶州商胡埽决口，黄河河道较前向西摆动，这是宋代黄河的北派。嘉祐五年（1060年）黄河又在大名府魏县第六埽向东决出一支分流，东北流经一段西汉大河故道，下循笃马河（今马颊河）入海。这是宋代黄河的东派。直至北宋末年黄河仍保持在纵贯河北平原中部至天津入海一线上。

第二，自金元两朝至明嘉靖后期下游河道分成数股汇淮入海时期（图3—11）。南宋建炎二年（1128年），宋东京留守杜充为阻止金兵南下，在滑县李固渡以西决河东流，至今山东巨野、嘉祥一带夺泗入淮，此为黄河夺泗入淮之始。金大定八年（1168年）黄河在李固渡决口，夺溜6/10，流入单县一带，形成两河分流的局面。大定二十七年（1187年）金朝规定黄河下游沿线的府州县地方官都兼管河防事。当时大河分成三股，北股即建炎二年形成的泛道，南面二股大体也是从豫东北—鲁西南一带注入泗水。此后，黄河下游分成几股入淮，相互迭为主次，或汇泗入淮，或直接入淮。元人王喜在《治河图略》中记载开封之东黄河南岸列渠口数十，"皆是古时引水注于陈、亳、宋、颖之郊以泄水怒"①，此处的"古时"，当是指金代而言。元以后，黄河下游依旧分成数股，河道南摆趋势益甚。元朝初年，黄河分成汴、涡、颖三条泛道，明初变为以颖河或涡河为黄河的干流。黄河夺颖入淮是到了黄河冲积扇南部的最西极限。现代研究表明，黄河从公元前300

---

① （元）王喜：《治河图略》。

年至公元 550 年，相当于从战国末期到南北朝，黄河下游沉积速率较低，且随时间变化的趋势不明显，沉积速率为 2~4 毫米 / 年。但从公元 600~1000 年，沉积速率发生了较大变化，从原来的 2~4 毫米 / 年，跃升到 20 毫米 / 年，并保持在这一水平上长达 800 年的时间。这一时段恰恰是自唐宋、金元、明中前期黄河自山东利津一带入海改由淮河入海的时期，即黄河因泥沙淤积频繁改道的时段。

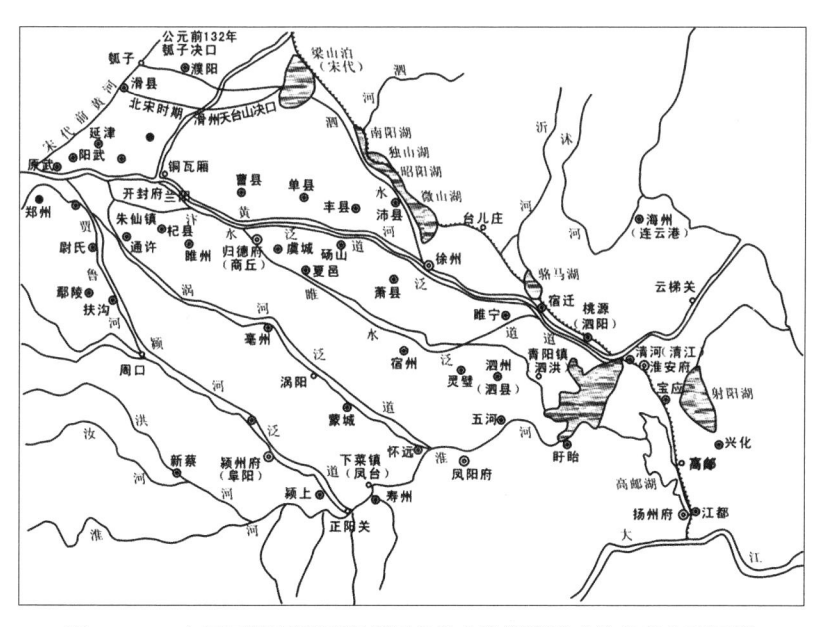

图 3—11　金元至明嘉靖后期黄河南徙入淮漫流形成的几条主要泛道

资料来源：《淮河水利简史》。

第三，明嘉靖后期至清咸丰四年（1854 年）下游河道单股会淮入海时期。从明嘉靖后期至清咸丰四年的 300 年中黄河大部分时间保持在今废黄河一线上。明嘉靖以前治河的措施是加强北岸堤防，南岸分疏入淮。以后南岸多分流后，徐州以下干道上水源缺乏，影响漕运。于是到嘉靖二十几年，先后将南岸诸口堵塞，"全河尽出徐、邳，夺泗入淮"，黄河由此演变为单股汇淮入海。

第四，清咸丰五年以后河道由山东利津入海时期。清咸丰五年黄河在兰阳铜瓦厢决口，夺大清河入海。黄河下游结束了700多年由淮入海的历史，又回到由渤海湾入海的局面。

综上所述，黄河河道变迁表现为春秋战国至北宋时在华北平原的摆动，注入渤海，姚汉源称之为北流期和东流期；金元至明中前期以开封一带为轴在黄淮平原上呈扇形摆动，注入淮河入海；明嘉靖至清咸丰四年河道被固定单股注入淮河入海，姚汉源称之为南流期；咸丰四年夺大清河入渤海，姚汉源称之为再回东流期。

4.楼字地名与黄河堤防的关系分析

（1）堤防建设与沿河堤村落的形成

黄河水患频发，故堤防之制以黄河流域最为完备。由于黄河水患涉及政权安危，历代王朝都非常重视黄河治理工作。根据记载，战国时黄河下游已经建设堤防。从秦代起堤防得到了统一管理，至西汉时黄河堤防形制日益宏伟，有"金堤"或"大堤"之称。东汉王景治河，"筑堤自荥阳东至千乘海口千余里"[①]。魏晋北朝时期关于黄河治理的记载不多，堤防建设情况不详。从五代开始，黄河筑堤记载开始增多。北宋初，宋太祖因黄河堤防连年溃决，"分遣使行视，发畿甸丁夫善治"，并以每年春季正、二、三月作为春季堤防修缮的季节，命令沿河州县植树固堤。在河工技术上，除了修筑长堤以约束水流外，还在堤上修建木龙、石岸等护岸工程，并普遍采用了埽工护岸。北宋前期，黄河经由卫、滑、澶、郓、博、德、仓、棣等州从滨州入海，此时主要在汉唐

---

① 《后汉书》卷76《王景传》。

旧堤基础上筑河堤。1034年以后，形成黄河北流与东流并存的局面，当时沿新河修筑堤防。两宋时期，黄河堤防的种类显著增多，有正堤、副堤、遥堤、缕堤、月堤等。金元时期，黄河改道南流，尤其元明时代为保证漕运畅通，治黄以向南分流为主，黄河下游河道在颍水和泗水之间往返大幅度摆动。金代大规模修筑河堤共有四次，皆在金大定时期，明昌以后还有一些小规模的筑堤活动，当时黄河南的堤防建设用于约拦泛滥的洪水不至于大范围漫流。元代也多次组织筑堤活动，最大规模的筑堤工程是贾鲁治河，当时出现了黄河堵口工程需要的截河堤、刺水堤、护岸堤、缕水堤、石船堤等堤防。在此数百年间，黄河下游地区筑堤不断，河堤分布极为广泛，自今河南开封和商丘、山东菏泽、江苏徐州、安徽萧县一带为历代黄河主干道摆动的中心地带，也是黄河堤防建设最为集中的地区，《问水集》记载："宋元迄今累筑堤岸，形址皆在焉。"[①] 明初至嘉靖后期，为防止黄河北犯运道，以北堵南分为指导思想，堤防建设重点在黄河北岸，弘治至嘉靖年间先后修筑几道长堤，防止黄河北决。黄河下游堤防逐代发展，至明嘉靖后期形成比较完善的堤防建设体系。万历年间，潘季训提出"以堤束水，以水攻沙"的治河方略，并设计了由遥堤、缕堤、格堤、月堤和减水坝组成的堤防体系（图3—12）。缕堤是近河的堤，用来约束水流；缕堤以内筑月堤，作为前卫，以免水冲缕堤；遥堤在缕堤以外，是第二道防线；遥堤与缕堤之间，修造格堤，防止缕堤决口以后顺遥堤流下冲出新的河道。为防御非常洪水，人们在遥堤上修筑砌石减水坝，减水坝堤顶一般比遥堤低7~8尺，坝长30丈。当遥堤之间的河床无法容纳洪水时，洪水可通过减水坝移出遥堤之外。这套堤防系统对后来的堤防建设影响深远。

---

① （明）刘天和:《问水集》卷6。

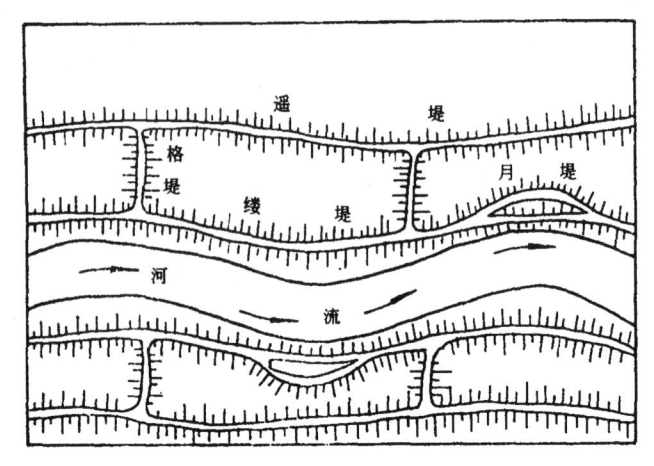

图3—12　遥、缕、格、月堤防系统
资料来源:《中国科学技术史·水利卷》。

虽然黄河带来水灾,但水退落淤之后土壤肥沃,非常利于农业生产。早在汉代,黄河下游居民就开始居住于黄河沿岸,"(河水)时至而去,则填淤肥美,民耕田之,或久无害,稍筑室宅,遂成聚落。大水时至漂没,则更起堤防以自救,稍去其城郭,排水泽而居之","东郡白马,故大堤亦数重,民皆居其间"[①]。宋人苏辙曾记载:"河之所行,利害相半,夏潦涨溢,浸败秋田,滨河数十里为之破税,此其害也。涨水既去,淤原(厚)累尺,粟米之利,比之他田,其收十倍。寄居丘冢,以避淫潦,民习其事,不甚告劳,此其利也。"[②] 随着后世人口增加,黄河两岸人口日益密集,尽管百姓修筑河堤防御水患,但是一旦冲决,水患为害巨大。明人刘天和记载:"今之民滨水而居,室庐耕稼其上,一有湛溺即称大害,治水者亦惟随河曲折,筑堤卷埽以障之,一值冲决,亿万财力付之乌有。"[③] 黄河下游两岸居民,在与水灾长期的斗争中,形成在高处居住的习俗。堤防作为防御

---

① 《后汉书》卷76《王景传》。
② (宋)苏辙:《回河论》;(明)杨宏、谢纯:《漕运通志》卷9《漕议略》。
③ (明)刘天和:《问水集》卷1。

水患的重要设施，也成为沿岸民众居住选址的重要场所。万恭在《治水筌蹄》中记载居民在河堤居住建村的事实，"运河之存也以堤，堤之固也以民。自张家湾南迄瓜、仪，延袤二千四百余里。河臣鄙，惧民居之毁堤也，而逐之。余大召民之居堤者，与约法三章耳：商贾辐辏者，为上堤，岁输地租如例；民集而商谷不停者，为中堤，三载量征之；若野旷民稀者，为下堤，直令世业也，永勿征。盖半稔而来者三千庐焉"[①]。《河防一览》也记载明代在河堤防守方面有鼓励百姓迁于河堤上居住的政策："再照新旧各堤，各应比照缕堤，画地建铺，安插各夫，庶栖息有定所，而修守有专攻。至于近堤居民，有愿行庐堤上者，悉听久长居住，不必起派基税，使人皆乐居，庶蜿蜒长堤，宛如市井，昼则庸户相联，夜间灯火相照，久之将视为己业，各自修守，是万世不拔之基也。"[②] 在今天废黄河两岸，分布着连绵不绝的带状村落，这些村落显然是明清时期滨河百姓在河堤上居住成村并沿河堤延伸而形成（图3—13）。

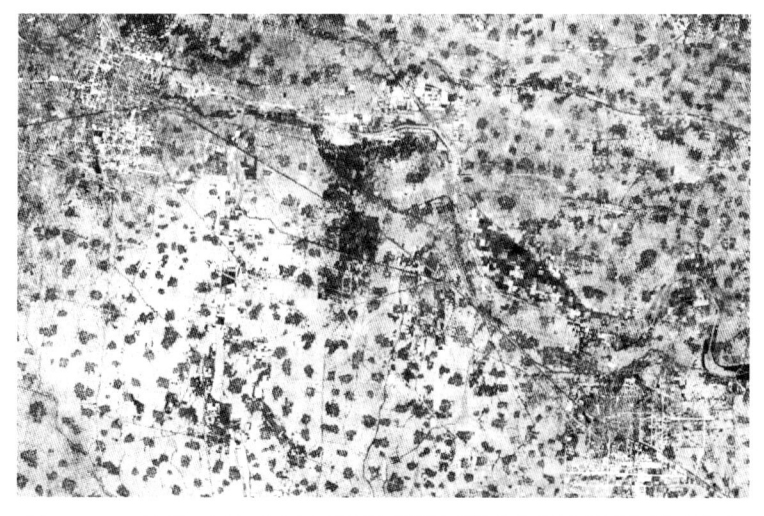

图3—13　兰考、民权之间废黄河南岸沿河堤形成的村落呈条带形分布

[①]　（明）万恭：《治水筌蹄》卷2《运河》。
[②]　（明）潘季驯：《河防一览》卷13。

在黄河泛滥区有这样一种地名现象，即两个村落距离很近，成组出现，村名的专名为同一姓氏，通名则一个为村或庄，另一个为楼。这样的双村组合表现为三个类型：①某庄（村）+某楼，如倪村和倪楼，卜庄和卜破楼；②某老家+某楼，如谢老家和谢楼，路老家和路楼，师老家和师大楼，老徐庄和徐楼等等；③某楼+某楼村，如郑楼和郑楼村、郭丁楼和郭丁楼村，全楼和全楼村，姜楼和姜楼村。

这种地名现象的形成原因是什么？根据研究，这与黄河下游汛期两岸居民为避水患而在河堤上居住习俗有关。潘季驯著《河防一览》记载，明代在黄河汛期时政府要求黄河下游两岸居民离开原村落搬迁到河堤上居住以避水灾。"遥缕夹中居民及滨河居民，俱当谕以移居高阜处所，或即结庐于遥堤之上，盖黄河伏秋盛涨之时，缕堤逼水，必难恃以为安，若水至而后避则无及矣。此亦徙民当水冲者之遗意也。小民安土重迁，亦须谕以四月暂移，至九月复还故址。"[①] 同书记载潘季驯在邳州治河时遥堤和缕堤之间居民在汛期以堤为家的事情，"而如双沟、辛安等处缕堤之内，颇有民居，安土重迁，姑行司道官谕民五月移住遥堤，九月仍归故址，从否固难强之。然至危急之时，彼亦不得不以遥堤为家也"[②]。黄河沿岸居民汛期以堤为家，久之会在原来村落附近的河堤上形成一个新的村落，原村往往叫作某村或某老家（庄），堤上新村落就称作某楼，或老村受新村影响而称作某楼村。以安徽界首市和太和县交界处的李兴镇附近某楼村和某老家村地名为例，李兴镇附近有屈老庄和屈楼，谢老家和谢楼、徐老家和徐楼、王老家和王楼四个成组地名。可以看到，老家村和楼村地理距离很近，并且楼村在规模上都小于老家村（图3—14）。一般来说村落越老，规模越大，而楼村规模小说明楼村成村晚于老家村，并且在空间上成组出现，说明楼村是从老

---

① （明）潘季驯：《河防一览》卷3。
② （明）潘季驯：《河防一览》卷2。

家村分立出来的。结合《河防一览》的记载，可知楼村是建在河堤上的新家，为汛期躲避洪水的居住之所，久之有人长期居住，因而成为新的村落。

图3—14 安徽界首与太和交界处成组出现的某老家村与某楼村

（2）楼字地名分布与黄河河道的关系

笔者利用Google地图对黄泛区楼字地名进行标注，同时利用GIS对黄淮平原上楼字地名分布来进行密度分析，结果如图3—15所示。从图上可以看出，河南开封以下的东南部地区、安徽北部地区、鲁西南地区、徐州地区有大量的楼字地名，分布密度最高，以此为中心楼字地名数量向两侧逐渐稀少。楼字地名呈现出扇形分布状态，大致与黄河金元至明中前期河道摆动的范围相对应。

黄河夺淮南徙的近700年中，大体上经过三个阶段。自1194年至金末元初的40多年间，黄河主要沿着古汴水和泗水注入淮河。自1234年至明隆庆初的340年中，黄河南徙不定，漫流到淮河腹地的涡河、颍河、睢水。此时黄河为害最烈，西自开封，东到海滨，东西千里；北自东平，南到淮河，南北数百里，皆为黄水漫灌泛滥之区。

自隆庆初至 1855 年的 280 多年中,黄河基本沿着元末贾鲁河故道夺淮泗东出云梯关入海。泗水、古汴水、睢水、涡河、颍河五条河流是黄河的主要泛道,其中古汴水是黄河行水时间最长的骨干泛道。涡河、颍河自宋朝端平元年(1234 年)到明代潘季驯固定黄河河槽的 300 多年里,有 100 多年是黄河泛道。从楼字地名分布图中可以看出,自兰考、菏泽、嘉祥、鱼台一线往南至开封、杞县、柘城、亳州、永城、淮北一线之间的楼字地名分布密度最高,这一代正是黄河沿古汴水形成的泛道所在区域;自开封、杞县、柘城、亳州、永城、淮北一线而南,西至尉氏、扶沟、西华、周口、平舆、新蔡以东、淮河以北地区分楼字地名布较低,这一带是黄河沿颍河、涡河、睢水形成的泛道所在区域。自兰考、菏泽、嘉祥、鱼台一线往北,西至濮阳,北至山东与河北交界,南至今黄河河道至渤海之间,楼字地名分布密度最低,并随着往渤海渐远渐少,这一带是宋代黄河所流经的区域。楼字地名的分布与黄河古河道以及河流泛道的分布范围和密集度呈现出极大的关联性,显示楼字地名与黄河治理有着密切的关系。

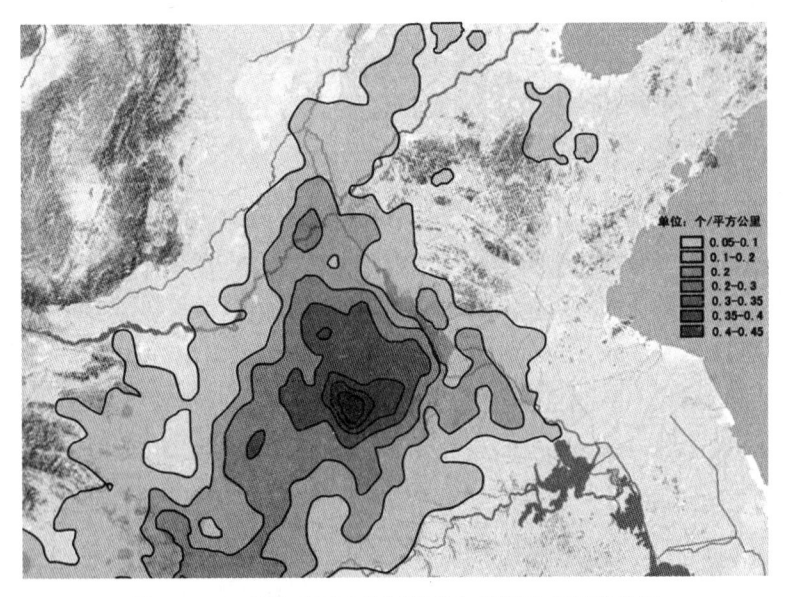

图 3—15 黄淮平原(淮河以北)楼字地名密度分析

5.楼字地名的类型及其形成机理

（1）楼字地名的类型

为了探讨楼字地名的类型及其内在形成机理，笔者全面梳理了黄淮地区楼字村落地名约14000个。村落地名往往由于标准化程度不足，再加上古代村落地名书写不规范，往往是对村落名称口语的文字记录，故光看文字不能了解地名的本身含义。为了找到楼字地名的真实含义，必须对发音基本相同的地名进行深入研究，利用文字和发音，结合地名的历史文化特点、村落的地理特点等进行全面考查，寻找地名的真正含义，再根据其含义确定其正确的书写文字。以楼字地名当中发音相近的地名列举一例：楼字地名当中有破楼、坡楼、炮楼、朴楼等几类地名，坡楼类地名有郭坡楼、汤坡楼、河坡楼等，破楼类地名有许破楼、孙破楼、黄破楼，炮楼类地名有张炮楼、赵炮楼、丁炮楼，朴楼类地名有王朴楼、张朴楼等。破、坡、炮、朴发音极为相近，显然来自同一个发音，属于同源地名。另外还有一些楼字地名存在同样现象，如暗楼、岸楼、安楼等地名，均是同源地名。结合"楼"字与河堤的关系，通过研究古代河堤建设，楼字地名的来源可迎刃而解。比如，暗楼、安楼和岸楼，从河堤的角度来考虑可知"岸楼"是正确的地名拼写形式。在破楼、坡楼、炮楼、朴楼等音近字异的地名当中，可知坡楼为正确的地名书写形式。

按照现有地名文字记录，按照地名学中的语言学规律进行分析归类，整理出以下几种地名类型（表3—1）。

表3—1 楼字地名类型分析

类　别	细　目	列　举
姓氏＋楼	单姓氏	柴楼、李楼、郑家楼
	多姓氏	秦李楼、王刘楼、阎李谷金楼

续表

类　别	细　目	列　举
岔楼	某岔楼	岔楼、李岔楼、王岔楼、皇甫岔楼
	港汊楼	岗叉楼、朱岗叉楼、岗杈楼、王刚岔楼
	其他	缸碴楼、钢叉楼
岸楼	岸楼	岸楼、孙岸楼、王岸楼
	暗楼	暗楼、朱暗楼、刘暗楼、孙暗楼、王暗楼
坡楼	坡楼	坡楼、郭坡楼、汤坡楼、河坡楼
	破楼	破楼、许破楼、孙破楼、黄破楼
	炮楼	炮楼、张炮楼、赵炮楼、丁炮楼
	朴楼	朴楼、王朴楼、张朴楼
平楼	平楼	平楼、李平楼、张平楼
花楼	花楼	花楼、蔡花楼、徐花楼
	插花楼	插花楼、插花刘楼
色彩+楼	黑楼	黑楼、田黑楼、汪黑楼
	白楼	白楼、张白楼、南白楼、北白楼、
	红楼	红楼、李红楼
		洪楼、张洪楼、苏洪楼
	黄楼	黄楼、徐黄楼、南黄楼、大黄楼
物料+楼	土楼	土楼、张土楼、曹土楼
	草楼	草楼、徐草楼、雷草楼
	石楼	石楼、杨石楼、王石楼、西石楼
门楼		门楼、东门楼、何门楼、杜门楼
所（座）楼	所楼	所楼、李所楼、王所楼、三所楼、王三所楼、四所楼、五所楼、曲五所楼、七所楼
	座楼	三座楼、王三座楼、四座楼、五座楼、五座王楼、陆座楼、七座楼
数字+楼	单楼	单楼、东单楼、潘单楼
		丹楼、李丹楼、王丹楼
	双楼	双楼、李双楼、岳双楼
	三楼	三楼、李三楼、刘三楼
	四楼	四楼、聂四楼、丁四楼

续表

类　别	细　目	列　举
数字＋楼	五楼	五楼、张五楼、马五楼
	六楼	王陆楼、汪六楼、杨六楼
	七楼	吴七楼、杨七楼、郭七楼
	八楼	八楼、刘八楼、徐八楼
	九楼	九楼、赵九楼、东九楼
	半截楼	半截楼、陈半截楼、李半截楼
阁楼	阁楼	阁楼、颜阁楼、卜阁楼、王阁楼
衡楼	衡楼	衡楼、小衡楼、郭衡楼
月楼	月楼	月楼、赵月楼
	岳楼	岳楼、王岳楼、李岳楼
套楼	套楼	套楼、小套楼、张套楼、王套楼
其他类型	地物	旗杆楼、卷棚楼、靛池楼、坑东许楼
	交通	陈郭桥楼、司道口楼
	职业	火烧楼、火烧曹楼、碱厂王楼、张木匠楼、王和尚楼、打铁王楼

（2）各类型楼字地名成因分析

楼字地名来自于堤防建设，堤防的类型、形制、水工设施、施工技术、土方物料、治理器具等均对楼字地名产生影响。

第一，关于某（家）楼。以姓氏命名的这类地名最多，反映了最早在河堤上建村居住者的姓氏，后来逐渐演变为村落，遵从"名从主人"的命名原则。此类地名是楼字地名的主体，数量最多，分布最广。

第二，关于数字楼。为加强防御效果，多为几道河堤前后排列。《问水集》中记载："中州河北岸堤防重复至四五道者，而往往冲决，盖修筑不坚一也。"[①] 在第几道堤上形成的村落，往往按照河

---

① （明）刘天和：《问水集》卷1。

堤的顺序而命名，如三楼、四楼，或者加上姓氏形成刘八楼、杨六楼等地名。

第三，关于岔楼。岔楼来自于黄河主流与岔河分流处的堤防建设。黄河盛涨时，为分杀水势并防止黄河冲破岔河口而溃决，在岔河口修筑压口缕水堤，并派人看守，一般称作岔口缕水堤。"照得梁靖口东行岔河口必须先筑压口缕水堤一道，以防黄水东冲……其岔口缕水堤量调曹县等近放回下三则原编白夫一千余名修筑。"①河水分流之处，民间一般称作港汊，此处河堤往往叫作港汊楼，在文字上一般写成钢叉楼、岗叉楼等，部分地名讹写成为钢叉楼或缸磋楼。

第四，关于岸楼。缕水堤靠近河岸，起约束水流之作用。在缕堤上形成的村落因靠近河岸而得名岸楼。在村落地名中多写成"暗楼"。

第五，关于坡楼。《管子》记载古代修筑河堤"大其下，小其上"②，说明河堤修筑要在两侧形成边坡。清人陈潢论述黄河堤防说："盖堤防之制，其基必倍广于顶，则水不能倾之。"③丁恺在《治河要语》中说："缕堤之法，外坦内险。外不坦，则登者艰，内不险，则下埽也碍而无力。"④过去黄河沿岸村庄有傍河堤边坡建房的传统，著名散文家李广田曾在其著作《花鸟舅爷》一书中记载了山东邹平县黄河岸边村庄建造房屋情况："沿堤一带居民，都靠了堤身建造房屋。这不仅有占据官地的便利，且可利用了堤身作为房屋的后墙。故从河堤的前面看来，则沿堤均如造了一排土楼。"这些在河堤边坡上形成的村落自然会以坡楼命名，在后来的演变中，讹写为破

---

① （明）刘天和：《问水集》卷4。
② 《管子》卷18《度地》。
③ （清）张霭生："河防述言"；（清）贺长龄：《皇朝经世文编》98卷《工政四·河防三》。
④ （清）丁恺：《治河要语·堤工篇》。

楼、炮楼等。

第六，关于门楼。门楼地名来自于建有减水坝的河堤。门指的是河堤上的水门，即后世的减水坝。东汉王景治河，"十里立一水门"。另水门也指古代的各种水闸，唐宋以后，水闸使用更为普遍，广泛地用在引水、泄水、分洪、挡潮、冲沙和通航各方面。宋元以后，黄河下游地区堤防多建减水坝以分杀水势，泄水防洪。在淮河以南，有叫作水门楼的村，河南省潢川县、固始县各有一个水门楼村，安徽霍邱县也有一个水门楼村，还有一个村叫水门楼子。

第七，关于土楼、石楼。土楼反映了河堤修筑物料为土质材料，石楼则反映了此处堤防为石质材料，一般在险工地段多修筑石质河堤。

第八，关于柳（树）楼和草楼。柳楼或柳树楼来自于堤防建设中的植柳护堤，当然不排除部分柳楼地名来自于姓氏。黄河堤防植树，有着悠久的历史。宋太祖诏令沿黄河、汴河等州县"委长吏课民种榆柳及土地所宜之木"。明代右都御史总理河道刘天和总结了堤岸种柳的经验，倡导"六柳之法"，保护堤岸。河堤栽种柳树，部分在河堤的村落就以柳树楼作为地名，除了楼字地名外，还有崔柳行、柳树行、杨柳行等地名。

草楼来自于河堤保护方法。草有固护堤防表层泥土，防止风扬水淋之作用。《治河全书》提到修筑堤防须种草护堤，"黄河两岸率多沙土，恐难尽觅老土。须于堤后务寻老土盖顶盖边，栽种草根，以御雨淋冲汕"[①]。

第九，关于黑楼、白楼、红楼、黄楼。堤防要防渗、耐冲，因此对筑堤土料有特别要求。含沙量大的易渗漏，含水量太大或太小也将影响夯实程度，明代河臣刘天和将堤防用土简要概括为："凡创筑堤，必择坚实好土，毋用浮杂沙泥，必干湿得宜。燥则每层须用

---

① （清）张鹏翮：《治河全书》卷13《修防事宜》。

水洒润。"黄河筑堤的土料大多取自河滩，黄河河滩率多沙土，力学性质最差，"总以老土为佳"。但老土较少，沙土只能用于堤身内层。一般多在堤防完成后"务寻老土，远觅胶泥，盖顶盖边，栽种草根，以御雨淋冲汕，以防风扬之虞"。胶土力学特性也不甚好，胶土遇干则裂。因此，也要和沙土一样，在堤顶用老土苫盖一层。土也有多种：黑胶土细腻胶黏，风揭不易扬尘，抗水溶，耐冲刷，是筑堤的上好土料。黏土又称"淤土""红土"，御水能力最强，是筑堤工地上最宝贵的土料。包边盖顶，培堤或帮戗、帮宽完工后，边坡和顶部都要用黏性土做保护层，保护堤面减轻风雨侵蚀。堤顶经行车、风吹损失严重时，也要再做淤土盖顶，称为"红土包边盖顶"。此外，堤坝的包边盖顶可用的土料还有白泥和黄泥等，《河防通议》记载了带沙青、带沙紫、带沙黄、带沙白、带沙黑等淤泥土料[1]。由此，可知黑楼、白楼、红楼、黄楼等以色彩命名的楼字地名，实际上反映了筑堤包边盖顶所使用土料的种类。

第十，关于平楼与花楼。河堤堤顶从前有两种修筑的形式：平坦无高无洼的为"平顶"；堤顶中间稍高，分向两堤肩低下，以利排水，名为"花鼓顶"，或称"鲫鱼背"。沈丘县有平顶楼、小平顶楼，即反映了河堤的平顶特征。平楼即是平顶楼的简称，花楼则是来自堤顶呈花鼓顶形的河堤。

第十一，关于阁楼与衡楼。阁楼与衡楼均来自于河堤中的格堤。格堤是位于遥堤和缕堤之间的隔一定距离修建的横向河堤，以防洪水溢出缕堤后，沿遥、缕二堤之间漫延并冲刷堤根。《河防一览》记载说："防御之法，格堤甚妙。格即横也，盖缕堤既不可恃，万一决缕而入，横流遇格而止，可免泛滥。水退，本格之水仍复归漕，淤溜地高，最为便益。"[2] 除了阁楼地名以外，在黄泛区还有为

---

[1] （元）沙克什：《河防通议》卷上。
[2] （明）潘季驯：《河防一览》卷3。

数不少的阁字地名的存在，如张阁、李阁等，与楼字地名类似。阁字地名也有某阁与某阁村并列的现象，如马阁与马阁村、谭阁与谭阁村，这与楼字地名中的双村并列现象基本一致。阁字村名来自于格堤，阁是格字民间口语交流中演化形成，更为通俗，但含义因文字改变而被误读。叫作阁楼的地名与阁字地名含义完全相同。

衡楼与阁楼含义相同，因格堤又称作横堤，衡当是横的另外写法。

第十二，关于月楼与套楼。月楼与套楼来自于月堤。月堤是在河堤险要或单薄的地段，在堤内或堤外加筑形如半月之堤，以备万一。《元史》记载："（至顺元年）六月五日，魏家道口黄河旧堤将决，不可修筑，以此差募民夫，创修护水月堤。"① 月堤，又叫作套堤。除了套楼地名，还有某家套的地名，应是套楼地名的进一步简化。

第十三，关于所楼与座楼。所楼地名应当来自于埽所制度。所楼地名多为数字地名，是埽所的编号。根据研究，宋代埽所命名有两种，一种是利用原有地名，如清河埽、曹村埽等。还有一种是用数字编号命名，如内黄第一埽、内黄第三埽，南宫第五埽等。在所楼地名中，有李所楼、三所徐楼、曲五所楼等以姓氏加上所楼的地名，另外一种是数字型，三所楼、五所楼等。

座楼地名也多以数字命名，如一座楼、三座楼、四座楼、七座楼等。也有个别的结合姓氏，张三座楼、五座王楼、曹三座楼等。座楼可能来自于所楼，民间对于楼字本义的不理解，误以为楼为楼房，故在口语中所楼转化为座楼，由此变得通俗易懂，便于交流。

从地理分布上，所（座）楼地名都分布在徐州以上黄泛区，徐州以下地区则没有所（座）楼类地名分布。万恭《治水筌蹄》中对于徐丕以上和以下堤防建设有一段非常经典的论述，十分恰

---

① 《元史》卷65《河渠志二》。

当地解释了埽的使用地区,"又徐、邳水高而岸平,泛滥之患在上,宜筑堤以制其上。河南,水平而岸高,冲刷之患在下,宜卷埽以制其下。"①

6. 楼字地名与古河堤有密切关系

通过楼字地名的研究,可以得出以下四个结论。

第一,黄河下游地区是黄河河道变迁的主要地区。唐宋以后,黄河决口改道频繁,尤以金元时期和明中前期为甚,波及范围广,持续时间长,是历代王朝治理重点地区,堤防建设体制完备。历代王朝的河道治理和堤防建设对黄泛区人们生产生活产生极大影响,村落与堤防建设存在极为密切的关系并反映在地名当中。

第二,黄泛区集中分布着大量的楼字地名,从楼字地名的空间分布范围来看,与自宋金元时期和明代前中期黄河河道摆动的范围相一致,并且楼字地名分布的疏密程度与黄河干流流经地区呈现极大的正相关性,反映出黄河治理愈加频繁的地区,楼字地名愈加密集的特点。根据局部地区的微观考察,楼字地名呈现出沿黄河曾经的古河道呈条带状随河平行分布的现象。通过典型地名分析,确定楼字是古代河堤的指代用词,这些楼字地名来自于古代黄河流域各河流治理中的堤防建设,是古代河堤在聚落地名上的反映。根据明清地方志文献记载和楼字地名与黄河河道变迁和治理的关系来看,可以判断楼字地名主要产生于宋金元时期。

第三,黄泛区楼字地名数量众多,类型多样。各类楼字地名均与河堤有密切关系,有的地名反映始建村落者的姓氏,有的来源于河堤形制、物料以及堤防修筑方法和护堤技术等,楼字地名是中国古代堤防建设的文化地理印记。

第四,楼字地名的主要形成时间在宋金元时期。宋本《元丰九

---

① (明)万恭:《治水筌蹄》卷1《黄河》。

域志》记载，尉氏县有宋楼、临河县有土楼，说明至少宋代楼字地名已经出现。《金史》中记载的金代楼字地名有魏楼村，约在今长垣县，位于当时黄河岸边①；尉氏县宋楼镇②。成书于嘉靖二十七年的《夏邑县志》记载当时夏邑的40个村，其中有石楼村③。虞城县在明万历年间已经有韩家楼④。《河防一览》书中记载的楼字地名有田家楼、王家楼、郭贯楼、韦家楼、贾家楼、刘金楼、安家楼、史家楼等。目前留存下来的方志和水利文献以明嘉靖以后成书为多，在这些文献中，可以找到很多楼字地名。在黄淮流域，结合各地当代地名和清代各地方志当中，虽然因人口增殖或迁移原因导致新的村落出现，但几乎没有新的楼字地名产生，这说明楼字地名至少在嘉靖时期已经大量存在。从楼字地名分布范围来看，明嘉靖以后黄河河道相对固定，而楼字地名则以郑州、开封为轴呈扇形分布，其分布范围与宋金元时期黄河河道摆动的范围基本一致。从文献记载和分布特征来看，楼字地名形成的主要时间应在宋金元时期。

二、金元时期潞水河道研究

综上所述，楼字地名中的"楼"字代表的是河流堤防，可以作为古河道曾经存在的标志性符号，因此楼字地名在分析和判断古河道变迁研究中具有重要意义。按"楼"字地名应当来自于河堤，沿河居民沿堤居住形成村落，以楼字命名。《漷阴志略》载："县北长堤，又名白龙堤，旧志云始于张家湾之善人桥，达县之北门，绵亘三十里余。盖元明漕河所经，筑此以卫，今河非故道，已距河四五

---

① 《金史》卷18《哀宗下》。按《金史》记载："（1233年2月）戊午，上进次蒲城，复还魏楼村……己未，上以白撒谋，夜弃六军渡河，与副元帅合里合六七人走归德。"金哀宗进驻魏楼村的次日夜渡河逃跑，说明魏楼村位于黄河岸边或附近。
② 《金史》卷25《地理中》。
③ 嘉靖《夏邑县志》卷1《地理志》。
④ 嘉靖《虞城县志》卷8《艺文志》。

里，遂成平陆，而遗址穹然尚存。"① 河堤高出平地，沿堤居住民房高出地面，故有楼的称呼。另外，最为明显的是，楼字地名的出现至少不晚于明初，应当是自金元时期就出现了。因此，杨村东北的安楼、陈楼显然就是古代运河河道经过这里的标志。兰家巷也是运河河道的指示性地名。古代为治理运河，在运河两岸修筑大堤，为了保证堤防完整坚固，需要在大堤上种植柳树，一方面树木可提供治水材料，同时树根向下扎根可以固护堤坝，明代治水专家刘天河就提出"植柳六法"用以保护河堤。在通州区，因河堤种树而形成的村落名称有儒（家）林、榆林庄、陈桁、肖家林等。其中，陈桁来自于陈家巷，在地图上即有标记。兰家巷当与陈桁一样，也是由于堤坝植树而形成的地名。

下面拟通过楼字地名来分析北运河河道的变迁问题。北运河古称潞水，自金代以来成为漕运要道。由于历史变迁，北运河河道已经发生了很大变化。因文献记载缺失和现代科技手段应用受限，目前金元时期的潞水河道变迁情况不明。基于此，笔者拟用楼字地名来分析金元时期潞水河道变迁的情况。

1. 历史上潞水堤防建设与楼字地名分布

金代定都燕京，开辟潞水漕运，从河南、山东等地将粮食源源不断地运往京城。潞水多沙，河道不稳，且通州至天津杨村之间河道纵比降较大，对漕运形成很大影响。"杨村以北，势若建瓴，底多淤沙。夏秋水涨苦潦，冬春水微苦涩。冲溃徙改颇与黄河同。"② 由于河流比降较高，若河道顺直，则水流迅速，不利于航运。为了保证漕运，需减缓水面比降以截蓄河水，《光绪顺天府志》谈到北运河治理时，明确指出："疏北运河宜曲，资蓄水也。"③ 民国成

---

① 道光《潞阴志略·堤防》。
② 《明史》卷86《河渠四》。
③ 《光绪顺天府志·河渠志五·河工一》。

书的《河北五大河概况》也说潮白河至通县会榆河后,"水势乃盛,惟水流湍急,不利于上行之舟,故以人工迫河曲流以期减杀速率,此为一时交通计,诚善矣"。金元时期,为了保证航运所需的水位要求,需要北运河保持迂曲状态,借以减缓流速防止河水下泄过快,因此需要在运河两岸修筑缕水堤,一方面用以约束水流,另一方面使潞水形成迂曲型河道,故运河上有三湾抵一闸之说。金元两朝十分重视运河堤防建设。金朝规定漕河所经州县有维护漕河之责任,"凡漕河所经之地,州府官皆带'提控漕河事',县官则带'管勾漕河事',俾催检纲运,营护堤岸"[1]。元代也有运河河堤的记载,如《元史·河渠志》中就有运粮河堤的记载[2]。明清以后,对于运河堤防建设更加重视,这在古籍记载中较为完备。在今天北运河两岸地区,分布着很多楼字地名。在北京市通州区有崔家楼、谢家楼、王家楼、耿家楼,天津市武清区包楼、陈家楼、安家楼、郑楼、高楼等村落。这些楼字地名当来自运河堤防建设,应是古代运河河道经行路线的地理标志。

2. 金元时期潞水河道变迁分析

(1) 通州段运河河道分析

在通州区,崔家楼、谢家楼并不位于北运河边,但在历史上北运河的河道是自张家湾、里二泗一直向东流经崔家楼、谢家楼的,然后东南流经马坊后向西流。明代北运河至儒林、供给店后折往南,经长陵营、马头村、耿家楼折向东,经肖家林进入香河县境。《山东运河图说》记载了北运河改道以前自潞县和合驿七十二里至通州潞河驿河段的水程,"三里施河涯,十里潞县马头,三里狄家

---

[1] 《金史》卷27《河渠志》。
[2] 《元史》卷64《河渠一》。

楼，十里师家庄，五里沙骨堆，五里公鸡店，二里小屯，二里马坊，三里谢家楼，五里崔家楼，三里李二寺"[1]。在1928年绘制的顺直水利地形图通县图幅上，可见图上明确标注的流经崔家楼、谢家楼附近的运河故道遗迹（图3—16）。

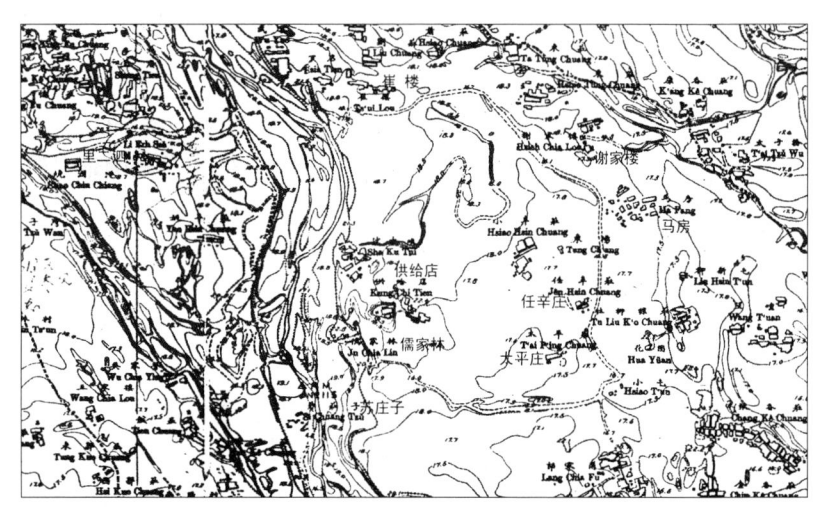

图3—16 顺直水利地形图上的运河故道标注

在儒林、供给店更为偏西的地方有一个叫作王家楼的村落，说明有更早期的堤防存在于明代北运河河道以西，也说明明代以前的运河河道当在王家楼村附近。根据实地考察，发现古河道一般在农业土地利用上比较有特点，要么开辟为鱼塘、要么植树、要么形成与河道走向一致的条形耕地。在影像图上可以看出，王家楼村东的耕地有一个比较明显的环形条带，该条带自吴营村南，紧贴着靛庄折向东南至南阳村北（图3—17）。说明这里有过河堤，其东侧的环形耕地当为一条古河道，从时代上判断早于明代，应是金元时期的潞水故道。明代北运河河道东移，清末对河道裁湾取直，北运河

---

[1] （清）黄春圃：《山东运河图说》。

偏离崔家楼、谢家楼运河故道，民国初年整治后，北运河新河道从此固定下来形成今天的河道走向。

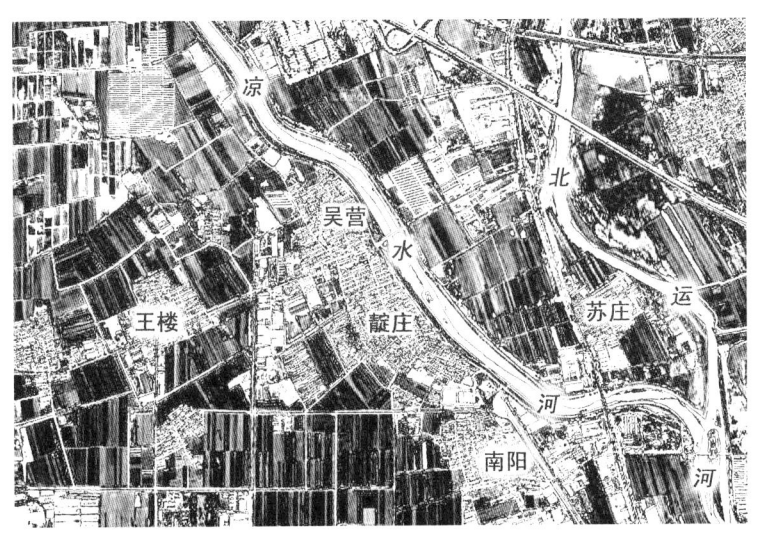

图 3—17 通州王楼村附近的古河道分析

潞县镇马头村至香河县之间的北运河河道自元代以来也发生了较大的变化。从地图上看，马头村以下至香河鲁家务村之间河道曲折，摆动幅度很大，该河段两岸的村落距离很远，说明这一段河流的不稳定。从1928年的顺直水利地形图上可以看到，在今北运河河道的北侧，自码头镇以下，在今河道北侧沿着陈家巷（陈桁）、和合站、吕家湾、萧家林、桥上村、牛牧屯、郭辛庄有一条古河道，这条河道的年代可以根据地名予以确定（图3—18）。和合站是元代设置的水马驿，明万历初年和合驿迁移至张家湾。吕家湾村民还把靠近村子的古河道称作北泗河，泗河是元代张家湾以下白河的称呼。萧家林在明代因靠近运河而有集市，后来运河河道向南摆动，于是出现了新的集市，就是今天的辛集村。根据上面地名和河流名称的分析，这段河道应是元明时期的河道。这段河道向东至郭辛庄西后南转，向南至姚止务村西湮灭，今河道在其西侧。

图 3—18 顺直水利图上的北运河故道

（2）香河武清段运河河道变迁分析

按《金史》记载，金代潞水经过的州县有"潞、武清、香河、漷阴"，漷阴今属北京通州。可见潞水经行区域路线与今天的北运河经行区域一致，只是河道形状发生了较大的变迁。《元史》记载，中统三年，郭守敬受到世祖召见，面陈水利六事，其中就谈到了改凿潞水漕渠以便漕运的事宜："通州以南，于蔺榆河口径直开引，由蒙村、跳梁务至杨村还河，以避浮鸡淀盘浅风浪远转之患。"① 另据《元史·世祖纪》记载，至元元年三月，立漕运司。至元十三年七月，"以杨村至浮鸡泊，漕渠迴远，改从孙家务"，"八月己巳，穿武清蒙村漕渠"②。此文说明元初曾自孙家务将潞水改凿顺下，孙家务在今香河县城西约4.5公里处的北运河西岸，北运河在此有一个明显的向南转折，当是元初改造的结果。至元十三年八月，"穿武清蒙村漕渠"，说明运河在蒙村附近被改凿顺下，直抵杨村。在河西务镇北有包楼，前土门楼、后土门楼几个村，可以判定此为金代潞水经行之处。再根据包楼、前后土门楼的位置分析，可以理解《元史》记载至元十三年七月"改从孙家务"，八月又"穿武清蒙村漕渠"之所以分别记载的含义。原来，至元十三年对潞水裁弯取直工程是针对两个河段而言的，即孙家务至河西务段和蒙村至杨村河段。另至元二十二年，"穿河西务河"，说明运河在河西务附近也有一个弯环。依据上述几条记载，我们可以明确元代白河河道没有改动的几个地点，分别是孙家务、河西务、蒙村、杨村，由此进一步可以推测，至元十三年前白河有三个弯环形河道分别位于孙家务与河西务之间、河西务东侧、蒙村和杨村之间。

第一，关于孙家务至河西务之间运河河道分析。至元十三年七月，运河裁弯取直"改从孙家务"，说明金代潞水在河西务至孙

---

① 《元史》卷164《郭守敬传》。
② 《元史》卷9《世祖纪六》。

家务之间应有一个大弯。《元史》称"以杨村至浮鸡泊，漕渠洄远，改从孙家务"，按此处的浮鸡泊当为后来文献中记载的舒（浮）鸡浅（淀），关于舒（浮）鸡浅（淀）的位置的，现在无法确指。

元初在通州以南径直开凿运河，"以避浮鸡淀盘浅风浪远转之患"。关于浮鸡淀的位置，依据明清文献记载，可以大致探究其所在的地理位置。《通粮厅志》卷5《河渠志·河图》绘有"白河源流图"，图中绘有运河沿线的浅铺，从此图中可以找到浪儿窝浅、舒鸡浅、李家浅（图3—19）。虽然中国古代地图的地理位置标记精度不高，但可以大致判断这些浅铺的位置，按照图中标示，浪儿窝浅、舒鸡浅、李家浅这三个浅位于红庙浅、白阜圈浅之间。红庙浅在香河县红庙村附近，白阜圈浅在今通州石槽村附近，根据浪儿窝浅、舒鸡浅、李家浅三个浅的相对位置来看，舒鸡浅当位于香河县城以西一带，舒鸡浅显然来自舒鸡淀。据此判断，舒鸡淀的位置大致在今香河县城西南部一带。按照元史所说，至元十三年从孙家务径直改凿运河，以避开"浮鸡淀盘浅"，舒鸡淀自然应在孙家务以东。今香河县城名淑阳镇，据民国《香河县志》记载，淑阳之名始于辽代，"辽于此置権盐院，居民集聚，质实朴茂，遂与武清划分壤界，号淑阳郡，后改称香河县"[①]。按古代方位观念，山南水北为阳，香河境内无山，淑阳很可能因位于舒鸡淀之北侧而得名，淑、舒同音。另金代潞水又名淑水，可能是因潞河经过舒鸡淀而名淑水，古代淑、淑音同，故淑水当是指香河县这一段河道而言。

另据《通粮厅志》记载："万历九年，题准将河西务至通州一带河道分为四节，河西务至舒鸡浅委武清县管河主簿，谢家浅至李家浅委香河县县丞，白阜圈浅至马房浅委漷县典史，王家浅至石土坝为通州同知。"[②] 谢家浅当在通州谢家楼村附近，李家浅位置不详，但当在运河东岸，归香河县管辖。按民国《香河县志》所记载，民

---

① 民国《香河县志》卷1《疆域·沿革》。
② （明）周之翰撰：《通粮厅志》卷5《河渠志·河司》。

国时期谢家浅至李家浅之间的浅铺已经消失,其遗址无从辨认。"按旧志河渠,列有李家浅、萧家林上浅、萧家林下浅,此三浅属县,搬罾口浅、西汪庄浅、火烧屯浅、谢家浅,此四浅属卫,卫今废置改属县。按旧志县图各浅,均在北运河东岸,纸务屯、大王庄之西北,近均辟为民田,陇亩纵横,无从指其遗迹矣。"①

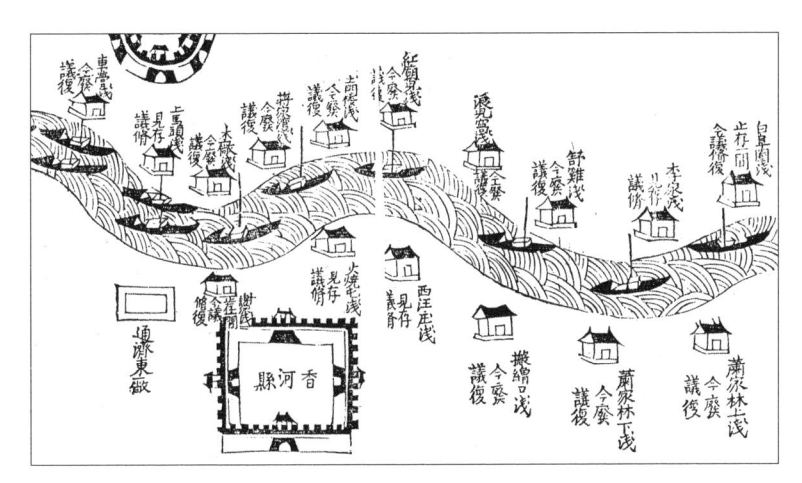

图 3—19 明代香河县西的舒鸡浅概况

资料来源:《通粮厅志》。

按照上述分析,金元时期,今香河县南一带为一个面积较大的湖泊,即舒鸡淀,金代潞水漕运即利用了此湖泊,因湖泊分布较广,很难确切指出河道位置。元初,为了避免漕运淤浅,而在湖西的孙家务径直开凿新河,下接白河原河道。在大沙河乡秦营村东北的北运河西岸靠河旁的河滩地上,有一片遗址,称为秦营遗址。该遗址面积2000平方米,文化层厚0.8米,地表散布有少量磁州窑瓷片和定瓷白瓷片。在距地表0.5米处出土20多块不规则圆形铜锭,每块重30斤左右。遗址为运河沿线停靠船舶的码头②。1973年疏通

---

① 民国《香河县志》卷2《地理·河流》。
② 国家文物局主编:《中国文物地图集·天津分册》,中国大百科全书出版社,2002年,第101页。

河道时发现沉船一艘，距地表深 2 米，出土船板数块及白瓷碗一件，敞口斜腹小圈足，近底处不挂釉。船基本保存完好，仍埋于地下。今河西务北有前、后土门楼村，在北运河东岸，按楼字地名形成规律，此处河道未有变动。由此可以推测，从孙家务径直开凿的河道，南端当在秦营村以北，地点难以确指。

第二，关于河西务东侧的弯环河道。根据文献记载，河西务东有一个渡口，叫耍儿渡，明清时期多次决口，是运河沿线治理的重点地区之一。根据民间传说，耍儿渡的本来含义是"甩弯渡"，因为运河到河西务，向东拐了一个大弯，此渡口就位于该河湾的勺子底上。此河湾很可能早就存在，至元二十二年在河西务东凿直河一道。据《中国文物地图集·天津分册》，今河西务运河东岸的北陈庄村北发现元代沉船一艘，此船位于距地表 2 米深处，长 10 余米，出土有铜构件及白瓷碗、碟等物，船体仍然保存在地下，考古判断为元代沉船，此船就位于原来的弯环形河道上。在影像图上，根据农田地块形状，还依稀可以看到河西务村东明显有一个河湾。此河湾在双街村南从今运河河道向东，折向东南，至北齐庄、北白庄，再西折至北陈庄村北，向西在北陈庄村西入运河（图 3—20）。

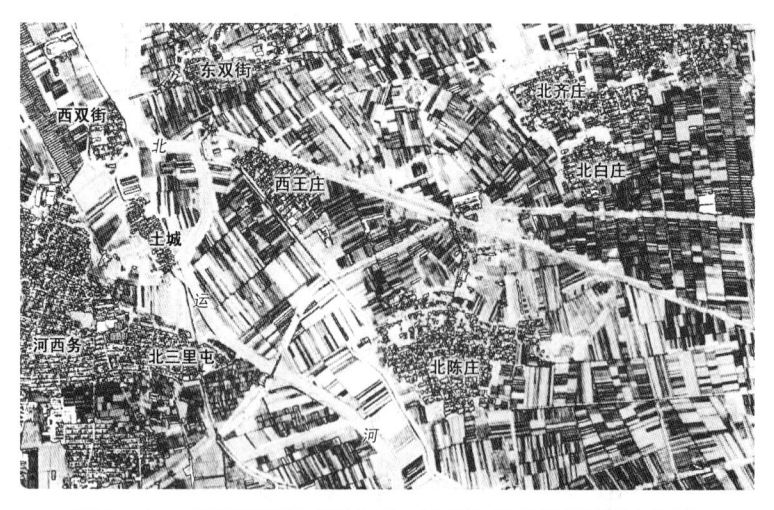

图 3—20　河西务东侧农田条形土地反映出来的弯环形古河道

第三，关于蒙村至杨村之间的弯环形河道。至元十三年八月"穿蒙村漕渠"，说明自蒙村至杨村之间，金代潞水也有一个大弯，元初自蒙村以下改凿顺直至杨村下接原河道，金代潞水河道应在蒙村以东。根据现代考古发现，蒙村至杨村之间今北运河道以东的地方有沉船出土，还有栈桥遗址。

表3—2　武清县元代白河沿线部分地区遗物遗存

遗存名称	位置	考古发现
双树遗址	在大良镇中迤寺村西，北运河故道东侧	在距地表4米深处发现栈桥遗址，有柏木桩32棵。每排4棵，共32棵。东西向排列，长20多米，宽4.1米。地面散布有泥质灰陶盆、定窑白瓷碗、龙泉窑青瓷刻花碗等残片，以及素面青砖。征集到宋代白瓷碗1个，以及开元通宝、皇宋元宝、景德元宝、至元通宝等钱币20余枚。
双树村沉船	在双树村东南，今黄沙河东侧	距地表深2.5米，发现两艘沉船，相距200米，一艘为漕船的一半。两侧弧边近等腰三角形，长10米。船内装载高粱类谷物，出土白瓷碗1件，铜钱1000余枚，多为唐宋钱，最晚一枚为至元通宝。另一艘船两头尖，中间宽，长5.6米，无其他遗物出土。
五街沉船	杨村镇五街	1974年疏通北运河时，在西岸坡下发现一艘沉船，距地表2米深，仅见船头，木质，方艏，船身和船尾仍埋于岸下，长度不明。出土有白瓷碗、钧窑碗残片和铜钱数十枚，多数为宋钱，有政和通宝、祥符元宝等。
杨驸马沉船	大良乡杨驸马村东	1973年取土时，在距地表2米深处发现船体，木质，保存完好。出土白瓷碗和钧窑瓷碗各1件，铜钱10多斤，多数为宋钱，最晚为至元通宝。木船原地封存。

资料来源：《中国文物地图集·天津分册》。

根据出土文物可知，这些偏离今运河河道的沉船及其所装载遗物的年代均为元至元以前，很显然这些沉船遗址标志着元代至元十三年改凿北运河以前河道的位置（表3—2）。根据这几个出土地点，可以推测至元十三年以前白河河道的位置。

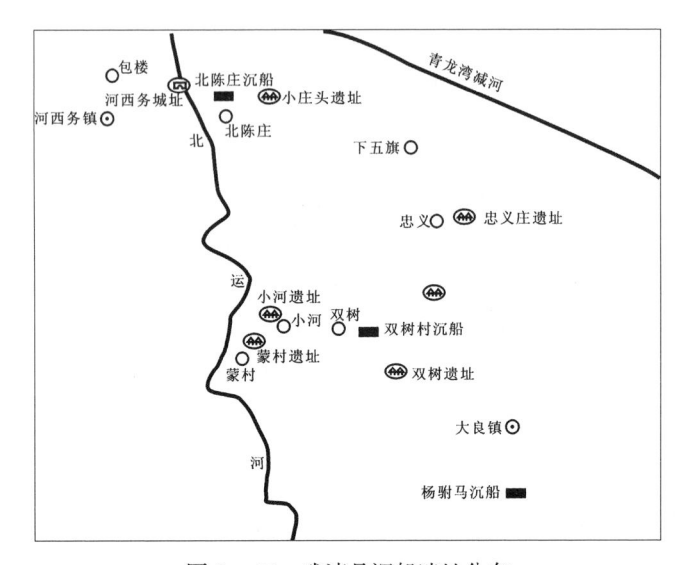

图3—21　武清县沉船遗址分布

资料来源：据《中国文物地图集·天津分册》武清区文物分布图改绘。

在天津武清县城杨村东北，有安楼、陈楼两个村落，安楼曾用名为暗楼（图3—21）。这两个地名说明这里有河堤，当有古代运河河道流经这里。在安楼村西，有村落地名叫兰家巷，这也是运河河道的指示性地名。在通州运河边有陈桁村，在顺直水利地形图上标记为陈家巷。巷一般指堤上柳树形成的柳巷。兰家巷与陈桁一样，也是由于堤坝植树而形成的地名。另杨村东北有郑楼、朱家码头，这也是运河经过此处的证据。

根据沉船位置和特征性地名的分布，可以判断金代潞水河道大致沿蒙村、双树村东、杨驸马村东、陈楼、安楼、兰家巷、朱家码头、郑楼至杨村一线。按照郭守敬所言径直开凿运河的计划，"至杨村还河"。此处所谓"还河"，是指新河道经蒙村径直开凿至杨村，接到原来的河道上，这也说明元初改凿运河之前的原河道自杨村以上向东拐弯。按照《中国文物地图集·天津分册》的观点，金元时期运河河道是自蒙村至孙家务之间呈现迂回形状。这显然与《元史》记载不符。

（3）金元时期运河水道变迁情况

综上，金代至元初的潞水河道轮廓可以大致勾勒出来。金代潞水河道自张家湾以下一直向东，沿里二泗、崔家楼、谢家楼然后南折经马坊村西折，经儒林、供给店至王家楼，然后折向东南，沿现今北运河河道经榆林庄、长陵营、耿家楼、马头村东流，经和合站、肖家林进入香河境内，沿孙家务村北向东经过位于香河县城南的舒鸡淀，南至土门楼，然后经包楼、河西务，向东经北齐庄、北白庄村西有一个大弯环，折向西经过北陈庄村北至北三里屯村东向南流，至蒙村，约在村北向东南经小何村，经双树村，然后沿黄沙河至周家务，沿着陈家楼、安家楼一线西南流，至郑楼，抵达杨村，恰好形成一个自杨村至舒鸡淀的迂回曲折型河道，完全符合古文献记载（图3—22）。

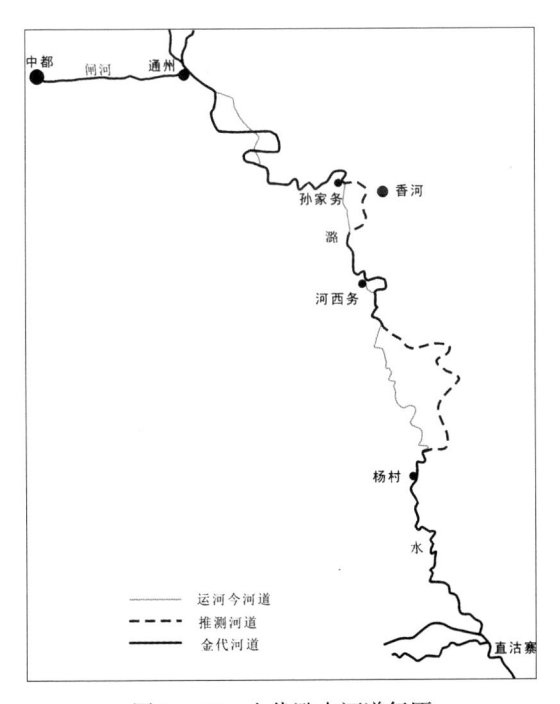

图3—22 金代潞水河道复原

元至元十三年，郭守敬对白河进行治理，对孙家务以下原金代潞水河道的三道大弯环形河道实行裁弯取直（图3—23）。先是在孙家务将河道改凿顺下，直达土门楼，然后在蒙村开凿河道，放弃东向的弯环型旧河道，经粜粮务直接抵达杨村。至元二十二年，将河西务城东的弯环型河道改凿顺下。经过元初的治理，白河自孙家务以下河道大致呈现出顺直形状，这十分有利于汛期行洪，避免堤防大面积决口，影响漕运。因此，元代以后漕运可以持续进行，不再像金代那样实行春秋两运制度。同时，元代白河治理也奠定了今天北运河河道走向的基本格局。

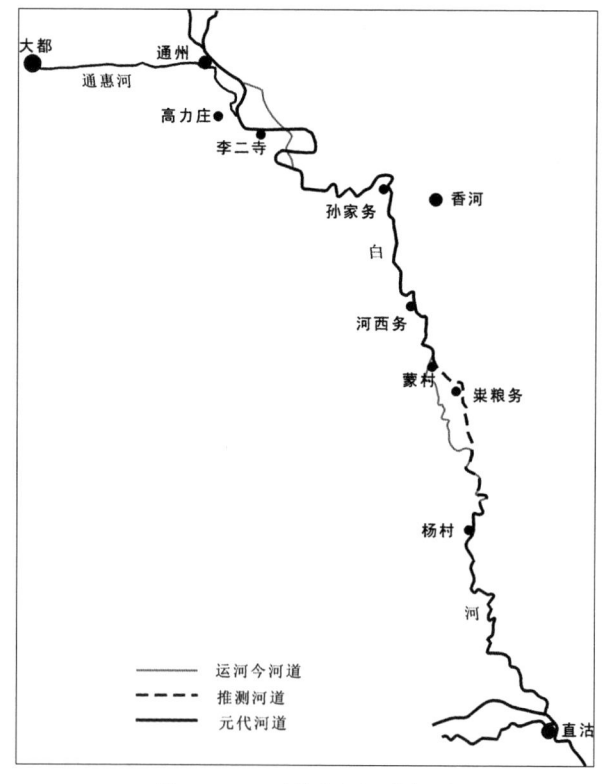

图3—23 元代白河河道复原

第四章　明代白河治理与变迁

第一节　漕运制度变迁

1368年，朱元璋在南京登基，建立明朝。同年八月，北伐的明军进入元大都，结束了元朝近百年的统治。明初，元大都被降为北平府。明成祖即位后，准备迁都北平。永乐元年（1403年），改北平为北京，北平府为顺天府。永乐四年，诏建北京宫殿。永乐十九年（1421年），明成祖正式迁都北京。随着王公贵族、文武百官、仕人商贾等大量涌入北京，城中聚集了大量的消费性人口，对粮食、商品等产生了巨大的消费需求；同时北京靠近边关，为防御塞外蒙古入侵，长城沿线聚集了大量的军队，也需要源源不断地提供粮饷军需。孙承泽《天府广记》记载说："京师百司庶府，卫士编氓，仰哺于漕粮。"[①] 为此，明政府继承金元漕运制度，即借助京杭运河从江南和中原等地将粮食运输到北京。明代漕粮由南粮和北粮两部分组成：南粮为南直隶（江苏、安徽）、浙江、江西、湖广（湖南、湖北）诸省征收的粮食，北粮则自山东、河南两省征收的粮食。明代前期漕粮数额不固定，洪武时期约数十万石，永乐时期

---

① （清）孙承泽：《天府广记》卷14。

每年漕粮数额约在 200~300 万石之间，宣德七年（1432 年）达到最高峰，为 670 万石，正统年间每年漕粮运量约在 450 万石左右，成化八年，明政府规定每年漕粮数额为 400 万石，此后成为漕粮固定数额。在漕粮之外，还要征收白粮，数额为每年 21.4 万石，专门供应皇室和京官食用及薪俸。白粮征收自苏州、松江、常州、嘉兴、湖州五府。明代永乐年间，明廷解决了大运河山东段漕运不畅的问题，京杭大运河全线贯通，江南漕粮可以顺利运至京师。运河对于维系王朝的安全与稳定起着极其重要的作用，如《明史·食货志》所说："漕为国家命脉攸关，三月不至，则君相忧，六月不至，则都人啼，一年不至，则国有不可言者。"①

一、漕运方式变化

明代漕运在继承金元时期漕运制度的基础上继续发展，呈现出鲜明的阶段性特征。王在晋在《通漕类编》一书中，曾把明代漕运方式变化称之为"五变"，即五个发展阶段，"一曰海运，二曰海陆兼运，三曰支运，四曰兑运，五曰改兑"②。

1. 海运阶段

明初定都南京，北京地区作为明王朝的边防重地，在长城沿边地带设置了大量卫所，派驻大批军队驻防。为了向长城沿线驻军提供粮食等物资，洪武时期，明朝通过海运方式将南方的漕粮向北平、辽东、蓟州、永平等地的军队进行输送。洪武二年，令户部于苏州、太仓储粮 2000 万石以备海运供给辽东，洪武十三年分别海运漕粮 70 万石于辽东，洪武二十二年海运苏州、太仓粮米 60 万石给

---

① 《明史》卷 79《食货志》。
② （明）王在晋：《通漕类编》卷 2《漕运》。

辽东官军①。据《明史》记载，洪武三十年，"以辽东军饷赢羡，第令辽军屯种其地，而罢海运"②。实际上，海运漕粮并未完全停止，洪武三十三年又海运漕粮70万石至辽东，永乐元年（1403年）平江伯陈瑄督海运粮49万余石，向北京、辽东输送军饷。此为明代漕粮的海运阶段，主要为辽东军队提供军饷。

洪武时期，白河还可以通航。1368年，徐达北伐时，即率大军沿白河北上，"水陆并进，大败元军于河西务，进克通州"③。《明史·常遇春传》也记载："先驱取德州，将舟师并河而进，破元兵于河西务，克通州，遂入元都。"④明洪武二十二年七月，朝鲜使臣权近出使中国，前往明朝都城南京。他自朝鲜陆路经山海关至北平，然后从通州乘舟沿运河南下，七月十八日"到通州，通津驿发船，古之桑干渡，今谓之白河，亦名潞河"，又记载"自通州至临清，水驿一十一"⑤。明初徐达北伐和权近出使明朝均利用白河水路，这是洪武时期北运河能够通航的明证。

永乐元年，在海运漕粮的同时，明政府开始利用河运向北京运输漕粮，"令于淮安用船可载三百石以上者运粮入淮河、沙河至陈州颖岐口跌坡下，用浅船可载一百石以上者运至跌坡上，别以大船载入黄河至八柳树等处，令河南军夫赴卫河转输北京"⑥。此次漕运探索，显示了明政府欲改变单一利用海运运送漕粮的途径。但是，此时海运依旧占优势地位，永乐二年（1404年），"上以海运粮船上抵直沽，欲於直沽置仓储粮，别以小船转运北京。命户部会议，皆

---

① （明）王在晋：《通漕类编》卷2《漕运》。
② 《明史》卷86《河渠四》。
③ 《明史》卷125《徐达传》。
④ 《明史》卷125《常遇春传》。
⑤ 〔朝鲜〕权近：《奉使录》，载林中基：《燕行录全集》卷1，东国大学校出版部，第177、180页。
⑥ （明）王在晋：《通漕类编》卷2《漕运》。

以为便，复请於天津等卫多置露囤以广储蓄"①。永乐三年，令于天津卫城北建造露囤1400所储存海运漕粮②。

2. 海陆兼运阶段

永乐四年（1406年），明政府定海陆兼运制度，"瑄每岁运粮百万，建百万仓于直沽尹儿湾城。天津卫籍兵万人戍守。至是，命江南粮一由海运，一由淮、黄，陆运赴卫河，入通州，以为常"③。永乐六年，"驾住北平，百费仰之"，于是，海运粮80万石于北京。永乐十二年，海运粮484810石于通州，又通过水陆兼运从卫河僦运粮452776石于北京④。

海陆兼运成本较高，海运多风涛之险，陆挽颇为艰苦。永乐九年二月，成祖采纳济宁州同知潘叔正建议，命尚书宋礼、侍郎金纯、都督周长等人赴山东疏浚会通河。会通河开凿于元，至元末已经废弃不用。宋礼采纳汶上老人白英的建议，"筑坝东平之戴村，遏汶使无入洸，而尽出南旺，南北置闸三十八"⑤。引汶水在南旺注入运河，并在会通河上广置河闸，节制水流，成功地解决了大运河山东段水源不足问题，运河河道自此畅通。永乐十三年（1415年）五月，会通河通航，南北运河畅通，明政府遂罢海运和陆挽，专事漕河，只留下遮洋总，运输辽东、蓟州粮饷⑥。此后每年数百万石漕粮全赖大运河水运至通州和北京。

3. 支运阶段

据《通漕类编》记载，永乐十二年，"令北京、山东、河南、

---

① 《明太宗实录》卷36，永乐二年十一月辛酉。
② 《明太宗实录》卷44，永乐三年七月庚戌。
③ 《明史》卷86《河渠四》。
④ （明）王在晋：《通漕类编》卷2《漕运》。
⑤ 《明史》卷85《河渠三》。
⑥ 《明史》卷86《河渠四》。

山西、中都、直隶、徐州等卫俱选官军运粮，此为漕运之始"①。会通河通航后，明政府在淮安、徐州、济宁、临清、德州设置粮仓，以备转运。按照规定，南直隶苏、松、常及浙江杭、嘉、湖等府以及江西、湖广等地应纳漕粮，由民运至淮安常盈仓交收，镇江、庐凤、淮扬等地应纳漕粮运至徐州广德仓交收，徐州并山东兖州等府漕粮运至济宁仓交收。然后，分别派遣官军就近挽运漕粮，"自淮至徐以浙、直军，自徐至德以京卫军，自德至通以山东、河南军"。这种由运河沿线官军以次递相转运漕粮的方法，就是"支运"，每年运输四次，可运粮300余万石。"支运之法，支者不必出当年之民纳；纳者不必供当年之军支。"②漕粮支运法施行后，与原来海运和水陆兼运相比，既无海运之险，又无陆挽之劳，且经济又安全，同以前相比，的确有一定的进步性。然而，支运法也有一定的局限性，在某种程度上加重了百姓的负担。如苏、松、嘉、湖等地原有100万石漕粮运往附近的太仓以备海运，而支运法的推行取消了海运，这些漕粮要全数运至淮安交纳，路程遥远，这无形之中加重了百姓的运粮负担。永乐年间，因营建北京、征伐交趾和郑和下西洋的需要，大批官军被调离，从事漕运的官军数量不稳定，导致运粮人力不足，从而影响到漕粮运输。永乐十六年，朝廷又恢复民运，尤其是江南百姓要承担运粮至北京的任务。当时，曾有令江浙百姓运粮至北京之令，"令浙江、湖广、江西布政司并直隶苏、松、常、镇等府所属税粮，除存留及起运两京外，余粮坐拨二百五十万石，令粮里自备船只运赴北京、通州、河西务等处上仓"③。

但是，民运漕粮有几大弊端。其一，民运耗费民力，百姓疲于应付；其二，民运耽误农时，导致农事受到影响；其三，民运缺乏有效的组织，漕粮运输时间没有保证，往往导致漕粮误

---

① （明）王在晋：《通漕类编》卷2《漕运》。
② 《明史》卷79《食货三·漕运》。
③ 万历《明会典》卷27《会计三·漕运》。

期。基于此，永乐末年，朝廷又恢复了支运法。永乐二十一年（1423年），平江伯陈瑄奏：每年漕运的南粮，如果全部入京仓，则从通州到北京陆运往返共计80里，未免延迟防务，因此，"计官军一岁可三运，请以二运赴京仓，一运贮通仓为便"①。宣德二年，又实行民运和军运并举的措施，"令浙江、江西、湖广并直隶苏、松等府起运淮安、徐州仓粮，拨民自运赴通州仓。其运粮军士于淮安、南京仓支运"②。宣德四年（1429年），明宣宗鉴于"比岁以来，输运艰转"，派遣工部尚书黄福与漕运总督陈瑄共理漕政，筹划漕运改革之事。于是，平江伯陈瑄及尚书黄福建议复支运法，"乃令江西、湖广、浙江民运百五十万石于淮安仓，苏、松、宁、池、庐、安、广德民运粮二百七十四万石于徐州仓，应天、常、镇、淮、扬、凤、太、滁、和、徐民运粮二百二十万石于临清仓，令官军接运入京、通二仓。民粮既就近入仓，力大减省，乃量地近远，粮多寡，抽民船十一或十三、五之一以给官军。惟山东、河南、北直隶则径赴京仓，不用支运。寻令南阳、怀庆、汝宁粮运临清仓，开封、彰德、卫辉粮运德州仓，其后山东、河南皆运德州仓"③。

4. 兑运阶段

支运法实行虽然取得了一定的效果，并未根本上改变民运漕粮的艰苦情形。宣德五年（1430年），陈瑄等上奏推行"兑运法"，令民运漕粮到淮安、瓜洲等处，然后兑与运军。河南漕粮则民运至大名府小滩，兑与遮洋总海运。运军的脚价运费，根据道路远近，由农户提供"路费耗米"。民运路程相对缩短，军运路程相对延长。宣德六年，陈瑄言："江南民运粮诸仓，往返几一年，误农业。令

---

① 《明太宗实录》卷264，永乐二十一年二月乙酉。
② （明）杨宏、谢纯：《漕运通志》卷8《漕例略》。
③ 《明史》卷79《食货三·漕运》。

民运至淮安、瓜洲，兑与卫所。官军运载至北，给与路费耗米，则军民两便。"① 经廷议，户部拟定官军兑运民粮加耗则例："每石湖广八斗，江西、浙江七斗，南直隶六斗，北直隶五斗，民有运至淮安兑于官军者止加四斗，如有兑运不尽，令民运赴原定官仓交纳，不愿兑者听自运。"② 宣德十年，兑运法在漕粮加耗方面又进行了调整，每石加耗湖广、江西、浙江俱六斗，南直隶五斗，北直隶四斗，徐州三斗五升，山东、河南二斗五升。这样，民间漕粮加耗负担有所减轻。此外，又规定耗粮以三分为率，二分交米，一分折成其他物品代替，后来又有部分耗米折成银两，称为轻赍银，作为"洪闸盘剥之费"，是为兑运法。所谓兑运，就是民粮兑于运军，由军队把粮食运输至北京。兑运法实行之后，漕运官军即有耗米可得，又有官给轻赍银以供过闸盘浅的费用③，且可以负载一定数量的土特产品到北方去卖，利源既开，官军多乐意从事。当时，由于官军兑运能力不足，部分兑运不尽的粮米，仍由民运至各仓，然后由官军支运。但总体情况是，"兑运者多，而支运者少矣"④。兑运法的实行，是明代漕运制度的一次重大改革，不仅奠定了明代漕运制度的基础，而且对江南地区社会经济的恢复和发展起到了重要作用⑤。

明政府规定，漕粮兑运，各有水次。所谓水次，即明政府指定的各交纳漕粮之府州县民粮兑于运军之处。同时对交纳漕粮的时间也有硬性规定，"凡水次，江南于瓜淮，运军过江就兑；湖广于蕲州、汉口、城陵矶三处；江西于进贤，河南于小滩，山东于临清。凡当兑米，征收以九月，水次交兑以十月，逾十一月终十二月，粮与船至者三之一，弗至者府州县正官、督粮官、领运指挥千百户等

---

① 《明史》卷79《食货三·漕运》。
② 《明宣宗实录》卷84，宣德六年十月至十一月。
③ 此处所谓的轻赍银，是指明政府在征收漕粮时每石加收一定数量的折耗米石，这些耗米除部分随船北上外，另有一部分折为银两，此即轻赍银。
④ 《明史》卷79《食货三·漕运》。
⑤ 杨亚非：《试论明代漕运方式的变革》，《社会科学战线》，1986年第2期。

官俱听巡按御史逮问"①。同时，运军收纳民间交纳的漕粮之后，还要按照规定，及时把漕粮向北京运输。《天府广记》中有明确的记载："江北官军兑本府州县粮者，过淮以十二月，南京、江南、直隶官军兑应天府州县粮者过淮以正月，淮以北山东、北直隶二总兑本粮及遮洋总兑河南、山东粮者以正月，及三月完报，事皆属之儹运。"②每年运至北京的漕粮有四百万石，"京仓储十四，通仓储十六"③。

兑运法实行后，漕粮兑运部分不断增长。正统二年，运粮450万石至京，内兑运部分有280余万石，淮、徐、临、德四仓支运169万石④，兑运部分占6/10以上。天顺四年，运粮435万石，其中兑运部分由363万余石，各仓支运71万余石⑤，兑运部分占80%以上。兑运粮额的增长说明了兑运法在漕粮运输方面具有较大的优越性，不但减轻了江南地区农民的漕运负担，使之安于农业，不误农时，有利于农业生产。其次，兑运法减轻了农民的赋税负担。兑运法虽然要求各纳粮府州县农民根据到达北京的远近支付耗米，但比自己运送粮米至各仓，负担已减轻，民力得以缓解。其三，兑运法也给运军带来了工作积极性。支运阶段，运军除例给月粮、行粮和微赏钞外，没有额外收入，因此积极性不高；且运军驾驶空船远赴淮安等仓支运粮米，徒费人力物力。兑运的实行，不仅节省了民力，运军亦有额外收入，因此具有工作积极性。鉴于兑运法实行所带来的诸多好处，成化年间遂有漕粮支运全部改为兑运之规定。

5. 长运阶段

兑运实行期间，淮安、徐州、临清、德州等仓的支运方式一直

---

① （清）孙承泽：《天府广记》卷14《仓场》。
② 同上。
③ 《明史》卷79《食货三·漕运》。
④ 《明英宗实录》卷22，正统元年九月癸巳朔。
⑤ （明）王在晋：《通漕类编》卷2《漕运》。

存在，只是漕粮支运份额日渐式微。成化七年（1471年），漕运都御史腾昭提出实行"改兑法"，也称"长运法"。具体办法是长江以北的江北漕运官军南渡长江，赴江南各地水次交兑。这样可以免去江南各地粮户原来雇船过长江到瓜州、淮安交兑漕粮的麻烦。运军直赴江南水次交兑，农户不必亲自运粮，由于运军运输路程延长，农户除了付给运军路费耗米外，还要付"过江之费"，凡在江南水次交兑的粮户交纳的每石粮米，除按原定数目加耗米外，还要另给江北运军另增一斗作为渡江费用①。运军过江兑运漕粮，使得兑运范围进一步扩大。成化八年（1472年），明政府规定岁运漕粮400万石至北京的规定，此时，尚有诸仓支运粮米70万石。成化九年，户部奏请诸仓支运粮米，"宜免民远运，就同本处兑军粮运赴水次，与官军领运"，并根据远近，量加耗米②。成化十年，明政府规定淮安、徐州、临清、德州四仓70万石支运粮米，悉改为官军赴水次兑运③，即淮、徐、临、德四仓转运漕粮的官军都分赴各交纳漕粮的府州县水次兑收漕粮，并直接由缴粮地把漕粮运赴京通二仓，这就是漕运制度中的长运，凡官军到缴粮地收兑的粮食称作改兑米。至此，漕粮基本上全部由官军长运，遂成明代漕运定制。需要指出的是，长运法实行后，仍然有"交兑不尽"的粮米，由民运赴淮安、徐州、临清、德州四仓。成化十一年（1475年），朝廷下令取消淮安、徐州、临清和德州四仓的支运。从此，除了白粮仍使用民运外，漕运皆用改兑法成为定制④。

明政府在征收漕粮之外，还对江南、苏、松、杭、嘉、湖五府的农户额外征收上等白粳糯米、粗粳米供皇室和在京各府部官僚专用，这些粮米称作"白粮"，共计约17万石。白粮输送，由

---

① 《明史》卷79《食货三·漕运》。
② 《明宪宗实录》卷120，成化九年九月乙巳。
③ 万历《明会典》卷27《会计三·漕运》。
④ 同上。

地方农户中粮长负责亲自运送到京师,因此又称民运。运送白粮的船,最初由官府打造,后来又改由地方解送白粮的地方粮长自行雇备,叫作白粮船或运船。白粮运输费用高昂,"通正米为四石余,始当白粮一石"①。明政府对于白粮运输也有管理办法。明英宗十三年(1448年),令白粮船编置不同字号,送交沿河各官,以便催督。弘治七年(1494年),令白粮船到各钞关及河西务关,均免内船课税,即时放行。嘉靖元年(1522年),明政府对于白粮运输规定严格起来,要求江南白粮须按照兑运事例,每年十月征收完毕,十二月以内运至瓜州。不能按期完成的,根据延误时间长短,给州县官以停俸、降级的处罚。苏、松、常三府白粮船,俱限于次年正月以里过淮安,八月初一抵京完纳。如白粮不能按期抵达北京,根据延误时间长短,给州县官以停俸、降级的处罚。白粮船到达天津以北丁字沽后进入北运河,由于白粮船船体大不能继续前进,因此,河西务主事要按军粮船雇佣剥船的脚价,拨给白粮船足够的浅水剥船,以防遇到河道浅滩不能浮运,借此方法将白粮运抵通州②。

为了使漕粮能够及时到达北京,明政府根据漕粮缴纳地区的距离远近规定了到达运河北端码头通州的日期。《天府广记》中就记载:"凡米至京仓,月旦为期。三月一日,北直隶、河南、山东卫所至;五月一日,南直隶、凤阳等卫所至;六月一日,南直隶、浙江、湖广各卫所至。"③明代各地漕粮到达北京通州的时间之所以这样规定,完全是根据实际情况制定的因时制宜的方法:"因河未泛而北运,因河未冻而南还,因风南北为运期,因河顺流为运道。"④这

---

① (明)赵用贤:《议评江南粮役疏》;(明)陈子龙等编:《皇明经世文编》卷397。
② 万历《明会典》卷27《会计三·漕运》。
③ (清)孙承泽:《天府广记》卷14《仓场》。
④ 同上。

是因为中国东部地区属于季风气候区，春夏之际河流解冻，盛行风向为东南风，便于漕船借助风力北上。秋季汛期结束，天气转凉，且此时西北风开始盛行，由此可借助风力南还，在河水结冰之前返回。

二、漕粮存储

明洪武时期，从南方运往北平的军粮广泛利用元大都旧仓廒进行储藏。成祖即位之后，在北京积极兴建新的仓廒，为迁都作准备。永乐四年（1406年），"增置北京顺天府千斯仓"①。永乐六年，增置通州左卫，建仓庾，以备储运之粟。永乐六年，设燕山左、右、前，大兴左仓，共37仓；永乐七年，设通州卫仓；永乐十六年，置通州卫通济仓。同年，设北京坝上、义河、北高、汙石桥、南石渠、黄土、北草场七仓，隶顺天府。宣德六年，增置北京及通州仓，次年增置北京在城仓廒。正统年间，为了缓解粮食储存的压力，明政府修缮在京及通州各仓，并修造300万石仓。定通州仓在新城内者为大运中仓、东仓，在旧城内者为大运南仓、西仓。正统三年，在京城在太仓。正统九年建大军仓。景泰元年，瓦喇入侵京畿，为保护粮仓，遂修建通州新城，将通州城外大运西仓纳入其中。景泰四年，建造通州大运中仓。英宗天顺年间，先后两次增置通州新城内大运仓。弘治时，在京城择地建造京仓，十八年建太平仓，嘉靖四十一年（1562年）改建禄米仓。至此，明代京通二仓的营建才告完善。综上，明代京通二仓经历了成祖永乐年间，宣德年间，英宗正统、天顺年间三次营建高潮，至嘉靖四十一年始告完备②。总计京仓数目56，通仓数目16③，京、通二仓承担着京师皇室

---

① 《明太宗实录》卷56，永乐四年七月乙卯。
② 于德源：《北京漕运和仓场》，同心出版社，2004年，第237页。
③ 《明史》卷79《食货志三》。

贵族、文武百官、军队以及工匠的粮饷、俸禄等。

明朝每年漕额起初没有定数，永乐时每年漕粮运抵通州三次，以两运赴京仓，一运储于通仓[①]。宣德年改行兑运之法，"官军运粮五百余万石，以三分为率，通州仓收二分，京仓收一分"[②]。英宗正统时期，则改为漕粮"输京者十之四，输通州者十之六"[③]。成化八年实行改兑法，漕粮分为正兑米和改兑米[④]，定每年漕粮额数年为400万石，其中正兑米300万石，改兑米70万石，分别运入京仓和通仓存储，"原定为京七通三之制，分贮京、通二仓"。根据万历《明会典》记载，嘉靖十六年朝廷议准兑运米在京通二仓的存储数额照旧分派：京仓七分，通仓三分，改兑米京仓四分，通仓六分[⑤]。隆庆年间，朝廷将改兑米全部入通仓，并拨兑运粮66万余石与改兑米同入通仓，以补通仓原额。剩余正兑米全部入京仓，不再局限于三七四六之例[⑥]，此后这成为京通二仓收贮漕粮的制度[⑦]。明代向北方地区输送的漕粮不仅仅供应京城，北方长城沿线大量的驻军对粮食同样产生巨大的需求。因此，京、通二仓还有很强的军事后勤性质。京、通二仓中有四处（长安门仓、东安门仓、西安门仓、北安门仓）是属皇室专用而归光禄寺管理外，其余各仓都是各卫所的卫仓。

---

① 《明太宗实录》卷264，永乐二十一年十月己酉。
② 《明宣宗实录》卷108，宣德九年正月丁酉。
③ 《明英宗实录》卷24，正统元年十一月己酉。
④ 1415年，大运河山东段通航，明廷罢海运，专注于运河漕运，在淮安、徐州、济宁、临清、德州等地建水次仓。江南、淮扬、山东、河南等地民人将漕粮按路程远近分别运至各水次仓交卸，然后由运军节节运输至北京，称作支运。1494年，明廷为解除民运之苦，实行运军至各纳粮州县水次收兑漕粮的制度，称作兑运，但仍有70万石漕粮实行由民人运至水次仓的支运模式。1475年，明廷将剩余70万石支运漕粮实行兑运之法，即由运军至各州县水次收兑漕粮，称作改兑米，原来早已实行兑运的330万石漕粮称作正兑米。
⑤ 万历《明会典》卷27《会计三·漕运》。
⑥ 《明穆宗实录》卷34，隆庆三年闰六月丁未。
⑦ 于德源：《北京漕运和仓场》，同心出版社，2004年，第255页。

天津作为漕粮转运港口，也具有仓储功能。永乐初期，为了漕运的需要即在天津修建仓廒，"永乐元年，平江伯陈瑄督海运粮四十九万馀石，饷北京、辽东。二年，以海运但抵直沽，别用小船转运至京，命于天津置露囤千四百所，以广储蓄。四年定海陆兼运。瑄每岁运粮百万，建百万仓于直沽尹儿湾城。天津卫籍兵万人戍守。至是，命江南粮一由海运，一由淮、黄，陆运赴卫河，入通州，以为常"①。永乐十三年，大运河全线贯通，遂罢海运，专事河运。江南漕粮通过大运河北上，都要经天津转运北京或蓟州，大量漕粮经天津转运，需要建仓库临时储存。运河沿线的城镇如张家湾、河西务等也都建有仓储存储漕粮。明初曾设武清仓于河西务，设通州卫仓于张家湾。明英宗时，毁临清、德州、河西务仓各1/3改建京、通二仓，景泰初移武清卫诸仓于通州。明中后期，两地又曾建仓，如嘉靖时，"诏于张家湾新城置仓，以备地方有警，暂寄漕粮"②。

第二节 北运河河道治理与变迁

一、白河河道

京杭运河因承担漕运功能而叫作漕河，系利用黄淮海平原和江南诸多河流而形成，"漕河之别，曰白漕、卫漕、闸漕、河漕、湖漕、江漕、浙漕。因地为号，流俗所通称也"③。明代北运河称作白河，自天津至通州由白河所构成的漕运河道又叫作白漕。《明史·河渠志》对白漕有简单介绍：

---

① 《明史》卷86《食货志四》。
② 《明世宗实录》卷535，嘉靖四十三年六月癸酉。
③ 《明史》卷85《河渠三》。

> "白漕者,即通济河。源出塞地,经密云县雾灵山,为潮河川。而富河、曾口河、七渡河、桑乾河、三里河俱会於此,名曰白河。南流经通州,合通惠及榆、浑诸河,亦名潞河。三百六十里至直沽,会卫河入海,赖以通漕"①。

《明史·河渠志》记载:"由天津达张家湾曰通济河。"② 这里提到白河的另一个名称,即通济河。通济河之名始于正统年间,因治理运河而得名。按记载,白河自天津至张家湾一段河道称作通济河。白河是物资和人员来往的通道,明代文献中有对白河河道经行路线的记载,下面就结合朝鲜人崔溥和顾祖禹的记载来了解一下。

弘治元年(1488年),朝鲜官员崔溥在济州岛返回朝鲜半岛时遇上风暴,在海上漂流了14天,最终抵达今浙江省三门县,然后自浙江沿京杭运河抵达北京,并由北京由陆路返回朝鲜。崔溥回国后著有《漂海录》一书,记录了他沿途经历及所见。在从天津北上至北京的行程中,他记录了由北运河北上时所经行之地:

> (二十四日)溯河过丁字沽、海口里、河东巡更所、桃花口、尹儿湾、蒲沟儿、下老米店,至杨村驿,驿西有巡检司。
>
> 二十五日阴,早经上老米店、白河里,南蔡村、北蔡村、王家务、杜口、双浅、蒙村、白庙儿、河西巡检司,至河西驿,驿与递运所相距七八步。
>
> 二十六日,过耍儿渡口、下码头、纳钞厅、天妃庙、中码头、车荣(营)儿、上马头、河西务、土门楼、叶青

---

① 《明史》卷86《河渠四》。
② 《明史》卷85《河渠三》。

店,王家摆渡口、鲁家务、攀缙口、至泊萧家林前河之越岸……自天津卫以北,白沙平铺,一望无际,

二十七日,晴,大风,平明至和合驿,又过漷县,县治在河之东岸,码头巡检司、崔氏园亭在其中。至此,沙堆高大,如丘陵然,又过火烧屯、公鸡店、李二寺、长店儿、大通关、浑河口、土桥巡检司至张家湾,即诸路贡赋朝贡商贾之船之所集处也。①

崔溥的行程记录大体上与今北运河河道走向一致,但在个别地方运河河道已经发生了变化。如崔溥于河西务附近经过耍儿渡,原来河道在河西务东有一个弯环,今河道已经裁弯取直,另崔溥沿运河抵达张家湾,今运河已经改道不再经行张家湾。崔溥的记录还显示了白河多沙的特点,白河河道自天津以北"白沙平铺",并且在运河局部地段还有高大的沙堆,如漷县附近白河河道有风成沙堆形成。

明顾祖禹在《读史方舆纪要》中,对明代白河河道经行路线有更为详细的记载:

又西北经武清县东,又西北经漷县东。

漕河在武清县东三十五里。自天津卫以达于神京,皆白河之流也,亦谓之通惠河。元人创开运道,自昌平州引神山诸泉,经都城至通州,合于白河,又南以至于天津,皆曰通惠河,今亦曰大通河。今自天津而西北十里,曰丁字沽。又二十里,曰尹儿湾。又十里,曰桃花口。又十里,曰满沟儿。又二十里,曰杨村驿,潘氏曰:杨村以

---

① 〔朝鲜〕崔溥:《锦南先生飘海录》卷3,载林中基:《燕行录全集》卷1,东国大学校出版部,2001年,第495~499页。

北,通惠之势,峻若建瓴。白河之流,淤沙易阻,夏秋水涨,则惧其潦。冬春水微,则病其涩。浮沙之地,既难建闸以备节宣,惟有浚筑之工耳。沿河两堤如搬罾口、火烧屯、通济厂、东耍儿渡口、黄家务、华家口、阎家口、棉花市、猪市口、观音堂、蔡家口、桃花口以上堤岸,卑薄最甚,民居漕艘,被患不时。所当以时浚筑,不可或忽也。又三十里,曰南北蔡村。又十里,曰砖厂。又十里,曰黄家务。又十里,曰蒙村。又十里,曰白庙儿。又十里,曰河西务西南至武清县三十里。又三十里,曰江庙《里道记》:河西驿十五里,至王家摆渡口。又十里,至鲁家渡。又五里,至红庙。又十里,曰靳家庄。又十里,曰搬罾口。又十里,曰萧家林。又十里,曰和合驿属通州。又二十里至漷县杨家庄。又三十里,至漷县。又十里,则火烧屯也。自河西务以至通州张家湾,计百四十里。河狭水迅,路曲沙淳,凡五十有九浅云。

又北至通州,南而输于太仓。

漕河至州南十五里,曰张家湾。东南运艘,毕集于此,乃运入通州仓。《里道记》:火烧屯而北七里,曰公鸡店。又七里。曰沙孤堆。又六里,曰保运观,亦谓之李二寺。又十里,即张家湾矣。自通州而西又四十五里,乃达于都城。则上流浅阻,置闸节宣,仅容盘运,非运艘直达之道矣。详见京师大通河[①]。

这段河道的记载依据从天津逆流而上所经过村镇而记述,其路线与今天北运河河道大致略同。但其中也有讹误,如白河与通惠河即混为一谈。

---

① (明)顾祖禹:《读史方舆纪要》卷129《川渎六·漕河》。

《通州文物志》较为详细地描述了明代运河河道，大运河在通州城北关石坝附近收潮白河和温榆河，然后沿通州城东南流，行经通州东关，再东南流经大棚村、小圣庙、北马头、张家湾、里二泗、沙古堆一线。至今，皇木厂村内水塘、张家湾镇村东口外河道及里二泗北小盐河乃是自明代至清嘉庆十三年（1808）以前大运河故道。清嘉庆十三年运河改道之前，大运河一直流经张家湾。自里二泗以下，白河向东经崔家楼、谢家楼东南折至马坊村西，然后西折经任辛庄至供给店、儒林入今河道。自儒林以下，明代白河河道与今北运河河道一致，分别流经通州、香河、武清，然后至天津入海河。

明代白河和温榆河在通州城北关外附近汇合。嘉靖《通州志略》记载，富河"源出口外，自白羊口入，流为榆河，下流为沙河，经顺义县界流至州城东北，会白河"。该书又记载："白河之水自潮河川，而富河之水自白羊口，二水至州东北合而为一。"即白河（潞河）与温榆河在通州城东北汇合。明人蒋一揆在《长安客话》中也描述了通州附近的运河及其支流的情况："（潞河）一发源自塞外，东流经密云，与潮河川合流，注入通州城东北入白河，即通州潞河也；一自塞外西流入白羊口，经榆河下流沙河，由顺义南界至通州城北入白河，即通州富河也。一发源于昌平白浮村神山泉，出西南汇为西湖，东入都城积水潭，入宫墙太液池，南至玉河桥，由东南大通桥以东入庆丰等闸，即通惠河，入白河。一自都城左安门外草桥流入南海子，东出弘仁桥，由水南新河至张家湾板桥入白河，总名运河。"这里的白河即大运河，明代称作白河。根据上述文字记载，明代潮白河和富河在通州城东北关石坝附近汇聚。"东曰白河，源自东北来，西曰富河，源自西北来，入州城东北合流，二河水溜直注石坝楼，汇归运河。"[1] 潞河被称为外漕河，相应地，通惠河被称为里漕河[2]。而通惠河和凉水河在张家湾入运河，当

---

[1] 乾隆《通州志》卷3《漕运志·修浚》。
[2] 康熙《通州志》卷3《漕运志·漕渠》。

时通惠河自通州城通流闸流出东门外,自南浦闸向南,经土桥到达张家湾入运河。

二、白河堤防治理

1. 白河堤防的建设

堤防是运河的重要组成部分,白河堤防建设早在金元时即为治河要务。明万恭在《治水筌蹄》中说道:"运河之存也以堤,堤之固也以民。"① 白河号称自在河,河道迁徙无定,对漕运危害极大,刘天和在《问水集》中说:"运河数千里,惟白河堤防大坏,历观河底、两岸,率皆淤沙,以故易于冲决迁改,与中州黄河略同。"②《明史·河渠志》说:"杨村以北,势若建瓴,底多淤沙。夏秋水涨苦潦,冬春水微苦涩,冲溃徙改,颇与黄河同。"③ 从这段文字可以看出,在组成运河的各个河流中,唯有白河与黄河类似,在治理上与黄河治理基本相同,特别是堤防最为紧要。为了防止运河决口泛溢,保证运道平稳,白河堤防一直是治理的重点。

永乐迁都北京后,白河作为漕运航道受到特别重视,据《明史》记载,永乐二十一年,"筑通州抵直沽河岸"④,显然这次筑堤规模较大。此后,白河河堤依据"有冲决者,随时修筑以为常"的原则进行维护。根据《光绪顺天府志》记载,明代白河规模较大的堤防修筑活动有15次(表4—1)。万历三十一年,朝廷再次对白河堤防进行大规模修筑,当时按照工部建议,"挑通州至天津白河,深四尺五寸,所挑沙土即筑堤两岸"⑤。根据明清以来的地方志

---

① (明)万恭:《治水筌蹄》卷下。
② (明)刘天和:《问水集》卷1《运河》。
③ 《明史》卷86《河渠四》。
④ 同上。
⑤ 同上。

书所记载，现状北运河部分河堤即是明代万历年间修筑的，《日下旧闻考》引用《潞县志》原文记载："白河滨有长陵营、马头店、白浮圈、曹家庄诸堤铺，皆运河必经之道。"①《潞县志》有多部，皆为明代成书，今已佚。道光年间成书的《潞阴志略》记载曹家庄堤，"明万历三十九年筑"②。潞县有县北长堤，又名白龙堤，道光《潞阴志略》认为其为元明时期的白河河堤，"旧志云始于张家湾之善人桥，达县之北门，绵亘三十余里。盖元明漕河所经，筑此以卫今河，非故道已，距水四五里，遂成平陆，而遗址穹然尚存"③。

表4—1 明代白河筑堤活动统计

顺序	时间	筑堤活动
1	永乐三十一年	筑通州等处河岸
2	宣德九年	筑运河河西务决口
3	宣德十年	修耍儿渡堤
4	正统二年	筑耍儿渡决口
5	正统四年	河决河西务堤，发顺天府宝坻等县民夫修筑
6	正统五年十月	修香河县白河堤
7	正统七年	修筐儿港等处堤
8	正统九年	修耍儿渡等堤
9	天顺五年	修河西务耍儿渡口
10	成化十三年	修运河堤
11	嘉靖十一年	筑耍儿渡等决口
12	隆庆元年	修西务等处堤
13	万历前	修香河县堤香河刘志
14	万历三十一年	浚白河，筑堤
15	万历中	筑河西务堤

资料来源：《光绪顺天府会·河渠志十一·河工七》。

---

① （清）于敏忠等编纂：《日下旧闻考》卷110《京畿三·通州》引《潞县志》。
② 道光《潞阴志略·堤防》。
③ 同上。

2. 堤防修筑与防护

堤防是河流防洪的主要手段，对于运河来说，堤防的意义远不止于此。白河含沙量多，河床皆为细沙，土质松软。乾隆时英国人约翰·巴罗曾来到中国，描述白河两岸的土质时说："白河两岸地区的土质主要是细沙土，还有少量的陶土与石灰土的混合物，其中散布着闪光的云母颗粒。但是，在这条河流经的广袤乡间，人们看不到任何大石头，也看不到碎石和鹅卵石。"① 另据《二十世纪初的天津概况》记载，河床土质在通州附近为含沙黏土，沙量很多，在河西务及杨村附近为华北独特的轻土质，干燥时有如灰尘。② 白河河床的土质特征决定了白河河道的不稳定特性，汛期易于冲决迁改，类似于黄河，而白河武清段冲决尤甚。白河是漕运要道，河道频繁变动势必影响漕运，因此白河堤防还是固定河道的重要设施。明清时期，堤防已经形成一套系统的工程建设体系，堤防工程有完善的修筑方法，万恭《问水集》一书就记载了修筑堤坝的方法："凡创筑堤，必择坚实好土，毋用浮杂沙泥，必干湿得宜，燥则每层须用水洒润，必于数十步外平取尺许，毋深取成坑，致妨耕种，毋仍近堤成沟，致水浸没，必用新制石夯，每土一层，密筑一遍，次石杵，次铁尖杵，各筑一遍，复用夯筑平。堤根宜阔，堤顶宜狭，俾马可上下，谓之走马堤。毋太峻，水易冲啮。凡帮堤，必止帮堤外一面，毋帮堤内，恐新土水涨易坏。"③ 在本段文字末尾标注曰"运河通用"。明嘉靖年间，刘天和指出白河堤防建设与黄河堤防建设类似，"治堤宜远、宜坚、宜植六柳诸法亦略同"④。植柳六法是刘天

---

① 〔英〕约翰·巴罗著，李国庆、欧阳少春译:《我看乾隆盛世》，北京图书馆出版社，2007年，第364页。
② 〔日〕中国驻屯军司令部编，侯振彤译:《二十世纪初的天津概况》，天津市地方志编修委员会总编辑室出版，1986年，第74页。
③ （明）刘天和:《问水集》卷1。
④ （明）刘天和:《问水集》卷1《运河》。

和在治理黄河过程中，总结传统经验，提出固护堤岸的手段，即卧柳、低柳、编柳、深柳、漫柳、高柳六种植柳方法。朱国盛在《六柳议》中曾说："而堤有借之以固土者，其惟植柳乎？柳易长之物也，根株纠结，既足以护堤身，条干扶疏复可以供埽料，堤之宜植柳也明矣。"[①] 下面按照刘天和《问水集》中所载植柳六法，整理如下：

> 一曰卧柳。凡春初筑堤，每用土一层即于堤内外边箱各横铺如钱如指柳枝一层，每一小尺许。一枝勿太稀疏，土内横铺二小尺余，土面只留二小寸，勿过长，自堤根直栽至顶，不许间少。
>
> 二曰低柳。凡旧堤及新堤，不系栽柳时月修筑者，俱候春初用小引橛于堤内外自根至顶，俱栽柳如钱如指大者，纵横各一小尺许，即栽一株，亦入土二小尺许，土面亦只留二小寸。
>
> 三曰编柳。凡近河数里紧要去处，不分新旧堤岸，俱用柳桩如鸡子大四小尺长者，用引橛先从堤根密栽一层六七寸，一株入土三小尺，土面留一尺许，却将小柳卧栽一层，亦内留二尺，外留二三寸，却用柳条将柳桩编高五寸，如编篱法，内用土筑实平满，又卧栽小柳一层，又用柳条编高五寸于内用土筑实平满，如此二次，即与先栽一尺柳桩平矣，却于上退四五寸仍用引橛密栽柳桩一层，亦栽卧柳编柳各二次，亦用土筑实平满。如堤高一丈，则依此栽十层即平矣。
>
> 四曰深柳。凡近河及河势将冲之处，堤岸虽远，俱宜急栽深柳，将所造长四尺、长八尺、长一丈二尺数等，铁裹引橛自短而长，以次钉穴俾深，然后将劲直带稍柳枝如跟稍俱大者为上，否则不拘大小，惟取长直，但下如鸡

[①] （明）朱国盛：《六柳议》，载朱国盛：《南河志》卷10《杂议》。

子,上尽枝梢,长如式者皆可用,连皮栽入,即用稀泥灌满穴道,毋令动摇,上尽枝梢或数枝全留,切不可单少,其出土长短不拘,然亦须二三尺以上。每纵横五尺,即栽一株,仍视河势缓急,多栽则十余层,少则四五层,数年之后,下则根株固结,入土愈深,上则枝梢长茂,将来河水冲啮,亦可障御,或因之外编巨柳长桩,内实梢草埽土,不犹愈于临水下埽,以绳系岸,以桩钉土,随下随冲,劳费无极者乎?

五曰漫柳。凡坡水漫流之处,难以筑堤,惟沿河两岸,密栽低小桭柳数十层,俗名随河柳,不畏淹没,每遇水涨,既退则泥沙委积,即可高尺余,或数寸许,随淤随长,每年数次,数年之后不假人力自成巨堤矣。

六曰高柳。照常于堤内外用高大柳桩成行栽植,不可稀少。

在植柳六法之中,"前三法止可护堤以防涨溢之水",后三法则用于抵御"倒岸冲堤之水"。卧柳、低柳、编柳三法,运河堤防和黄河堤防通用之,"皆专为固堤护岸,盖将来内根株固结,外则枝叶绸缪,名为活龙尾埽,虽风浪冲激,可保无虞,枝梢之利亦不可胜用矣。北方雨少草稀,历阅旧堤,有筑已数年而草犹未茂者,切不可轻忽"。漫柳、深柳和高柳之法黄河堤防皆用之。在白河堤防治理上,深柳之法可用于"运河频年冲决深要去处",而高柳之法,"运河则于地面栽植,以便牵挽"①。

隆庆六年至万历初年,万恭受命总理河道。为了固护堤防,万历初年,朝廷在整个运河两岸种植柳树。"自张家湾以及于瓜仪,循河两千余里,万历初植至七十余万株。后来者踵行之,则柳巷二千里,卷埽者有余材,挽运者有余荫矣"②。在运河沿岸,有很多

---

① (明)刘天和:《问水集》卷1《黄河》。
② (明)万恭:《治水筌蹄》卷上。

村庄叫作"某（家）林"，如通州儒林村、萧家林、榆林庄；有的村落叫作"某（家）巷"，这是河堤上绿柳成荫形成的柳巷之反映，巷有的写作"桁"，如通州区西集镇的陈桁村，在老地图上则标记为"陈家巷"，武清县有兰家巷。这些村庄的名称来历，即与河堤上种植的树木有关。在白河沿岸附近，刘天和曾见一些村庄周围有护村堤，"周遭积沙成巨堤，上复（覆）多柳，云以御水"。经询问得知，此系村民因地制宜使用低柳聚沙成堤，"乃先于平地植低柳成行，乃俟风沙抟聚，旋自成堤，柳愈繁则沙愈聚，根株盘结，水至无害也"。刘天和认为用此法治河大省民力，但只能用于运河沿岸沙多无土之处，"若坚实河岸，仍须土堤，低下冲决之口，仍须坚土，倍筑高厚，更植深柳为完美尔"①。

在植柳固堤管理方法上，万恭创造性地推出新举措，提高了植柳数量。首先，万恭提出，植柳必于立春前进行，"交春后则生气动，多虫啮之患"；其次，万恭改变了柳树栽植的管理方式。按照旧制若栽柳不活，则罚种植者银钱，万恭考虑到种树者皆贫苦人，没有多少银钱，于是改变惩罚方式，即一株柳树不成活，罚种树者栽种五株，收效显著，"而柳益众"②。栽植护堤的树种不仅仅是柳树，还有榆树、杨树等。运河沿堤种柳，往往形成较为有名的景观，如香河八景有"古渡春荫"，明漷县八景有"春郊烟树"，运河堤上柳树均成为地方景观的构成要素。

除了植柳固堤以外，还有栽种苇草护堤之法。"凡堤临水者，须于堤下密栽芦苇或茭草，俱掘连根丛株，先用引橛锥窟，深数尺，然后栽入，计阔丈许，将来衍苴愈蕃，即有风不能鼓浪，此护临水堤之要法也。堤根至面，再采草子，乘春初，稍锄覆密种，俟其畅茂，虽雨淋不能刷土矣"③。

---

① （明）刘天和：《问水集》卷1《运河》。
② （明）万恭：《治水筌蹄》卷上。
③ （明）潘季驯：《河防一览》卷4。

3. 堤防修守与防洪度汛

明万恭在《治水筌蹄》一书中指出,漕河治理有"八因":"因河未泛而北运,因河未冻而南还,因风南北为运期,因河顺流为运道;因河安则修堤以固本,因河危则塞决以治标;因冬春则沿堤以修,因夏秋则据堤以守,是为八因"①。伏秋之后,运河水落归槽,漕运也结束了。冬春季节,运河堤防需要进行维修,潘季驯在《河防一览》中谈到白河治理,对冬春白河河堤修护提出建议,"应行司道督行管河官,每岁冬间,办积桩草,春初率夫将前堤加高帮厚,填土实杵,不得杂沙塞责"②。

运河工夫包括堤夫、浅夫、闸夫、溜夫、坝夫。明代白河沿岸有堤夫、浅夫、溜夫,没有闸夫和坝夫。《漕河图志》对漕河夫役职责有较为系统的记载,现择其与白河治理相关者记录如下:"在闸者,曰闸夫,以掌启闭;溜夫,以挽船上下。在坝者,曰坝夫,以车挽船过坝。在浅铺者,曰浅夫,以巡视堤岸、树木,招呼运船,使不胶于滩沙;或遇修堤浚河,聚而役之,又禁捕盗贼。"③

明隆庆年之前,自张家湾至瓜仪之间长达3400里的运河河堤上禁止居民居住,因为河臣惧怕居民破坏河堤,故予以驱逐。正统六年正月,曾迁徙张家湾至河西务沿河民舍330家,以碍晕船牵路之故。隆庆六年,万恭总理河道,认为"运河之存也以堤,堤之固也以民",于是召集居住在河堤上的居民,与之约法三章:"商贾辐辏者为上堤,岁输地租如例;民集而商贾不停者,为中堤,三载量征之;若野旷民稀者,为下堤,直令世业也,永务征。"万恭实行此法后,不到半年,前往运河河堤居住者即达3000户,"循是行之,则二千四百里间,童叟往来,木树掩映,舟行两堤之中,亦天下之

---

① (明)万恭:《治水筌蹄》卷上。
② (明)潘季驯:《河防一览》卷3《河防险要》。
③ (明)王琼:《漕河图志》卷3。

至安至适也。是全堤也,焉用逐"①。

每年汛期,白河因河水盛涨而易发生冲决,"杨村以北,通惠河(实为北运河)之势峻若建瓴,白河之流淤沙易阻,夏秋水涨则惧其涝,冬春水微则病其涩,浮沙之地,既难建闸以备节宣,唯有浚筑之功殊为吃紧"②。为防洪水冲决堤岸,明后期潘季驯在总结前人防洪度汛基础上总结出汛期堤防守护的"四防二守"之法,这在其著作《河防一览》中有系统的描述。

"四防"是指昼防、夜防、风防、雨防。

> 一曰昼防。堤岸每遇黄水大发,急溜扫湾处所未免刷损,若不即行修补,则扫湾之堤愈渐坍塌,必致溃决。宜督守堤人夫每日卷土牛小埽听用,但有刷损者,随刷随补,毋使崩卸,少暇则督令取土堆积堤上,若子堤然,以备不时之需,是为昼防。
>
> 二曰夜防。守堤人夫每遇水发之时,修补刷损堤工,尽日无暇,夜则劳倦,未免熟睡。若不设法巡视,恐寅夜无防,未免失事。须置立五更牌面,分发南北两岸,协守官并管工委官照更挨发各铺传递,如天字铺发一更牌,至二更时前牌未到,日字铺即差人挨查系何铺稽迟,实时拿究,余铺仿此,堤岸不断人行,庶可无误巡守,是为夜防。
>
> 三曰风防。水发之时,多有大风猛浪,堤岸难免撞损,若不防之于微,久则坍薄溃决矣。须督堤夫捆扎龙尾小埽,摆列堤面,如遇风浪大作,将前埽用绳桩悬系附堤,水面纵有风浪,随起随落,足以护卫,是为风防。
>
> 四曰雨防。守堤人夫每遇骤雨淋漓,若无雨具必难存立,未免各投人家或铺舍暂避,堤岸倘有刷扫,何人看

---

① (明)万恭:《治水筌蹄》卷下。
② (明)潘季驯:《河防一览》卷3《河防险要》。

视？须督各铺夫役，每名各置斗笠蓑衣，遇有大雨，各夫穿戴，堤面摆立，时时巡视，乃无疏虞，是为雨防。

"二守"是指官守和民守。

一曰官守。黄河盛涨，管河官一人不能周巡两岸，须添委一协守职官分岸巡督，每堤三里，原设铺一座，每铺夫三十名，计每夫分守堤一十八丈，宜责每夫二名共一段，于堤面之上共搭一窝铺，仍置灯笼，一个遇夜在彼栖止，以便传递更牌，巡视仍画地分委省乂等官。日则督夫修补，夜则稽查更牌，管河官并协守职官时常催督巡视，庶防守无顷刻懈弛，而堤岸可保无事。

二曰民守。每铺三里虽已派夫三十名，足以修守，恐各夫调用无常，仍须预备，宜照往年旧规，于附近临堤乡村每铺各添派乡夫十名，水发上堤与同铺夫并力协守，水落即省放回家，量时去留，不妨农业，不惟堤岸有赖，而附堤之民亦得各保田庐矣①。

白河善淤善决，其治理与黄河大同小异。《河防一览》记载了白河堤防险要之处，"但查沿河两堤，如攀缯口、火烧屯、通济厂、东耍儿渡口、王家务、华家口、棉花市、珠市口、观音堂、蔡家口、桃花口以上堤岸，坍塌卑薄，最为险要，水发即决，滨河州县淹漫为患，漕船漂淌，人甚危之"。上述险要堤岸均位于白河的香河、武清段，汛期水大之时，堤防守护十分紧要，无论风、雨、昼、夜，都要加意防守，以便及早发现险情，及时抢修。为了加强白河武清段治理，万历十五年明廷创设管河通判，专门驻扎杨村，负责堤防修守事宜。

明代白河沿线还曾实行在河边疏挖池塘以便蓄洪防溢之法。据

---

① （明）潘季驯：《河防一览》卷4《修守事宜》。

乾隆《武清县志》记载，万历年间驻河西务户部官员袁公表曾在河西务城南开挖蓄水池以蓄洪水。"河西务城南隅，地卑下，不可树艺，水至则街衢室庐淹没无算。万历丁亥，榷河西务地官郎袁公表捐资浚池蓄水，以防泛溢，广百余丈，仿苏公四围筑堤，间桃柳树。"① 河西务城南地势低洼，袁公表出钱在此处开挖蓄水池，在汛期水大之时起到分洪泄水的作用，这与现代滞蓄洪区的作用完全一致。

4. 白河险工修防

《明史·河渠志》也指出杨村以北的白河受地势影响、河水含沙量较多以及水量季节性分布不均等因素影响，河流溃堤、改道频繁，与中原的黄河一样存在较大的治理难度。

> 白漕者，即通济河。源出塞地，经密云县雾灵山，为潮河川。而富河、曾口河、七渡河、桑干河、三里河俱会于此，名曰白河。南流经通州，合通惠及榆、浑诸河，亦名潞河。三百六十里，至直沽会卫河入海，赖以通漕。杨村以北，势若建瓴，底多淤沙。夏秋水涨苦潦，冬春水微苦涩，冲溃徙改颇与黄河同②。

受地形影响，各个河流总汇于武清一带，因此夏季汛期武清一带水患易发，为害颇重。关于北运河，民间俗语有"铜帮铁底豆腐腰"的说法。所谓豆腐腰，是对北运河中段河道易于溃决改道的形象说法。如明万历十四年六月，"连朝淫雨，山水大至，决河西棉花市及河东丁家圈等口，水抵城外，遂通舟楫直至河西、杨村各处地方，略无阻碍，禾黍尽淹，月余方退"③。北运河武清段河道在汛期易发生泛溢，决口溃堤，十分严重，白河自杨村以上至通州之

---

① （明）王机：《桃柳堤记》，载乾隆《武清县志》卷12《艺文志·碑记》。
② 《明史》卷86《河渠四》。
③ 乾隆《武清县志》卷4《机祥》。

间,是运河堤防建设的重点地带,明人黄承玄说:"杨村而北,地多浮沙,水涩易壅,挑浚甚艰。杨村而南,下流渐深,近接潮水即有阻涩,为力稍易,及伏秋霖雨浸淫,则两河浩荡合为一壑,千里污潦尽注一渠,胜涌溢溢,决岸坏庐,弥漫四出而莫之能御。则布楗缮堤之功,诚不可不预也。"[1] 北运河上源为潮白河、温榆河、通惠河等,潮白河上源是潮河和白河,以上诸河皆发源于口外,乾隆时期绘制的《九省运河泉源水利情形图》对北运河有文字注释,曰:"以上各河皆系山河,其形北高南低,约数十里,万山水发,建瓴之势,是以勇猛多险。"

从通州至杨村,运河长约 70 公里,但地势较陡,落差约有 14 米。尤其是河西务至杨村一段河道,地势由陡峭变为平缓,加之众水皆汇于此,每逢汛期,杨村以下受海潮和三岔河口、永定河、子牙河等众水汇归之顶托,白河难以消洩,堤岸无所容受,故常常泛溢冲决。其中,耍儿渡是最易发生决口的地方,此处灾情也最严重。从元代通漕之后,明清两代对武清河段的疏浚治理便一直没有停止过。耍儿渡,本名"甩弯儿渡",后来讹传为"耍儿渡"。北运河流至河西务时,在今天的双街大桥擦河西务城拐向东南,经下伍旗镇齐庄、白庄村西折向西南,在河西务城东形成一个勺子弯儿。当年的耍儿渡口就设在这个"勺子"底上,其位置就在北陈庄东北部。《畿辅安澜志》记载,"河自县东北境之双街与香河县接界,又南流经河西务,又南流经务关城,又南流经天齐庙,又南流经陈家庄,东即耍儿渡"[2]。根据实地考察,耍儿渡位于今武清县齐庄西南、白庄西北约 500 米处的北运河故道东侧(图4—1)。早先这里是耍儿渡的东岸,以前曾有一个高台,称侯台子,而与侯台子隔河相对处也有一座同样的土台,现已无存,这两座台子之间,就是横跨北运河的耍儿渡渡口。

---

[1] (明)黄承玄:《河漕通考》卷下,《四库全书存目丛书》史部地理类,第 222 册,第 489 页。

[2] (清)王履泰撰:《畿辅安澜志·白河卷二》。

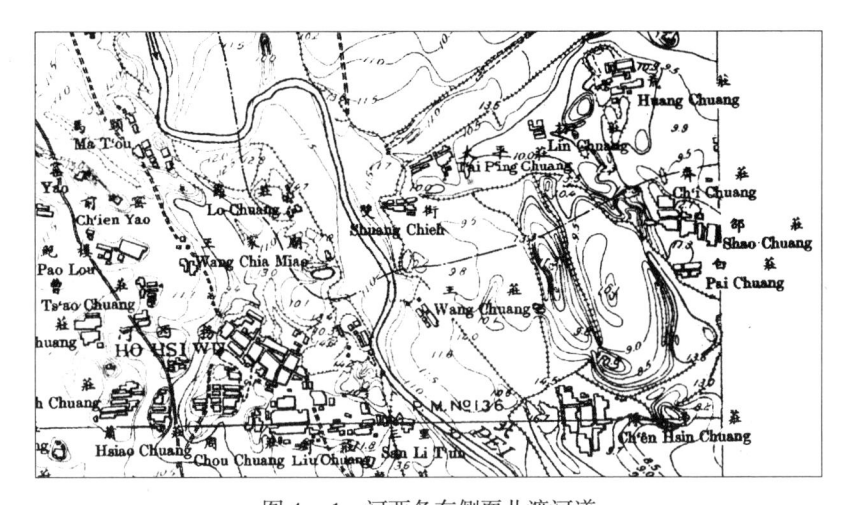

第四章　明代白河治理与变迁　171

图 4—1　河西务东侧耍儿渡河道

资料来源：1928 年顺直水利委员会实测地形图《武清县》图幅。

在白庄村曾有一座庙，庙里有一口大铁钟，其上曾刻有"大明国京东顺天府耍儿渡口白家堤子"的铭文。依据铭文可知，耍儿渡口位于白家堤子上。白家堤子是白庄附近的北运河河堤的俗名，位于今白庄村西南，70 年代该河堤还很高很陡，后来成为村民生产建设用土而被挖走，渐成平地，但老地名仍在。耍儿渡口位于北运河河道急剧拐弯之处，因而受到河流冲蚀作用很强，其东岸在汛期洪水冲刷之下，河堤经常发生决口，成为北运河中段的险工之一。《漕河图志》说："燕赵之间，地方千里，其间巨细流，悉至武清县丁字沽注于白河，故一遇雨潦，白河满溢。武清县耍儿渡口、南蔡村等处冲决堤岸，坏民田庐，起夫筑塞，劳费万计。逮时干旱，舟行白河又或浅阻。"[①] 在 1928 年的顺直水利委员会绘制的武清县地形图上，可以清晰地看到河西务东侧运河明显拐了一个大弯，齐庄、邵庄、白庄西侧河道受河水冲刷，地势明显低洼，并且在陈辛庄东北侧有一个急速的拐弯，从这里的地形情况就可以看出此处的水势极为险峻。

---

① （明）王琼：《漕河图志》卷 2《诸河考论》。

表 4—2 耍儿渡决口与治理情况

时间	决口情况	治理情况	资料来源
永乐十二年九月	顺天府武清县言河决耍儿渡口六百五十余丈。	命工部遣官修筑。	《明太宗实录》卷155，永乐十二年九月丙子。
洪熙元年七月	六月二十二日骤雨，河溢，冲决河西务、白浮、宋家口堤岸。		《明仁宗实录》卷3，洪熙元年七月上。
宣德三年六月	霖雨连旬，洪水冲决河西务及当渠里，秦家口堤岸。	上命二县民及屯军合力修筑。	《明宣宗实录》卷44，宣德三年六月。
宣德三年十二月	通州耍儿渡河决，水从东注，而正河浅涩，舟行不便。	发民修筑，因水急民少，久无成功。宣德四年二月，命隆平侯张信同大监冰敬督发在京操备军士万五千人益之。浚河西务河道及修堤岸。	《明宣宗实录》卷49，宣德三年十二月辛巳。《明宣宗实录》卷51，宣德四年二月戊寅。
宣德九年六月至七月	乙亥右副总兵都指挥佥事吴亮言：督粮船万余艘，已达北河，而河水泛溢难进，且河西务东西上下水决堤岸一十五处，奔流迅激，势益猛肆，重载之舟恐失利，乞早修筑。	上命行在工部发军民修筑，命丰城侯李贤总督之。	《明宣宗实录》卷111，宣德九年六月至七月。
宣德十年七月		修筑干河桥、通州直沽耍儿渡口等处堤岸。	《明英宗实录》卷7，宣德十年七月己卯。

续表

时间	决口情况	治理情况	资料来源
正统元年七月	运河耍儿渡决，行在工部奏请令副总兵都督佥事武兴发漕运军士及近河军卫司发丁夫并力修筑。上以漕军不可重劳，特敕太监沐敬、安远侯柳溥、尚书李友直别为区处。	正统二年二月以运河耍儿渡决，敕五军各营发军一万，工部发畿内夫一万往筑之。正统二年三月行在工部奏，耍儿渡口修堤已完。	《明英宗实录》卷20，正统元年七月己酉。《明英宗实录》卷27，正统二年二月癸酉。《明英宗实录》卷28，正统二年三月庚戌。
正统四年八月	雨水决河西务堤岸。	发顺天府宝坻等县民夫修筑。	《明英宗实录》卷58，正统四年八月壬午。
正统五年九月		修河西务及直沽等处河堤。	《明英宗实录》卷71，正统五年九月辛亥。
正统七年七月	久雨，水决武清县管儿港、潞县中马头、小蒙村，河西务上马头、河头堤岸共二十二处。	诏修其易为功者，其功力繁多者计费以闻。	《明英宗实录》卷94，正统七年七月癸亥。
正统九年闰七月	工部右侍郎王佐言：臣奉敕与太监阮安往视水决河岸，自蒲沟儿至潞县二十余处，其耍儿渡尤甚。	乞发丁夫物料修筑为便。从之。	《明英宗实录》卷119，正统九年闰七月辛巳。
天顺五年七月	修河西务耍儿渡口。		《明英宗实录》卷330，天顺五年七月乙丑。

续表

时间	决口情况	治理情况	资料来源
成化元年三月	浚通济河耍儿渡口，命工部主事蒋瑄都指挥同知陈造董其役。		《明宪宗实录》卷15，成化元年三月戊申。
成化十二年二月	芦沟桥及直沽天津卫南营儿、耍儿渡中一带河道冲决淤塞，有妨漕运。	惟耍儿等渡，则招原定人夫。	《明宪宗实录》卷150，成化十二年二月己丑。
嘉靖十一年二月	诏以通惠河脚下银五千两修筑天津卫北一带耍儿渡、黑龙口、桃花口等处决口。		《明世宗实录》卷135，嘉靖十一年二月庚子。

依据表4—2统计，可知明代宣德、正统年间耍儿渡决口次数较多。在天顺、成化、嘉靖时期的几次修筑河堤和挑浚河道，耍儿渡仅仅决口1次。而在隆庆以后的《明实录》当中，未见有耍儿渡决口的记载，可见明代正统之后对于耍儿渡的治理是比较成功的。

三、白河河道治理

1. 通济河的开凿

北运河杨村以上河道，地势较陡，特别是香河武清段，因上游河流均在通州境内汇聚，致使雨季水势盛涨，导致该河段因河槽难以容受而溃堤冲决。《明史·河渠志》说："杨村以北，势若建瓴，底多淤沙。夏秋水涨苦潦，冬春水微苦涩，冲溃徙改颇与黄河同。耍儿渡者，在武清、通州间，尤其要害处也。自永乐至成化初年，凡八决，辄发民夫筑堤。"《漕河图志》记载，明代北运河杨村以上河段，汛期河流容易决堤泛溢，影响漕运。"南去通州二百里，杨村驿之北，河屡决。河仰受白河、汤河、潞河诸水，下合直沽南来之水入海。凡齐鲁、汴、蜀、湘、汉、江、广、闽、浙之赋运及海内、海外朝觐贡献之上于北京者，皆道此以达，所系之重也。其水之失性也，自洪武之季至今四五十年之间，屡筑屡决，筑已复决，智殚力疲，公私患之。"①按《明史》中的记载，河西务至杨村一段河道，是运河梗阻的主要地段。夏季汛期，由于河水聚集于此，难以下泄，致使通州至河西务一段河道中的水势壅积，故而运河易于满槽而导致河堤溃决，因而长期以来形成"随时修筑以为常"的传统。

---

① （明）杨士奇：《通济河碑》，载杨宏、谢纯：《漕运通志》卷10《漕文略》。

明正统元年耍儿渡冲决泛溢，次年二月耍儿渡堤岸修筑完毕。正统三年，耍儿渡河堤再次决口，明英宗命太监阮安前往武清进行治理。阮安通过实地考察后发现，杨村之北运河河道迂曲回环，汛期众水汇集，水势无法宣泄，故导致河堤溃决。于是，阮安提出开凿新河，摆脱旧河道，使河道顺直，河水可以顺势而下，避免水壅溃堤。阮安通过考察河道找到运河决口的原因，并提出开凿新河道的计划："水当顺其势道之，今逆之，抑使纡屈，势蓄不得达，故决。宜取径道改凿，使其顺下。臣视河西务径行二里许，可凿，用万五千人，一月庶几可免决，遂以图进。"于是，英宗批准了阮安的开河计划，命武进伯朱冕征发军士，工部尚书吴中征发民夫，听从阮安调遣，按照计划兴工，"遂陻其故道，河之下趣，坦焉安行，夹河筑防，既崇且厚，伐木以捍之，植树以固之，革险为夷，往来愉怿"①。河道工程竣工以后，上报朝廷，英宗赐河名曰"通济河"。

《明史·河渠志》对这次河道治理也有记载：

而正统元年之决，为害尤甚，特敕太监沐敬、安远侯柳溥、尚书李友直随宜区画，发五军营卒五万及民夫一万筑决堤。又命武进伯朱冕、尚书吴中役五万人，去河西务二十里凿河一道，导白水入其中。二工并竣，人甚便之，赐河名曰通济，封河神曰通济河神。先是，永乐二十一年筑通州抵直沽河岸，有冲决者，随时修筑以为常。迨通济河成，决岸修筑者亦且数四。②

正统三年通济河修成以后，河西务以下河道顺直，运河中部的梗阻顿消。由此汛期河水得以顺畅下泄，很少溃决。所以至明朝末年，运河冲毁河堤仅仅有四次。可见，通济河修筑很有成效。

---

① （明）杨士奇：《通济河碑》，载王琼：《漕河图志》卷5《碑记》。
② 《明史》卷86《河渠四》。

明代新修的这条河道位于哪里？按《漕河图志》记载："视河西务径行二里，可凿，用万五千人，一月庶几可免决。"而《漕运通志》则记载："臣视河西务径行二十里许可凿，计用万五千人，一月庶几可免决。"①《明史》记载："去河西务二十里凿河一道，导白水入其中。"一个是离河西务"二里"，一个是离河西务"二十里"，到底哪一个是正确的呢？笔者认为，新河道当离河西务二十里。根据实地考察，自河西务径直向下开凿河道，其起点大约在武清蒙村附近。这里也是元代至元年间"穿武清蒙村漕渠"的地方，该段运河河道自至元十三年，即1276年开始，至正统三年即1438年开凿新河为止，共历时162年。武清临近渤海，海潮沿北运河向上最远可抵达杨村。海水涨潮时，杨村以上河段的河水受到顶托而难以下注，河水流速减慢，因河水含沙量大，水动力的减弱导致泥沙沉积，造成河道淤浅。而河道淤浅，又导致河水难以畅快下泄，造成河道环曲化发展。加之在这160多年的时间里，该段河道没有大规模的治理，于是在水沙两相作用下该段河道迁曲，河水难以下泄，致使上游耍儿渡一带河水壅积而溃决。阮安开凿的新河道，应在该河段以西，从蒙村附近直接开河，约至聂官屯处，现状北运河蒙村店至聂官屯河道当为明代阮安所开凿的新河道（图4—2）。

既然自蒙村店至聂官屯段河道为明代河道，那么原来的河道在何处？在实地调查中，发现蔡各庄村西至六百户之间有条带状的林带，这很可能有古河道存在。古河道因土壤渗漏等原因往往种植树木，因而会有林带存在。结合1936年翻印的民国三年二万五千分之一地形图查看，发现自蒙村东南、中迤寺、六百户之间，前后粜粮务和东营村之间，西小良和西杨凤庄之间，标注有成片的林地，呈条带状自西北向东南延伸，再往南还有零星的林地，经翁羊坊、小羊坊、至中丰庄，据此推测这条林带当为正统三年之前的北运河河道。这段河道开掘于元代，郭守敬曾向元世祖建议开凿新河道"由蒙村、跳梁

---

① （明）杨士奇：《通济河碑》，载杨宏、谢纯：《漕运通志》卷10《漕文略》。

务至杨村还河"①。《元史》中的跳梁务就是武清的枭粮务，可见元代开凿的河道就是经蒙村、枭粮务至杨村。今蒙村和蒙村店分别位于运河两岸，按照成村规律来说，蒙村店当依附于蒙村而产生，不应隔河独立成村。另蒙村东北有一个小何村，此村很可能与运河原来经过此处有关，这样蒙村和蒙村店就位于原来运河的同一侧了。当运河改道后此村因原河道变成小河而得名，由此判断正统三年以前的河道当从小河村向东南延伸，沿着蒙村东南的林带迤逦抵达中丰庄。

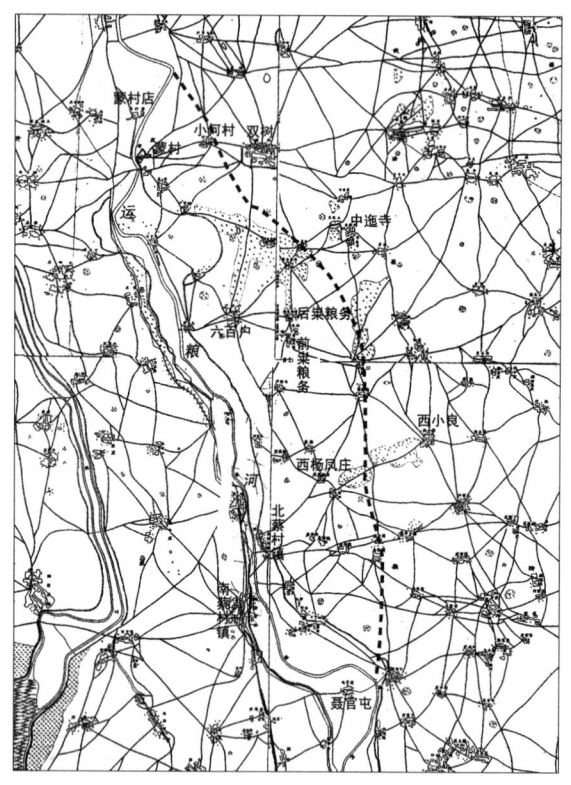

图4—2 明代阮安开凿的通济河段

资料来源：利用民国三年二万五千分之一地形图《小幼庄》图幅和《泗村店》图幅合成，虚线为推测元代运河河道。

---

① 《元史》卷164《郭守敬传》。

2. 河道挑浚与清淤

明代重运漕船在运河中行驶有一定的吃水深度，运河河水必须保证一定的深度才能使河流浮载漕船。万恭在《治水筌蹄》中说："祖宗法：运舟载不得过四百石，入水深不得过六挐。六挐者，三尺也。"① 可见明代最初规定漕船吃水深度在 3 尺，运河河道深度必须在 3 尺以上。实际上漕船一路北上，不仅装载粮食，运军有时也附载一定的土宜产品，沿途贩卖以补贴生活，漕船的实际载重要多于 400 石。明成化十年，规定运船每船附带土宜 10 石，但后来这一限制一直被突破，嘉靖时朝廷规定漕船附带土宜数量不超过 40 石，万历六年增至 60 石。随着漕船载重量增加，其吃水深度也在持续增加。由此，运河河道需要疏浚，以保持运道维持一定的深度。然而，浚河并不是越深越好，特别是在缺水的河道中，河道深度要有限度，否则会浪费水源。如山东闸河因水源紧张，为保证运船航行，河道深度和广度均有一定的限制。《治水筌蹄》记载闸河时说："理闸如理财，惜水如惜金，粮艘入水，深不逾三尺五寸，浚至四尺则水从下过；广不逾一丈五尺，浚至四丈则水从旁过，皆费惜水之道也。故法曰：凡浚法，深不得过四尺，博不得过四丈，务令舟底仅余浮舟之水，船旁绝无闲旷之渠。"② 明代白河含沙量大，河道弯环曲折，流速减慢，泥沙易于沉积，加之河道宽广，水易散漫，往往淤浅，不利行船。为保障航运顺利，白河河道需要疏浚至一定深度，据《明神宗实录》记载：万历三十一年八月，"工部覆管通惠河主事议将通湾天津一带白河，委官调集各属，额派浅夫，设法挑浚，务深四尺五寸，所挑沙土即于两岸筑堤，以防水发。"③ 此次白河挑浚深度在四尺五寸，明显超过万恭所记载山东闸河浚深四尺

---

① （明）万恭《治水筌蹄》卷下。
② 同上。
③ 《明神宗实录》卷 387，万历三十一年八月丁亥。

的标准，这恐怕是与漕船附带土宜数量有关。明后期，漕政败坏，土宜附载制度有名无实，天启二年，工部尚书王佐上疏说："漕规每船正粮不过五六百石，乃转载私货，不啻数倍，沿途贸易，辗转迟误。今后造船定以千石为限，不许多带私货。"①从这一段话可以看出，明后期漕船载重增加，这势必提高漕船的吃水深度，从明早期漕船吃水深度不超过3尺，到隆庆时期的不超过3尺5寸，可以看出这一趋势。同时，运河河道浚深也在增加，山东段运河隆庆时浚深不超过4尺，而万历后期白河浚深达4尺5寸，可以推断，此时山东段运河浚深也应达到4尺5寸。

　　为保证漕船航行，漕河河道需要保持一定的深度。因此，运河每年于漕运间歇期间要进行河道挑浚工作。运河挑浚旧例于正月开始进行河道清淤，二月工毕，以不误三月漕船开行。万恭认为这样不妥，"正月兴工，二月竣事，则新运踵至停积，既虑风涛，复稽程限，一不便……若改期九月兴工，十月竣事，则回空已尽，筑坝绝流，疏浚甫完，借冰封闭，春融冻解，河即有待，是新运之便也"②。隆庆至万历初期，万恭总理河道后，对白河河道治理进行专门整治。首先，他将白河岁浚工程改在每年漕运停止后的九十两个月份进行，《治水筌蹄》记载说："（白河）源出密云山后诸流，五六月水涨则流沙，三四月行舟则胶。非无水也，盖头年涨漫，沙平河阔，则浅耳。余复夫老，如大挑故事，岁浚之，以待次年春夏之运。运毕，水溢流沙，复平，九月复浚以待，盖岁工也。通州至天津，为浅铺者九十五③，创设浅夫十名，小甲老人一名。每岁水溢沙平，则浚之，是岁工也。"④其次，纠正了之前以白河浅夫为引夫的错误做法。《治水筌蹄》记载，当时白河自天津至通州之间总共有

---

① 《明熹宗实录》卷20，天启二年三月庚申。
② （明）万恭：《治水筌蹄》卷上。
③ 九十五系五十九之误写。
④ （明）万恭：《治水筌蹄》卷下。

五十九浅,"有浅夫以浚浅,有堤夫以筑堤"①。浅夫本职工作是挑浚河道,但是后来却用来从事引夫工作,"百七十年,河臣以浅夫为引夫,有司革浅役为民役,白河之不治也久矣"②。万历元年,万恭复旧制,使浅夫重新从事疏浚河道工作。

3. 河道挑浅与管理

每年漕运期间,运河自通州至仪真数千里河道,"河沙凝散不一,中多涨滩",河中浅滩常常使河道达不到重运漕船所需的河水深度,导致搁浅难以行进,进而影响行船程限,需要随时挑浚浅。白河河道宽广,河水散漫,迁移无定,泥沙更易于淤积。为此,需要及时清除浅滩,以利漕船行进。明代在运河沿线设置浅夫以疏浚河道,浅铺浅夫之设,始于明初陈瑄。"故平江伯建议凡漕路浅处立有铺,中置浅夫,候船至则预指示之"③。据《加封平江侯谥恭襄陈公祠堂记》所记:"自潞抵淮计程二千六百里有奇,设浅铺七百余所,置守卒导引。"④另据《南河志》所记载隆庆五年的规定:"漕河一带,自仪真至北通州,俱有额设浅铺浅夫。每年沿河兵备及管河郎中、主事备细清查,照额编补,不时查点,责令专在地方筑堤、疏浅、拽船,事完,照例采办桩草。"⑤可知,浅夫除了筑堤、疏浅、拽船之外,还有准备筑堤之物料的职责。浅夫除了挑浚浅滩之外,还有清除河道内其他杂物的职责,《漕河图志》记载:"凡漕河内毋得遗弃尸骸,浅铺夫巡视掩埋,违者罪之。"⑥

白河沿线设有浅铺,置浅夫,"以时挑浚河道,指引河洪"⑦。

---

① (明)万恭:《治水筌蹄》卷上。
② (明)万恭:《治水筌蹄》卷下。
③ (明)杨宏、谢纯:《漕运通志》卷2《漕渠表》。
④ (明)杨宏、谢纯:《漕运通志》卷10《漕文略》。
⑤ (明)朱国盛:《南河志》卷1《律令》。
⑥ (明)王琼:《漕河图志》卷3。
⑦ (明)周之翰:《通粮厅志》卷5《河渠志·河浅》。

《治水筌蹄》记载："白河天津至通州凡五十九浅，有浅夫以浚浅，有堤夫以筑堤。"① 明代多次疏浚通州至天津之间的白河河道，如宣德二年，王佐"受命治通州至直沽河道"②。成化五年三月，"工部奏，自通州抵天津卫，河道淤塞，漕运不通，宜疏浚，从之"③。沿河浅铺分为军浅和民浅，如通州地方军浅有东关苇子厂浅、赵八庙浅、花板石厂浅、供给店浅、白阜圈浅、白阜圈下浅，各浅由通州左等四卫佥拨军夫，每浅十名。通州地方民浅有荆林浅、南营浅、卢家林浅、里二寺浅、王家浅、马房浅、杨家浅、和合驿浅、萧家林上浅、萧家林下浅，各浅由通州佥发民夫，每浅十名。④ 明代规定，"军浅用军夫，民浅用民夫，各有信地"，"其民夫系各州县审编签派，用时委佐二或省祭官率之，分投挑浚；军夫系各卫额设，每名月支米六斗，用时各卫千百户等率之，亦分投挑浚"。每年的挑浅时间是"自二月上工至十月休工"⑤。明代河道挑浅有足够的经费保障，清代治河书《河防疏略》记载："前明设有州县额夫八百三十名，于条编内日给工食银三分有零。通州等卫军夫八百零一名，于月米屯地内支给工食。自二月上工，九月终止。办料则有桩草、柳在两项，不足则动新河夫银，共约计银三千余两。"⑥

自通州至天津之间白河沿线浅铺设置在不同时期，数量不同，如《漕河图志》中记载白河沿线浅铺数目有65个，《治水筌蹄》则说白河沿线浅铺数目有59个（表4—3）。这是由于不同时期白河水势不同，泥沙淤浅涨落均有变化，故浅铺设置也因时调整的缘故。

---

① （明）万恭：《治水筌蹄》卷上。
② 《明史》卷167《王佐传》。
③ 《明宪宗实录》，成化五年三月丁未。
④ 嘉靖《通州志略》卷3《漕运志》。
⑤ （明）周之翰：《通粮厅志》卷7《统辖志·河役》。
⑥ （清）朱之锡：《河防疏略》卷3，查议通惠河工疏。

表4—3 明代白河沿线州县、军卫所管河段及浅铺

管河县卫	该管河段	长度（里）	浅数	浅铺具体名称
通州	东岸，北自本州城东北角起，南至营州前屯卫鲁家浅上浅止	125	10	郝家务浅、南营浅、卢家浅、李二寺浅、王家务浅、孝行浅、和合站浅、半壁店浅、萧家林浅、高家湾浅
	西岸，北自卫东关浅起，南至通州左卫荆林儿止	6		
通州左卫	管河西岸，北自通州界郝家务浅起，南至通州右卫张家湾中码头浅止	23	2	荆林浅、张家湾上码头浅
通州右卫	管河西岸，北自通州馆驿前起，南至神武中卫管堤岸公鸡店浅止，内除通州并左卫该管堤岸	22	4	东关浅、张家湾中码头浅、长店儿浅、李二寺浅
定边卫	管河西岸，北自通州右卫中码头浅起，南至通州右卫长店儿浅止	4	2	张家湾下码头浅、王家务浅
	东岸北自武清县王家甫浅起，南至天津卫王家庄浅止	5		
神武中卫	管河两岸，北自通州右卫李二寺浅起，南至武清县界红庙儿浅止，内除漷县该管堤岸	40	3	公鸡店浅、李家浅、白埠浅
漷县	西岸，北自神武中卫公鸡店浅起，南至神武中卫李家浅止	20	4	榆林上浅、榆林中浅、榆林下浅、杨家庄浅
香河县	东岸，北自营州前屯卫谢家店浅起，南至武清县叶青浅止	40	6	野鸡儿浅、叶青店浅、狼窝浅、红庙儿浅、土门楼浅、蒋家湾浅
营州前屯卫	东岸，北自通州界高家湾起，南至香河县叶青店止	20	4	鲁家务上浅、鲁家务下浅、西坊庄浅、谢家庄浅

续表

管河县卫	该管河段	长度（里）	浅数	浅铺具体名称
武清县	西岸，北自武清县地界北起，南至静海县杨柳青止	238	11	耍儿渡浅、白庙儿浅、蒙村浅、王家甫浅、蔡村浅、桃园儿浅、筐儿港浅、朱家庄浅、老米店浅、旱沟儿浅
	东岸，北自香河县界蒋家湾浅起，南至天津右卫界涌沟儿浅止，内除天津卫等卫	83		
武清卫	西岸，北自神武中卫白埠浅起，南至武清县界杨村止，内除武清县堤岸	52	4	红庙儿浅、木厂儿浅、车营儿浅、三里屯浅
天津卫	白河东岸，北自武清县界耍儿渡口起，南至武清县界蔡村止，内除定边卫、武清县堤岸	22	5	通济河浅、白庙儿浅、小蒙村浅、大蒙村浅、王家庄浅
天津左卫	白河东岸，北自武清县界蔡村起，南至武清县界杨村止，内除武清县堤岸	30	5	北蔡村浅、南蔡村浅、宝家营浅、坚子窝浅、杨村浅
天津右卫	北自武清县界旱沟浅起，南至静海县小直沽浅止	35	5	浦沟儿浅、蔡家口浅、桃花口浅、尹儿湾浅、丁字沽浅

资料来源：（明）王琼：《漕河图志》卷1。

注释：天津卫、天津左卫、天津右卫管辖白河和卫河河段，本表仅统计其所管白河段和浅铺数目及名称。

明代白河天津以北一带的白河河道属巡仓御史及通惠河管河工部郎中分理，运河武清段易于淤浅，河道疏浚工作任务较重。万历七年规定，每年粮船过淮之日，通州管河郎中驻扎河西务，督理运道挑浚事宜，漕船遇浅，及时挑浚疏挖，"其河西务、桃花浅等处浅溜，务要督率军卫有司、管河官严责原设堤浅夫役，常川疏浚"①。通州坐粮厅掌管通州至河西务一带河道，为进一步提高河道挑浚能力，万历九年，朝廷将河西务至通州一带河道分为四节：河西务至舒鸡浅委派武清县管河主簿管理，谢家浅至李家浅委派香河县县丞管理，白阜圈浅至马房浅委派漷县典史管理，王家浅至石土坝委派通州同知管理。"各领浅夫一百五十名兼用军民浅夫照地严督挑浚，遇船浅阻，并力挽拽，送过信地，周而复始"。《通粮厅志》记载，通粮厅管辖舒鸡浅以上至通州河道疏浚工作，按照旧例，"每年粮米未到时，檄通州管河同知并漷县令将所属地方民浅挑浚"②。万历天启年间，天津至通州之间白河沿线计有59浅，"分管则通州同知与漷县典史各八浅，香河县县丞七浅，武清县主簿一十九浅，东岸指挥十七浅，而总管于杨村通判"③。

河道疏浚浅滩，有专门的工具。万恭《治水筌蹄》一书中记载了疏浚河道的13种工具，有铁篾箕、五齿耙、杏叶杓、搅江龙、方船、水车、戽斗、泥槪、泥筐、铁锹、竹笯、活闸、刮板。其中，铁篾箕重艰不可用；搅江龙急水时偶用，但效果不佳；水车，北方人不能用；泥筐北方人不习惯用；竹笯只在高邮、宝应湖漕使用。在北方运河疏浚工程可用器具有五齿耙、杏叶杓、方船、戽斗、泥槪、铁锹、活闸、刮板等。活闸、刮板这两种工具是万恭所发明，主要用在山东闸河，"活闸，以板为之，遇闸河浅则施，有石闸之用，可移而置也；刮板施于淤沙之浅，一刮可去沙数斗，二器大利

---

① （明）周之翰：《通粮厅志》卷5《河渠志·河司》。
② 同上。
③ （明）朱国盛：《南河志》卷4《章奏》。

闸漕云"①。

刘天和在《问水集》中提出漕船应使用兜杓刮除河底淤沙的办法，"若白河经密云诸山，且全受浑、榆诸河之水，夏秋暴涨，堤防不能御，源远流迅，水势散漫，河皆溜沙，深浅通塞不常，运行甚艰，殊无策以治之。惟用兜杓数千具，治河官夫遇浅即浚。此外，运舟各携四五具，二三百舟即可得千余具，合力而浚，顷刻而通，盘剥大省矣"②。虽然漕船自带兜杓疏浚淤沙，但由于船行过后，泥沙随即再次淤积，后面的漕船依旧难以摆脱淤浅的困扰。袁黄在《皇都水利》中谈到这一点："按白河多沙，闸难坚固，其出通州而南也，浅处凡五十有奇。漕船至天津逆流而上，日行四五里，经月不能抵湾，漕率各备器械自浚，矻矻如登天之难。又舟自为计，前舟之沙即为后舟之壅。"③

潘季驯在《河防一览》一书中也有关于白河浚浅的议论："粮运将至，设法疏浚，或筑束水小坝，冲刷深广，俾漕舟无胶滞之虞，民业免沮洳之害，司河者宜殚心焉。"④潘季驯提出筑束水小坝借以冲淤的办法，显然是"束水攻沙"思想的体现。在当时的水利治理技术上，已经出现了丁头坝，用于改变河势，冲深河流主槽。《河防一览》中对此有描述："河浅处，如水在溜中，须两岸筑丁头坝以束之；水溜在旁，将浅边顺筑束水长坝以逼之，水由坝中，其势自急，中溜自深。"⑤不过，在现存文献上并没有明代在白河实行"束水攻沙"的记载。黄承玄在《河漕通考》一书中谈到："又闻之，白河河甚广，沙故易漫，若为坚堤束之，沙亦可随水而去。理或固然。"⑥在这段论述

---

① （明）万恭：《治水筌蹄》卷下。
② （明）刘天和：《问水集》卷1《运河》。
③ （明）袁黄：《皇都水利》，《四库全书存目丛书》史部地理类，第222册，第692~693页。
④ （明）潘季驯：《河防一览》卷3《河防险要》。
⑤ （明）潘季驯：《河防一览》卷4《修守事宜》。
⑥ （明）黄承玄：《河漕通考》卷下，《四库全书存目丛书》史部地理类，第222册，第489页。

中，黄氏指出白河河道宽广，流沙散漫，若修筑坚堤，约束水流，借以冲淤，可除去河底淤沙，但最后用了一个"理或固然"，肯定了理论上的可能性，但在实践上因白河河床泥沙特性而无法实施。

尽管朝廷不遗余力浚浅，白河沙淤治理却相当困难，漕船航行浅阻依旧不能彻底解决。为了运输漕粮，朝廷在白河上设置剥船，对漕粮进行剥运。万历三十二年，工部官员潘大复挑浚白河河道，他曾在奏折中说："自通州阅河至天津，计程三百二十余里，沿途浅阻计五十余处。土人云：河系浮沙，随浚随淤，故运艘至日，近则自香河之黄家渡起剥，远则自武清之杨村以下起剥。"①据《南河志》记载，河西务设剥船800只，通粮厅设漕剥（漕粮剥船）380只，白剥（白粮剥船）100只②。

4. 关于北运河建闸的讨论

虽然白河因淤浅而实行剥运，但是剥运却造成粮米损耗，牵挽人夫、剥船均难以雇觅，漕船阻滞，影响程限，导致漕粮交仓迟误。据《通粮厅志》记载："天津以北，白河数处浅滩，虽设有剥船以便起盘，损米费日，加以岸道荒旷，为漕者忧。"③嘉靖中，都御史马卿提议于白河建闸，以便输送漕粮。《通粮厅志》对其建议有所记录：

> 据湖广蕲州等卫运粮指挥李绪等呈称：天津相距通州河道约有二百余里，内多淤浅难行，粮船到彼，挨过一浅，动经旬日，或百户并力牵挽不停，或四散雇剥纷然争竞，近年觅船尤难，不得已阑借回空浅船剥运，动经一月甚至四十余日，始得抵湾，以致粮纳耽迟，船回阻冻。议

---

① 《明神宗实录》卷407，万历三十三年三月丙申。
② （明）朱国盛：《南河志》卷4《章奏》。
③ （明）周之翰：《通粮厅志》卷12《备考志》。

者应于潞县、河西务、杨村地方各建闸座,若遇水小,则随宜启闭,免盘剥之劳费;若值水大,则开月河而行。所费工料,动支太仓扣省由闸银两,庶一劳永逸,粮运甚幸。呈乞议处等因。据此,臣等议得前项河道水势消长无期,沙淤浅阻不一,每因盘剥,遂致耽延,为害实深。若设闸座,蓄水行舟,为利甚大①。

据此可知,在白河上建闸的提议最初来自从事漕运的运军指挥官,他们对白河剥运之难有深切感受,因此希望能解决河道淤浅的问题。提议者认为应当在潞县、河西务、河杨村三个地方建闸,有了河闸,可以调节水量,使漕船从而免除漕粮剥运之苦。马卿认为白河建闸有利于漕运,但鉴于嘉靖七年重开通惠河之阻力甚大之事例,建议朝廷派遣官员先行踏勘,待事体相应,公论允合,再堪估工料,修建闸座。针对在白河上建闸蓄水通航的建议,治水专家刘天和在《问水集》一书中表达了自己的观点:

> 近有议于白河建闸者,河广水盛,涨必他决,底皆淤沙,闸必易损,且河徙无定,闸难改移,盖未达水土之宜也。②

显然,刘天和认为白河含沙量高,易于淤积,有损于河闸,并且白河河床为沙土构成,河道不稳,一旦河流改道,则河闸废弃。鉴于白河水土之性,刘天和并不支持白河建闸的提议。

万历年间,袁黄曾任宝坻知县,在任期间他兴修水利,劝课农桑,政绩卓著。他著有《皇都水利》一书,旨在历考京畿地区河

---

① (明)周之翰:《通粮厅志》卷12《备考志》。
② (明)刘天和:《问水集》卷1《运河》。

渠，以便兴修水利。在书中"白河考"一文中，提出在白河上建木闸的想法：

> 窃谓自通州至天津当建橛而不当建闸，一则闸恐流沙难建，二则石闸工费甚巨，白河水涌，崩轰决烈，恐费前工；三则河徙不常，闸难移动。惟以木为橛，虽有浮沙，深不过三四尺，沙尽钉桩，便可立橛，一便也；杨木小板，所费不多，倘河涌冲去，当其涌时且可通行，及水落浅出，又可建橛，二便也；河即变迁，橛亦随改，三便也。①

这里需要说明的是，在古汉语中，闸与橛代表不同的含义。闸一般指石闸，而橛则指木闸。袁黄认为在北运河上建石闸受流沙淤积、河道易于迁徙以及成本高昂等因素制约，不具备可行性，而建木橛则符合白河水土之性，成本低廉，且可随河改置，十分方便。

明朝末年还有人提出在白河建闸的建议。崇祯三年五月，广西道御史刘士桢上疏建议挑浚白河，并沿河修建河闸。他说："查运河自密云直达天津，实为京东大堑，但由津至通二百余里，由通至密一百三十余里，中间水势高下参差，浅深不一，今诚兴工浚筑于上水，挑浚使深，筑坝以壅下流，使三百余里河水俱深丈余，或五里，或十里，或数十里，随势高下建闸蓄水，每闸内又量地远近，分兵之多寡，设船以作游兵，俾借船为城，因河为堑，运粮无虞，战守有备，是诚今日急著也。"显然，刘士桢对白河完全不了解，故其所提建议未免脱离实际。直隶巡抚董羽宸上疏抗争，指出白河河道系纯沙无土，"沙之挑积岸际者，皆浮盈靡漫，日炙风吹，干

---

① （明）袁黄：《皇都水利》，《四库全书存目丛书》史部地理类，第222册，第693页。

如细面，若游尘扬于空中，复飘水中，旋淤旋挖，且时际亢阳，涓滴一溜，骤遇霖雨，浩淼无涯，甚而河道改徙，平陆成渊，通流倏涸，向名自在流沙，此地势然也。祖制自密云而下，户部挖运差辖之，由通而下，户部通惠差疏之，止能因势利导，未闻有开掘丈许之深，堆土数尺之高者，非谋不出此，此势不能也"①。

第三节 通惠河的重新开通

一、明代中前期重开通惠河的几次尝试

通惠河开凿于元代，漕粮可从通州转运至大都城内。明初建都南京，通惠河漕运功能不再，"无所事漕，河遂湮废"②。永乐迁都北京以后，因建设北京宫殿的需要，曾疏挖通惠河故道，以便运送漕粮和建筑物资等。明初营建北京城，通惠河的一段包入皇城，漕船不能驶入积水潭，只能达到大通桥下，所以自通州至大通桥这段运道又叫作大通河。明初通惠河虽然几经修治，但是由于水源问题无法解决，漕粮通过此河运输并未达到良好的效果。不久，通惠河河闸堙废，不再通行船只。因此，每年运送北京的漕粮及其他物资等只能运至张家湾或通州，卸船后用车转运至北京城。袁黄《皇都水利》记载："按三吴民运白粮自苏松至张家湾凡三千七百余里，自湾抵京仅六十里，而水运之舟价与陆运之车价略相当，是六十里之费抵三千七百里之费也。此河一开，所省无算矣。"③从此段文字可以看到，通州张家湾至北京城六十里运输费用与三千七百里水运的运费大致相当，可见京通

---

① （清）王履泰:《畿辅安澜志·白河卷四》。
② 康熙《通州志》卷3《漕运志》。
③ （明）袁黄:《皇都水利》,《四库全书存目丛书》史部地理类，第222册，第696页。

之间陆路运输成本之高。为此，嘉靖七年之前，明朝的有识之士一直在想办法开通京通之间的水路运输，除了明初短暂的疏通通惠河举措之外，明代中后期还有几次开通通惠河的尝试。

成化七年十月，尚书杨鼎、工部侍郎乔毅上疏奏请开通通惠河。

> 户部尚书杨鼎、工部侍郎乔毅上浚通惠河旧道事宜。先是，漕运总兵官都督杨茂奏：每岁漕运自张家湾舍舟陆运，遇雨泥泞，每车雇银一两，仅载八九石，其费皆出於军。看得通州至京城四十余里，古有通惠河故道，石闸尚存。永乐间曾於此河搬运大木，以此度之，船亦可行，先年曾奏欲於此河积水搬运。

与此同时，还有人提出开挖三里河的建议。

> 又有议欲於三里河从张家湾烟炖桥以西疏挑二十里，湾泊粮船，以避水患者，二事俱未施行。今此河道通流，其水约深二尺，不劳疏挑，惟用闸蓄水，令运粮卫所每船二十五只造一剥船，自备米袋，挨次剥运，如此，则运士得省脚费而困惫少苏矣①。

明宪宗将此事交给工部尚书王复、太傅会昌侯孙继宗、吏部尚书姚夔等官进行商讨。经过会商，王复等人认为如果将古通惠河道闸座开通修砌，可以泊船，可以运粮，的确有益于国计民生。但是，通惠河地形、水势高下情况尚未测量，工程应用军夫、物料等难以测算。因此，请皇上命令户部和工部各选派官员一员，会同漕运参将袁佑，带领通晓水利事务的官匠前去考察勘测，如果合适，

---

① 《明宪宗实录》卷97，成化七年十月丙戌。

就将应用军夫、物料等工程事项上奏皇上并会商作出决定。宪宗遂命杨鼎、乔毅考察通惠河等河道，谕以元朝曾经引用京城西北诸泉水入通惠河以行船通漕事例，要求二人一定要全面勘察明白上报。于是杨鼎、乔毅二人会同参将袁佑等亲自抵达昌平郭守敬引水来源之处，考察了宛平、大兴、通州等地方河道以及三里河，逐一踏勘行船故迹，并根据《元史》以及各闸现有碑文所载事迹，进行考证。事毕，回奏朝廷，指出通惠河的淤废有三个原因。①元代通惠河引昌平北山泉水汇聚于瓮山泊，再引入高梁河进大都城，汇入积水潭，然后经澄清闸东流经过在宫墙外南流，漕船可直接抵达什刹海，即当时的海子。明代建设北京宫殿，将通惠河圈入皇城城墙之内，不能通航。②昌平以北的天寿山定为明代帝王山陵所在，元代所引白浮等诸泉水向西逆流，经过皇陵之前，为不妨碍风水，不能引水西流。另外，所引一亩泉水经过白羊口，被山沟雨水冲截，难以导引。白浮泉不能西流以及一亩泉等泉水难以导引等因素导致通惠河上游水源减少。③明正统年间修北京城壕，作坝蓄水，恐雨多水溢，于是在正阳桥东南低洼处开通壕口，以便泄水，形成泄水河一道，称作三里河。该泄水河自壕口三里至八里始接浑河旧渠，又进一步分走一部分通惠河水源。

针对开通三里河以行船通航的建议，杨鼎、乔毅认为三里河不具备通漕条件，不可开河。

> 今若用此河行船，凡河身窄狭淤浅处，必用浚深开阔，凡遇人家房垣坟所必须折毁挪移，且以今宽处一丈计之，水深二尺，苦散於五丈之宽，止深四寸，况春夏天旱，泉脉易乾，流水更少，粮船剥船俱难行使，兼且沿河堤岸，高者必须铲削，低者缺者必须增筑填塞，又有走沙急溜处，俱要创闸派夫修挑，傥水浅少，又须增引别处水来相济，若引西湖之水，则自河口迤西直至西湖堤岸未

免添置闸座，若引草桥之水，必须於大祀坛边一路创造沟渠，亦恐有碍。况其源又止出彰义门外玉匠局等处，马跑等地泉亦不深远，大抵此河天旱，则淤壅浅涩，雨涝则漫散冲突，徒劳人力，卒难成功，决不可开。况元人开此河，曾用金口之水，其势汹涌，冲没民舍，船不能行，卒为废河，此乃不可行之明验也。

在否定三里河通航的基础上，杨鼎、乔毅等提出重新开通通惠河的建议：

今会勘得玉泉、龙泉及月儿柳沙等泉诸水，其源皆出於西北一带山麓，堪以导引，汇于西湖，见今太半流出清河，若从西湖源头将分水青龙闸闭住，引至玉泉诸水，从高粱河量其分数，一半仍从皇城金水河流出，其余从都城外壕流转，通会流於正阳门东城壕，再将泄入三里河水闸住并流入大通桥闸河，随时开闭，天旱水小，则闭闸潴水短运剥船，雨涝水大则开闸泄水放行大舟，况河道闸座见成，不用增造，官吏闸夫见有，不须添设。臣等勘时，曾将庆丰、平津、通流等闸下板七叶剥船已验可行，若板下至官定水则，其大船亦可通行，止是闸座河渠间有决坏淤浅处，要逐加修浚，较之欲创三里河工程甚省，况前元开创此河，漕运七八十年，公私便宜，後来废弛，今若复兴，则舟楫得以环城湾泊，粮储得以近仓上纳，在内食粮官军得以就近关给，通州该上粮储，又得运米都城，与夫天下百官之朝觐、四方外夷之贡献，其行李方物皆得直抵都城下卸，此事举行，实天意畅快，人心欢悦，足以壮观我圣朝京师万万年太平之气象也[1]。

---

[1] 《明宪宗实录》卷97，成化七年十月丙戌。

该建议上报后得到宪宗批准，次年即准备开始按照上述方案进行施工疏浚河道。成化八年正月，工部奏已准备拨派军夫九万人修浚通惠河。后因灾害突发，朝廷遂停止各项工程，于是工部就修浚通惠河之事专门上书请示。宪宗命派40000人疏浚城壕，而疏浚通惠河之事待疏浚城壕之后再说①，此工程遂搁置下来。

直至成化十一年，朝廷才下令疏浚旧通惠河，敕令平江伯陈锐、右副都御史李裕、户部左侍郎翁世资、工部左侍郎王诏督率漕卒疏浚，"先是锐等奏通州至京旧有运河一道，废闸尚存，但年久淤塞损坏，欲照尚书杨鼎奏准事理，就借漕卒，用工疏浚，闭闸积水，以运粮储。至是特令锐等会议，提督漕卒，自下流为始，疏浚壅塞，修闸造船，合用粮料、匠作於各司取用，务求成功。"②同年十月，朝廷设工部专理河道官一员专门督理通惠河疏浚事宜。成化十二年六月，通惠河修浚成功。"丁亥，浚通惠河成。自都城东大通桥至张家湾浑河口六十里，兴卒七千人，费城砖二十万石，灰一百五十万斤，闸板桩木四万余，麻铁桐油炭各数万，计浚泉三，增闸四，凡十月而毕。漕舟稍通，都人聚观。"③此时的通惠河仍旧在张家湾入运河，经过十月疏浚，才达到"稍通"的效果。同年九月，漕运总兵陈锐上书说："通惠河虽已通行，然其间犹有未毕工者，欲再疏浚，使加深阔。拟摘江北运粮卫所军余一万名，委都指挥等官督管，于明年二月兴工，乞官给以廪，给口粮食盐"④。尽管这次疏浚虽稍通漕舟，但不足两年便恢复原状，不再通航了。《明实录》当中对此也有较为恰当的分析："是河之源，在元时引昌平县之三泉，俱不深广，今三泉俱有故难引，独西湖一泉，又仅分其半，而河制窄狭，漕舟首尾相衔至者仅数十艘而已，无停泊之处，

---

① 《明宪宗实录》卷100，成化八年正月己未。
② 《明宪宗实录》卷144，成化十一年八月辛巳。
③ 《明宪宗实录》卷154，成化十二年六月丁亥。
④ 《明宪宗实录》卷157，成化十二年九月丙辰。

河又沙水易淤，雨则涨溢，旱则浅沍，不踰二载而浅涩如旧，舟不复通。"①

弘治五年（1492年），朝廷再次下诏疏浚大通河。通漕之后一些奸豪车户散布"黑眚"的谣言，破坏阻挠大通河漕运，此次疏浚也没有维持多长时间。正德二年（1507年），第三次疏浚大通河河道，命工部郎中毕昭、户部郎中郝海、参将梁玺修治大通桥至通州闸12座，建坝41座。通航之后又有权势之家阻挠，四年之后又复淤塞。

自宣德六年（1431年）历正统乃至成化十二年（1476年），明廷疏挖河道、修闸十几次，然均未成功。《明会典》说："永乐以来，诸闸犹多存者，仍设官夫守视，然不以转漕，河流渐淤。成化正德间，累命疏之，功不果就。"② 明代中前期，通惠河修浚问题始终没有彻底解决。

二、明嘉靖年间吴仲重开通惠河

嘉靖元年，巡视通仓监察御史向信题奏《乞修河道以便转运事》一疏，再次提出修浚通惠河以运粮。向信在奏文中提出以下四点。①"京粮仰藉于漕运，漕运实利于修河，但修复之计，不难于言，而难于行。"自成化以至正德年间，先后多人提出修河之事，一直未有行动。②"创修者固难为力，修复者易为功"，通惠河闸石现存，闸夫、闸官俱在，水势弥漫，易于修复开通。虽然屡经修复，但因种种干扰而功败垂成。③提出通惠河转运漕粮的具体办法，并引用实例，说明通过通惠河转运可大幅降低成本。"查得正德十五年春夏间，参将王佐催督运船，由张家湾至通州城下湾泊，

---

① 《明宪宗实录》卷154，成化十二年六月丁亥。
② （明）申时行等修、赵用贤等纂：《大明会典》卷196《河渠一》，《续修四库全书》史部政书类，第792册，第344页。

运入通仓,就省脚价一万余两。"若经通惠河转运,"则一年所省不知几十万两"。④此前几年,有工部侍郎赵璜将营建大木经通惠河转运至大通桥事例,经向信本人剥运试验,并取得成功,说明通惠河通航之明效,并建议启用王佐修浚通惠河①。

嘉靖六年,巡按直隶监察御史吴仲奉命巡视通州仓,在接管案卷内看到通州闸运一节中多位大臣曾屡次重开通惠河的建议,但皆无果而终。于是吴仲便查看史籍,沿通惠河实地走访,并结合自身经验,吴仲写成"计处国储以图永安事"一折上书嘉靖皇帝,用确凿的事例证据指出重开通惠河之利害。①查有先朝成功开通通惠河之案例,典籍有据,遗迹尚在,元代能够利用通惠河进行漕运,费用大省,"何独至于我朝必欲置闸河于无用,费脚价而不惜哉?"②鉴于妨害皇陵风水之说,吴仲通过考察指出通惠河上游并不妨害皇陵风水。"运亦流,不运亦流,初不因运之行止而为河之开塞,水之盈涸,此理甚明,足破群惑"。③通惠河闸石现存,不需添补,闸夫闸官俱在,不需添设,近年王佐用此河运木,足见此河可用于漕运,但屡次修复则功败垂成,乃是权势之家阻挠所致,通惠河开通也不会绝湾民之利,且开通之后可节省脚价银十余万两。④考汉唐漕运之制,历代漕运皆达京师,"未有贮国储于五十里外者"。且通州北据边关不远,若有奸细为敌人向导,敌可从密云间道轻骑疾驰,抵达通州,"或据仓廒,或肆烧毁,国储一空,则京师坐困矣"。

嘉靖皇帝阅览吴仲奏折后,深以为是,于是命户部和工部进一步会议商讨。户部工部会商之后,形成开挖通惠河的方案。《通惠河志》中载有《户部等衙门右侍郎等官臣王轼等谨题为计处国储以永图治安事》一折,其中记载有户工二部会商之后的方案。该方案内容如下。

---

① (明)吴仲:《通惠河志》卷下《奏议》。

首先，通惠河不可弃置于无用。"漕运粮储，国家大计，容受之多，车不如船，阴雨之行，陆不如水，舟车并进，脚价倍省，此闸河之不可以废也。"奏文提出从通州白河至大通桥相距四十里，地形高下6丈有余，若不计工费，开挖7丈，展扩河身，直抵大通桥，可使运粮船不需借助船闸直抵大通桥下，但工程过于浩大，切近都城，未敢轻议。为此，决定采用保守之计，即循照旧规，修浚河闸。王轼等人自大通桥沿河逐闸踏勘，得通惠河形势大略，"此时闸门洞开，初冬水涸，流波尚且不绝，若各闸皆闭，水盈可待"。

其次，建议重开通惠河后河口不再经张家湾入白河，而是改道从通州城北入白河。元代郭守敬开凿的通惠河故道因明代兴建通州城而被括入城中，并且经过张家湾的通惠河口一带，因人烟繁盛，影响漕运。奏折中说："至通流闸坐于通州旧城之中，经二水门、南浦、土桥、广利三闸，市井辐辏之地，两岸居民阛阓，鳞集栉比，搬运粮米大为不便。看至本城西门白河之滨，旧有小河通过城北一面，中有旧废土坝地基，西不一里至今堰水小坝，议须挑浚河身，因旧坝添筑高阔，多用桩木砖石甃砌，平时集水行舟，水大听其漫流而过，由此径达普济闸，可省四闸两关搬运之难。"①

在通惠河疏浚方案中，还对修理闸座、挑浚河身、筑砌新坝等工程工费、通惠河五闸设置剥船运粮事宜、设官委职、沿河闸坝官厅、厂房设置等均进行了讨论。户部在奏文中建议当年趁地土尚未寒冻，择日兴工，寒冻之时停工，来年二月冰融继续兴工，拟在四月完工，不误粮运。嘉靖皇帝决心已定，命户工二部按所拟定计划开河，"今冬先将木植砖石等项置办整理，待来春融暖之时，兴动土工"。

重开通惠河的建议遭到了部分人的反对，礼部尚书桂萼上疏

---

① （明）吴仲：《通惠河志》卷下《奏议》。

称修通惠河不便，请改修三里河。嘉靖皇帝征求大学士杨一清和张璁的意见。杨一清说："通惠河因旧闸行转搬之法，可以省运军之力，宜断行之，勿为浮言所阻。"张璁对曰："臣闻积储天下之大命。今京师半在通州，非计也。尝闻正统间，虏薄都城，彼时以通州储积米多，下令军民搬运入京。首一日令运得二石者，以一石入官，一石入己。次日令运得者，俱入己。又次日搬运不及，纵火焚之，此已前之明患也。其河道经元郭守敬修浚，今闸坝俱存。臣闻京城至通州五十里，地形高下才五十尺，以五十里之远近，摊五十尺之高下，何所不可。诚浚瓮山泺以畜西山诸水，引神山泉以合下流之归，迂回以顺其地形，因时以谨其浚治，一劳而永佚，未有不可。成化十二年平江伯陈锐建议开修此河，宪宗皇帝命大臣督理而河道已通运，船已至城外，适有黑眚之异，惑於讹言遂止，识者恨之。今欲开修此河。因仍旧道。诚易易耳。况一舟之运，约当十车，每年运船已到，则令剥运新粮，未到则令剥运通州积粮，庶京师充实，永无意外之患矣。至桂萼所论开修三里河，则费广而见效难，非直有地理之忌而已也。"① 嘉靖皇帝非常赞同张璁的意见，决定重开通惠河，并命户部侍郎王轼、工部侍郎何诏、御史仲等董理其事。

在吴仲等人主持下，通惠河开通工程自嘉靖七年二月四日开始。吴仲等人沿河往来巡视，亲督委官夫匠，修造大通桥至通州一带河道、桥梁、闸坝、堤岸、官厅、厂房等，至五月二十二日，通惠河疏浚工程完工，历时四个月160多日。工程完毕，世宗命工部派人视察通惠河通行情况。六月，工部左侍郎何诏等官员视察通惠河，从大通桥起，乘坐小船，沿路巡视，直达通州城北。在何诏的奏章中有较为详细的描述："臣等俱于本年六月二十七日早朝辞毕，前往大通桥，驾小舟而行，经庆丰上下二闸、平津上

---

① 《明世宗实录》卷82，嘉靖六年十一月乙亥朔。

下二闸,至普济、石坝而止。每闸及坝,皆舍舟步履,逐一阅视。凡其砖石之鬈结,木板之启闭,河水之盈缩蓄洩,皆咨询而讲求之。以至于临闸有厅,楼粮有房,障堤有桩,跨岸有桥,远近相望,联络不绝。其剥船分布于各闸,候者鳞次,行者鱼贯。通州直抵京仓,可朝发而夕至。"① 通惠河开通后,成效显著,当年运送粮食费银才7000两,"粮运既至者一百九十九万三千八百有奇,省脚价十一万三千三百余两"②,可谓事半而功倍。此后,通惠河在明清两朝的精心治理下,一直畅通无阻,"漕艘直达京师",并一直延续到清朝末年。

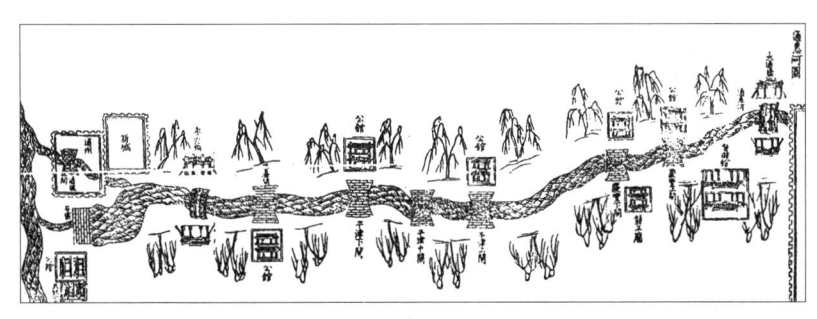

图4—3 《通惠河志》中绘制的通惠河及河闸

资料来源:《通惠河志》。

吴仲重新开通通惠河,在通州城附近将下游河道进行了调整。重开后的通惠河起自北京东便门外的大通桥,沿元代通惠河河道向东开浚,至今通州旧城西北角天桥湾,放弃了元代通惠河的河道,在通州城北疏浚原闸河旧河道,使通惠河自通州城北汇入白河(图4—3)。

吴仲在通惠河上建五座河闸以蓄水通航,分别是:庆丰上、下

---

① (明)吴仲:《通惠河志》卷下,"工部左侍郎臣何诏等谨题为计处国储以图永安事"。
② 《明世宗实录》卷96,嘉靖七年十二月丁亥。

闸，在大通桥东五里；平津上、下闸，在庆丰闸东十一里，下闸与上闸相距四里；普济下闸，在平津下闸东十三里，上闸废弃。另外，还重修了通州城内原通惠河故道上的通流闸，不过，由于通惠河改道由通州城北入白河，位于通州旧城内的通流闸脱离了通惠河主河道，其在漕运上已经失去作用。

图4—4 清沈喻绘《通惠河漕运图》中所描绘的通惠河河闸以及从河闸搬运漕粮

为了将京仓漕粮从白河搬入通惠河，吴仲又在通州城北门外通惠河河口南侧新建石坝一座，高1丈6尺，长20丈，阔1丈1尺。漕粮经石坝转搬入通惠河，然后溯河而上，经五闸逐级递运，一直抵达北京城大通桥码头（图4—4）。另为转运通仓漕粮，吴仲在通州城东关外建土坝一座，漕粮在此卸载，然后经州城东门搬运至通州仓储存。通惠河上的五座水闸和通州城的土石二坝合称"五闸二坝"（图4—5）。

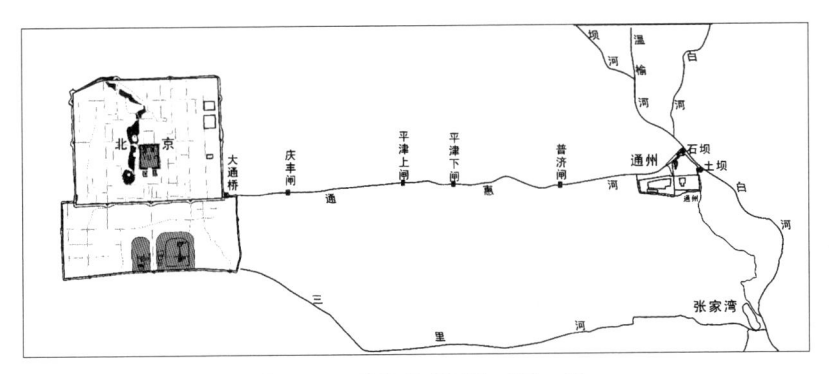

图 4—5　明代通惠河及五闸二坝

鉴于前朝通惠河屡次修浚而后停废之事，考虑到通惠河"虽已通行，持久恐将阻废"。嘉靖七年五月，吴仲又上书世宗，提出维护通惠河经久通航的具体方案，主要内容包括：①时疏浚以通运道；②专委任以责成效；③复旧额以添闸夫；④改闸座以防水患；⑤处剥船以便粮运。六月，吴仲再次上书，建议设置专官管理通惠河河道，"若不添设专官，坐守闸坝，随时修理，未免淤塞崩溃，终当自废"。吴仲向嘉靖皇帝建议，命工部派遣专官，"或通知或判官，填注（驻）通州，专管河道"，并兼管天津一带河道[①]。该建议也得到嘉靖皇帝的批准，在通州设置了专管河道的机构。嘉靖《通州志略》记载通州设有工部管河分司，其注曰："在州治南。嘉靖六年，修通惠河以行粮运，遂建管河衙门，置郎中一员领之，三年一代。自通州至天津一带运河，皆属督理，专为运事也。"[②]今通州文庙前有司空小区，前有司空分署街，此处即工部管河分司所在。工部都水分司的具体职掌为："凡闸坝之修营，堤岸之培护，水道之疏浚，咸属攸司。"[③]通惠河每年都进

[①] （明）吴仲：《通惠河志》卷下，"巡按直隶监察御史臣吴仲谨题为计处国储以永图治安事"。
[②] 嘉靖《通州志略》卷 2《建置志》。
[③] 《通惠河志》卷下，工部都水分司题名记。

行修理,"按修理通惠闸河,每年春初工部分司移会本厅,躬同查验,遇有崩颓损坏,工部委官,责令运粮水脚办料修理"[①]。通惠河上设五闸,因修理河道或漕粮运输之需而不时启闭,故于河成之后添设闸夫,"庆丰等九闸,成化年间原设闸官四员,闸吏四名,闸夫六百四十七名。后因闸运不行,止存闸官一员,闸吏一名。嘉靖七年,因修河通运,不时启闭,添设闸官一员,闸夫一百名"[②]。

三、通惠河重开与通州城码头的形成

明代中前期,张家湾一直是通州最重要的水陆转运码头,"历元明,漕运粮艘均驶至张家湾起卸运京"[③]。《读史方舆纪要》记载:"东南运艘由直沽百十里至河西务,又百三十里至张家湾,乃运入通州仓。"[④]张家湾位于通州城东南约7公里处,元明时期潮白河、元郭守敬开凿的通惠河、萧太后河和凉水河(明代称浑河)等数条河流在此交汇。因此,自张家湾以下,水量充沛,水势较大,利于航运。张家湾码头形成于元代初期,当时万户张瑄督运海运漕粮沿白河(今北运河)北上,至张家湾而止,以张家湾以上河道浅涩而无法北上通州,遂在张家湾停船卸载漕粮并转运大都城,张家湾自此逐渐发展成为京东漕运码头。明代中前期,张家湾已经发展成为运河北端漕运枢纽,"为京东第一大码头"[⑤]。通惠河重新开通后,漕船可直达通州城的石坝和土坝,张家湾码头的漕粮转运功能北移至通州城(图4—6)。

---

① (明)周之翰:《通粮厅志》卷5《河渠志·河工》。
② (明)吴仲:《通惠河志》卷上。
③ 光绪《通州志》卷1《封域志·山川》。
④ (清)顾祖禹:《读史方舆纪要》卷11《北直二》。
⑤ 嘉靖《通州志略》卷1《舆地志·市集》。

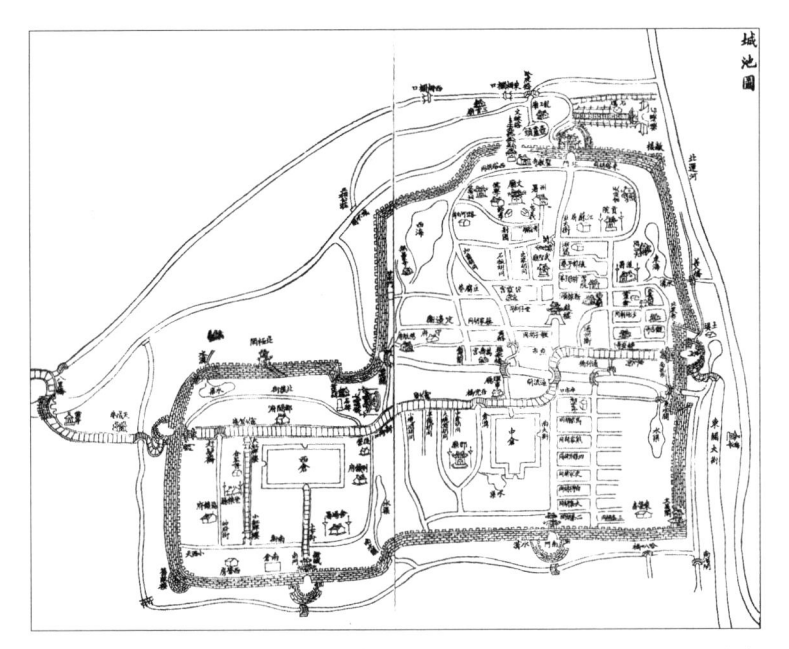

图 4—6　清光绪九年《通州志》中所绘通州城池图中的土坝、石坝和黄亭子

1. 通州城石坝码头和土坝码头

第一，石坝是京粮转运码头。石坝码头在通州旧城北门外，位于今通惠河和北运河交汇处。即今通惠河口以南的运河西岸，在现今通州石坝遗址公园一带。《通惠河志》记载，"石坝一座，在通州旧城北关外，嘉靖七年新创"，其规制为"高壹丈陆尺，长贰拾丈，阔壹拾壹丈"[①]。1987年通州区在通惠河口新建卧虎桥时，在桥南端附近出土大量城砖和花岗岩条石，应是石坝码头遗物[②]。石坝是漕粮转运京仓的专用码头，"正兑京粮从此坝搬入通惠河"[③]。石坝码头东侧临潞河，西侧为通惠河尽处形成的葫芦头，是一个小型的湖泊，

---

① （明）吴仲：《通惠河志》卷上。
② 北京市通州区文化委员会等编：《通州文物志》，文化艺术出版社，2006年，第31页。
③ 康熙《通州志》卷3《漕运志》，清康熙三十六年(1697年)刻本。

从石坝东侧潞河搬运来的漕粮，装上停泊在葫芦头内的漕船，然后向北京城逐级运输。1860年9月23日，由英军随军摄影师费利斯·比托在通州拍摄了通州燃灯塔的照片，该照片系在通州城北门外西北的通惠河北岸向东南向拍摄（图4—7）。照片中城墙外民房下的河水即石坝西侧葫芦头码头，可见河中的剥船，葫芦头左侧即石坝码头，在照片左侧之外，图中未见。

图4—7 位于通州城北的通惠河东端的葫芦头码头
资料来源：《北京青年报》，2009年5月27日。

第二，土坝是通粮转运码头。土坝是漕粮由此转入通州仓的专用码头，建于嘉靖七年，位于通州旧城东门外的运河西岸，以木排桩挡土夯筑而成。嘉靖《通州志略》记载："土坝一处，在州东城角防御外河。通仓粮米就此起载。"①

石坝码头和土坝码头是漕运专用码头，每年南来漕粮在此转运起卸，十分繁忙。为了确保漕粮收验与入仓，避免民船、商船与漕

① 嘉靖《通州志略》卷3《漕运志》。

船占用码头,朝廷在两坝之南另辟有民用码头,并在漕运码头和民用码头之间建立黄亭一座以界分码头功能。亭内立碑通告,凡民间客货船只,一律不许越过黄亭北上。据任德勇考证,黄亭子位于东关外大王庙东的临河处[1]。

2. 石土二坝码头的管理机构和设施

自嘉靖七年(1528年)后,南来漕粮抵达通州土坝和石坝交卸。"既抵坝,以次验而收之",通州坐粮厅"掌验收漕粮,转石坝、土坝之运。"[2] 按《漕运则例》,正兑米由石土两坝斛量起卸过坝,运进京仓;改兑米由土坝斛量起卸过坝,运进通仓[3]。起初,土石二坝每年行粮期间未设专官管理码头漕粮起卸转运事务,而是委官督理,设石坝起京粮委官一员,土坝起通粮委官一员。委官并非专官,而是"粮到而委,粮尽而罢,漫无专责",且"以他处之官管本处之事,以卑琐之员,当鸿巨之任",石土二坝漕粮转运因事无专属而奸弊丛生。万历三十三年,通粮厅署郎中周之翰题请"设立专官,以通州同知改管土坝,专督通粮事务;通州判官改管石坝,专督京粮事务,白粮附之"[4]。此建议得到朝廷准许,同年三月添设石坝通州判官和土坝通州同知,分别督理土石二坝漕粮转运事务。"无事则居本衙门,有事则居二坝官厅,以便行事。"[5] 清代漕运制度遵循明代,在土石二坝设分辖土坝通州州同一员和分辖石坝通州州判一员[6],分辖石坝通州判官"管辖军粮经纪、水脚、船户及白

---

[1] 任德勇:《黄亭子》,载北京市通州区政协文史资料委员会编:《古韵通州》,文物出版社,2004年,第126~127页。
[2] (清)昆冈等修,吴数梅等纂:《钦定大清会典》卷25《户部仓场衙门》,《续修四库全书》史部政书类,第794册,第228、231页。
[3] (清)杨锡绂:《漕运则例》卷20《京通粮储·收受粮米》。
[4] (明)周之翰:《通粮厅志》卷7《统辖志·委官》。
[5] (明)游应乾:《二坝设立专官疏》,载周之翰:《通粮厅志》卷9《艺文志上·奏疏》。
[6] 乾隆《通州志》卷3《漕运志·设官》。

粮经纪、水脚、船户六项人役，催督漕、白二粮自石坝起，运至普济等闸抵大通桥，入京仓"；分辖土坝通州同知"管辖军粮车户、船户二项人役，督催漕粮至新旧城外，起车径入西仓、中南二仓交纳"。①

石坝码头上建有石坝公馆一座，又名督储馆。石坝公馆以南有石坝掣斛厅，"委官起京粮寓此，人呼为石坝官厅，而以北督储馆为大官厅云。每年祭坝，公宴于此"②。清代，石坝掣斛厅移至明代石坝公馆，"有大官厅，旧名督储馆，为州判督漕公廨，每年南粮抵通，移驻于此"③。在石坝以北大官厅之左有崇报祠，以祭祀吴仲等开河功臣④。在石坝东南高岗上有大光楼一座，为验粮官员办公休息之处，俗称"验粮楼"，又称"坝楼"。土坝码头上建有土坝官厅，即土坝掣斛厅，"为州同督漕公廨，每年南粮抵通移驻于此"⑤。

土石二坝均建有号房，号房是用于暂时存储漕粮的建筑，即所谓"栖粮之所"。"按行粮之时，或风雨骤至，或搬运不前，全赖号房堆垛"。明代石坝建号房50间，土坝建号房36间。⑥康熙年间，石坝码头号房存40间，土坝号房仅存数间。⑦清末光绪年间，石坝码头号房因清中期添建改造数量达到94间，土坝码头号房有25间。⑧

土石二坝和大通桥码头还设有袋厂，以便装运漕粮入京通二仓，由运粮置袋经纪掌管。⑨大通桥码头设有上袋厂，"在大通桥

---

① 康熙《通州志》卷3《漕运志·闸坝》。
② （明）周之翰：《通粮厅志》卷6《公署志·官厅》。
③ 光绪《通州志》卷2《建置志·衙署》。
④ （明）周之翰：《通粮厅志》卷6《公署志·祠庙》。
⑤ 光绪《通州志》卷2《建置志·衙署》。
⑥ （明）周之翰：《通粮厅志》卷6《公署志·号房》。
⑦ 康熙《通州志》卷3《漕运志·仓厂》。
⑧ 光绪《通州志》卷3《漕运志·仓厂号房》。
⑨ （明）周之翰：《通粮厅志》卷8《服役志·闸役》。

旁，凡各仓起回空袋暂贮上袋厂，空船随时带回，交下袋厂备用"；石坝设有下袋厂，"在里河沿……以备起米"；土坝码头也设有下袋厂，"在外河沿"。①

3. 石土二坝码头漕粮转运的规模

明代漕粮规模初无定制，成化八年（1472年），朝廷规定每年漕运粮食数额固定为400万石，其中正兑粮米330万石，改兑粮米70万石。正兑京粮经由石坝转运，因此石坝码头每年转运漕粮规模在330万石左右，土坝码头每年转运漕粮规模在70万石左右。石坝"每日行粮三万石"②，土坝每日漕粮转运规模约为石坝码头的一半，即"石坝日运三万石，土坝半之"③。据研究，清代嘉庆以前，每年漕粮规模平均在400万石以上或接近400万石，道光之后逐渐减少，由400多万石减至300多万石乃至200多万石。④因此，清中后期石坝和土坝的漕粮转运规模也相应变小。"石坝在州城北，七省正兑漕米运京仓者从此盘入，通惠河岁计二百四十四万石有奇，扛夫喧轰，昼夜不息，日以起运三万石为率"；"改兑漕粮四十五万余石悉由州东土坝入通仓"。⑤

按照规定，漕粮每年抵达通州有一定期限。"凡米至京仓，月旦为期。三月一日，北直隶、河南、山东卫所至，五月一日，南直隶、凤阳等卫所至，六月一日，南直隶、浙江、湖广各卫所至。"⑥并且规定各省完粮时间为三个月，每年石坝土坝码头行粮时间从三月上旬至九月，漕船于十月运河封河之前返还。

---

① 乾隆《通州志》卷3《漕运志·仓厂号房》。
② （明）周之翰：《通漕三策》，载周之翰：《通粮厅志》卷10《艺文志中·论揭》。
③ （明）游应乾：《剂量收支以平仓政疏》，载周之翰：《通粮厅志》卷9《艺文志上·奏疏》。
④ 李文治、江太新：《清代漕运》，社会科学文献出版社，2008年，第42~43页。
⑤ （清）陈豫朋：《土坝慎易堂行并序》，光绪《通州志》卷10《艺文志·诗》。
⑥ （清）孙承泽：《天府广记》卷14《仓场·漕规》。

四、通州城码头与外河漕运的关系

明代,白河与温榆河在通州北关东北汇合。"东曰白河,源自东北来,西曰富河,源自西北来,入州城东北合流,二河水溜直注石坝楼,汇归运河。"① 通州城东的潞河被称为外漕河,通惠河被称为里漕河②,俗称外河和里河。

嘉靖七年通惠河开凿疏通以前,漕粮在三四月间在张家湾起卸,然后陆运至京仓之中。但每年夏季河水旺盛时节,漕船可以从张家湾直达通州城下,在东关交卸漕粮,起车运入京通二仓。"正德以前,运船至五月以后,俱到通州城下,自城东北角停泊,迤逦而南七八里许。挨次于东关厢起车,无拦河委差之扰,无起剥脚价之费。"③

嘉靖七年以后,因通惠河通航,漕粮交卸地点北移至通州城土石二坝。但北京春季多旱,降水稀少,因此通州城至张家湾河段水量微弱,水浅不能通航,于是设立外河剥运制度。《通粮厅志》记载:"至嘉靖初年,御史向信倡言湾中搬剥,始置外河剥船,遇浅起剥,若五六月水涨,仍令至通州石土二坝起旱。"④ 嘉靖《通州志略》中也有相应记载:"外河官粮剥船,嘉靖年来始置……近因三四月间,河常水浅,始置外河剥船。"⑤ 为保障漕船顺利抵达石坝和土坝,朝廷专设工部郎中一员,浅夫六百名,"专剥浚河,以求必达二坝"⑥。

剥运河段自土石二坝至里二泗,"自二坝至张家湾为外河,每粮船起剥,接至里二泗,以便浅船抵坝"⑦。石坝外河船户20名,每

---

① 乾隆《通州志》卷3《漕运志·修浚》。
② 康熙《通州志》卷3《漕运志·漕渠》。
③ 嘉靖《通州志略》卷3《漕运志》。
④ (明)王国光:《漕粮抵坝初议》,载周之翰:《通粮厅志》卷10《艺文志中·论揭》。
⑤ 嘉靖《通州志略》卷3《漕运志》。
⑥ (明)王在晋:《通漕类编》卷3《漕运·剥船》。
⑦ (明)周之翰:《通粮厅志》卷8《服役志·闸役》。

名领剥船9只,共船180只;土坝外河船户15名,每名领船6只,共90只。外河剥运按照路程远近给予相应的运输费用。"石土二坝船户剥船自里二泗起剥至坝,每百石六钱五分,哑叭庄至坝五钱五分,郝家务至坝四钱五分,中心楼至坝二钱五分。京粮石坝经纪闸运至桥每石一分八厘,六闸水脚抗剥过闸每石九厘,大通桥京粮车户运至东仓每石一分七厘。"①

外河剥运最初只在每年三四月春旱运河浅阻时日进行,夏季河水盛涨之时,则漕船直抵土石二坝。然而,自嘉靖中期以后,漕粮则全部自张家湾剥运至石土二坝,即便五六月份水势涌涨之时漕船也不再直抵石土二坝。顾炎武《天下郡国利病书》记载:"今而置有拦河之官,乃不论水之深浅,运舡可否通行,一概拦阻,通令自漕起剥,其故何哉?"②顾氏在文中表达了其对此事的不解。明万历年间户部尚书王国光对嘉靖中期以后不顾水势情况而一律自张家湾起剥抵坝的做法持批评态度:"故抵坝者,旧例也,嘉靖中年以前行之也,其法约而善;不抵坝者,新议也,嘉靖中年以后变之也,其法狗而不善。"③万历七年,朝廷废除了一律自张家湾起剥的做法。"河西务船属钞关,外河船属通粮厅,如遇粮船浅阻,即与随地起剥,如水势稍可通行,粮船直抵二坝,不许剥。遇浅就令撑夫抗负抵坝落崖。"④

五、通州城码头与里河漕运的关系

明清时期漕粮分别存储于通州仓和北京仓之中,京通二仓皆为皇家粮仓。《天府广记》云:"京仓为天子之内仓,通仓为天子之外仓。"⑤

---

① (明)周之翰:《通粮厅志》卷4《漕政志·出纳》。
② (清)顾炎武:《天下郡国利病书》卷3《北直二·通州志·漕渠》。
③ (明)王国光:《漕粮抵坝初议》,载周之翰:《通粮厅志》卷10《艺文志中·论揭》。
④ (明)王在晋:《通漕类编》卷3《漕运·剥船》。
⑤ (清)孙承泽:《天府广记》卷14《仓场·漕仓》。

漕粮在石坝码头和土坝码头起卸，经过检验，然后分别转运至北京仓或通州仓（图4—8）。"凡京仓之粮，过石坝运以舟，过大通桥运以车；通仓之粮，过土坝，则以舟车递运焉。"①

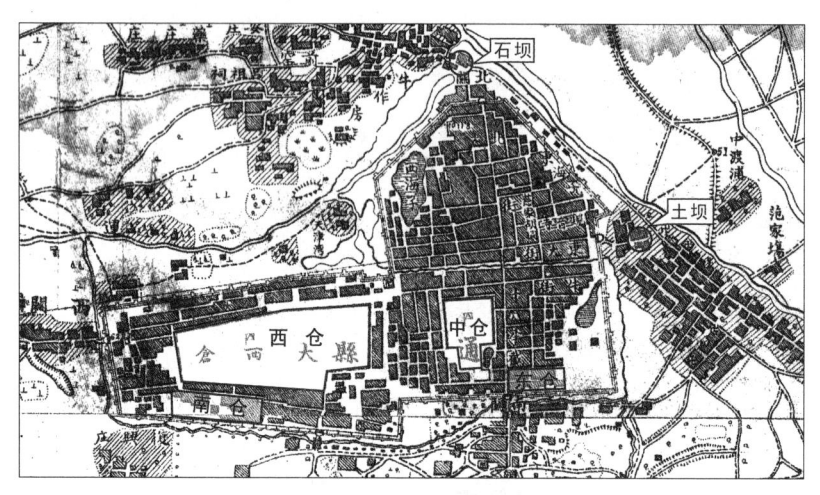

图4—8　通州城石土二坝位置与通州仓储设施和水系概况

资料来源：本图系由民国初年北京陆军测量局于1913年测绘并于1915年印制的京兆1：25000地图中的通县图幅和张家湾图幅组拼而成。为便于说明问题，图中对土坝、石坝、中仓、西仓分别作了标注。

1. 石坝码头与里河漕运及漕粮入京仓

石坝是京粮交卸验收之处。"京粮从此坝搬入通惠河，由闸抵大通桥入京仓。"②漕粮自石坝起卸，经验收、过斛、装袋，扛入号房临时堆垛，然后在由号房将漕粮扛运入里河剥船。"石坝经纪由外河抗米落崖，堆储号房……由号房抗米上里河船。"③漕粮装入里河剥船后，逆流而上，经过通惠河各闸分段剥运。嘉靖《通州志》

---

① （清）昆冈等修，吴数梅等纂：《钦定大清会典》卷25《户部仓场衙门》，《续修四库全书》史部政书类，第794册，第229页。
② （明）周之翰：《通粮厅志》卷5《河渠志·河防》。
③ （清）昆冈等修，吴数梅等纂：《钦定大清会典》卷25《户部仓场衙门》，《续修四库全书》史部政书类，第794册，第229页。

记载:"每闸剥船六十只,经纪六十名。普济、平津上下、庆丰上下五闸,共剥船三百只,经纪三百名。水脚,五闸每闸十七名,石坝三十六名,共一百二十一名,搬抗粮石。"①《通粮厅志》记载了明代漕粮经里河运输费用情况。"京粮石坝经纪闸运至桥每石一分八厘,六闸水脚抗剥过闸每石九厘。大通桥京粮车户运至东仓每石一分七厘,西仓每石二分三厘。"②

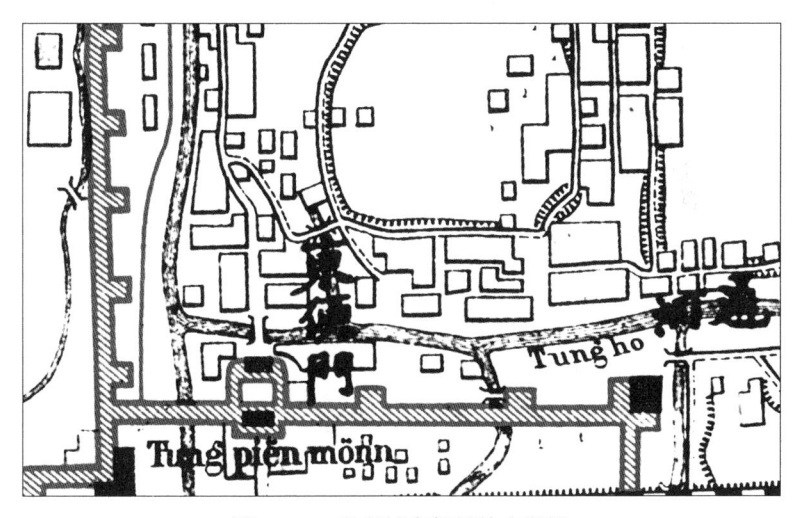

图4—9 北京城东便门外大通桥

资料来源:取自 1903 年 Preuss(Landes ufnahme)Kartographischen Abtheilung der Konigl 编辑出版的《北京全图》,图中标示有东便门、通惠河和大通桥。

漕粮经五闸剥运至大通桥,再从大通桥起车运至北京城内粮仓(图4—9)。大通桥在京城东南角便门外,元时建。"京粮由石坝而入者从此起车,监督及巡仓挚粮俱在此处。"③大通桥设有监督衙门,《通粮厅志》记载有大通桥督储馆一座,嘉靖七年新建。大通桥也建有号房,嘉靖十年建40间,十六年添设60间,共100

---

① 嘉靖《通州志略》卷3《漕运志》。
② (明)周之翰:《通粮厅志》卷4《漕政志·出纳》。
③ (明)周之翰:《通粮厅志》卷5《河渠志·河防》。

间①。清代沿袭明代制度,"凡收漕粮,坐粮厅掌督催,大通桥监督掌抽查,而莅以仓场侍郎"②。这些官员负责监督石坝运到漕白粮米,"抽验斛面督催车户分运各仓"③。大通桥设车户,负责将漕粮运至城内粮仓。

图4—10 《通惠河漕运图》中的东便门外大通桥

为了改善漕粮运输效率和降低运输成本,清代开始利用护城河实施漕粮水运入京仓(图4—10)。康熙三十六年,"浚护城河,引

---

① (明)周之翰:《通粮厅志》卷6《公署志·号房》。
② (清)王庆云:《石渠余纪》卷4《纪漕粮》,北京古籍出版社,1985年,第154页。
③ (清)载龄等修,福趾等纂:《钦定户部漕运全书》卷53《京通粮储·置办官车》,《续修四库全书》史部政书类,第837册,第206~207页。

大通桥运艘达朝阳、东直等门。今东直门、齐化门皆有水关,通惠河水所由入也。乾隆二十三、二十五两年,再加疏浚,漕艘之分运京仓者实利赖焉"①。按《钦定户部漕运全书》,"大通桥至朝阳门护城河拨船二十八只,朝阳门至东直门护城河拨船十四只"②。

2. 土坝码头与漕粮入通仓

入通仓漕粮经土坝验收、过斛、装袋之后,开始往通州仓转运过程。漕粮入通仓有两条路线,一条是城内车运路线③,另一条是城外护城河水运路线。最初,改兑漕粮自土坝上岸,然后自土坝起车入通州东门,沿着东大街至北大街南端,过通流闸桥至南大街北端,然后向西转入西大街,经西大街、新城大街先后抵达大运中仓、西仓。土坝设有车户,负责运粮至通州仓。清乾隆四十五年(1780年),朝鲜人朴趾源来中国为乾隆皇帝祝贺七十大寿,路经通州,描述了通州城内运粮情形:"既入东门,至西门五里之间,独轮车数万,填塞无回旋处。"④自东门至西门之间系指通州旧城的东大街、西大街和通州新城的新城大街。《通州文物志》中记载,清嘉庆二十三年的《三义庙创立义园碑记》碑文中就描述了很多山东人在通州从事小推车短途运输业务。

从土坝利用护城河运送漕粮始于万历年间。"万历二十二年,郎中于仕廉查旧迹建新闸,通隍济漕,蓄通流闸西水关外之水,设剥船二十只,运至新旧城各门外起车进通仓交纳"⑤,"以省车挽之

---

① (清)于敏中等编纂:《日下旧闻考》卷89《郊坰二》,北京古籍出版社,1983年,第1507页。
② (清)载龄等修,福趾等纂:《钦定户部漕运全书》卷73《拨船事例·里河拨船》,《续修四库全书》史部政书类,第837册,第533页。
③ 《光绪顺天府志·经政志三·漕运》引"冯应榴自书潞河督运图后"中有"城以内皆车运"之语。
④ 〔朝鲜〕朴趾源:《热河日记》,上海书店出版社,1997年,第105页。
⑤ (明)周之翰:《通粮厅志》卷5《河渠志·河防》。

费。"① 漕粮在土坝码头起卸，然后扛到码头之南的护城河北端的剥船之上。粮船循护城河南行至旧城南门和新城南门，分别起车运入大运中仓和大运西仓。清人冯应榴《自书潞河督运图后》跋记："近东门者为土坝，州同兼掌之，运通州西中仓之漕，由坝而城河，舟运至旧南门者贮中仓，新南门者贮西仓。"②

第四节　兑运与昌密水道

明代为备御蒙古，在北部边境地带修建了长城，并在长城沿线派驻大量军队。北京北部的昌平、密云是防卫都城的军事重镇，这里驻扎的军队所需粮饷与军需物资均需通过运河运至通州，然后再转运至长城沿线。"国家定鼎燕京，昌平密云东北二重镇也。旧制，实漕米于下以备军需，名曰兑运。"③ 最初，漕粮或从通州仓、北京仓运至长城沿线，或由官军前往北京仓、通州仓支取漕粮。《明史·食货志三》记载："凡诸仓应输者有定数，其或改拨他镇者水次应兑漕粮，即令坐派镇军领兑者给价，州县官督车户运至远仓，或给军价就令关支者，通谓之兑运。"④ 根据上文记载，可知兑运即官府差派平民为官军输送粮饷。北京北部设有昌平和密云两个军镇，起初每年运往密云镇的军粮有 10 万石，漕粮从通州沿潮白河溯流而上至顺义牛栏山，然后陆路转运至密云。若遇雨水稀少之年，潮白河水浅不能载舟，漕粮则需从通州陆运至密云，运输过程极其辛苦。

为把漕粮运抵边境沿线，明廷先后开辟了潮河川、蓟州河、昌平河、丰润还乡河等几个水运交通线（图 4—11）。《明史·食

---

① 光绪《通州志》卷 3《漕运志》，清光绪九年（1883 年）刻本。
② 《光绪顺天府志·经政志三·漕运》引"冯应榴自书潞河督运图后"。
③ （明）周之翰：《通粮厅志》卷 11《艺文志下》。
④ 《明史》卷 79《食货三》。

货志》记载,"由天津达张家湾曰通济河,而总名曰漕河。其逾京师而东若蓟州,西北若昌平,皆尝有河通,转漕饷军。"① 上述几条运道开浚于万历初,据《通粮厅志》记载,万历元年曹维新首任浚河之役,疏通昌密二镇运河。"自潞河浚而上,合清河以抵沙子安济营,自牛栏山而上合潮白二水以抵密云,二镇便之。"② 万历二年并两镇军务,统设户部主事一员,驻扎通州,负责每年乞运漕粮事务③。

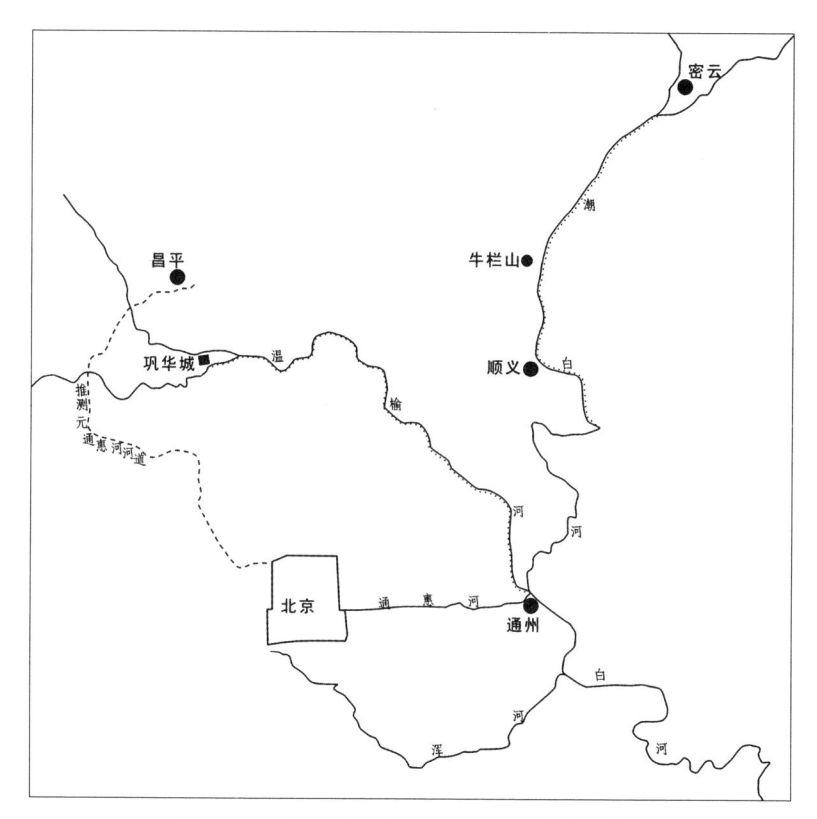

图4—11 明代昌平河运道和潮河川运道概况

---

① 《明史》卷85《河渠志三》。
② （明）周之翰：《通粮厅志》卷12《备考志》。
③ （明）周之翰：《通粮厅志》卷3《秩官志》。

一、昌平河运道

关于昌平河（榆河）运道，"昌平河，运诸陵官军饷道也"。昌平位于北京西北，明成祖迁都北京后，在昌平北天寿山建造陵园，明历朝皇帝皆埋葬于此，朝廷派驻军卫守护陵园。因此，昌平成为边防和陵寝防卫重地，军卫众多。最初，守护陵寝的军卫前往北京仓支取粮食，往返劳顿，疲惫不堪。《河漕通考》记载："先是，护陵诸军每月就食于京师，往复辄经旬日，后改为陆运，则费且不赀。"①

驻守长城沿线的居庸、渤海等卫所官军所需粮饷需要至京城关支，运输过程极为艰苦。"先是卫军选入营路与边军共资防守者，仍于京仓支粮，甚为繁苦，且多弊窦。"②嘉靖年间，开始陆运部分粮食至边境，但远远不能满足要求。《四镇三关志》记载："原米通运京仓上纳，嘉靖三十三年始派拨三万九千二百七十二石有奇陆运至镇给军。"

为供应军粮，明廷利用温榆河输送漕粮，以供应守陵官军和居庸关等城堡关口驻军。按《通粮厅志》记载，温榆河"源出塞外，经居庸关南东流，合东山口泉，又东会朝宗河，又东合龙山泉，势若泛溢而支流则漫散，沙碛胶阂，又东至沙子营合小清河入通州潞河，一百八十里"③。隆庆六年，总督侍郎刘应节会巡抚都御史杨兆议于巩华城外安济桥起至通州渡口止疏通一河，长145里，内水深成漕，现可行舟者100余里，散漫淤浅稍费开凿者30余里。发永、巩二营并奠靖军夫3000人治之④。"户部奏请开浚榆河，自巩华城达

---

① （明）黄承玄：《河漕通考》卷下，《四库全书存目丛书》史部地理类，第222册，第491页。
② 《明神宗实录》卷6，隆庆六年十月己卯。
③ （明）周之翰：《通粮厅志》卷5《河渠志》。
④ （明）黄承玄：《河漕通考》卷下，《四库全书存目丛书》史部地理类，第222册，第491页。

于通州渡口，运粮四万石给长陵等八卫官军月粮，从之。"①

隆庆六年，"题准长陵等八卫拱护陵寝，官军月粮旧在京仓关支，不便。自万历元年为始，岁拨漕粮一十五万石运赴奠靖仓交纳，以便前项官军就近关支"②。万历元年（1573年）二月，神宗"令昌平兵备佥事张廷弼疏浚巩华城外旧河，廷弼原勘河道可省陆运费岁八千金，及运船至而淤塞不前。乞运司官杨可大以为言。户部奏行廷弼速小浚之"③。疏浚之后漕船循沙河逆流而上，直抵安济桥下。总督刘应节因本镇卫军赴京支粮不便，"增发一十五万石抵巩华城奠靖仓收贮，是为京帑云，专给主兵。官运船二百只，水手四百名，挽夫六百名，每船运米四十五石"。漕粮经温榆河运至巩华城，入城内奠靖仓收贮，供应蓟镇永、巩、昌、标四营及长陵等八卫官军粮饷。

昌平附近有北沙河、南沙河、东沙河向东汇为温榆河，也称榆河，屈曲东南流，于通州北入潮白河。漕船于通州循温榆河上溯，经沙河可至昌平巩华城，长约145里。《长安客话》载："沙河东注，与潞河合。每雨季水泛，商船往往从潞河直抵安济桥下贸易，土人便之。"④温榆河含沙量高，从其上游河流东沙河、南沙河、北沙河之名即可知，因此河流泥沙易于淤积。据《通粮厅志》记载，温榆河有沙浅181处。"通州至富河浅四处，郭渠浅七处，金盏浅八处，苇沟浅八处，孙后浅五处，花黎坎浅十处，新堡浅四处，沙子营浅四处，古城浅十处，土沟浅十处，鲁滩浅五处，蔺沟浅十处，汤山浅十处，上辛浅十八处，枣林浅十三处，小牛房浅十八处，三岔口浅二十处，自三岔口至安济桥，其浅处虽多，大略流沙，故难定耳。"⑤

---

① 《明神宗实录》卷6，隆庆六年十月己卯。
② （明）王在晋：《通漕类编》卷4《漕运·乞运》。
③ 《明神宗实录》卷11，万历元年二月戊戌。
④ （明）蒋一葵：《长安客话》卷4《郊坰杂记·清河沙河》。
⑤ （明）周之翰：《通粮厅志》卷5《河渠志》。

隆庆六年，浚通沙子营下流，舟运其上流，万历六年浚通直达安济桥①。同书记载："按二流沙浅皆旧迹，今经疏导已于重舟无甚碍也。"②《通粮厅志》成书于万历三十三年，可知此时河道疏浚之后，可以通行漕船了。

二、潮河川运道

密云运道即白河上流也。自嘉靖二十九年蒙古俺达汗入塞侵犯北京之后，明廷加强了边境防卫，遂设蓟辽总督，嘉靖三十三年移驻密云。作为军事重地，密云一带兵将屯集，卫所众多，"岁用漕粮十余万石"③，需要输送至边境各军卫所在之处。当时，密云及长城一带广设军粮仓，密云城中有龙庆仓，古北口城中有古北口仓，大水谷有广积仓，贾家集有广有仓，石头岭有广盈仓，白马关有广丰仓，墙子岭有广储仓④。按《四镇三关志》记载，嘉靖三十九年，"始派发米十万四千八百一十石，每年自通州漕运至牛栏山，陆运至密云龙庆仓收贮，专给主兵"。

明嘉靖三十四年以前，白河并未经今密云县城西南流，而是从马头山西经龚庄子、河北村南西流，进入怀柔县境，至顺义县牛栏山与潮河汇合后南流。潮河自古北口入境，流经密云城南，又西南流至顺义县北的牛栏山汇入白河。自牛栏山以下至通州为潮白河，漕粮可循潮白河上溯至牛栏山，再陆路转运至密云龙庆仓。

嘉靖三十四年，总督蓟辽保定军务都御史杨博上疏奏请新开密云白河，以便水运漕粮。"于城西杨家庄地方筑塞新口，疏通白河故道与漕河合流，俾通州漕粮直抵密云城下。仍于城西修筑泊岸以

---

① （明）周之翰：《通粮厅志》卷5《河渠志》。
② 同上。
③ 《明世宗实录》卷538，嘉靖四十三年九月癸丑。
④ 万历《顺天府志》卷2《营建志·公署》。

防城墉崩塌之患。从之，未果。"① 这次开河工程，使白河改道，东流至密云城西，再南流与潮河汇合，但没有达到利用河水输送漕粮的目的。嘉靖四十三年，因漕粮"悉由通州陆运至牛栏山，转输密云，颇称劳费"②，密云总督刘焘疏请疏浚潮白河，得到批准。"至是，总督刘焘发卒疏通潮河川水，达于通州，更驾小舟转粟，直抵该镇，大为便利，且省僦运费什七。"③ 然而，没有过多久，潮白河复淤浅，通漕不便。

据《明穆宗实录》记载，隆庆六年二月，密云总督侍郎刘应节在顺义县城增建仓廒。"先是漕粮输密云者，时遇雨，或有警，不能径达，往往寄顿牛拦山，以待转运，多有损失。于是总督侍郎刘应节议于顺义县城建仓收贮，俾三县人民脱挽运之苦，户部覆请，乃许之。"④ 按上述文字所述，可知漕粮自牛栏山以上还是利用陆运输送为主，故有"三县人民挽运之苦"。

同年七月，刘应节又提出遏潮壮白的建议，拟疏通牛栏山以上至密云城的河段，以利于漕运：

> 塞备以储饷为急，军需以漕挽为便。密云一城，环控白、潮二水，若天开以便漕者。向二水分流至牛栏山始合，故剥船自通州而上者，亦至牛栏山止。若至龙庆仓从陆输挽，军民艰苦之状，水次露积之虞，难以悉状。今白水徙流西城下，去潮水不二百武，前於城东北业筑三合土堤，障水防城，近又疏渠于上，植坝于下，邀潮入白合为一派，水深漕便，剥船可达密云无疑⑤。

---

① （明）黄承玄：《河漕通考》卷下，《四库全书存目丛书》史部地理类，第222册，第489~490页。
② 《明世宗实录》卷538，嘉靖四十三年九月癸丑。
③ 同上。
④ 《明穆宗实录》卷66，隆庆六年二月辛丑。
⑤ 《明神宗实录》卷3，隆庆六年七月丁亥。

朝廷批准其建议。于是，明廷阻遏向西南流的潮河，迫使河道在孤山西折，在密云城西南河漕村与白河相汇（图4—12）。二水合流增加了河流水势，漕船可以直行到密云城下。万历元年，在原来运送104810石漕粮基础上，"增发米五万石，专给客兵。共米十五万四千八百一十石。仍本船运至牛栏山，继以剥船运至城下，贮龙庆仓"。牛栏山以上至密云之间，设剥船200只，水手400名，挽夫600名，每船运米40石①。

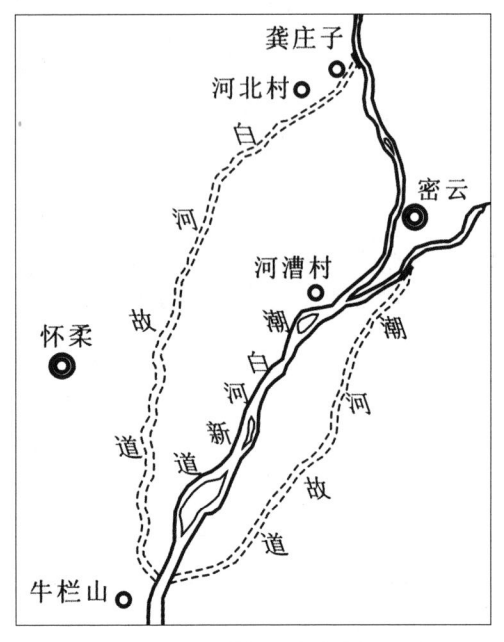

图4—12　明朝遏潮壮白概况

资料来源：尹钧科《北京交通史》。

潮白河多泥沙，如从密云到牛栏山之间百余里，"多齿石壅沙下流"，受到泥沙淤积的影响，漕运不畅。据《通粮厅志》记载，通州至牛栏山有沙浅157处，"通州至五里墩浅三处，双埠头浅五

---

① （明）刘效祖：《四镇三关志》卷4《粮饷考·蓟镇粮饷》。

处,李家桥浅十处,后角浅五处,沙浮浅七处,李遂浅六处,河南村浅十二处,东庄浅七处,向阳浅十处,牛拦(栏)山二十处"。牛栏山以上河道多石浅,"自山至四季屯石浅水溜十处,全(泉)河屯石浅水溜六处,罗山石浅水溜十处,三间房石浅水溜九处,棘针台石浅水溜十二处,荆栗园石浅水溜十三处,密云县石浅水溜十二处"。自嘉靖四十三年疏通潮河川后,"隆庆六年导浚行舟,万历六年再浚牛拦(栏)山上流,舟行直达密云镇城。"①

自隆庆六年,遏潮壮白之后,朝廷加强了对潮河川运道的疏浚工作,使漕运得以畅行。"是后随时浚修,漕渠加辟,自通至牛栏山一带,粮艘通行,惟自牛栏山以北至密云五十七里地,系山脉走沙善淤,设立官军岁事挑浚,亦堪永赖矣。"②

顺义县有营州左屯卫,最初营州左屯卫官军月粮因自通州支取,路远不便。万历十二年,决定利用潮河川运道转运漕粮,每年漕粮到达时,"通州管粮郎中拨发二千五百石,就令昌镇管粮经纪自通州水运至顺义县小东庄……自小东庄陆运至城"③。

三、蓟州河运道

关于蓟州河运道,"蓟州河者,运蓟州官军饷道也"(图4—13)。蓟州是护卫北京的边防重镇,明成祖朱棣迁都北京后,对蓟州战略地位极为重视。"其东一带控弦之士无虑十数万人,而粮饷之需大抵取给于江淮,是以大河诸卫岁运三百六十艘直抵蓟州,为仓而贮之,以便支用。"④明代漕军分成十三总,其中遮洋总

---

① (明)周之翰:《通粮厅志》卷5《河渠志》。
② (明)黄承玄:《河漕通考》卷下,《四库全书存目丛书》史部地理类,第222册,第489~490页。
③ (明)王在晋:《通漕类编》卷4《漕运·宄运》。
④ 嘉靖《蓟州志》卷13《文章志》引李贤《蓟州新开运河记》。

负责向蓟州、永平一带输送军粮。按明代舟车制度，遮洋船是海船，"以转漕于海"①。《明史》卷72《职官一》、《通漕类编》在记述遮洋总属时说道："先年，原领南直隶淮大等六卫，北直隶德州等九卫官军，俱兑运山东、河南粮米三十万石，内六万石于天津仓，二十四万石于蓟州仓，各上纳其船。虽系遮洋，止涉海三十余里即抵蓟仓，程途不远。"②明万历年间户部郎中甘来学在《修河堤碑记》中载："国初开河渠，岁运粟十万石，由津海而上以饷军。若内府正供京营刍庾，则取给予蓟壤者，又视他州为倍然。"③明永乐年间（1403~1424年），明朝在天津及蓟运河沿岸设立五大储粮仓廒，即南起天津南仓，北至蓟州城北仓廒，蓟运河沿线的上仓村、下仓村就是因五座仓廒当中的两个粮仓而形成。

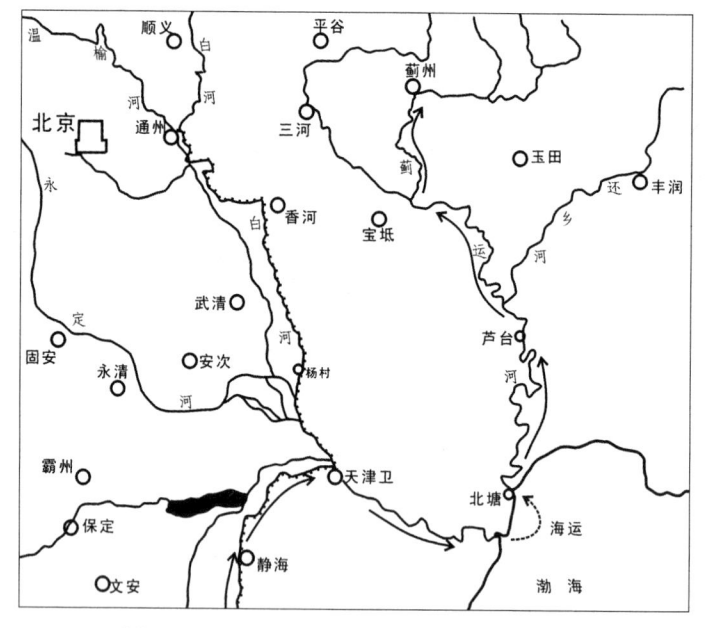

图4—13 明天顺二年以前蓟州漕粮运输路线

① 《明史》卷72《职官一》。
② （明）王在晋：《通漕类编》卷4《漕运·㘃运》。
③ （明）甘来学：《修河堤碑记》，道光《蓟州志》卷10《艺文志》。

明王琼《漕河图志》载："海运十三卫管驾遮洋船,于大名府卫河兑量,由直沽海口开洋,涉历海道,运至蓟州,以给军费。"遮洋船经由卫河、南运河北上抵达天津,然后由海河进入渤海,再沿海岸北上至北塘口入蓟运河,沿蓟运河逆流而上直抵蓟州南五里桥。据康熙《蓟州志》,蓟运河书中记载为沽河,其在蓟州境内的走向是:"其河东接遵化、玉田交界处入境,以西而行至州南纪家窝,转而南行,至下仓店,转而西南行至嘴头庄与泃河合流,转而东南行,由白龙港以至曹家口头庄,接玉田宝坻界,南流至北塘入于海。其在蓟境之内,迂回二百余里,凡遵化芦儿岭以西,泃河以东诸水皆入于沽河。故明时原从此河岁运粮三百六十余艘,至州南纪家窝,明季遂废,河渐淤塞。"①

蓟运河自海口至蓟州五里桥,河道水势不一。康熙三十四年二月,康熙命大臣郎坦等人前往冀东一带查看河路可通至蓟州运送米石之处,查勘后奏明:"冀东河路自海口以上,由上南河以至下仓可行大船,由下仓至蓟州前五里桥,即小船稍有浅滞",自下仓至蓟州南五里桥之间,"计水路八十余里,枕山而下,北高南低","惟赖雨水下河,方得有水,若三四月间,天不施雨,水无来处,河内浅阻极多"。五六月间水大之时,粮船乘水涨可抵达五里桥。据《北宁铁路沿线经济调查报告》记载,蓟运河通航情形可分为三段:①自河口至芦台镇水势与沽河(即海河)略同,往年航海大驳船及载重较少之轮船,均可直达芦台。②芦台以上,直至嘴头,载重八九十吨之驳船通行无阻。③自嘴头至蔡庄子水势较小,然普通船只仍可航行,蔡庄子以上水浅难行,仅在夏秋水大时,较小船只可以直达遵化之平安城,故该河颇便航行,舟楫往来,络绎不绝。惟宝坻、玉田、宁河间曲折甚多,船行至此,颇费时日,例如北埋珠至海口不过80余里,而水程竟达200里之多,水流迟缓,宣泄维

---

① 康熙《蓟州志》卷1《疆域志·大川》。

艰，每界雨期，时虞泛滥。①嘴头庄距离下仓较近，可知明清时期下仓以上蓟运河河道较浅，下仓以下河道较深，民国时期依旧如此。康熙年间，蓟州知州张朝琮曾负责挑挖蓟运河，根据其所写奏折可知蓟运河的淤浅情形："自北塘起至下仓止，并无淤浅。自下仓以上至蓟州五里桥止，河路八十余里，内淤浅三十五处"，并且由于蓟运河含沙量大，河道挑挖工程极为困难，"奈此河纯系溜沙，急流乱滚，才得挖深，沙即流入，随挖随淤。"根据康熙时蓟运河水文情况，可以推断明代蓟运河的通航情形。蓟运河自下仓以上水势减小，泥沙易于淤积，因而河道浅涩，导致漕船航行困难。据道光《蓟州志》记载，明代蓟州漕运出现一种简易的通过席桩截流借以提高水位以渡河浅的办法。"相传蓟境内河浅处，各船自备有桩木席片，遇浅即下桩，贴席于桩，逼水不流，登时泛溢，船即前进。"②这种行船之法类似于万恭在《治水筌蹄》中记载的山东闸河段的活闸排木堵水之法，只不过活闸相对固定，而蓟州河漕船的席桩截流灵活性更强而已。

四、海口新河运道

漕粮运往蓟州要经过一段海路，明初漕船从河南、山东等地收受漕粮，沿南运河北上至直沽后沿海河向东行，抵达海口。然后进入渤海，北行70里，至北塘海口，进入蓟运河，逆流而上抵达蓟州。海上风涛凶险，漕船常常漂溺。"蓟州粮由直沽海口涉历海洋，船多倾没。"③明人李贤在《新开运河记》中写道："往时由直沽循海道，备历艰险，不免疏虞。盖近海多风，船至海滨，不敢遽

---

① （民国）北宁铁路经济调查队编：《北宁铁路沿线经济调查报告》第六册，北宁铁路管理局，1937年，第1943页。
② 道光《蓟州志》卷3《建置志·陵糯始末》。
③ （明）杨宏、谢纯：《漕运通志》卷8《漕例略》。

行，必淹及旬日甚至弥月，候风色止息，方敢一过，或至中流，忽遇风涛迅作，遂罹飘荡沉没之患，岁损其船不下数十余，粮斛动以万计，漕运者恒以为尤（忧）。"① 黄承玄《河漕通考》记载："国初，蓟州军饷用遮洋船由直沽出口，越大海七十里，风涛险恶，岁有疏虞。"②

为避海上运输风险，巡守蓟州官员"询及父老熟于地理者，云海滨有二沽，一名夺水沽，一名新开沽，相去才十里，可以开河通潮，以便运艘，以避海难"③。天顺二年（1458年），大河卫百户闵恭言："南京并直隶各卫，岁用旗军运粮三万石至蓟州等卫仓，越大海七十余里，风涛险恶。新开沽河，北望蓟州，正与水套、沽河直，衷四十馀里而径，且水深，其间阻隔者仅四之一，若穿渠以运，可无海患。"④ 另据《漕运通志》记载："自新开沽至蓟州四十里中十里。先是河两头皆通，惟此不通。"⑤ 可知该河40里，仅有中间10里不通，疏浚起来，较为容易。朝廷采纳了这个建议，命都督签事宗胜、都指挥马荣、御史李敏、工部主事李尚，派发军夫10000多人，开凿新河，河宽5丈，深丈5尺（图4—14）。新河开通后，漕船至海河口直接转入新河，经由新河，抵达北塘口进入蓟运河，避开了70里海上风涛之险。"船粮无虞，公私便之。"⑥ 至天顺四年（1460年），曾运粮20万石于蓟州，比天顺初年运量增加了一倍。经蓟州河运来的漕粮储存在蓟州城内的蓟州仓，供应蓟镇军饷，嘉靖《蓟州志》记载，蓟州有仓廒54座⑦。

---

① （明）李贤：《新开运河记》，道光《蓟州志》卷10《艺文志》。
② （明）黄承玄：《河漕通考》卷下，《四库全书存目丛书》史部地理类，第222册，第491页。
③ （明）李贤：《新开运河记》，道光《蓟州志》卷10《艺文志》。
④ 《明史》卷62《河渠四》。
⑤ （明）杨宏、谢纯：《漕运通志》卷8《漕例略》。
⑥ 同上。
⑦ 嘉靖《蓟州志》卷2《公署》。

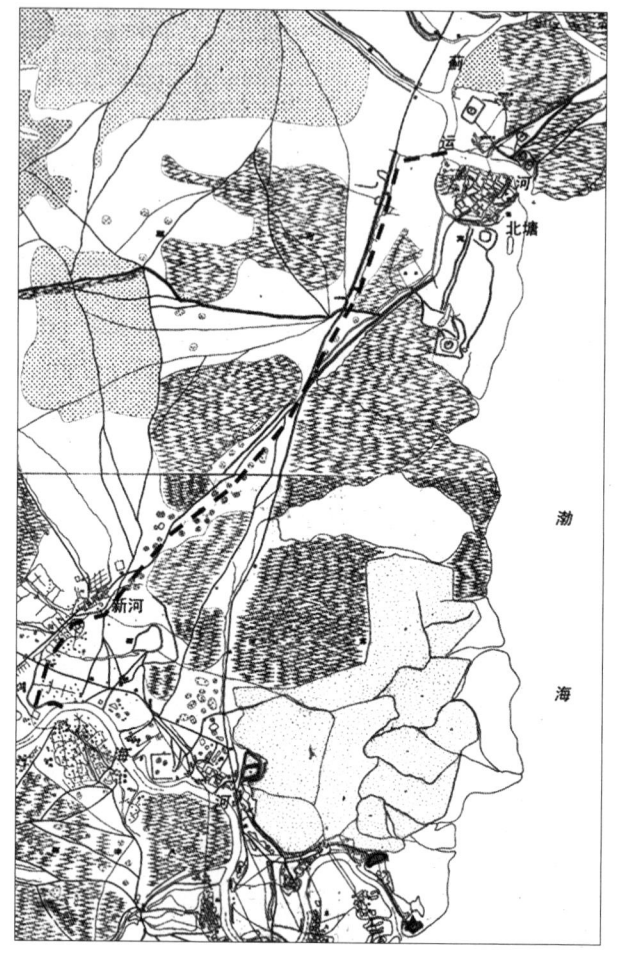

图 4—14　推测明代新河村至北塘河口之间的海口新河路线

资料来源：依据1936年翻印之民国三年直隶省及京兆二万五千分之一地形图北塘镇图幅和塘沽图幅拼合而成。

新河开通后，为保证漕运畅通，朝廷实行每三年一浚的制度。成化年间，新河曾经得多次疏浚，如成化二年，"浚蓟州等处新开沽河"①。成化八年二月，"镇守永平山海总兵官东宁伯焦寿言蓟州新

---

① 《明宪宗实录》卷29，成化二年四月辛酉。

开沽河,淤塞一千二百丈,欲照奏准三年一浚事例,于顺天等卫起拨军民兴工。巡按于是诣勘,候明年三月后并工疏浚。从之"①。成化二十年,"征发宝坻县迤西等处军民夫疏浚蓟州新开沽河道"②。《河漕通考》说海口新河"成化、弘治间屡浚屡塞"。正德十六年,海口新河淤塞严重,运粮指挥王瓒曾说新河河流浅涩,"潮至方可行舟",并建议疏浚深广③。至嘉靖初,海口新河淤塞,"漕舟从天津出海,复折入梁河而达蓟州,道远水湍,舟数为败"。有人建议按照天顺年间疏浚新河之事例重开海口新河,"漕臣以为言,工部核从其议,命工部主事江珊会同巡按御史天津兵备督浚之"④。为了保持海口新河畅通无阻,嘉靖元年将原来三年一浚的制度改为两年一浚⑤。但是,《河漕通考》有这样的记载:"以潮雨冲淤,遂定每岁一挑之例矣。"⑥《河漕通考》作者黄承玄为万历时人,可知明代后期海口新河,泥沙淤积较重,故而制定一年一挑浚的制度。

五、还乡河运道

丰润还有一条还乡河运道。"丰润环香河者,浚自成化间,运粟十馀万石以饷蓟州东路者也。"还乡河古名浭水,发源于迁安县,西南流,入丰润县东北境,又西流经五凤头村,西南流至洼答村。然后折而向南流至东马庄村,又折而西径丰润城北,迤逦西南流至张官屯,入玉田县之东南界,又西南流至蛮子营村,有

---

① 《明宪宗实录》卷29,成化八年二月戊辰。
② 《明宪宗实录》卷248,成化二十年正月壬子。
③ 《明史》卷86《河渠四》。
④ (明)黄承玄:《河漕通考》卷下,《四库全书存目丛书》史部地理类,第222册,第491页。
⑤ 《明史》卷86《河渠四》。
⑥ (明)黄承玄:《河漕通考》卷下,《四库全书存目丛书》史部地理类,第222册,第491页。

沙流河自北而来汇入还乡河，最后径鸦鸿桥西流至运河头村。还乡河从运河头村起曲折向南流，自此河身变得狭窄，斗折蛇行，"土人有三湾九曲之称"①。还乡河至赵官屯分为二股：一西南流径橡子庄、牛见头，至盛家庄入蓟运河；一股南流径九丈窝、丰台镇，至江潢口入蓟运河。

明代蓟州是北京东部重要的仓储重地，负责供给京师以东长城沿线官军粮饷，"永平、山海边关官军俱于蓟州仓支粮"。由于永平、山海一带官军至蓟州支粮，路途遥远，"粮远者五六百里，近者三四百里，公私俱困"②。丰润县有河西流经玉田县折而南与蓟州运河相通，此河即还乡河，又名丰润河。成化十九年，提督永平粮草户部郎中官廉姓官员提议疏浚还乡河，通漕济运。朝廷遂疏通还乡河，"建丰盈仓于丰润县，以贮岁运粮储"③，以便永平、山海等地官军支取粮饷。次年正月，"发蓟州迤东等处军民大疏浚鸦鸿桥河道，并造丰润县海运粮储仓"④。然而，由于失于修治，还乡河后来堙废，于是永平、山海一带官军再次从蓟州仓支取粮饷，十分不便。嘉靖四十五年，巡按御史鲍承荫奏请疏浚还乡河以济军粮，得到允许，"复诏浚丰润县环香河转漕太平等寨军饷"⑤。于是鲍承荫勘察旧河运道，进行疏浚。"建三闸于北济、张官屯、鸦鸿桥以潴水，以利于漕运。"⑥1925年出版的《北宁铁路沿线经济调查报告》描述当时蓟运河的通航情形，也反映了历史上的漕运状况。"通航情形，平常时季，自海口北至蓟县城，蓟县以上水势较小，大水时可通至

---

① （清）朱轼：《京东水利情形疏》；（清）贺长龄编：《皇朝经世文编》卷108《工政十四·直隶水利中》。
② （明）黄承玄：《河漕通考》卷下，《四库全书存目丛书》史部地理类，第222册，第491~492页。
③ 《明宪宗实录》卷237，成化十九年二月乙亥。
④ 《明宪宗实录》卷248，成化二十年正月壬子。
⑤ （明）黄承玄：《河漕通考》卷下，《四库全书存目丛书》史部地理类，第222册，第491~492页。
⑥ 《明史》卷86《河渠四》。

遵化之平安城，支流中之还乡河，可直达玉田县之窝洛沽，水大时均至鸦鸿桥，西支沟河经三河县直达平谷。"①

另据《四镇三关志》记载，隆庆六年，"总督刘应节、巡抚杨兆议浚冀东河一道，通遵化县平安城，继以舟运至平安仓收贮，给马、太、喜、松四路军士月粮用"②。今遵化有沙河一道，经平安城向西流至蓟县南入蓟运河，刘应节、杨兆所议疏浚冀东之河，当为此河。

---

① （民国）北宁铁路经济调查队编：《北宁铁路沿线经济调查报告》第六册，北宁铁路管理局，1937年，第1939~1940页。
② （明）刘效祖：《四镇三关志》卷4《粮饷考·蓟镇粮饷》。

第五章　清代北运河治理与变迁

第一节　漕运概况

清代漕运基本承袭明代漕运制度。顺治二年（1645年），清政府规定天下每年漕粮总额仍依明朝旧制，运送北京的漕粮数额为每年400万石。其中，存贮于北京仓的漕粮为正兑米，原额330万石，存贮于通州仓的漕粮为改兑米，原额70万石。清代漕运仍然实行军队编制，负责漕运的军队是绿营军，漕运军队官阶按照绿营兵制分为标、协、营、汛四级。明代漕运制度经历了支运、兑运、改兑（长运）等变化，最终以长运为主。明代运军驾船到兑粮州县码头停候，粮户交兑粮米，运军常常利用官府之势，强行额外勒索，致使粮户遭受损失。鉴于明代运军到州县直接收兑粮户漕粮之弊端，顺治九年，清政府取消运军至州县收兑漕粮制度，改为漕粮官收官兑制度。各州县设置仓厫，令粮户送粮入仓存储，待运军来收粮时，由地方政府负责交兑漕粮。

清代漕粮运输沿袭明代兑运之法，在通漕州县，先征收漕粮入仓，然后派船兑运。对于不通舟楫的州县，纳粮州县须将粮米运至通漕水次，如山东武定州漕粮须运至德州水次缴纳，曹县、定陶、郓城、范县等州县不通舟楫，漕粮须运至张秋安平镇水次。对于漕粮征收，政府派定漕船至指定州县兑运，然后粮道派定各卫所运船兑运次序，依次前往兑运。州县设置粮仓有两种办法。江南苏州、松江、常州、镇江等府，缴纳的漕粮数量较多，所以各县按照区图设置粮仓，粮户缴纳漕粮都有规定的粮仓，以避免拥挤或者等候。湖北、山东二省和江宁所属州县，缴纳漕粮较多的县也按照区图设置粮仓。粮少的县漕粮直接缴纳至县仓。浙江、江西、湖南、河南四省，粮户运米到州县仓廒缴纳，不分区图[①]。清政府对运军到各州县兑运粮米有严格的时间限定。山东定第二年春季兑粮，江西、湖广、浙江、江南冬季兑粮。若届期船到而州县无米，责在地方官员；若十二月内军船未到兑米水次，责在卫所领运官兵。

  清代对于白粮征收采用了新的办法。明代白粮输送北京实行民运，即由纳粮户直接承担漕粮运送职责，这给人民造成一定的负担。清初，白粮征收改为"官收官解"，即由官府雇船输送粮米。后来，白粮输送又改为随漕船顺带的办法。纳粮人只需将白粮交兑入官仓即完成了任务，这种办法大大减轻了百姓的负担。

  运军在纳粮省份兑运漕粮，或在当年的冬季或在次年的春季，根据各地情况的不同，依漕船帮次的先后、水路行程的远近和运河挑筑实际情况而定。漕船兑运完漕粮之后，向北京输送漕粮，清政府对于漕船的行程制定严格的行进日程。淮安是运河居中之地，通州是运河的终点，清政府主要在这两个关键地点检查漕船行进日程，对各帮漕船过淮河和抵达通州有严格的规定。根据规定，山东、河南二省漕船收兑漕粮后，开船日期在次年二月，三月一日抵达通州。在江南江北各属兑运漕粮的漕船本年十二月开船，并于当年十二月过淮河，四月一日抵达通州。在安徽兑运漕粮的漕船在当年十二月内开船，次年五月一日抵达通州。兑运江南江宁府、苏州府、松江府等地漕粮的漕船，本年十二月内开船，次年一月内过淮

[①] 李文治、江太新：《清代漕运》，社会科学文献出版社，2008年，第121页。

渡黄，五月一日抵达通州。在浙江兑运漕粮的漕船本年十月二月开船，次年二月过淮，六月一日抵达通州。在江西和湖广兑运漕粮的漕船，次年一月内开船，二月内过淮，六月一日抵达通州。

这些规定自清初即实行，此后朝廷根据各府州县距淮河远近不同和道路难易情况加以改动，如江南松江府漕船路程几乎和浙江漕船运行距离相等。湖南漕船要经过洞庭湖，江西漕船要经过鄱阳湖，均有风涛之险，因此乾隆时期，清政府进行调整，将二省以及松江府漕船过淮日期宽限十日。在规定了漕船过淮和抵通的时限之外，清政府根据漕船沿运河顺行和逆行河道以及运道难易不同，规定了漕船每日航行里数。漕船运粮北上，谓之"重运"，漕船抵通卸载粮食南返，谓之"回空"。漕船重运北上，南段由山阳至浙江，北段由天津至通州，每日航程定顺流 40 里，逆流 20 里。直隶安陵汛北至天津，运道通畅，北上且系顺流而下，因此规定漕船日行 58 里。在闸坝繁多且航行困难之处，政府对于漕船日航里数限定较宽，如临清州境内运道仅数十里，因航行困难，定限三日。江西、湖广漕船，行经长江，因风挽运难易逐程立限，沿河州县仅行催督之责。另外，清政府为了预防漕船延误航程，何日至何地，有日程限单的规制。漕船北上，整个路程划分两大段，自各州县兑粮水次至淮安为一段，由江西、湖北、湖南、江南、江苏、浙江各地巡抚衙门按船帮各发限单一张，到淮安向漕运总督衙门缴验；自淮安至通州为一段，再由漕运总督衙门按各帮发给限单一张，到通州后呈缴仓场衙门。漕船自通州回空亦然，在通州由仓场衙门按帮发给限单，到淮安缴验，漕运总督衙门另换给限单，回到原兑粮州县水次查验。

漕船抵达通州后，漕粮分为两处交卸，"东南粟米，舳舻转输几百万石，运京仓者由石坝，留通仓者由土坝"[①]，即正兑漕粮在石坝卸下，改兑漕粮在土坝卸下。正兑漕粮在石坝卸下后，再由石坝

---

① 乾隆《通州志》卷三《漕运志》。

装船沿通惠河经行各闸坝运至大通桥，在此漕粮卸下由车户运至京仓收贮。改兑漕粮在土坝装船，沿护城河至通州城南，再陆运至通仓收贮。

自道光年间起，由于黄河溃决，内河航运困难，各省征解的漕粮逐年递减。道光二十八年，漕粮总额才达282万石有奇。为摆脱困境，朝廷决定试行海运，此时河运和海运并行。咸丰初年，仍沿用道光时期的河海并运措施，江苏苏州、松江等四府漕粮由海运抵达天津，江南、浙江、江西、湖南、湖北各省漕粮仍然实行由运河挽运北上制度[①]。咸丰三年，漕粮海运规模扩大，江苏、浙江漕粮都实行海运。其后，海运漕粮在漕运中地位逐渐上升，内河漕粮运输逐渐走向衰落，加以清代中后期漕粮渐改为折色，北运漕粮数量也日渐减少。漕粮海运至天津，然后经北运河运至通州。光绪二十三年（1897年）京津铁路通车，1900年清政府宣布废止漕运，漕粮改由火车从天津直接运送北京，不再经北运河运输，自金代开始实行了近千年的漕运制度自此终结。

清代仓储制度基本沿袭明代，粮仓主要分布在北京和通州，分别称作京仓和通仓。清初，北京仓主要沿用明代的京仓，一共有八个，分别是禄米仓、南新仓、旧太仓、富新仓、海运仓、北新仓、兴平仓、太平仓[②]。在康熙至乾隆年间，清政府陆续修建了五个仓厫，分别是本裕仓、万安西仓、万安东仓、裕丰仓、丰益仓。这样，清代新建五仓和明代沿袭下来的八仓，合称京师十三仓。十三仓的官粮主要用来供给贵族、百官和八旗官兵。此外，皇帝和太监专有内仓，一名恩丰仓、一名内仓。因此，京仓有时又称京师十五仓。

通州仓在清代依然占有非常重要的地位，康熙《通州志》称

---

① 《清文宗实录》卷58，咸丰二年四月己酉条。
② （清）鄂尔泰等修：《八旗通志（初集）》卷25《营建志三·八旗仓厫》。

"通储于国家为重计"①。通州仓在明代有大运东仓、大运西仓、大运南仓和大运中仓四座,后来归并为大运西仓和大运中南仓粮储。清初,恢复了大运南仓,设有大运西、中、南三仓。乾隆年间,裁撤南仓。因此,终清通州只有大运西仓和大运中仓。1901 年,北运河正式停漕,通州城内的粮仓也从此完成了历史使命。

清代,在北京西郊建设三山五园,并派驻八旗驻防。为供应八旗官兵粮饷,遂在清河建本裕仓,在安河建丰益仓,清廷从通州经温榆河和清河向圆明园八旗驻地输送漕粮。密云也是八旗驻防地之一,其粮饷供应则自通州经潮白河输送至密云。蓟州仓是北京东部一处重要的仓储重地,负责向蓟州和遵化东陵的驻防官兵发放俸甲米石。"蓟仓坐落蓟州城内,康熙三十八年题建,仓廒十五座,除分给蓟、丰二州县外,分给遵化州仓六座。"运送漕粮的船从天津出发,沿明代蓟运河北上到蓟州。"每年于五六月间大雨时行之候,各帮粮艘乘水北上,直抵蓟州五里桥水次,会同三州县兑收。"②

第二节　北运河河道治理

据黄仁宇研究,在明末清初王朝更迭之际,漕河并未受到战争的影响,仍然保持完整无损,漕粮的运输数量也未大幅下降。漕河水道系统不仅完整无损,而且仍处于良好的航运状态③。

一、康雍时期武清段运河治理

康熙是一个有作为的皇帝,对于漕运河道治理十分重视。他曾

---

① 康熙《通州志》卷 3《漕运志》。
② 乾隆《直隶遵化州志》卷 4《赋役志·蓟州漕粮》。
③ 〔美〕黄仁宇:《明代的漕运》,新星出版社,2005 年,第 128 页。

说:"朕听政以来,以三藩及河务、漕运为三大事。"①康熙在位期间曾多次巡视北运河,关注堤防建设和漕运事务,并亲自参与治理河道。北运河素有"铜帮铁底豆腐腰"的说法,所谓豆腐腰是说运河中间部位脆弱,这里主要是指运河武清杨村以上河段易发生水患,难以治理。乾隆五十三年来北京谒见乾隆的英国马嘎尔尼使节团沿运河北上,经过武清,斯当东撰写的《英使谒见乾隆纪实》一书记载道:"船经过的尽是卑湿地带。"②武清一带地势洼下,北运河上游各支流皆汇于此,故汛期河水涨势迅速,河堤易于冲决。其中,武清县筐儿港、耍儿渡等地是北运河极易发生决口的地方,早在元明时期这里就是北运河的重点治理地区。乾隆《武清县志》记载了北运河进入武清县后在汛期易于冲决堤岸的情形:

> (北运河)由香河县之灰厂村至洪庙入县境,经河西务、耍儿渡、王家务、蒙村、蔡村、桃园、筐儿港、杨村、朱家庄、老米店、马家口至悍沟新庄出县境入天津县界赴直沽入海。凡所历之境,两岸虽有长堤,然遇伏秋之际,积雨未歇,怒流已至,顷刻寻丈。耍儿渡、南蔡村、河西务等处冲决堤岸,坏民田庐。逮值干旱,又或浅阻。③

武清杨村以下北运河河段因离海较近,河水会受到海潮影响。乾隆《天津府志》记载:"潮汐所至,北抵杨村,南抵程官屯,西过王庆坨,率二百余里。"④北运河杨村以下河段淤浅并不严重,《钦定户部漕运全书》说:"近海通潮,淤浅无多。"⑤故杨村以下河道对漕

---

① 《清圣祖实录》卷154,康熙三十一年二月辛巳。
② 〔英〕斯当东著,叶笃义译:《英使谒见乾隆纪实》,群言出版社,2014年,第310页。
③ 乾隆《武清县志》卷3《河渠》。
④ 乾隆《天津府志》卷6《山川志》。
⑤ 光绪《钦定户部漕运全书》卷44《漕运河道·挑浚事例》。

运影响不大。海潮对于漕运还有其有利的一面,即漕船可借助潮汐抵达杨村,元代张瑄督海运漕船直抵杨村,显然是利用了潮汐。乾隆五十八年(1793年),马嘎尔尼使团从天津出发,坐船沿北运河向北京进发。离开天津后,船队就借助潮水航行。"顺流推动船只走出了天津三十哩路之后,潮水就停止了。在风停水静的时候水手们大都利用两个大桨划船。"①

康熙对北运河武清杨村以上河段的治理十分关心,在位期间多次巡视北运河,并对北运河武清段易于溃决的原因给予合理的解释。其一,运河两岸皆为沙土,河堤系用沙土筑城,故不坚固;其二,每年汛期,武清上游各处河水骤至,难以抵御;第三,武清离海较近,在海水涨潮时,因受潮水顶托难以下注,导致河道难以容受,以至堤岸冲决②。清代康熙、雍正时期,朝廷在北运河武清段开凿减河以疏泄洪水。"北运减河二道,一在务关厅属之王家务,由七里海入蓟运海河,一在杨村厅属之筐儿港,入塌河淀。"③清朝治理北运河采取疏泄河水的措施,摒弃了元明时期堵塞决口的办法,彻底解决了北运河武清段汛期河水泛溢的问题,是运河治理技术上的一大进步。

1. 筐儿港减河的修建

康熙三十三年(1794年)五月,圣祖亲自巡视北运河堤,重点巡视地段在武清县。1794年6月13日,康熙皇帝视察龙潭口新堤;

---

① 〔英〕斯当东著,叶笃义译:《英使谒见乾隆纪实》,群言出版社,2014年,第308~309页。

② 见《清圣祖实录》卷217,康熙四十三年十月戊辰条记载:"谕内务府郎中齐苏勒:耍儿渡、东旺、西旺等处、运河两边向来皆沙。其堤工系沙土筑成、故不坚固。且又敌数处出山水。兼之海潮、一日二次倒灌。所以逼回运河之水不及流行,常涨满溢出于堤者、因不能容受之故。"已条记载:"谕大学士等:曩日耍儿渡等处堤岸,常被冲决,是以朕亲临遍视。见杨村原有一引河,去海近,即欲疏此引河,建滚水坝。水长开闸,使河水入海。因需饷浩繁,又恐无益,故不轻举。朕今遣李光地等往估,欲仍开此引河。大都天津海潮至时,一股向王庆坨,一股向杨村逆流。故河水长时,即相触旁流,以致堤岸冲决。"

③ 《清高宗实录》卷392,乾隆十六年六月辛丑。

次日视察华家口新堤，令人增筑黄须口、王家甫口、筐儿港口、白驹厂口等处河堤卑薄之处；6月15日，阅视桃花口、永安口、李家口、信艾口、柳滩口等处新堤①。

在北运河武清段，最容易冲决的地点是耍儿渡和筐儿港两个地方。康熙三十六年、三十八年，北运河在武清县筐儿港先后冲决泛溢。康熙三十九年二月，圣祖巡视北运河，亲自视察筐儿港冲决之处，谕工部尚书萨穆哈曰："今从冲决处挑浚新河，直抵南河，著修筑重堤。河身须深一丈、宽或十丈或二十丈，酌量开浚。旧河故道不必堵塞，水涨时听其两支分流。其迤东转湾处，筑一挑水坝，高五尺，以御激冲，甚有裨益，再续修一顺水坝。此等若待赔修，必致迟延，著动正项钱粮，派出贤能司官、笔帖式监修催趱，限于四月内告成。"②

康熙三十九年四月，圣祖巡视永定河和北运河河工，"至渔家湾、洭儿港等处舍舟，临视新挑之河毕"。遂命员外郎牛钮等，在决口处建修减水石坝20丈，并开挖引河64里，宽60丈，于两岸修建河堤，防止河水外溢。此引河及筐儿港减河，"北起闸口，讫梅厂；南起闸口，讫张五庄，并长三十一里有奇。又起张五庄讫孤云寺，长四十里，于是注于塌河淀，径贾家沽道，洩入海河"③。自筐儿港减河开挖后，北运河杨村以北河段十余年间再未决口成灾。《光绪顺天府志》载："杨村上下百余里，河平堤固。"④ 康熙四十九年（1710年），武清县在筐儿港坝旁立起康熙御制文碑，上书"导流济运"四个大字。康熙五十年二月，圣祖视察北运河，再次来到筐儿港，"谕监修河工主事牛钮曰：引河前崖应建一挑水坝，减水坝之前亦建一挑水坝，或长三丈，或长四丈，其高应与旧挑水坝相等"。

---

① 《清圣祖实录》卷163，康熙三十三年五月戊午条、己未条、庚申条。
② 《清圣祖实录》卷197，康熙三十九年二月丁卯。
③ 《光绪顺天府志·河渠志十·河工六》。
④ 同上。

次日，圣祖再谕监修河工主事牛钮曰："三里浅之二挑水坝偏在上流，朕已钉桩，于钉桩处再添一挑水坝，或长三丈，或长四丈，高与堤相等。"①

康熙年间治理筐儿港，虽然取得了一定的效果，并未完全奏效。雍正年间，筐儿港一带因水灾迭发，清廷继续治理北运河筐儿港。雍正三年，北运河大水溃堤，次年怡贤亲王奏请设河西务同知一员，杨村通判一员，分界管理，增置县丞主簿各一员，以专门防御洪水，及时修筑堤坝。雍正五年，北运河泛滥，先后四次冲决堤岸。筐儿港一带决口的原因在于汛期运河上游各支流河水同时涌至，而此处河道容纳不下，宣泄不及而导致决口泛溢。为了提高河水疏泄能力，雍正六年，怡贤亲王经奏准将筐儿港旧坝由20丈拓宽为60丈，加大减水坝的泄水能力。雍正七年，清廷疏浚筐儿港减河的贾家沽道河段，筐儿港坝以下河水也消洩畅顺。《畿辅安澜志》对筐儿港减河记述较为完备：

> 筐儿港减河，北运河支流也。首起武清县东南北运河东岸，中分二支，限以长堤。北支起西掘河，东流经大石桥、朱家码头、张大官庄、梅厂、郭家庄、周家庄、蔡家庄、陈家庄、杨家河出境，入宝坻县韩胜庄，注塌河淀；南支起费家庄，东流经褚家庄、韦家庄、梁家庄、陈彪庄、北王平、张五家庄，注于麦子店，由腰河入于塌河淀，穿堤而出，为陈家沟、贾家口两引河，以入于海，长一百里②。

筐儿港减河中段分南北两股，东南流注入塌河淀。塌河淀一名

---

① 《清圣祖实录》卷245，康熙五十年二月丁卯、戊辰条。
② （清）王履泰：《畿辅安澜志·白河卷二》。

大河淀，是筐儿港减河蓄泄北运河洪水之处。筐儿港引河最初没有修建堤坝，后来武清何姓知县修筑堤坝。康雍之后，筐儿港减河的治理大略情形在《武清志括》当中有所记述：

> 乾隆三十五年总督方观承以淤奏废。由是水漫流，上马台等村私筑坝。道光四年邑人王御史奏复之。后朱码头下屡决，同治十三年就东趋河形，别开新减河，仍分南北股，各宽十丈，束以堤，村民病之，盗决滋讼。光绪七年复就新冲斜河引归南股，宽七丈，集民资，储岁修，专汛防，而久远之图尤在多涵洞，慎启闭，去水害，斯得水利矣①。

2. 青龙湾减河的修建

北运河在河西务城东甩了一个大弯，当时的河道走向是经土城村先折向东，至北齐庄西侧东南折，经北白庄村西在折向西，经北陈庄北至苏庄再南流，这个河道大弯的最东部即北白庄村西便是要儿渡。顺治十年（1653年），谈迁北上北京，沿北运河北上，路经河西务，记述道："（九月）丁巳，便帆十里白庙，十里河西务城。从陆才里许，从津不啻五里，以萦旋故也。"②谈迁所经过的自白庙至河西务城之间的河道便是要儿渡一带的河道。要儿渡河道湾环外侧，河水冲蚀作用强烈，河堤易于崩塌。康熙三十九年二月丙寅，康熙帝谕工部尚书："观要儿渡之东被水冲刷，深为可虞，若不预筑挑水坝，必致溃决，著备桩埽等物，朕即亲

---

① （清）蔡寿臻纂修:《武清志括》卷1《地理》，载董光和、齐希编:《中国稀见地方史料集成》（稀见地方史料丛书），学苑出版社，2010年，第452~453页。
② （清）谈迁著，汪北平点校:《北游录·纪程》（清代史料笔记），中华书局，1960年，第42页。

临指示修筑。"① 耍儿渡河段治理工程实际上在康熙五十年才得以实施，《清圣祖实录》记录了圣祖于康熙五十年二月在河西务开引河治理耍儿渡的情形：

> 上自和韶屯乘舟阅河，至河西务登岸，谕监修河工主事牛钮曰：挖河不碍村落方善，若从此挖去，恐于村落有碍。因步行二里许，指示曰：此沙地著挖河，宽十丈，长四百七十余丈，平坦处深四五尺，高阜处或七八九尺不等，其河湾处著建二小挑水坝，挖河之土即置两边，对新河上口、旧河下流著建两挑水坝，一长二十丈，一长十丈，其高与岸相等②。

接下来，康熙皇帝亲自测量新河工程河道。"于是取仪器置地，亲视方向，命诸皇子、大臣，分钉桩木，纪丈量处。"③ 新开挖河道工程测量结束之后，交牛钮修建。牛钮遂按照圣祖的指示，在河西务城东开挖新引河一道，引水直接南流。根据《漕运全书》记载："康熙五十年，以河西务工程紧要，复开务关城东至三里屯河，长四百余丈。"④ 可知，此引河道自河西务城东向南一直抵达三里屯。第二年工程完工，"于是新河之溜移流于西，而东堤免刷，耍儿渡之冲险无虞矣"⑤。河西务开挖新河，引水走新河，旧河耍儿渡口受河水冲刷压力减小，冲决之险大大降低。靳辅在《治河奏绩书》中曾说："若开引河则其费甚巨，又必酌地形而为之。若正河之身迤而曲如弓之背，引河之身径而直如弓之弦，则河流自必舍弓背而趋弓

---

① 《清圣祖实录》卷 197，康熙三十九年正月丙寅。
② 《清圣祖实录》卷 245，康熙五十年二月戊辰。
③ 《光绪顺天府志·河渠志十·河工六》。
④ 光绪《钦定户部漕运全书》卷 40《漕运河道·白河考》。
⑤ 《光绪顺天府志·河渠志十·河工六》。

弦，险可立平。"① 北运河在河西务城东甩了一个大弯，本次开挖引河连接这个河湾的上口和下口，恰如靳辅所说正河如弓背，引河如弓弦，使河水分流直泄入引河，正河河水流量减少，耍儿渡的冲决压力自然降低（图5—1）。

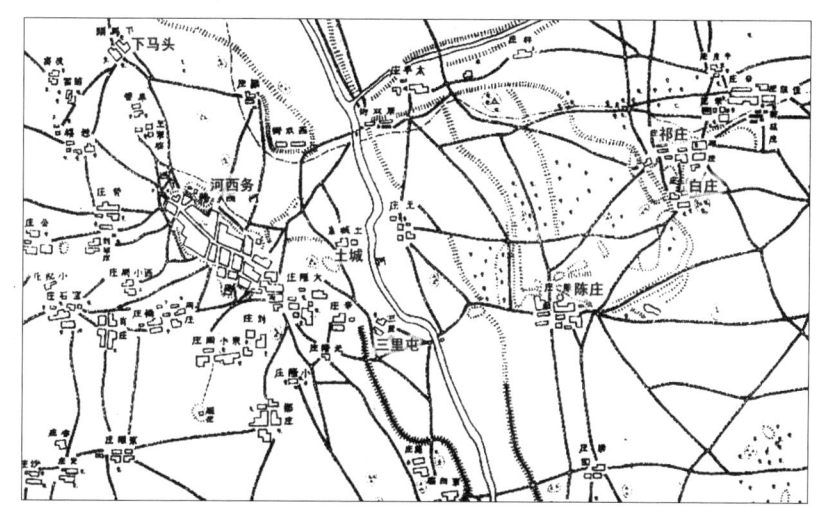

图 5—1　1936 年翻印 1914 年二万五千分之一地形图
河西务图幅所绘河西务东的运河故道遗迹

然而，康熙时期并未完全解决河西务一带的夏季洪水决堤问题。雍正三年，北运河大水，河堤岸上埽坝多被冲溃。同年，怡亲王允祥受命总理京畿水利，负责治理北运河。雍正四年，怡亲王奏请北运河一切工程归通永道管辖，在河西务设置同知一员，杨村设通判一员，分界管理，以专门负责运河修防事宜。雍正五年，北运河泛溢，漫溢冲决堤岸四处。雍正六年，怡亲王奏请拓宽筐儿港坝并挑浚减河，得以批准，于是"拓筐儿港旧坝，阔六十丈，展挖引河，改筑长堤。七年疏浚贾家沽道。分减既多，消洩亦畅，故坝门以下河水安流"。筐儿港一带运河险工虽然消除，但是其上游河

---

① （清）靳辅：《治河奏绩书》卷4《治纪·防守险工》。

段汛期洪水依旧壅积难以消洩,"河西务一带,距坝稍远,山水暴至,遂复溢决"①。雍正七年,"世宗指授,于河西务上流之青龙湾建坝四十丈,即今上闸口。开引河,长九十里,注七里海,挖宁车沽河,道七里海,洩之北塘口"②。该引河就是青龙湾减河,青龙湾减水石坝建在三百户村西。乾隆二年,青龙湾坝"因离河稍远,宣泄未畅"③,于是将坝口向西迁移。民国《香河县志》记载"河口在王家务土门楼之北,红庙村之南",此即王家务减水坝,又名青龙湾减水坝(图5—2)。青龙湾旧坝在其东,"按王家务石坝东约三里许,三百户村西,旧有滚水坝一座,倾圮殆尽,当即乾隆二年以前所称青龙湾旧坝也"④。今红庙村南的乾隆二年所建青龙湾减水石坝燕翅保留完好,但河道已经北移,三百户村西雍正七年所建减水坝遗址在河边尚有残迹。

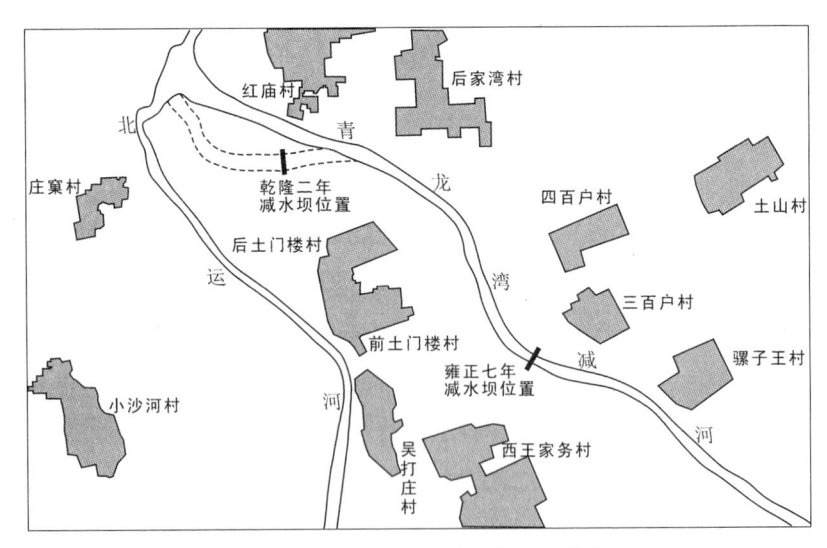

图5—2 青龙湾减河滚水坝遗址分布

---

① (清)陈仪:《直隶河渠志》。
② 《光绪顺天府志·河渠志十·河工六》。
③ (清)王履泰:《畿辅安澜志·白河卷三》。
④ (民国)《香河县志》卷2《地理·河流》。

自开挖青龙湾、筐儿港减河之后，北运河武清段汛期洪水得以上下分消，不再泛溢，防洪效果非常好。雍正十一年，海河流域大水，唯有北运河安然无恙。"北河伏汛涨水，惟漳、滏、南、北运四河水势甚盛，一日之内陡涨丈余。其漳河涨水，挟卫、汶两河奔流而下，维时南运河东岸缕堤漾开溢出，直由南洼入海。而北运河水势骤涨，虽亦出槽平堤，赖青龙湾、筐儿港减河宣洩，得以无事。"①故陈仪在《直隶河渠志》中说，武清段运河治理后，"运道民生，均获宁谧"。乾隆《武清县志》则说："而十余年来获庆安澜，人民乐业。"②在武清，筐儿港减河被称为下引河，青龙湾减河又称为上引河。民国《香河县志》记载："青龙湾河，北运河之减水河也，河口在王家务、土门楼之北，红庙村之南，又名上引河，又名王家务引河。"在该段落中"又名上引河"之后的附注云："因武清县筐儿港减河名下引河。"青龙湾减河筑有河堤，"雍正七年开青龙湾引河，并筑两岸长堤，自闸口起沿河东行，至中营村东石碑道口，入宝坻界"③。

尽管青龙湾、筐儿港减河的开挖减轻了北运河武清段的防洪压力，但并未消除汛期洪水危害。乾隆三十五年，北运河河水异涨并在西岸王甫汛决口，张家王甫堤及东岸的周家等庄八处缕水堤先后漫溢，清政府次第增筑河堤，防止洪水泛滥。乾隆三十七年，对王家务滚水坝、筐儿港滚水坝进行修筑，并挑浚减河，培筑南北两岸河堤。乾隆四十年，以汛期杨村厅险工林立，防洪工程倍繁于务关厅，于是将王家务减河改隶务关同知管理。乾隆四十三年，以王家务至筐儿港之间北运河60里河段河身弯曲，每遇洪水盛涨，不能及时宣泄，于是在上游吴家洼添筑草坝以分杀水势，并开引河，斜接王家务减河以导其流；而以吴家窑坝座、河堤改归耍儿渡县丞经管，并以王家务外委拨归汛内协力修防。④

---

① 《光绪顺天府志·河渠志十·河工六》引康基田《河渠纪闻》。
② 乾隆《武清县志》卷3《河渠》。
③ （民国）《香河县志》卷2《地理·河流》。
④ （清）王履泰：《畿辅安澜志·白河卷四》。

图 5—3　1885 年德国绘制的 PEKING UND TIËNTSIN（北京和天津）
图中绘有青龙湾减河和筐儿港减河

　　从华北地区水系格局来看，北运河王家务减河和筐儿港减河的修建，解决的不仅仅是北运河汛期本身洪水宣泄的问题，同时也降低了下游天津三岔河口的洪水压力（图 5—3）。华北平原地势以天津一带海拔最低，故华北各大河均流向天津出海。而天津三岔口一带，是南运河、北运河、东西两淀、永定河、子牙河等华北平原上各个河流的汇归之处。其下流河道为海河，因此每年夏秋汛期河流泛涨，众水汇集，加上海潮顶托，河水壅积难以宣泄，河道无法容受，导致堤岸溃决，河水泛溢。这不仅影响漕运，而且对沿河两岸百姓的生产生活也造成极大的影响。清人陈仪在《直隶河渠志》中论述道:"海河,南北运、淀河之会流也。自天津东北三岔口迄大沽口长一百二十里,溇广崖深,奔流湍驶,潮汐迎之则逆行而上,禹贡所谓逆河是也。每伏秋之交,二运并涨,淀水争趋,骈注于三岔一口,而强潮抵牾,回旋不下,倒漾横流,上游堤岸田庐皆受其浸,所谓尾闾不畅,胸腹俱病者也。故欲治直隶之水者,莫如扩达海之口,而欲扩达海之口者,莫如减入口之水。"雍正皇帝对此看得十分清楚,于是命怡亲王兴修水利,"亲授方略,于南北运各建坝开河,减水分流,别途归海"①。清代兴修王家务减河和筐儿港减河,一由七里海泄入渤海,一由塌河淀泄入渤海,使北运河汛期泛涨之水得以宣泄并分途入海,避免了北运河河堤溃决之险,也减少了流向下游三岔口的洪水水量。清代在天津以南的南运河修建了捷地、兴济两条减河,也起到了同样的作用。乾隆时期直隶总督方观承对此有精辟的论述:

> 伏查畿辅河淀诸流以及晋豫经涂大川之由直境者,皆委输于三岔口一河为朝宗入海之路,当伏秋汛涨之时,既苦来水之多,而海门潮汐日至,水满潮盈,人力难施。惟有分洩之法,以减汇归之势,俾其分途入海,既可以保两运堤工,而于三岔口一带,又有釜底抽薪之益。②

二、乾嘉时期通州城附近运河水道变迁

1. 乾隆时期通州城附近运河水道变迁

明代温榆河与潮白河在通州城北关附近汇合,嘉靖《通州志略》中记载的"通州八景"中有一景为"二水会流",即是潮白河

---

① (清)陈仪:《直隶河渠志》。
② (清)方观承:《方恪敏公奏议》卷四,"会勘南北两运减河酌筹修浚事宜疏"。

和温榆河在此汇合的明证。到了清代中前期,温榆河和潮白河河道在通州城附近开始发生变化。在乾隆三十五年,温榆河即有东摆趋势,按光绪《通州志》记载:

> 按白河、富河至州城东始合流。乾隆三十五年大水,州东北四五里马家庄后,西北东南横冲一渠,白河、富河相通,土人呼曰新河口。①

乾隆三十八年(1773年),温榆河大水,通州城东北附近运河水道发生变化,并对漕粮运输产生较大影响。《光绪顺天府志》记载了这次水道的变化:

> 通州北门外,旧有温榆河一道,贴近石坝楼前,为各省粮船起卸之所,迤东又有潮白河一道,即系北运河上游。惟温榆河上游,自乾隆三十八年山水涨发,河形东徙,与潮白河合流为一,下游遂致干涸,石坝起卸粮船,全藉工部税局以上所蓄倒漾之水,以济漕运。②

光绪《钦定户部漕运全书》也有相关记载:

> 温榆河故道,由果渠村东绕富河村,又折而西,湾环达石坝前南注,与潮白河合流归入北运河。乾隆三十八年,潮白河西徙,直占温榆河身。富河村之南,二水合而为一,遂不经由石坝。③

---

① 光绪《通州志》卷1《封域志·山川》。
② 《光绪顺天府志·河渠志十·河工六》。
③ 光绪《钦定户部漕运全书》卷45《漕运河道·挑浚事例》。

不过，上述两个记载并不相同。《光绪顺天府志》说乾隆三十八年温榆河向东改道，与潮白河合流，而《钦定户部漕运全书》则说潮白河向西摆动，侵入温榆河河道而汇流。本文认为，第二个记载是错的，理由如下。首先，明代潮白河从顺义县流入通州境，经平家疃、大庞村、沟渠庄、双埠头、疃里、焦王庄至今北关闸与温榆河汇合。而温榆河自葛渠、尹各庄、富河村、北马庄、邓家窑、马厂、皇木厂至北关闸与潮白河合流。若潮白河西徙，当越过富河村继续向西流与才能侵占温榆河河道合流。其次，从石坝前旧有温榆河河道因水无来源而干涸来看，显然是温榆河改道东流才会导致下游无水影响漕运。从上述两个方面来看，乾隆三十八年当是温榆河因大水而发生改道东徙而与潮白河汇流导致水系变动，进而影响了通州土石二坝码头的漕粮转卸事务。

乾隆三十八年的河道变化，导致潮白河和温榆河的汇合点南移，其新汇合点在通州城东南的东岳庙以南（图5—4）。光绪《通州志》记载：“北运河上游系潮白、温榆河，温榆水清，单行经过石坝，至东岳庙以南方与潮白会流，归北运河。”[①]道光年间《转漕日记》也有相关记录：“（道光十七年三月）二十二日卯刻行，河水浅滞，粮艘云集，乘隙而进，午后抵通州，泊东岳庙前……东岳庙前有支河一道，即温榆水也。各省漕粮，挽运抵通，由坐粮厅监督验收，转运京仓。设仓场侍郎二员董其事。"[②]潮白河和温榆河汇合自乾隆年间合流一直维持在杨坨村西。1939年，潮白河夺箭杆河道后，原来至通州的潮白河故道成为一条小河，即今天的中坝。1949年新中国成立后兴修水利，并在通州城北开挖运河减河，中坝河成为小中河的支流，温榆河和小中河在通州城北关附近汇合。

---

① 光绪《通州志》卷1《封域志·山川》。
② （清）李钧：《转漕日记》卷3，《续修四库全书》史部传记类，第559册，第789页。

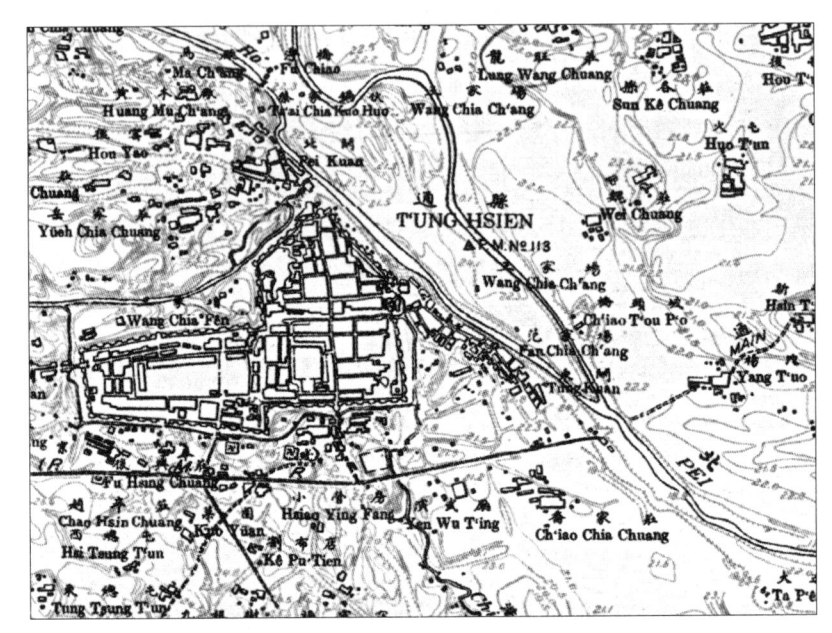

图 5—4　乾隆三十八年（1773 年）后潮白河河道东移后的水系
资料来源：1928 年出版的顺直水利委员会实测的《顺直地形图通县—香河县》图幅。

2. 嘉庆年间温榆河下游河道治理

乾隆三十八年之后温榆河改道东流造成运河在通州城东分成两股东流，流经土石二坝的温榆河下游因河流改道而水无来源，仅依靠通惠河一河之水难以浮送漕粮，并且受到潮白河的顶托，该河段水流下泄不畅，造成泥沙淤积，影响航运。该段河道虽然屡经疏挖，但淤浅问题依旧难以解决。如嘉庆十一年曾经挑挖新河，但不久河道又出现泥沙淤塞。为了彻底解决这一问题，朝臣会议提出开挖运河的建议：

> 直隶总督、仓场侍郎等会议，若在潮白、温榆合流之下游挑挖，不过引灌倒漾之水，势缓力弱，惟有开榆河上游，可复抵坝旧规。随逐段查勘，自西浮桥至马家庄地

方，尚有温榆河旧形，再为溯寻上游，至果渠村地方，水势甚旺，请由果渠村开河一道，将东趋富河村建筑草坝，并加土戗，俾温榆河水自单行下注而达石坝。统计开新挖旧，约计工价银五万六千余两，于部库内请拨。如此则清水仍行故道，上游水势劲利，淤沙无自停留，石坝前亦无从淤塞，军拨船只俱可复抵坝旧规。①

本次会商拟定于果渠村（今葛渠村）开新河一道，建筑草坝一座堵住东流之水，使温榆河单行下注，抵达石坝，增加土石二坝前河道水量，改善泥沙淤积，以利漕粮运输转卸。嘉庆十二年，直隶总督温承惠奏勘估挑挖温榆河上游一折，并附工程绘图。嘉庆帝非常重视，作出指示："该处河流为漕运攸关，自应亟为疏浚，但必须先用水平详晰测量高下，俾得有建瓴之象，庶一经挑乞深通，不致复有倒漾等弊。兹阅所绘图内，由果渠村至马家庄一带直抵石坝，形势虽属顺利，惟石坝以下流水沟一带汇归正河之处，其地势恐形高仰，若新挑之河到此不能畅注直下，是徒费帑工，仍无实济，此亦不可不虑。"② 于是，嘉庆皇帝传谕温承惠委派熟悉河务官员，会同原来堪估河道之员，详细踏勘，务求一劳永逸地解决问题。

温承惠主持测量温榆河地形高下情形，并估挑石坝以下工程。"自石坝流水沟一带频年淤塞，量加挑展，俾资畅注，估需土方公料银一万二千余两，于部库内如数拨给。"③嘉庆十三年七月，温榆河下游治理工程开始进行，修筑果渠村草坝、土堤。温承惠奏："温榆河果渠村一带漫口，现据查明，拟将两岸沙滩全行挑挖，另建草坝一道，于坝后添筑戗堤，草坝以东接筑土堤，以防盛涨。又挑河

---

① 光绪《钦定户部漕运全书》卷45《漕运河道·挑浚事例》。
② 《清仁宗实录》卷186，嘉庆十二年十月丙戌。
③ 光绪《钦定户部漕运全书》卷45《漕运河道·挑浚事例》。

头淤涨二处，河身工段，约估需银一万九千八百七十余两。允之。坝东西堤长四百三十五丈，南堤二百四十丈，挑河逼流南趋，直达石坝楼。"① 嘉庆十四年，"果渠村新建坝工间有平蛰，如遇伏秋大汛，温榆河水势盛涨，难以抵御。嘉庆十四年奏准乘春融之际，将坝堰加倍修筑，于伏秋大汛前完竣"②。据光绪《钦定户部漕运全书》载录嘉庆十五年的奏章记载："温榆河上游果渠村一带堤坝各工于漕运最关紧要，该处地当山水之冲，工程新建，必须随时相机修治，以期永资捍御。"③ 依据上述文献记载可知，温榆河自葛渠村至石坝河道改造工程当于嘉庆十三年完工，光绪十四年春加筑培修堤坝。今天温榆河河道从葛渠村经尹各庄、北马庄直接抵达通州石坝码头遗址处，显然这条河道就是嘉庆年间改造的结果。

三、嘉庆年间张家湾附近运河河道变迁

乾隆时期温榆河向东改道，潮白河偏离通州城旧河道均反映了运河水系向东摆动的趋势，并在清代运河水道的变化中不断得以体现。嘉庆六年，北运河通州城以下的张家湾段河道又开始发生变化。

嘉庆六年，通州大水，北运河在大棚村附近溃决，河水改走康家沟，正溜不再流经张家湾大运河故道。由此张家湾运河故道日渐淤浅，影响漕运。按《嘉庆实录》记载，铁保建议运河漕运改走康家沟，嘉庆皇帝否定了该建议。

> 谕内阁：前因铁保奏张湾一带，水溜沙淤，漕运不能迅速。另有超河一道，比正河较近，恳请疏浚改运。彼时朕即恐有妨碍之处，因降旨令仓场侍郎带同通永道前赴

---

① 《光绪顺天府志·河渠志十·河工六》。
② 光绪《钦定户部漕运全书》卷45《漕运河道·挑浚事例》。
③ 同上。

该处详细查勘。兹据和宁、邹炳泰覆奏：通州南八里许温家庄北，旧有旱河沟一道，本名康家沟，南北直冲，并无超河之名，该处水底高于正河三尺，若挑浚深过正河，则沟水夺溜直行，而张湾必致淤浅，商贾水陆马头，均属不便。设遇旱年，上挽逆流重运，转费周章；若逢雨潦，水冲力猛，下游村庄必遭淹漫，并绘图贴说进呈。所见甚是，张湾一带，前人开浚运道，故纡其途，本有深意。盖因地势北高南下，土松沙活，不能建设闸坝，全赖河道湾环，得以蓄水转运，若溜势由北直向南趋，恐不免一洩无余，殊于运道有碍。铁保前次经过时，未经详察地形水势，徒见今岁雨水涨溢，重运偶可抄道行走，遂欲酌改旧制，实非经久无敝之策，其议断不可行。所有通州运道。著照和宁等所请，仍旧办理。毋得轻议更张。①

上述文字表明，康家沟早已存在，很可能是先前河水泛溢而冲出的一条泄水河道。嘉庆六年大水，导致流经张家湾的运河水势浅阻，影响漕运。但因张家湾是商贾水陆码头，朝廷不想失去其重要职能，故而铁保漕运行走康家沟的建议被否定，嘉庆皇帝依旧维持漕船行走旧河的方案。

然而自嘉庆六年运河大水后，河流经过康家沟抄河分流下注，张家湾正河逐渐淤浅。嘉庆十一年，运河沙浅愈加严重。于是仓部德文、李钧简奏请将本年漕运暂由康家沟行走，并请挑修张家湾河工。

> 又谕本日德文、李钧简奏请挑修张家湾正河以复运道一折。据称运河到处流沙，不能建设闸座，全赖河形弯

---

① 《清仁宗实录》卷87，嘉庆六年九月丁亥。

曲蓄水济运。今康家沟水一直下注，北高南下，本年暂用济运，已多溜激坎阻等事。请于十月内择吉兴工，挑修张家湾正河，堵筑康家沟抄河，以资经久等语，自系实在情形。著温承惠迅即委员估勘，动项兴工，务于年内赶完，俾新漕得以畅行无阻①。

从记载来看，至少在嘉庆十一年之前，漕船依旧走张家湾运河正道。然而由于张家湾河道日益淤浅，至嘉庆十一年，漕船不得不暂由康家沟行走。嘉庆十二年疏浚张家湾河道，至十三年竣工，"漕行仍由张家湾故道"。然而，嘉庆十三年六月、七月，"连遇大雨，水暴涨，溜势仍分趋康家沟，而张家湾正河复淤，河底高于康家沟丈余，长至十数里"②。吴璥奏请粮船走行康家沟：

又谕吴璥奏查勘张家湾康家沟河势情形一折。据称康家沟现已刷成大河，迥非从前分流沟港可比，数里之内有湾环四处，河水亦不虞直泻，现在河流深通，行走顺利等语。张家湾正河现已淤成高滩，计算水面河底，共高于康家沟一丈八尺及二丈一二尺不等，长至十数里，势难挑挖深通。与其修复正河，多糜帑项，自不如就已成之新河顺势利导，俾粮船经行无误。著照达庆等原奏，来年粮船即由康家沟行走，如果试看一年河身通畅，再行具奏③。

从嘉庆十三年始，漕船改走康家沟新河道。自此以后，北运河河道自大棚村以下不再西折经上马头至张家湾一线，而是向东南沿大棚—小圣庙—黎辛庄—刘各庄—甘棠—武家窑一线形成新的运

---

① 《清仁宗实录》卷185，嘉庆十二年九月丁卯。
② 光绪《通州志》卷2《封域志》。
③ 《清仁宗实录》卷200，嘉庆十三年八月辛酉。

河河道，并一直稳定到现在，形成今日的北运河河道。尽管自嘉庆十三年后漕船不再经行张家湾，但是朝臣探讨恢复张家湾正河河道之事并未停止。据《钦定户部漕运全书》记载，嘉庆十四年直隶总督温承惠仍建议修复张家湾正河之事：

> 嘉庆十四年奉上谕：据温承惠奏，康家沟溜势奔腾，漕船逆流而上，大费牵挽。是康家沟必须堵筑，正河必须修复。此事关系漕务甚重，著派戴均元查勘详细，斟酌妥议，具奏，钦此。嗣据仓场侍郎戴均元查奏，张家湾为潮白河下游，湾环曲折，以东温家庄地方本有旱河沟一道，名康家沟。自嘉庆六年大水，冲刷深宽通舟，正河仍并行无阻，迨至分流日久，正河淤塞。十二年奏请挑复，十三年始能堵合，旋因涨水陡发，将康家沟新筑坝工全行坍陷，走失无存。另由康家沟以东平地冲出河身一道，夺溜而行，即现运空重来往之路。自上年漫水淘刷之后，康家沟河势已成，而张家湾旧道淤塞梗断。臣测量张家湾连年淤积，必大加挑挖，俾得深通。兹牵估挑工银十五万六千六百两，康家沟坝基约工料银八万九千两，惟防守非易，终恐虚掷，至众论多以挑复为便者，盖以张家湾三十里停浤蓄水，康家沟仅六里，形势直泻，查此数里之内，现有湾环四处，仍属曲折，并非竟系直河，本年漕船仍在康家沟行走，再为查看一年①。

尽管清政府不遗余力地疏浚张家湾河道，力图使运河水从张家湾大运河正道流过，显然不想使张家湾这个重要的运河码头失去作用，然而人力毕竟无法与大自然抗衡，大运河改走康家沟已成定

---

① 光绪《钦定户部漕运全书》卷45《漕运河道·挑浚事例》。

局。自嘉庆十三年之后，经行张家湾的北运河河道被废弃，漕船不再经行张家湾（图5—5）。北运河改道使张家湾失去了运河之利，繁荣了数百年的张家湾从此衰落下去，逐渐沦为普通乡村。

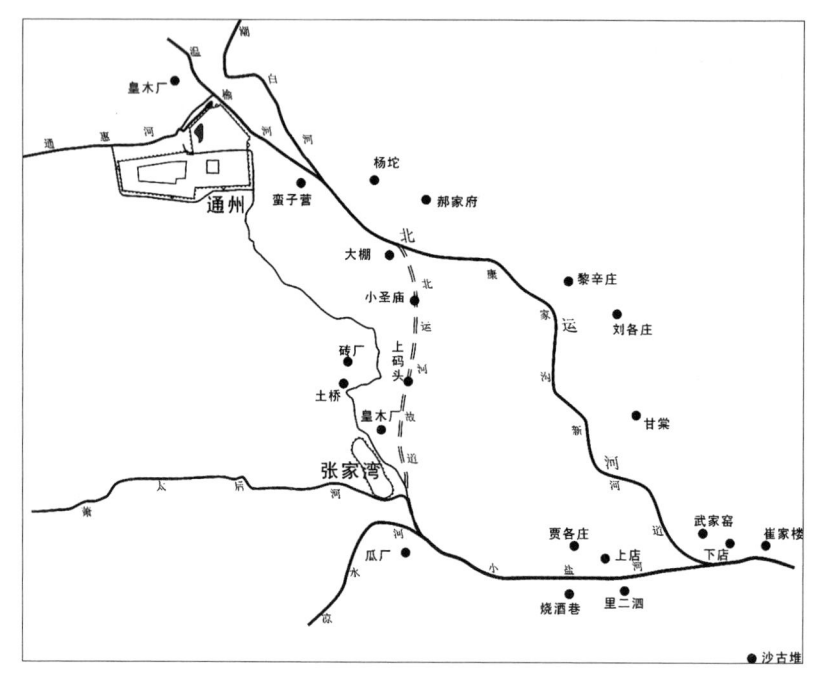

图5—5　嘉庆十三年后北运河改道

尽管北运河从小圣庙一带改走康家沟新河道，但是自张家湾以下有凉水河和萧太后运粮河汇入北运河旧河道，故自张家湾至里二泗一段运河河道还是能够行船，张家湾码头功能并没有完全丧失。明清时期，张家湾是北京地区食盐批发之所，明代就在此设有盐仓检校批验所①，有上盐厂和下盐厂，下盐厂曾出土三件明代石质盐权②。北京一带所用食盐皆自为长芦盐，并经由运河运至

---

① 嘉靖《通州志略》卷2《建置志》。
② 北京市通州区文化委员会等编：《通州文物志》，文化艺术出版社，2006年，第338页。

通州张家湾。"长芦运盐，多系水道……或由北河，或由淀河，或由西河，或由御河，分运各处。沿河州县就近落店，其离河远者，北河则运至张湾，淀河则运至保定县张青口及清苑县，西河则运至衡水之小范、任县之邢家湾、宁晋之白沐丁曹及邯郸县，御河则运至大名之龙王庙、白水潭等处，落厂车运"，"京盐于张湾落厂"。① 运河改走康家沟河道后，食盐依旧运至张家湾，这条曾经的运河故道成为输送食盐的专用运道，因水量减少，形成一条小河，当地把这条河叫作小盐河。《转漕日记》曾记载小盐河："二十一日卯刻行。八里过小河口。兑漕原在张家湾，后移通州，今小河口尚有通张家湾故道。"②

光绪九年，通州运河大水，运河西岸苏庄以北河堤溃决，大溜直入港沟。水落后成为运河支流，沟形近河处极宽，愈远愈狭，形似鲶鱼，故名鲶鱼沟。此后每遇伏泛，运河正溜常由鲇鱼沟直趋港沟，港沟河西堤隔一二年必有几段出现险情，因此从光绪九年至宣统末年为患颇巨。民国初年整修运河，小盐河河口被堵闭，不通运河，张家湾水路交通断绝。民国《通县志要》记载说："民元以前，凉水河故道系由各庄东经烧酒巷、里二泗、北贾各庄、上家店南东南流至姚辛庄入北运河，地名盐河口，故昔称盐运，交通极为便利。自民元疏运河，堵鲇鱼沟，恐运河水涨时河水外溢，不但凉水河之水不能入运，且恐运河之水溢入凉水河，其为患将与鲇鱼沟等，遂同时将河口堵闭。此后张家湾之货物运输不能由河口直达天津矣。"至此，张家湾码头作为运河码头的历史彻底结束，小盐河的漕运功能也从此消失。

嘉庆十三年以前，北运河的河道系自张家湾—烧酒巷—里二泗一直向东，经豆各庄、崔家楼等地直到西集的马坊村，然后折向

---

① （清）王守基：《盐法议略》（丛书集成初编），中华书局，1991年，第5、9页。
② （清）李钧：《转漕日记》卷3，《续修四库全书》史部传记类，第559册，第788页。

西经供给店、榆林庄再进入今日的运河河道。嘉庆十三年运河改道后，康家沟新河在里二泗北与北运河汇流，里二泗以下河道并未受到影响。在1860年英国人绘制的PEIHO OR PEKING RIVER（北河）图上，可以看到张家湾自嘉庆十三年后北运河改道后的情形（图5—6）。从图中明显看出，北运河河道在张家湾以东流过，在里二泗村东北与Seaou-Ho（小河）合流，并在里二泗以下北运河向东甩出一个大弯。从河道拐弯的距离和村庄位置来看，北运河经过崔家楼、谢家楼、马坊几个村落，然后向西折回至Ya-ling-chwang（榆林庄）继续东南流，说明里二泗以下北运河河道未发生变化。里二泗以下北运河的河道走向在《光绪顺天府志·河渠志》中有记载：

> 北运河又自烧酒巷东流三里，经里二泗北，与自康家沟北来之北运新河合，又有泗河目，以榆河、潞河、通惠河、凉水河四水会流，故名。里二泗亦以水氏，或谓李二寺，以同声字伪也，有水拨；又东南流里许，经武家窑西；又半里，经岔道西；又屈西转南半里，经沙古堆东、大豆各庄西；又屈东转南半里，经小豆各庄西、任家辛庄东；又屈西转南半里，经崔家楼，有水拨；又折东转南三里，经西马坊东；又屈西三里，经谢家楼北，有水拨；又西转南里许，经榆林庄东，有水拨；又南里许，经小屯西，有水拨。①

北运河自嘉庆十三年之后按现今河道南流，而成书于光绪九年的《光绪顺天府志》对于河道的记载还经行张家湾、里二泗，并且所记述的北运河河道走向极其混乱，根本无法还原，这当是转抄早期资料所造成的讹误。

---

① 《光绪顺天府志·河渠志二·水道二》。

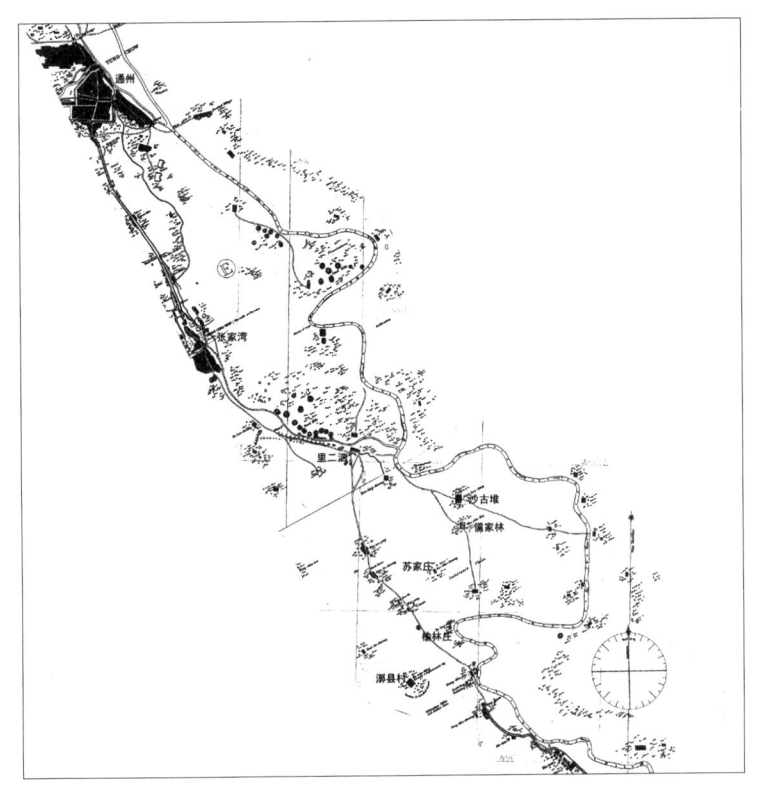

图 5—6　1860 年的张家湾和里二泗附近北运河河道

资料来源：根据 1860 年英国人绘制的 PEIHO OR PEKING RIVER（北河）地图进行技术处理而形成，同时对部分地名予以汉语标注。

四、光绪至民国时期潮白河东徙与治理

1. 道光以后潮白河平家疃段水患治理

光绪《通州志》曾记载："白河向有东决之患。"[①] 清代北运河及其支流水系包括温榆河、潮白河等河道变化均呈现出向东摆动的趋势。道光年间，潮白河通州平家疃一带开始向东决口泛溢。道光七

---

① 光绪《通州志》卷 1《封域志·山川》。

年，潮白河在北寺庄一带决口，此事见于《光绪顺天府志》："道光八年正月，屠之申奏：潮白河上游北寺庄地方，上年伏秋汛涨，新刷岔河，亟应建坝砌滩，使入北运正河，堪估银二千七百五十一两零，请于通永道库河滩地租项下动支，允之。"道光八年，修建北寺庄坝①。潮白河是北运河最重要的航运用水来源，一旦决口东流，北运河航运用水势必大为减少，会对漕运产生极大的负面影响。如咸丰三年北寺庄决口就对漕运产生影响，"上年（咸丰三年）秋间，北运河上游北寺庄地方河堤被水冲缺。现在海运米石将抵天津，转运所关，自应赶紧堵筑，以利漕行"②。为了漕运的需要，清政府一直进行大力治理，堵塞决口，极力避免潮白河东流，使全河汇归北运河。

同治十二年，"全河溃决东注，经仓尹宪奏准修复"。同治十三年，"白河决，东趋潮溯河。直隶总督素毅伯李鸿章筑长堤，北至顺义县安里村，南至通州北寺庄，长两千四百八十五丈。又筑护堤，北至安里村，南至平家疃，长八百五十四丈，平家疃村南金门口大坝，南北长一百二十丈有奇"③。另在金门口大坝北侧建龙王庙一座，当地人称小神庙，其遗址在平家疃村南。为了保障河堤安全，"分段建汛房七处，添拨河兵十六名，汛弁外委一员，每年通永道捐岁修经费银五百两，座粮厅监督捐津贴弁兵经费银二百两，由通州知州请领督办"④。光绪《通州志》记载"平家疃外委管河兵十六名"⑤。李鸿章所筑潮白河大堤在民国顺直水利委员会1928年的测绘地图上可见到平家疃、北寺庄的潮白河大堤，今平家疃村西尚有西大堤遗迹，现状为一条道路（图5—7）。

---

① 《光绪顺天府志·河渠志·河工六》。
② 《清文宗实录》卷124，咸丰四年三月丁巳。
③ 《光绪顺天府志·河渠志·河工六》。
④ 光绪《通州志》卷1《封域志·山川》。
⑤ 光绪《通州志》卷3《漕运志·置役》。

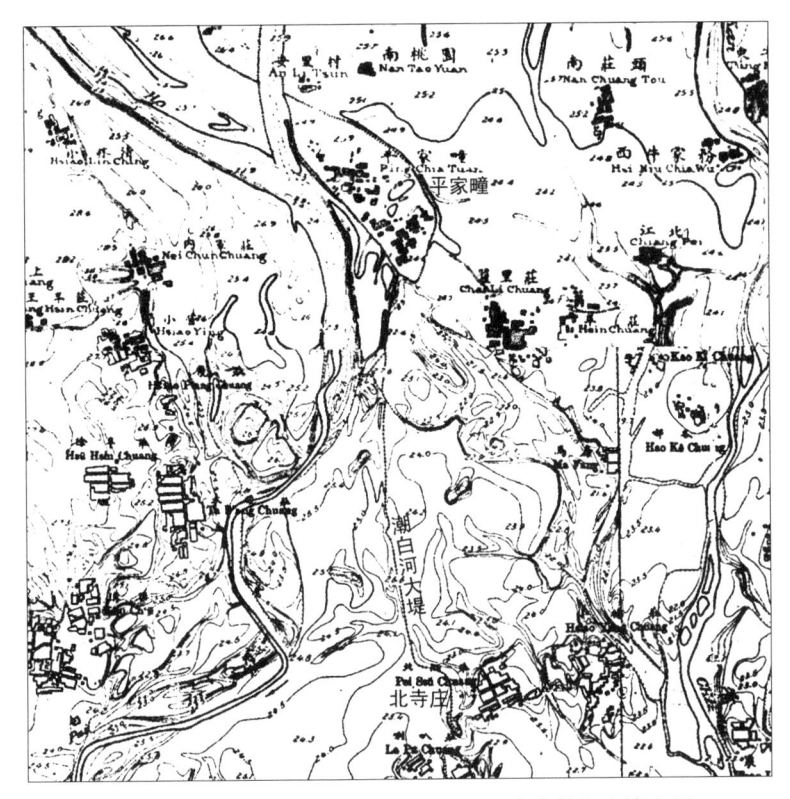

图5—7 同治十三年修筑的平家疃至北寺庄的潮白河大堤

资料来源：本图利用顺直水利委员会实测的1928年《顺治地形图》中的河南村图幅和通县—香河县图幅拼合而成并做了技术处理。

光绪十三年，潮白河在北寺庄再次决口，七月据李鸿章奏报："本年入夏以来，北运河上游因雨水过多，河流增涨。边外诸山之水，同时大发。六月十九日，通州平家疃新工以下之北寺庄东小堤并老堤刷塌百数十丈，夺溜东趋。"[①] 光绪十三年十月，李鸿章派员修筑北寺庄坝，并挑挖引河，"逐渐进占，业于本月十五日合龙，全河复归北运故道"[②]。虽然平家疃、北寺庄修筑了大堤，但此处依

---

① 《清德宗实录》卷245，光绪十三年七月庚申。
② 《清德宗实录》卷248，光绪十三年十月甲申。

然发生决口。光绪二十年,北运河平家疃等处决口,波及通州、香河、武清及下游之宝坻等处二三百村庄,不能耕种①。此后,由于顺义李遂附近潮白河屡次决口,平家疃以下河患始息。

2. 清末民初潮白河李遂段的水患治理

光绪末期,潮白河决口点从平家疃一带上移到顺义县李遂一带。光绪三十年,潮白河由李遂店溃岸南流,经通县、香河、武清至宝坻,蓄成水泽,宝坻县三四百村遭受水灾,是为潮白河夺箭杆河南下之起始。"新白河决自光绪三十年,历经筑堤阻障,均无成。"②民国《通县志》记载了清末箭杆河河道向西摆动的情形以及民国初潮白河因暴涨从苏庄逆折拐弯处决堤突入箭杆河之事:

> (潮白河)自诸葛店以北形势渐高,且诸葛店西北向有土闸一所,高约丈余,以防水患。后因年久失修,逐渐损坏,至清光绪二十八年,该闸全部冲毁,河身坍闪无常。宣统二年,坍至顺义县之赵庄以西,赵庄之西北为苏庄,相距甚近。潮河由苏庄东北逆折而西,其曲折处直向潃潃河。

一方面,潮白河在顺义苏庄村东北由东南向陡然向西拐弯,呈现尖角状,显然洪水暴涨时,大溜行进迅速,遇到此弯难以拐弯,势必直冲河堤,增加了河流在此决口的几率。另一方面,箭杆河河道向西北坍塌摆动,靠近潮白河大拐弯之处,又为潮白河决堤泛溢之水提供了泄洪通道。民国二年,潮河暴涨,即由曲折处冲破堤埝,流入潃潃河。潮白河因河水流入潃潃河而干涸。由于箭杆河河槽本不甚大,加上河两岸没有堤防,潮白河水注入后,下游各县特别是宝坻县受水灾影响很大。潮白河在苏庄决口夺箭杆河河道南

---

① 《清德宗实录》卷376,光绪二十一年九月壬寅。
② (民国)《顺义县志》卷1《疆域志·河流》。

下，苏庄以下潮白河河道遂致干涸，无清水下注，以至于天津海河因上游来水水量减少，涮淤之力骤减，对海河航道影响巨大，危及外国人的利益。民国五年，政府应外国使团要求，拨款30万两，饬令海河工程局总工程师于决口处建一滚水坝，挽潮白河水入故道汇归北运河。但次年，潮白河大水，因滚水坝两旁堤岸修筑未固，致使堤岸冲决，滚水坝遂被冲毁。

民国九年，顺直水利委员会拨250万两之治河专款，召集会议，商讨治河办法。会议决定由该会派专门人员调查水量，测量地势。经过调查，决定由苏庄至平家疃开挖引河一道，引水入潮白河故道。按民国《顺义县志》所述，民国十年，顺直水利委员会聘请美国人治河专家柔斯，规划在苏庄北引河东口，建筑一操纵机关，由全河总流量3600立方公尺引入600立方公尺，余由新白河东南流。根据《潮白河苏庄水闸之养护与管理》记载，苏庄水闸工程包括三个部分。①开辟引河一道，长7公里，一端于苏庄附近接连箭杆河，一端于平家疃附近接连北运河旧槽。②在苏庄新河口处建水闸，以操纵引入新河之水量，新河河槽定为宽46公尺，将来拟借流水冲刷之力自行展宽。③在苏庄大铁闸西侧的潮白河旧河槽上建泄水闸一座，设闸门28座，以为调整水量之用①。民国《顺义县志》记载，潮白河从顺义县城东南流，在河南村南有两条故道，一个是白河北故道，"白河北故道，由河南村南向西南流，经临河南、王家场西，直至李家桥南经小临清东出竟（境）入通县"；另一个是白河南故道，"白河南故道，由王家场东南折而西流，经沙务、北河之北至李家桥东北入白河"。白河北故道，其流经时间不详，而南故道就是潮白河旧河槽。

顺直水利委员拟于民国十一年春季动工，后因战事延至第二年。民国十二年，在苏庄东北修筑大铁闸30座，闸板长2丈，高1丈6尺，升降以机，平时闭闸使水流尽入潮白河，水涨则启闸宣

---

① （民国）顺直水利委员编：《潮白河苏庄水闸之养护与管理》，民国二十一年铅印本，第3页。

泄（图5—8）。另在大铁闸上建钢质大桥一座，长80余丈。因该桥系外国人主持修建，故民间称之为洋桥。该工程历时五年，用款500万两。《顺义县志》记载："李遂店西南建闸二，一进水闸，为引河，一泄水闸，新白河是。引河，人工所浚者，距治城二十五里，东起苏庄东北，沿南河村西北，经沿河、卢各庄东出竟（境），破通县平家疃堤，入白河旧槽。长七公里，宽五十公尺，流量每秒钟六百立方公尺云"，"新白河由李遂店溃岸南下，经崇国庄、陈各庄西、苏庄、堡子东南流，至沮沟、赵庄间夺箭杆河道"。①

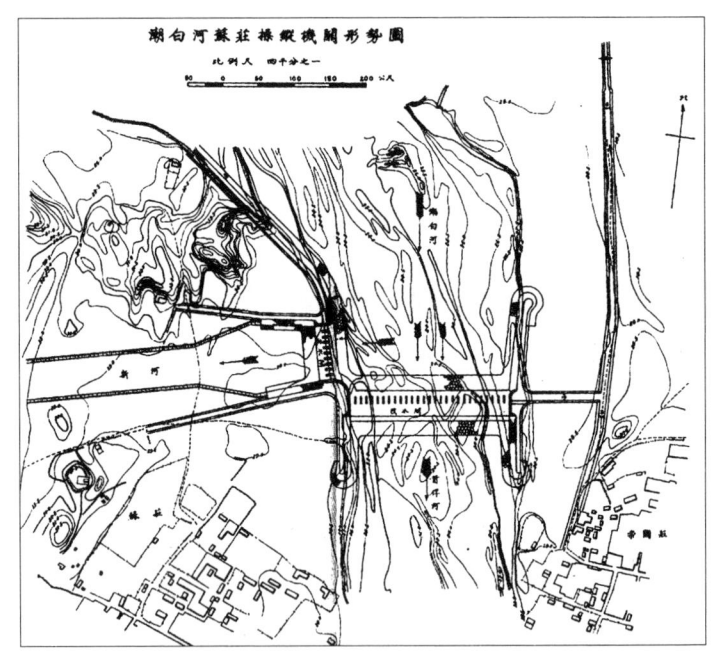

图5—8 顺义苏庄村北的潮白河铁闸和钢制大桥以及新挖河道
资料来源：顺直水利委员1932年所编《潮白河苏庄水闸之养护与管理》。

虽然民国政府屡次修筑闸坝，但是并未堵住潮白河向东溃决的趋势。民国十一年，溹溹河暴涨，西牛家甫全村被冲，河身西徙

---

① 民国《顺义县志》卷1《疆域志·河流》。

二三里，沿郝各庄直奔夫人庄，曲折南下。民国十三四年，又由夫人庄向西南移徙，渐坍至小杨各庄。民国十八年及二十六年，小杨各庄坍去大半，直袭白庙。民国二十八年，潮白河大水泛溢，白庙西南两面之良田变成沙漠。河身自白庙折而东南，广惠庵全行坍去，田辛庄又坍去少半，自田辛庄以下又西徙，沙坞及东堡冲毁地亩无算，自贾家疃至东仪、尹家河多成沙碛，尤以西集为最。在这次水灾中，苏庄大铁闸被冲毁，潮白河夺箭杆河南下的局面无可挽回，现代潮白河水系由此形成（图5—9）。民国《通县志》记载："至二十八年阴历六月初十日，潮白河山洪暴涨，苏庄大闸被冲去十八空，水势完全入于溛溛河，而潮白河之本身终年常涸矣。"①

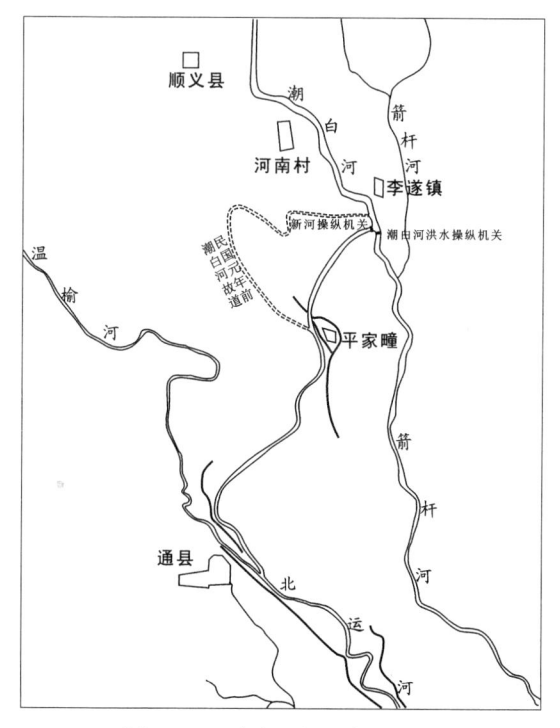

图5—9　清末民初潮白河改道

资料来源：顺直水利委员1932年所编《潮白河苏庄水闸之养护与管理》。

---

①　民国《通县志要》卷1《疆界·河流》。

五、清末民初北运河通州苏庄鲶鱼沟的水患治理

自光绪九年开始，北运河通州苏庄村北侧运河鲶鱼沟河段时常发生水患，对运河西岸影响颇大（图5—10）。关于鲶鱼沟的形成和运河在鲇鱼沟泛滥的情形，民国《通县志要》有较为详细的记载："光绪九年大水，运河西岸苏庄以北河堤溃决，大溜直入港沟，水落后成为运河支流，沟形近河处极宽，愈远愈狭，形似鲇鱼，故名。此后每遇伏泛，运河正溜强半由鲇鱼沟直趋港沟，故港沟西堤隔一二年必有几段出险，虽官方请款堵闭，奈屡堵屡溃，迄未成功。由光绪九年至宣统末年，为患颇巨。"①

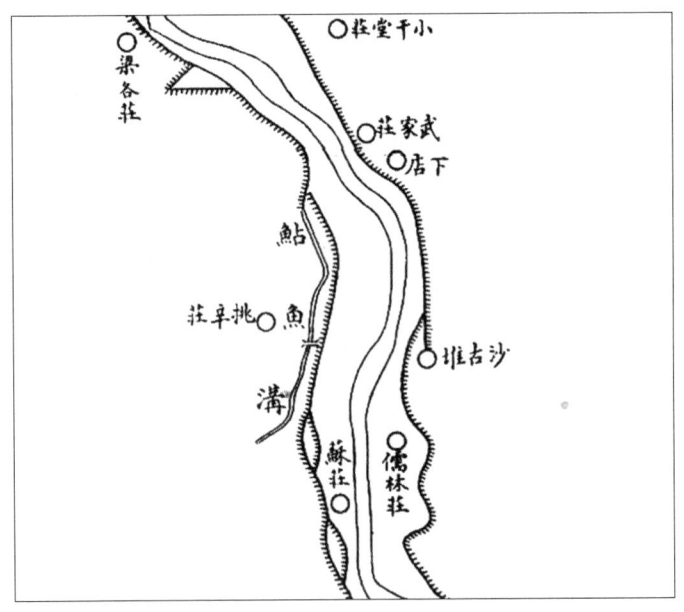

图5—10 1917年苏庄村北之鲶鱼沟

资料来源：民国六年京兆尹公署内务科自治课制"北运河平面图"。

---

① 民国《通县志要》卷1《河流》。

为防治水患，宣统元年直隶总督那桐建议在苏庄北鲇鱼沟修筑滚水坝以杜绝险情，在《清史稿》和《宣统政纪》中有两条关于那桐治理苏庄鲇鱼沟水患的记载。在《清史稿》卷129《河渠四·直省水利》中，有这样一段记载：

> 宣统元年，署直隶总督那桐言："通州鲇鱼沟堤岸，自光绪九年决口，流入港沟而归凤河。嗣后屡堵屡溃。至二十四年大汛复决，迄今未能堵闭，以致武清百数十村频年溃没。今拟于鲇鱼沟暂建滚水坝，俾全溜不致旁趋。倘遇盛涨，即将土埝挑除，俾资分泄。一面将上游堤坝挑补整齐，疏浚青龙湾等处引河，以减盛涨，筑拦水埝以御浑流，修估龙凤河以疏积潦。滚水坝工程应即兴办。其修堤及疏引河，应于本年秋后部署，来年二月兴工。拦水埝及龙凤河，应于来年秋后部署，次年二月兴工。均限伏汛前报竣。"下部议行。

《宣统政纪》宣统元年六月丙申记载：

> 署直隶总督那桐奏：北运河西岸通州境内鲇鱼沟堤岸，决口年久，而武清所属杨村等外百数十村，已成泽国。谨拟办法五条：曰鲇鱼沟暂建滚水坝以纾眉急；曰加培运河东西两堤，截裁大湾，以期巩固而资畅洩；曰疏浚青龙湾等处引河以减盛涨；曰修筑拦水埝以御浑流侵轶；曰修治龙凤河以疏积潦。统计全工约需八十万两，直隶司局各库仅能认筹四十万两，恳请饬部于本年来年各拨银二十万两，以济要工。下部议。①

---

① 《宣统政纪》卷16《宣统元年六月下》。

这两段内容基本相同，都是讲述北运河在苏庄北鲇鱼沟经常决口，导致河水泄入港沟河，顺港沟河流入武清境内，致使武清境内民众遭受重大损失。那桐于宣统元年请求在苏庄北建滚水坝，按照次年兴工的计划，当是在1910年修建的滚水坝，同时又有"截裁大湾"之举，使运河水便于宣泄。这个大湾，当是里二泗以下经崔家楼、耿家楼、马坊、供给店一线的运河河道。民国以后，为了便于汛期河水下泄，保障河水不再泛溢，对运河河道进一步治理，对河道裁弯取直。《通县志要》说："民元疏浚运河，堵闭鲇鱼沟，将河道挖深展宽，将沙古堆以南各河湾裁直，使河身顺流而下，不致旁趋，故至今得庆安澜，实为一劳永逸之计。"①

2010年，在全国第三次文物普查中，通州普查小组在漷县镇发现一处清代大运河滚水坝遗址。该滚水坝在漷县镇苏庄村北的京津公路西侧，两段残留的滚水坝护岸相距百米，掩盖在浓密的杂草丛中，最长的一段残坝高约2米多，宽约3米，残坝紧邻京津公路，水坝夯层依旧清晰可见，残坝上随处可见被斧头、凿子等利器敲击的痕迹，这座滚水坝就是建于民国初年的鲶鱼沟滚水坝。

第三节 北运河堤防建设与维护

一、北运河堤防修筑

1. 北运河堤防

北运河沿岸堤防是清代运河治理的重点内容，张鹏翮所著《治河全书》对北运河河道和堤防有详细记载："通州河道，北自本州石坝起，南至香和（河）县交界止，计程一百一十五里。运河堤岸

---

① 民国《通县志要》卷1《疆界·河流》。

自龙潭口起至白浮圈下老堤头止，计长八百二十七丈。康熙三十三年修筑。香河县河道北自通州交界扳罾口起，南至武清县交界红庙村止，计程三十一里。运河堤岸，官修长四百一十六丈，民修长三百一十九丈。武清县河道，北自香河县交界红庙村起，南至天津卫交界望海寺止，计程一百九十六里。"武清县河堤包括东堤河西堤，由于此段堤防任务重，故书中对武清县东西两堤的堤工分别记录，东岸堤工分为20号，西岸堤工分为24号。① 武清河道东西两岸堤工详情见表5—1所示。

表5—1 康熙年间武清县运河两岸堤工分布

位置	堤号	堤名	堤长（丈）	修筑情况
东堤	1	东耍儿渡口堤	1910	康熙三十四年六月内被水冲决修筑。三十七年又修迎水堤501.2丈。三十九年六月内又冲坍，四十年二月内修筑。
	2	八百户口堤	965	系旧堤。
	3	十百户口堤	970	系旧堤。
	4	东黑龙口堤	648	系旧堤。
	5	四百户口堤（小王家甫堤）	700	康熙三十五年冲决修筑。
	6	三里浅口堤	1414	康熙三十二年六月内冲决355丈。三十三年二月内修筑。
	7	北蔡村口堤	867	康熙三十四年六月内漫开12.5丈，三十五年四月内修筑。
	8	桃源口堤	960	系旧堤。康熙三十九年五月内漫开，奉上谕，此堤离河远，不必修筑。
	9	筐儿港堤	1178.7	康熙三十六年、三十八年并被水冲决，三十九年二月内奉旨另开新河，筑堤两道。
	10	徐官村口堤	1800	康熙三十五年八月内冲决39.5丈，三十六年修筑。

---

① （清）张鹏翮：《治河全书》卷4。

续表

位置	堤号	堤名	堤长（丈）	修筑情况
东堤	11	东窦家口堤	610	康熙三十九年五月内漫开，四十年四月内修筑。
	12	承安口堤（阎王庙口堤）	760	康熙三十二年六月内冲决45丈，三十三年二月内修筑。
	13	朱龙口堤	265	康熙三十五年八月内漫开6丈，本年九月内修筑。
	14	阎家湾口堤	1890	康熙三十九年五月内冲决，本年九月内修筑。
	15	孙明口堤	1800	康熙三十九年五月内漫开，本年九月内修筑。
	16	白马湾口堤	1440	系旧堤。
	17	阎洪口堤	900	系旧堤。
	18	张官屯口堤	630	康熙三十五年八月内漫开92丈，三十六年七月内修筑。
	19	小新流口堤	900	康熙三十五年八月内漫开51.5丈，三十六年十月内修筑。
	20	信艾口堤	720	康熙三十五年六月内漫开75丈，修筑。
西堤	1	沙河李家口堤	776	康熙三十四年六月内冲开148丈，三十五年修筑。
	2	阎家口堤	310	系旧堤。
	3	车营口堤	544	系旧堤。
	4	刘吉口堤	141	系旧堤。
	5	棉花市口堤	73	系旧堤。
	6	铁牛口堤	18	系旧堤。
	7	西耍儿渡口堤	432	系旧堤。
	8	白庙口堤	852	系旧堤。
	9	西黑龙口堤	810	康熙三十五年八月内漫开8.5丈，三十六年九月内修筑。
	10	黄须口堤（傅官屯堤）	1150	康熙三十二年六月内冲决83丈，三十三年二月内修筑。
	11	西王家甫口堤	1601	康熙三十五年八月内漫开8.5丈，三十六年六月内修筑。

续表

位置	堤号	堤名	堤长（丈）	修筑情况
西堤	12	灰涡口堤	1102.5	系旧堤。
	13	聂卞官屯口堤	1215	康熙三十五年八月内漫开28丈，三十六年七月内修筑。
	14	白驹厂口堤	1800	康熙三十九年五月内漫开，四十年特发帑委官修筑。
	15	郑陈官口堤	930	系旧堤。
	16	梓宫淀口堤	1021	系旧堤。
	17	王才口堤	1030	系旧堤。
	18	西窦家口堤	810	系旧堤。
	19	马家口堤	1980	系旧堤。
	20	刘滦口堤	1620	系旧堤。
	21	蔡家口堤	220	系旧堤。
	22	桃花口堤	3240	系旧堤。
	23	毛家口堤	360	系旧堤。
	24	李家口堤	720	系旧堤。

资料来源：（清）张鹏翮：《治河全书》卷4。

2. 北运河的水患与堤防修筑

根据《光绪顺天府志》记载，清代北运河河堤泛溢决口和堤防修筑情况如表5—2所示。

表5—2 清代北运河河堤泛溢统计

时间	泛溢决口情况	堤防修筑情况
顺治十四年		修北运河堤。
康熙三十三年	三十二年六月，决三里浅堤三百五十五丈，承安口即阎王庙口堤四十五丈，黄须口即傅官屯堤八十三丈。	修北运河堤。三十三年二月修筑九月三十日，命侍郎常书阅视通州东北堤，筑运河堤，自龙潭口至白浮圈下老堤头，长八百二十七丈。

续表

时间	泛溢决口情况	堤防修筑情况
康熙三十四年		六月,耍儿渡修筑决堤。
康熙三十五年	三十四年六月,决北蔡村堤十二丈五尺,沙河李家口堤一百四十八丈。是年八月,决四百户口堤,又决朱龙口堤六丈,小新信艾口堤七十五丈。	修武清县四百户等堤口。
康熙三十六年	三十五年八月,决徐官屯堤三十九丈五尺,张官口屯堤九十二丈,小新流口堤五十一丈五尺,西黑龙口堤八丈,西王家甫口堤八丈五尺,聂下官屯口堤二十八丈。三十六年修筑。	修筑武清县决堤。
康熙三十六年八月	仓场侍郎瓦尔达等奏:河淤,宜浚。	
康熙三十七年	浚北运河。	修耍儿渡堤。
康熙三十九年五月	决东窦家口堤、白驹厂口堤。六月,决耍儿渡堤。	
康熙四十年	修耍儿渡堤。	
乾隆四年	挖去北运河南岸河嘴,浚减河,培堤岸。	
乾隆三十五年	修武清县堤。	修筐儿港坝,浚引河,培南北堤,又修武清县西岸王甫汛、张家王甫堤、东岸周家庄八处缕堤。
乾隆三十六年	七月初三日,王家庄西岸水长漫溢,刷开堤工一段,约宽数十丈,河西务、甘露寺亦刷开堤工一段,宽数十丈,马头以北,至张家湾两岸,河水散漫。	修堤。

续表

时间	泛溢决口情况	堤防修筑情况
乾隆三十七年		所修堤有杨景芳堤,俗呼杨家堤,在漷县东南三里。又马头店堤即马头堤,在漷县东南六里。又白浮圈堤,曹家庄堤,小屯堤。
嘉庆十四年		修康家沟堤。
同治十三年	白河决,东趋洳洳河。	筑白河长堤。
光绪五年	筑土堤,起纪庄,讫北粮市。	筑榆河堤。

资料来源:《光绪顺天府志》。

从上表来看,清代北运河筑堤活动主要集中在康熙、乾隆时期,尤以康熙时期筑堤活动多,并且集中在武清一段,《光绪顺天府志》说"北运河杨村厅险工林立"[①],因此北运河武清段是清代治理的重点。雍正年间,怡亲王允祥受命总理京畿水利,对北运河堤防进行治理和维修。雍正四年,怡亲王允祥在给雍正皇帝的奏折中谈到北运河泛溢对京东州县形成了危害,建议修筑长堤,防止运河东溢,"香河、宝坻二邑沿河堤岸坍塌甚多,应及时修筑。再于牛牧屯以上斜筑长堤一道,以障上流,俾运河无东溢之患"。另外,怡亲王还决定将燕郊以南之水,全行疏浚,导引入运河和宝坻城南大河,"通州燕郊以南之水,汇于窝头,分为二支:南流入运河,东流经香河之吴村,达于宝坻。吴村以下大半淤塞,难于开浚。应将南流一支疏通,畅入运河。其由香河入宝坻之沟头河,亦加疏浚,导之自宝坻城南达于大河,不令漫溢"[②]。为了保障香河、宝坻二县免受运河泛溢之灾,于雍正五年在牛牧屯附近修筑长堤一道。《畿辅安澜志》记载:"牛牧屯堤在香河县,雍正五年筑。"雍正四

---

① 《光绪顺天府志·河渠志十·河工六》。
② 《清世宗实录》,雍正四年三月丙申。

年，怡亲王还建议加固武清一带康熙时所修白河堤岸，以防山水暴涨堤岸溃决。"白河性善淤刷，敕令通永道高矿加谨防护牛钮所修旧工，俱令加筑坚固，以故山涨暴下，堤岸无虞。"①

乾隆三十七年，清廷大规模培护通州境内北运河之杨景芳堤、马头店堤、曹家庄堤、小屯堤等。据道光《潞阴志略》记载："潞境为漕河要冲，夏秋水汛防御最慎。今可考者：旧志之杨景芳堤在县东南三里，即今杨家堤；马头店堤在县东南六里，与两家店堤东岸相接，即今马家堤，其地沙岗起伏，林木翁翳，水鸟风帆，宛转碧波间，颇圮。乾隆三十七年奉文修筑"，"小屯堤，在县东南二十五里，乾隆三十七年奉文修筑"②。为了巩固河堤，白河沿岸有的地方还修筑了石堤。1793 年 8 月来自英国的马嘎尔尼使团经由白河北上北京，"白河两岸有的地方为了防御泛滥，筑了花岗岩石堤，有的地方很长一段就用高粱秸做成堤道"③。乾隆以后，北运河大规模筑堤活动明显减少，仅仅在通州白河段运河局部改道、决口地带有筑堤活动。

王家务、筐儿港两减河也建有长堤（图 5—11）。筐儿港减河河堤建于康熙年间，分南北两道河堤。"北堤自闸口起至梅厂止，长三十一里有奇，南堤自闸口起至张五庄止，长三十一里有奇，又自张五庄起至孤云寺止，长四十里，康熙三十九年筑。"④ 王家务引河河堤修筑于雍正年间，有南北两道长堤。"自闸口起至潘儿庄止南堤长一百二十里有奇，北堤长一百六里有奇。"王家务引河河堤自雍正八年筑后，南堤逐渐坍塌倾圮，乾隆时期，引河河堤被废弃。乾隆十七年，直隶总督方观承"以两河挑筑岁修，动糜

---

① （清）陈琮纂：《永定河志》卷 11《奏议二》，"雍正四年十月和硕怡贤亲王大学士朱轼奏为敬陈各工告竣情形等事"。

② 道光《潞阴志略·堤防》。

③ 〔英〕斯当东著，叶笃义译：《英使谒见乾隆纪实》，群言出版社，2014 年，第 308 页。

④ （清）王履泰：《畿辅安澜志·白河卷三》。

国帑，核计将钱粮，入不敷出，遂将东南卑下地亩，改为水草科，每亩征银四厘，而两引河修筑费，概行裁汰"。此后，两引河河堤因失去维修而日渐荒废。道光四年，筐儿港减河上游的朱家马头决口1000多丈。这次决口原因系由于筐儿港减河两岸河堤失修，下游河道渐渐淤浅，下游百姓开垦私田，于是减河下游水无所去，上游之水难以下泄，故而冲开上游堤岸，形成水灾。御史王世绂在其奏折中指出："数十年来，河渐淤，堤日颓，今上引河之李家牌、八道沽等处河身，渐成平田，奸民利其不复升科，窃为私产，以致下游不能受水，上游满溢，反致倒灌，运河向年决口，小民自卫田庐"。①

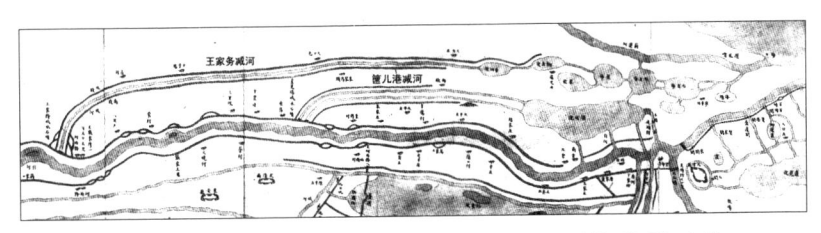

图5—11　乾隆五十五年绘《九省运河泉源水利情形图》中的
王家务减河和筐儿港减河河堤

3. 北运河的堤工管理

清代对于漕运河道高度重视，故设有河道总督一员，下设分司对运河进行分段管理，北运河河工最初归属于通惠河分司。清代设有专官管理北运河河务，"自通州石坝起至天津卫交界止，计程三百四十二里，设有杨村通判一员管理河务"。运河河道由各河道分司和各道兼理兼辖，统摄于河道总督。由于河道属官对运河河道进行专管，而道属各州县属官对河道进行分管，在河道事务上管理协调难度较大。康熙十七年，靳辅以运河分司官员三年一换，不管

① 《光绪顺天府志·河渠志十·河工六》引"王世绂请勘减河疏"。

钱粮、刑名事务，不熟悉民情风俗，且与各道官员管理衔接，职掌纷淆，事权杂出，难以协调配合，而道属官员为"久任之官"，"则凡所举行必图久远，而又兼管钱谷、刑名之事，于地方情形自能周知"，便于调拨协济，官民奉行，奏请裁撤南河、中河、北河、通惠河分司。① 康熙三十九年，北运河河工改隶通永道，下辖务关、杨村、通惠河漕运厅三个河厅。康熙四十三年，因北运河距离河道总督驻地较远，管理不便，遂将北运河河工事务转交直隶总督兼管。雍正四年，怡亲王受命治理直隶水利，于是奏请直隶诸河设立四局进行管理，再次明确了通永道对北运河的管理职责，"其北运河为一局，旧设分司亦应撤回，一切河务令通永道就近兼辖，其管河州判等官俱听统辖"②。雍正八年，因直隶河工关系重大，"添设直隶正副总河，驻扎天津，专司河务，四道厅员及印河各官受其节制"③。乾隆十四年，撤销直隶河道总督一职，直隶河务由直隶总督兼辖。通永道管北运河、通惠河及蓟滦诸河。

北运河堤工实行分界管理，北运河东西两岸河堤沿途被划分为几个河段，分派沿河州县官员负责管理。北运河河堤分属于务关和杨村两个河厅管辖："其务关同知统辖自通州北关至河西务长一百三十里八分，西岸自长陵营至河西务天齐庙，长六十一里有奇，东岸自牛牧屯至筐儿港长一百里有奇；杨村同知统辖西岸，自天齐庙至桃花口，长一百八里有奇，东岸自筐儿港至堤头村，长七十六里。"④ 通惠河漕运厅管辖通惠河两岸堤防事务，北运河河堤堤工分界、长度以及沿河州县管辖情形如表5—3所示。

---

① （清）傅泽洪：《行水金鉴》卷166《官司》引《靳文襄公治河书》，"圣祖仁皇帝康熙十七年七月□日总河靳辅题为敬陈经理河工事宜第七疏事"。
② （清）陈琮：《永定河志》卷11《奏议二》，"雍正四年二月十一日和硕怡亲王大学时朱轼奏为请改河道官员以专责成事"。
③ 民国《天津县新志》卷17《职官一·右县官》。
④ （清）王履泰：《畿辅安澜志·白河卷三》。

表 5—3　清代北运河堤工分界、长度和州县管辖情况

位　置	堤工分界	长　度	管　辖
西岸河堤	自通州北起至张家湾止	36 里多	通州州同辖
	自张家湾起至长陵营止	35 里多	通州州判辖
	自长陵营起至王家摆渡止	27 里多	系旧漷县,康熙三十四年添设州判一员分管
	自王家摆渡起至河西务天齐庙止	32 里多	武清县主簿分管,务关杨村二处分界于此
	自天齐庙起至王家甫止	24 里多	王家务把总分防
	自王家甫西起至杨村观音堂止	24 里	武清县北汛县丞分管
	自观音堂起至桃花口入天津县界	41 里多	杨村南汛把总分防
	自桃花寺至丁字沽叠道	1930 丈	乾隆十年筑,西沽巡检分管
	自西沽至玉皇阁炮台叠道	395 丈	
东岸河堤	东岸自牛牧屯起至吴家旧窑止	44 里多	香河县主簿分管
	自吴家旧窑起至王甫村止	29 里多	武清县耍儿渡县丞分管
	自王甫村起至筐儿港止	27 里	三里浅把总分防,务关、杨村二厅分界于此
	自三里浅起至包家营止	1 里 7 分	筐儿港千总分防
	自包家营起至旱沟入天津界	31 里 8 分	旱沟千总分管
	自旱沟起至堤头村止	43 里	

资料来源:(清)王履泰:《畿辅安澜志·白河卷三》。

二、北运河堤防形制和固堤措施

清代运河堤工建筑有一定程式,按《钦定大清会典事例》记载:"工之式,有堤、有埽、有闸、有坝、有涵洞、有木龙、有障、有簰。堤高一丈者,上宽三丈,下宽十丈。先于本土铲去地皮草根,坑洼不平之处,均填补整齐,施以水碱,然后加以新土,层层泼水夯硪,期于一律坚实,总以签试不漏为度。"[①] 由于北运河河道多为沙土,力学性质差,导致河堤坚固程度较差,伏秋水大之时,

---

① 光绪《钦定大清会典事例》卷 910《工部四十九·河工》。

堤防不能抵御洪水，引起河岸崩塌，甚至溃决泛溢。顺治十三年（1656年）二月，谈迁南还，看到河西务城附近河堤崩塌之形状，"癸亥晡刻，发三里抵河西务，河岸善崩，往见崩及城下，今城倾数十丈矣"①。运河河堤溃决，对漕运影响甚大。据记载，1893年夏季，北运河河水盛涨，河西务上汛15里的香河县红庙闸至宝坻县闸口长堤200余里被冲坏，运河大溜沿河东下，运河全面干涸，红庙上下八九十里间水深仅仅四五寸，最深至一尺，从天津北上的米船、麦船、货船、盐船、茶船、客船各类船总共六七百艘，悉数停泊于杨村至蔡村一带，寸步难行。②

康熙曾一针见血地指出，武清段运河河堤易于决堤的原因："耍儿渡、东旺、西旺等处、运河两边向来皆沙。其堤工系沙土筑成，故不坚固。"③雍正五年，怡亲王提出北运河河堤应设立保固期限。据乾隆《永定河志》所载怡贤亲王的奏疏："查定例黄河工程定限保固一年，运河工程定限保固三年。若直隶河道工程，子牙河则系民力修防，天津以南运河则系浅夫修防，永定河北运河则系分司岁加修理，皆无保固年限。臣等酌其水势平险，工程难易，请将子牙河、天津以南运河新修工程俱照运河例定限保固三年，永定河新修工程照黄河例定限保固一年，北运河较之永定河稍为平易，较之南运河则为险要，请定限保固二年。"④据此可知，北运河河堤在雍正五年之前每年有岁修工程，并无保固期限，怡亲王依据直隶地区各河流水势，请求定北运河河堤的保固期为两年。怡亲王关于北运河保固期限的建议得以实施，按乾隆《钦定大清会典》记载："凡保固，黄河工程限一年，运河限三年，江南河东同直隶南运河限三年，北运河限二年，永定诸河险工限一年，平

---

① （清）谈迁著，汪北平点校：《北游录·后纪程》，中华书局，1960年，第134页。
② 〔日〕《官报》第3106号，1893年11月4日。
③ 《清圣祖实录》卷217，康熙四十三年十月戊辰。
④ （清）陈琮：《永定河志》卷12《奏议三》，"雍正五年十二月和硕怡贤亲王奏为请定直隶河工等事"。

易工程并限三年。"① 光绪《大清会典》也有对北运河、通惠河的堤岸保固期限的记载:"堤岸土工,直隶永定河保固一年,北运河二年,南运河、通惠河保固三年。"②

为防止河堤表层土壤被风吹雨淋,导致堤防毁坏,需要在堤面采取植树种草的防护措施。靳辅在《治河奏绩书》中说:"堤成之后,必密栽柳苇菱草,使其茁衍茸布,根株纠结,则虽遇飙风大作,则终不能鼓浪冲突,此护堤之最要策也。"③ 堤上栽植柳树,是传统的固护河堤之法。靳辅在《治河奏绩书》中说:"凡沿河种柳自明平江伯陈瑄始也。其根株足以护堤,身枝条足以供卷埽,清阴足以荫牵夫,柳之功大矣。"④ 乾隆皇帝曾巡视永定河,写有"金门闸堤柳一首",其中提到河堤种植柳树应在河内栽植为主,"堤柳以护堤,宜内不宜外,内则根盘结御浪,堤弗败,外徒饰观,水至堤仍坏"⑤。根据《钦定大清会典则例》,清政府对河堤种柳有具体规定:"顺治十三年,定滨河州县新旧堤岸皆种榆柳,严禁放牧。"清代除了植柳固堤以外,还有栽草、种苇等保护河堤的办法,如康熙三十一年(1692年),清政府规定:"河道堤面阔二丈者,留八尺为行路,其一丈二尺密栽细草,遇有坦坡,均栽卧柳。"清政府对于河堤植柳、种苇、栽草均有奖惩制度。顺治十三年规定,"各官栽柳自万株至三万株以上者,分别叙录;不及三千株并不栽种者,分别参处"。康熙十五年,规定河官种柳奖励标准:"成活万株以上者,记录一次;二万株以上者,记录二次;三万株以上者,记录三次;四万株以上者,加一级,多者照数议叙。"雍正三年规定各级官员栽柳种苇奖惩制度。"成活五千株者,记录一次;万株者,记录二次;万五千株者,记录三次;二万株

---

① 乾隆《钦定大清会典》卷74《工部·都水清吏司·河工》。
② 光绪《钦定大清会典》卷58《工部》。
③ (清)靳辅:《治河奏绩书》卷4《治纪·坚筑河堤》。
④ (清)靳辅:《治河奏绩书》卷4《治纪·栽植柳株》。
⑤ (清)陈琮:《永定河志》卷首《宸章纪》。

者,准加一级。种苇一顷,记录一次;二顷,记录二次;三顷,记录三次;四顷,准加一级。"各处河营,每兵一名,另每年种柳百株,不能如数栽植者,河营专汛之千总、把总均有处罚规定。①

三、堤防修守和防洪度汛

1. 北运河的堤防修守制度

北运河为各路漕船汇总之水道,漕务繁忙。为保障漕运顺畅,朝廷对于运河堤防建设和维护均十分重视。清代河防体制十分完善,对于堤防修守有着成熟的管理制度:"各省沿河设立厅汛员弁,责令驻居堤顶,专为保守堤工。遇大汛吃紧之时,固当凛遵四防二守之法。即平日,亦宜常川督率兵丁,认真力作并巡逻堤岸,凡车马之踩躏,獾鼠之穴藏,偶有损动,随即修补,不敢稍涉大意,庶足以防患未然。"②

鲁之裕《急溺琐言》说:"人之言曰堤防,夫曰堤而又曰防者,堤固所以防水,而堤又需人以防之也,是故有堤而无人也,与无堤同,有人而无法也,与无人同。"北运河沿线设有河兵、河夫负责堤防修守,通永道所属北运河河兵329名,北运河伇夫180名,浅夫500名,水手48名,闸夫80名③。河营兵丁负有守护堤防之职责,"平时责令填补浪窝水沟,堆积土牛柴草,栽种柳株芦苇。迨至汛期,递送水签,瞭望溜势,抢筑险工,在在皆关紧要,不可一日旷役。"④乾隆元年,直隶河道总督刘勷上疏说:"查堤工设

---

① 乾隆《大清会典则例》卷133《工部·都水清吏司·河工四》。
② (清)朱其诏、蒋廷皋纂:《续永定志》卷9《奏议》,"御史蒋云宽慎重河防疏(嘉庆二十四年十一月)"。
③ 《钦定大清会典事例》卷903《工部·河工·河兵》。
④ (清)朱其诏、蒋廷皋纂,永定河文化博物馆整理:《续永定志》卷9《奏议》,"御史蒋云宽慎重河防疏(嘉庆二十四年十一月)"。

立,土牛最为河防要务,而河兵堆筑,必须酌定成规。"土牛是指在河堤堤顶堆筑的泥土堆,平时储备,汛期用于抢险。他建议照南河豫东河兵积土之例,永定河、南北运河沿岸河兵实行堆筑土牛的管理办法。"嗣后应请除汛期在埽坝力作并寒暑两月免积外,其余看铺守堤之兵按名责令如数挑积,每月汇报。其埽坝力作之兵应过白露后责令按名挑积。"江南、黄河堡夫每月积土土方数额为十五方,"永定河、南北两运河兵应挑土方,照依江南河兵题定挑积土方之例遵行"①。

北运河虽有河兵、铺夫之设,但乾隆三十七年之前却没有汛房、堡房等建筑以供其居住休息之用,"北运河两岸堤工,向来并无堡房"。乾隆三十七年八月,工部建议于北运河河堤上每三里设堡房一座,分派河兵一名携带眷属住宿,"倘有出险之处,立即传办,以便集夫防守";又北运河各汛员弁遇伏秋汛期应住于河堤之上,督率人夫防守,向来也没有汛房,无处居住休息,"应于该汛适中之地,建盖汛房三间"。总计北运河东西两岸河堤长337里,应设堡房111座,两岸汛房应设12处。朝廷最后批准该建议,"准其添设汛房堡房以资栖止"②。按照《两河清汇》记载,堤夫居住河堤,一年当中不同季节其工作也有不同要求。"每堤夫二名在堤修盖堡房,春月在堤两旁栽植柳株,夏秋水发昼夜在堤防守修补,探报水汛涨落,冬月办纳课程。每岁栽柳一百株、苇三十套、橛三十条、麻十觔,交纳贮厂,备河上用。"③

2.北运河的防洪度汛

运河河工有岁修和抢修。雍正二年,设张家湾漕运通判一员,

---

① (清)陈琮:《永定河志》卷13《奏议四》,"乾隆元年八月总督兼理河务臣李卫为复奏勘过河道大概情形仰请训示事"。
② (清)陈琮:《永定河志》卷17《奏议八》,"乾隆三十七年八月三十日工部为河工告成详筹一切应行事"。
③ (清)薛凤祚:《两河清汇》卷一《运河》。

"管理岁修、抢修一切疏筑工程及每年外河挖浅"①，张家湾设有漕运通判衙署。"河工定例，三汛之后，遇有河身淤浅，堤工卑薄，估报挑筑，谓之岁修；预备料物，于临汛时遇有危险，随时抢办，谓之抢修。"②三汛是指春季凌汛、夏至时的麦黄汛和伏秋大汛。三汛之后即入冬，河流水势减小，进入冰冻期，这个时候有利于进行河堤修筑，挑挖河道淤浅之处等，此即岁修。抢修一般发生在汛期，预备物料准备随时对险工地段进行修护。汛期一般包括凌汛、麦汛和伏秋大汛。凌汛是春初河冰解冻，冰凌壅积堵塞河道，使河水难以下泄而引起的河水上涨，严重时会冲垮堤岸。麦汛是入伏前的河流涨水，此时正值麦黄时节，故又称麦黄汛。伏秋大汛是夏季入伏之后的河流涨水时期，此时多暴雨，河流水量骤增，形成涨水。

　　三汛时期，河流堤岸均需加强防护。《大清会典则例》记载："其防守之法，则统于桃伏秋三汛。自清明节起，阅后二十日为桃汛，自桃汛后至立秋前为伏汛，自立秋至霜降节为秋汛。汛临之时，该管官弁责令河兵、堡夫加谨分防，每里设立窝铺，铺各标旗，编书字号，夜则悬灯鸣金以备抢护，昼则督率兵夫卷土牛小埽听用，遇有刷损，随刷随补，毋使坍卸。至夜，分巡守易于旷废，应设立五更牌面，分发南北两岸，照更次挨发，各铺递传。如天字铺发一更牌，至二更时前牌未到，日字铺查明何铺稽迟，及时拿究。再（在）汛发之时，多有大风猛浪，堤岸难免冲激，应督令堤夫多扎埽料，用绳桩悬系，附堤水面，纵有风浪，随起随落，足资防护。又凡骤雨淋漓，易置横决，应置备蓑笠，令兵夫冒雨巡守。此外，非时客汛及十月复槽汛，十一月十二月蹙凌汛，非三汛可比，止令兵夫照常巡守。"③

---

① 光绪《通州志》卷3《漕运·设官》。
② 《光绪顺天府志·河渠志·河工六》。
③ 乾隆《钦定大清会典则例》卷133《工部·都水清吏司·河工三》。

漕运结束后，北运河即进入冰封期。《潞阴志略》曾记载长陵营堤一带河道冬季结冰涨裂现象。"土人云冬日坚冰厚五六尺，堤防兵役，中夜闻有声如雷，天明起视，则冰裂数十里，若有物出入其间，频岁过此，亦可异焉。"① 由于河水结冰，体积增大，导致河冰裂解，古人不明白其中的科学道理，故以为异事。春季冰融时期，河道中便会产生冰排，一旦遇到河湾或河岸狭窄之处，便容易堆积阻塞河道，形成涨水现象，因此凌汛期应加强堤岸防护，北运河、永定河等需防卫凌汛。《永定河志》记载有凌汛防守之法："向例先期檄饬各汛员于惊蛰前五日移驻要工并委试用人员及武弁协防，预备大小木榔、长竿、铁钩，俟冰凌解泮时，督率汛兵将大块冰凌打碎，撑入中泓，不令撞击堤埽。"② 麦黄汛或伏秋大汛之时，河道堤防守护均采用"四防二守"之法，北运河、永定河汛期均实行"四防二守"制度。《急溺琐言》记载有四防二守之法：

一曰昼防。五六七八此四月间，雨水多涨之候也，常以人巡堤上，搜獾洞，实鳝孔，灌柳枝，堆土牛。而于要害之处，则尤宜积桩草、麻柳梢等物以备之。

一曰夜防。防于夜，则灯竿不可不设也。而设灯竿则信地，尤不可不定也。大约堤长一里，宜分三铺，铺各三夫，而里以数计，铺以号编。夫各分其信地，而又铺十有长，里十有官，当夫汛至而堤有欲决之势，则铺长鸣金，左右铺夫奔而至，至即运土牛，下桩埽以抢御之。倘一长之夫力不胜，则铺长迭振其金，而官督其十里之夫以齐来，料备夫齐，则将决未决之堤，未有不可保者矣。

一曰雨防。防雨之法与夜等，惟是三铺之间，须更

---

① 道光《潞阴志略·堤防》。
② （清）陈琮：《永定河志》卷7《工程考·修守事宜》。

设一窝铺，使夫雨有蔽而劳亦可以暂息也，然非听其熟睡也，宜标禁于窝铺之前，违者务严惩之如军法，乃不虞于或误。

一曰风防。四防之中风为剧，涛之汹涌，风致之，无风则涨易御耳。法宜于平时预束秸藁。翘薪柳枝蒿藜等物以为把，而贮于两岸之上，及其水发风狂，则自下风之岸，将所束之把浮系于树，以柔浪而杀其势。迨乎浪平风定，水退堤安，即仍将把束收晒而高贮之，以为卷埽之需。①

四防之中，风防尤为需要注意。夏秋入汛，随着河水盛涨，水位提高，水面变宽，堤坝前的水深增加。当风速较大，并且风向与吹程一致时，形成冲击力强的风浪。河堤临水坡面在波浪连续冲击和拍打下，同时伴随着波浪来回涌动，形成往返式的爬坡运动，有时会产生真空作用，从而产生负压力，使堤防土料或护坡被水流冲击淘刷，遭受破坏。轻者把堤防临水坡冲刷成陡坎，重者造成坍塌、滑坡、漫水等险情，使堤身遭受严重破坏，以致溃决成灾。因此在堤坝受水坡遭受风浪冲击时，应及时进行抢护，防止堤坝被破坏而出现险情。如嘉庆十三年，"杨村通判所属马家工东缕堤一道，因风浪排击，漫溢十余丈，又务关同知所属小王家庄以北缕堤，亦经漫溢十余丈"。

明代万恭所写《治水筌蹄》一书中记载黄河堤岸防风浪之法："古有黄河风防之法，如遇水涨，涛击下风堤岸，则以秋秸、粟藁及树枝、草蒿之类，束成捆把，遍浮下风之岸，而系以绳，随风高下。巨浪止能排击捆把，且以柔物，坚涛遇之，足杀其势，堤且晏然于内，排击弗及，丁夫却于堤外帮工，此风防之要决也。捆把仍

---

① （清）鲁之裕：《急溺琐言》，载李文海、夏明方主编：《中国荒政全书》（第二辑·第一卷），北京古籍出版社，2004年，第219页。

可贮为卷埽之需，盖有所备而无所费云"①。《河工器具图说》记载防止风浪啮岸的挂柳之法，"伐大柳树，连梢，系之长堤根，随水上下，破啮岸浪，俗名挂柳"②。北运河堤岸在汛期河水盛涨风起浪涌之时也使用挂柳之法。乾隆四十七年，因北运河堤工抢修银有浮冒之嫌，霸昌道哲成额奉署直隶总督英廉之命前往北运河查勘河工。据哲成额在回禀的奏文中有"又有临汛抢护工一百一段，用银四千八百五十六两，系水长时相机抢挂席、柳、埽把，以护堤坝"之语。"又挂席、挂柳、挂埽，统谓之抢险，然而非实险也，不过河水漫滩，漫及堤根，因而藉此为抢护风浪之计。"③

四方二守为防洪度汛时期防护堤防之法。实行于每年汛期，"夫四防之候。每岁不过五六七八月。而此数月之水。其发不过数次。每次亦不过数日。然而初发之水不盛也。再次则猛矣。至于八月以后。则虽发而势亦衰"④。伏秋大汛时期，堤防守护仅靠河兵、堤夫远远不够，因此需要征调民夫上堤协助守护河堤。"兵夫只可修守于平时，若遇水涨工险，方下埽签桩之勿暇，故当伏秋大汛，例调民夫上堤协守，俗谓站堤夫是也。迨水落工平，仍归兵夫修防。"⑤凉水河每遇夏秋汛期，也有四防二守之法。"通惠河分司所辖浑河，东流至张家湾入白河，俱系流沙淤浅，遇夏秋水涨，督率沿河州县官夫役，两岸昼夜巡逻。"⑥

3. 北运河的堤防守险

靳辅认为堤防守险之方有三："一曰埽，二曰逼水坝，三曰引

---

① （明）万恭：《治水筌蹄》卷下。
② （清）麟庆：《河工器具图说》卷3《抢护器具》。
③ 《光绪顺天府志·河渠志·河工六》。
④ （清）鲁之裕：《急溺琐言》；（清）贺长龄辑：《皇朝经世文编》卷102《工政八·河防七》。
⑤ 《河工器具图说》卷1《宣防》。
⑥ （清）薛凤祚：《两河清汇》卷1《运河》。

河。"① 埽是中国特有的用树枝、秫秸、草和土石卷制捆扎而成的水工构件,主要用于构筑护岸工程或抢险工程,多用于黄河等多沙河流上②。北京地区永定河、北运河等河流皆多沙,因此,在护岸抢险工程中也大量使用埽工。埽的名称最早始见于宋代,宋真宗时,埽工建筑已经遍布黄河两岸,凡是险工地段,均修有大埽。按《宋史·河渠志》:"埽之制,密布芟索,铺梢,梢芟相重,压之以土,杂以碎石,以巨竹索横贯其中,谓之心索,卷而束之,复以大芟索系其两端,别以竹索自内旁出,其高至数丈,其长倍之。凡用丁夫数百或数千人,杂唱齐挽,积置于卑薄之处,谓之埽岸。"宋代以后,元明清以至民国年间,埽工都是堵口和护岸的主要手段之一,但埽工制作和形式不断改进和丰富。清中叶以前多用卷埽,清代中叶以后改为厢埽。厢埽的做法是在施工时,于河堤外置一捆厢船,在船和堤头间铺绳索加料,就地捆埽,用秸料和土层逐层加修,层层下压,逐层沉蛰至河底,成为一个整埽体。清代埽工种类十分丰富,有磨盘埽、月牙埽、鱼鳞埽、燕翅埽、扇面埽、耳子埽、等埽、萝卜埽、接口埽、门帘埽等。埽工用料为柳材、梢草、秫秸、土料等,取材方便,制作快速,便于紧急时刻使用,可以用作护岸、堵口等工程,特别是临时性抢险和堵口截流中很有效③。

"无险工则无埽工"④,埽工是北运河护岸和抢险的主要手段之一。"埽也,桩也,皆以护堤。"⑤ 北运河堤岸防护有埽工和排桩。北运河杨村以上至河西务一带,险工较多,抢险时多用埽工,如康熙三十九年二月丙寅,康熙帝谕工部尚书:"观耍儿渡之东被水冲刷,

---

① (清)靳辅:《治河奏绩书》卷4《治纪·防守险工》。
② 周魁一:《中国科学技术史·水利卷》,科学出版社,2002年,第331~332页。
③ 郭涛:《中国古代水利科学技术史》,中国建筑工业出版社,2013年,第89~94页。
④ (清)陈琮:《永定河志》卷17《奏议八》,"乾隆三十七年六月十六日工部尚书兼管府尹事臣裘曰修为工程完竣并陈明河道情形仰祈圣鉴事"。
⑤ 《光绪顺天府志·河渠志五·河工一》。

深为可虞，若不预筑挑水坝，必致溃决。著备桩埽等物，朕即亲临指示修筑。"①木排桩也是运河的护岸手段之一，如乾隆五十五年，仓场侍郎苏凌阿会同工部奏温榆河下游疏浚情况："温榆河浚分三段，石坝楼前至工部税局止，浚淤九十五丈，外用杉木排桩、防风板，添作泊岸，河宽七丈至十五丈，深八九尺。"②埽工需要专业人士去做，北运河沿岸河兵当中有桩埽夫之设，雍正十二年吏部请求在南运河、漳河添设桩埽夫，人员则从永定河和北运河选派。"且直隶南运河止有浅夫并无熟谙桩埽夫役，应请于永定河北运河兵内拣选熟谙桩埽兵丁数名，暂放头目教习南运河浅夫办理桩埽抢护等工……大名道属漳河紧要，向无河兵埽夫，亦应照例（江南运河例）添设桩埽夫十二名，均在于永定河、北运河兵内拣选熟谙兵丁专任办理，教导民夫以备上下抢护要工。"③

清代北运河堤防自康熙以后较少出现决口泛溢，还与运河治理采用挑水坝控制水溜技术有关。北运河最早使用挑水坝始自于康熙三十九年二月，圣祖巡视北运河筐儿港冲决处，晓谕工部尚书萨穆哈在筐儿港旧河道以东转湾处修筑一挑水坝，将河溜挑离，防止冲击堤岸④。其后，永定河也开始使用挑水坝保护堤岸。康熙四十二年二月五日，圣祖谕令永定河分司仿照黄河险要堤防应下挑水坝事例，令其在永定河进行修筑挑水坝试验："尔等遵照朕指示式样前往烟墩、九里冈、龙窝三处，筑挑水坝数座，试看有无裨益，虽被冲坏无妨。"⑤康熙朝之后，运河堤防广泛使用挑水坝，如乾隆十年，"通州东门外，运河溜逼西岸，城北石坝楼一带遂成顶冲之势，今于卧虎桥、石坝楼、小神庙三处各建挑水板坝一座，自小神庙北

---

① 《清圣祖实录》卷197，康熙三十九年正月丙寅。
② 《光绪顺天府志·河渠志十·河工六》。
③ （清）陈琮：《永定河志》卷12《奏议三》，"雍正十二年吏部为敬陈河务管见请旨敕议酌行事"。
④ 《清圣祖实录》卷197，康熙三十九年二月丁卯。
⑤ （清）陈琮：《永定河志》卷首《恭纪·谕旨纪》。

石碑起至邵板厂鸡心坝止,建护岸挑桩板工长三百丈";"又张家湾东南沿河一带自木厂起至善人桥计长五里余,堤岸卑薄危险,今建挑水坝三座,护岸挑桩板工长四百六十丈,并将长店头村坍坝加培宽厚"①。

乾隆三十六年工部尚书裘曰修提出浚河滩导引中泓,减少堤岸险工之法。"运河两岸险工林立,而所以有险工之故,则淤滩致之。东岸有淤则水注于西,西岸有滩则水注于东,侧注之势,偏刷堤根,于是加埽加镶加戗,百计与之为敌,曷若于水发之前,凡有淤滩,皆以川字河之法深浚沟槽,水到引入槽中,则险工便可大减。"②

第四节 北运河河道浚淤

一、漕船航行对河道的要求

北运河含沙量高,这在文献中多有记载。《钦定户部漕运全书》说:"北河河道彻底全沙,沙随水走,水逐沙行。"③谈迁《北游录》说北运河"沿河积沙如雪,故曰白河,值风而飏,不生草木"④。《光绪顺天府志》说:"北河流沙,通塞无定。"⑤永乐《顺天府志》引用《怀柔县志》记载说:"白河在县东二里,古名白遂河,发源自密云界,由本县东南流入通州潞河,水势激冲,沙地疏恶,每岁雨涝暴

---

① (清)王履泰:《畿辅安澜志·白河卷三》。
② (清)陈琮:《永定河志》卷17《奏议八》,"乾隆三十七年六月十六日工部尚书兼管府尹事臣裘曰修为工程完竣并陈明河道情形仰祈圣鉴事"。
③ 《钦定户部漕运全书》卷44《漕运河道·挑浚事例》。
④ (清)谈迁著,汪北平点校:《北游录·后纪程》(清代史料笔记),中华书局,1960年,第134页。
⑤ 《光绪顺天府志·河渠志十·河工六》。

溢，则泛滥散出，广浃深浅无有常度。"① 由于北运河河水含沙量大，在河道迂曲之处，水势较缓，流沙易沉积而形成浅滩。《直隶省志初稿水道篇》说："通州以下，潮白榆三河合流至河西务一百四十余里，河狭水迅，路曲沙停，凡五十有九浅。"其后注曰："俗呼浅为横子。"又作注曰："谚云，北河七十二横，横即浅也。"②《转漕日记》记述了漕船在北运河遇到的浅滩、河流的弯曲，即漕船航运搁浅的情形：

> 十六日，卯刻行。船屡搁浅。四十里，泊南蔡村。
> 十七日，卯刻行。水多淤浅，宛转避之，不能速进。
> 十九日，卯刻行。河势湾曲，如往而复，又有三望苏家楼之意。③

北运河泥沙沉积造成河道浅涩，而漕船载米负重均有一定的吃水深度，河道淤积与航道要求形成矛盾。漕船装载漕粮在运河中航行，河水需要保持一定的水位，因此运河治理工程必须考虑河流深度问题。清代漕船分为三种，分别是江广船、江浙船和浅船。江广船是江西、湖南、湖北三省的漕船，江浙船是江南和浙江的漕船，浅船是山东、河南的漕船。在这三种漕船中，江广船因经过长江，漕船体积最大，船身长，吃水深；江浙船体积次之；浅船体积较小，吃水最浅。杨锡绂《漕运则例纂》记载："向例漕船载米，不得过四百石，入水不过六捺，相沿办理，遂以三尺五寸为度。嗣因江广粮船题定装米一千余石，船身负重入水，非四

---

① 永乐《顺天府志》卷13《怀柔县·山川》。
② （民国）贾思绂纂修：《直隶省志初稿水道篇不分卷》，载保定市图书馆编：《保定市图书馆藏稀见方志丛刊》，第五册，国家图书馆出版社，2012年，第194页。
③ （清）李钧：《转漕日记》卷3，《续修四库全书》史部传记类，第559册，第787页。

尺难以济运。"① 清初康熙年间，各省漕船均装载漕粮 400 石为准，漕船吃水深度约为 3.5 尺。雍正二年，江广船经行长江，有波涛之险，遂下令将船身加长至 90~100 尺。因江广船体积偏大，吃水深，航行不便，乾隆五年，朝廷定江广船长 95 尺，深 6.9 尺，吃水深度为 3.9 尺。江广船是最大的漕船，其装载漕粮为 1000 余石，吃水深度一般在 4 尺左右。据此可知，运河河道的水深需要控制在 4 尺以上才能满足航运要求。清代建减水坝，其高度均需在四尺以上。康熙四十三年，康熙亲临薛家庄齐苏勒等人所勘定拟筑减水坝之处时说："此处迎溜顶冲，若筑减水石坝，遇水涨时，石坝虽不妨，而两边土坝可虞。如水涨过四尺，由减水坝流出，视其流高几寸，可算一昼夜水洩几分。"② 同年十月，康熙下谕于齐苏勒："朕前阅杨村相近，有旧河形迹一道，即于此间建减水石坝，以分水势甚为有益。此处近海，疏通甚易，所分之水，不可使通百灵港、宝坻县、香河县，此三处地势低洼，难以抵敌。至建造减水坝，须口宽四五十丈，以石铺之，使尾长而斜，坚固修筑，若水长不至四尺，不能越减水坝。"③《清圣祖实录》记录了圣祖于康熙五十年二月在河西务开引河，即指出河道所需深度问题："此沙地著挖河，宽十丈，长四百七十余丈，平坦处深四五尺，高阜处或七八九尺不等；其河湾处著建二小挑水坝。"④

二、北运河河道浚淤之法

为了应对河道淤浅对航运的影响，清政府采用了以下两种办法：其一，挑浚河道，疏挖浅滩；其二，粮船淤浅，实行剥运。

---

① （清）杨锡绂：《漕运则例纂》卷 12《挑浚事例》。
② 《光绪顺天府志·河渠志十·河工六》。
③ 《清圣祖实录》卷 217，康熙四十三年十月戊辰。
④ 《清圣祖实录》卷 245，康熙五十年二月戊辰。

1. 河道挑浚

乾隆《钦定大清会典则例》对河流疏浚有相应的规定："顺治二年议准，凡浚河，面宜宽，底宜深，如锅底样，庶中流常深，岸不坍塌。如无堤之处，须将土运于百余丈外，以免淋入河内。遇河流淤浅，即令疏浚，如水溜在中，两岸筑丁字坝以束之；水溜在旁，顺筑束水长坝以逼之；或排板插下泥内，逼水涌刷；或排小船，或用勺，或用混江龙，或用刮板，皆因地制宜，不拘器具。"① 清代，朝廷多次疏挖北运河河道，"康熙十九年，遣官挑浚通州至天津河道"②。康熙三十六年，仓场侍郎瓦尔达等奏称北运河淤浅，应予以疏浚。三十七年正月，疏浚河道③。嘉庆六年，北运河因大水而改道，在小圣庙以下直接向南改走康家沟，遂导致正河张家湾段运河河道淤浅。嘉庆十二年，为了使河道重新走张家湾，清政府再次疏浚张家湾段北运河旧道，并于康家沟口筑坝避免北运河旁趋。十三年五月，温承惠堵筑康家沟口，改筑坝基；六月，康家沟大坝以西土堰漫开30余丈，复因回溜冲刷，大坝又蛰陷50余丈，北运河再次走康家湾。清廷虽多次疏浚张家湾段河道，但因河道淤高，疏浚无果，从此漕船不再经行此段河道。嘉庆十九年五月一日，仓场总督荣麟奏称南粮重运漕船于四月二十一日已挽入直隶境内，即将进入北运河，抵达通州期限迫近。然而，北运河河道中横浅处所达数十处之多，有碍漕运，请赶紧疏浚。于是嘉庆命谕那彦成饬令通永道克期疏浚，"务令一律通畅，以利漕行，毋得稍有延误"④。

清代，河漕总督专管漕粮运输，同时督率河道管理官员挑挖

---

① 乾隆《钦定大清会典则例》卷133《工部·都水清吏司·河工三》。
② （清）傅泽洪：《行水金鉴》卷133《运河水》。
③ 《光绪顺天府志·河渠志十·河工六》。
④ 光绪《钦定户部漕运全书》卷45《漕运河道·挑浚事例》。

河中浅滩，以疏通河道，使漕船航行无阻。按《治河奏绩书》记载，全漕运道自浙江迄张家湾凡 3700 余里，"沿河设铺舍，置夫甲，专管挑浚"①。按规定，河南、山东漕船应于 3 月 1 日抵达通州，"查历年山东省漕船于二月尽三月初旬抵通起，至四月内尽数全完起卸回空"②。为使漕船在北运河中能够畅行无阻，每年的河道挑浚工程在漕粮将至之前即开始进行，清代规定："漕白粮船抵津，（河漕总督）督率文武官弁往来催儹并查验北河浅阻，令座粮厅督夫挑挖深通，毋致粮艘阻滞。"③乾隆五十三年，因直隶运河浅阻甚多，经巡漕御史和琳奏请勘办，亲奉谕旨，"即于漕船回空后，一律挑挖深通"④。北京受季风气候影响，春夏交际之时降水量少，河道存水不足，挖浅疏浚工作尤为紧急。"惟春夏之交，粮艘运至，多苦溜急水浅，然地性沙疏，不能设立闸座以蓄水势，惟设有挖浅夫，临时疏浚而已。"⑤

挑浚河道不独清理河道泥沙，还要清理河道内石头、树木等废弃物品。"沿河两旁，或岸石倾圮，或墙壁坍塌，或树根插入，或旧桩未净，所在间有。"漕船经过时不慎触撞，往往毁坏船只。据《漕运则例》记载，漕船在航行中，"其或有并未遇风，因河底石块、旧桩及树根等项触漏致溺者"⑥。如乾隆五十五年，"平山前卫旗丁宁学朱漕船被河底断桅撞漏沉溺"⑦。因此，挑浚河道时，还要清理各种对漕船形成潜在危害的障碍物。雍正十年八月，稽查通州漕务监察御史王丕烈等上奏称："南北运河皆平流窄岸，非若江湖淮黄水势浩瀚，有波涛汹涌之险，乃失风坏船之事，运河亦往往而

---

① （清）靳辅：《治河奏绩书》卷 1《川泽考》。
② 《漕运全书》卷 31《漕运河道·历年成案》。
③ 光绪《钦定户部漕运全书》卷 44《漕运河道·挑浚事例》。
④ 光绪《钦定户部漕运全书》卷 45《漕运河道·挑浚事例》。
⑤ （清）吴邦庆：《畿辅水道管见》，载吴邦庆：《畿辅河道水利丛书》。
⑥ （清）杨锡绂：《漕运则例纂》卷 12《挑浚事例》。
⑦ 光绪《钦定户部漕运全书》卷 45《挑浚事例》。

有，大抵非搁浅所致，即撞触之悮。查运河水道，有曾经被水溃决之处，彼时但令筑堤防以御水势，其旧堤遗址积年淘卸激冲，日就洼下，有昔日堤岸已为今日河身者，而旧存石块木桩不无淹没于水流迅急之中，粮船过此或乘风而行，不及觉察，一经抵触，多致损坏。请令河臣于水落之时，沿途查看，遇有石块木桩阻碍河中者，急行起除，以清河道。"① 于是世宗命河臣严敕河道等官按时疏浚河道，"每年于水落之时沿途查看，遇有石块木桩阻碍河中者，即行起除，以清河道"②。

北运河的河道疏浚最初归坐粮厅管理。雍正二年，李绂奉命催儧漕船，根据其著作《漕行日记》记载："（二月）二十八日巡河官交河县徐令遣人来报，前船已至杨村，遇浅不能进，设法雇募小船剥浅，而沿河并无小船可雇，现在停泊。"李绂遂作书与仓场总督："速催坐粮厅浚河，用双羽官封飞递。仍谕徐令差役传谕，不必另雇小船，静候坐粮厅挑浚河洪，再行前进。"③ 坐粮厅既掌管漕粮验收，又掌管漕粮自通至京转运，还兼管北运河河工及通济库出纳等事务，由于责成不专，导致北运河治理不彻底，"每多淤浅阻滞之患"。雍正初期，清廷采用多种办法疏通河道。雍正元年，"题准多差人役，昼夜巡查，雇募附近长夫逐日探量水势，多插柳标，随时刨挖"。雍正二年，"特命户部侍郎赵殿最等会看料理，奏准添设通判一员驻扎张家湾专司疏浚，并设把总二员，外委四员听通判调遣。遇有浅阻，报明通判，在坐粮厅衙门领取钱粮，督率挑挖，仍协同沿河兵弁催儧空重漕船"。雍正三年，"以坐粮厅满汉二员经营粮务，不能亲历河干督率挖浅，题准将各汛之浅，令各汛官弁，督率人役开挖"。规定每年漕船抵近北运河时，先行疏浚河道。"坐粮厅预为转行各汛官弁，先期疏浚，若接续而来，即于前船既过，后

---

① 雍正《漕运全书》卷32《漕运河道·历年成案》。
② 雍正《漕运全书》卷29《漕运河道·挑浚事例》。
③ （清）李绂：《穆堂别稿》卷20《记九·漕行日记四》。

船方来，立加疏导。"① 乾隆二年，"奏令坐粮厅于水涸时，浚通州至杨村沙嘴尖突处，朱家河底碾石，龙王庙河底瓦砾"②。次年，仓场总督因运河随挑随淤，遂奏停坐粮厅疏浚河道，北运河疏浚由通永道统一掌管。

2. 刮板除沙

北运河浚淤设备有二：一曰堡船，一曰刮板。北运河旧设堡船60只，招募杙夫180名，长设浅夫300名③。堡船使用时间很短，始于乾隆十一年，三年后裁撤。刮板除淤之法系明代万恭所发明，清代北运河已经开始使用刮板来清除运河河道内的浅滩。《漕运则例》记载："杨村以上至通州，河流湾曲，最易淤阻，坐粮厅向设刮板四十副，重运到时，设有浅阻，立用刮板开通。"④ 刮板每副需人夫25名，都是临时雇募。乾隆二年，裁撤10副刮板，因此全河只设有刮板30副。刮板每副设夫头一名，需要疏浚河道时，由夫头随时雇用人夫挑挖淤浅，按时发给工价。

北运河挑浚分汛地管理。康熙三十九年，"通州至天津沿河州县，各分汛地，每年额解挑浅银两，向系通惠河分司经收，专司挑挖"⑤。全河原设六汛，每汛向设刮板五副，额有浅夫80名，但每副刮板需要25人，故只能使用三副刮板，其余两副刮板无法使用。乾隆二十三年，对各汛的刮板人夫进行调整，规定每副刮板用浅夫20名。同时将杨村汛的五副刮板减去两副，只留三副，杨村汛只需用60名浅夫，这样杨村汛原额80名浅夫还剩余20名浅夫。另再添设80名浅夫，平均分配到其余五汛当中，这样每汛有100名浅夫。这

---

① 光绪《钦定户部漕运全书》卷44《挑浚事例》。
② 《光绪顺天府志·河渠志十·河工六》。
③ （清）《漕运则例纂》卷12《北河挑浚》。
④ （清）杨锡绂：《漕运则例纂》卷12《北河挑浚》。
⑤ 光绪《钦定大清会典事例》卷187《户部三十六·仓庾·北河浚浅》。

些浅夫交由通永道率同漕运通判管辖,"遇有淤浅过多,本汛不敷应用,即将上下汛通融调拨"。由于管辖不力,浅夫平时刮挖河道并不卖力,"多于粮船阻碍之时,始用力刮挖,往往前船经过,后船复停"。为使漕船航行顺畅,乾隆三十年奏准,"嗣后令通永道不时赴工亲行,逐名查点,督率厅汛员弁严督浅夫探量水势,遇有淤浅,立即上紧刮挖深通,以免舟行阻滞"①。

乾隆五十三年,漕运总督毓奇上奏说漕船过天津进入北运河后起剥,而旗丁雇用剥船价格很高,而应得雇用红剥船银不过2000余两,不抵实际雇剥价的1/10,收不抵支。此外,杨村至通州之间的北运河一带,停沙横浅之处很多,重运漕船雇剥船,按规定起六存四,但河道淤浅,挽运艰难,需要多剥运才能挽运前行,旗丁赔累不堪。于是,"请于北河原设六汛之外,再设二汛,加募浅夫二百名,添备刮板十副,即以此项红拨银两添备北河刮浅之用。"② 其后,又据仓场奏明:通州上下二汛中间一带河面宽阔,每遇春夏之交水弱之时以及秋后水落后,水势散漫,河道淤浅,空重粮船到此均阻滞难行。"今于该二汛交界处所,安设一汛,作为通州中汛,添设汛弁一员,刮板五副,浅夫一百名。又南北蔡村等处河道一段每遇水落,多露横沙,今于蔡村地方安设一汛,添设汛弁一员,刮板五副,浅夫一百名。"③ 按《光绪顺天府志》记载,乾隆五十三年,"添设通州上下二汛,刮板十,夫二百",应是应毓奇之请而设。同书又记载:"嗣添刮板五,夫百。"按照刮板和浅夫数量,可知又增设一汛,可能是应仓场之请而设,但没有满足其所提设二汛的要求。

乾隆五十三年以后,北运河沿线汛地共有9个,其中除了杨村汛设浅夫60个以外,另外8个汛地浅夫额数均为100人,这样北运

---

① 光绪《钦定户部漕运全书》卷44《漕运河道·挑浚事例》。
② 光绪《钦定户部漕运全书》卷45《漕运河道·挑浚事例》。
③ 同上。

河浅夫总数为860人。《光绪顺天府志》记载说北运河"今设夫凡八百六十",与其记载相一致。

3. 束水冲沙与浉河治理的失败

明代潘季驯"束水攻沙"理论对后世治水影响颇大,清代曾在北运河尝试使用束水攻沙的办法,以消除河道沙淤,保障漕船航行顺利。康熙二十九年,康熙皇帝曾下诏书指示治河官员通过挑浚河道或采用下埽束水的办法疏通河道。"漕运关系重大,河水浅阻处所地方,各官随宜挑浚下埽束水,以济漕运。"①

康熙二十七年十一月,圣祖命靳辅同工部尚书苏赫等前往通州视察北运河,靳辅建议在沙河城东吕各庄、土沟庄、葛渠庄以及通州两河汇流之处,建闸蓄水,可共蓄水400万方。而在通州以下东岳庙、流水沟等处,地势开阔,河流散漫,在南营、何各庄等处,因河中有沙滩淤高,河水分为两道并流,导致河道淤浅。为此,靳辅建议自通州以下河道应筑坝束水济运。"此等稍有散漫及两道分流之处建筑小堤,将水拦束,所蓄之水放泄,则河水可增两捺,以济漕船三四日之运。"②工部等复准将筑坝束水工程交与通惠河分司,并说待工程完工即停止该段运河挑浚。不过此事后来并没有下文,似乎该工程并没有进行。

乾隆年间,河道总督高斌在北运河上曾用沙袋筑堤,以束水攻沙,杨锡绂《漕运则例纂》有记载:

> 北运河身宽水散,并无正槽,又多支汊,以致停沙横浅。先经总河高斌请用通仓旧袋囊沙筑坝,束水归槽,交漕运、务关、杨村三厅办理,通永道督率。乾隆十一年因

---

① 雍正《漕运全书》卷29《漕运河道·挑浚事例》。
② 雍正《漕运全书》卷31《漕运河道·历年成案》。

用袋囊，多须工费，改为柴草土坝。乾隆十二年因水积沙浮，昼夜冲刷，随时加镶至三、四、五次，迨伏秋水发，俱漂没无存，请于十三年建筑土坝，量加高厚，如有汕刷，临时加镶。至十三年仓场总督书山等以所筑之坝即挑河沙填筑，殊不坚固，其筑坝之处，惟坝口刷深，离坝十余丈，水势已缓，沙即停留，更甚于漫流之处，及遇河水骤涨，大半冲倒，反积河中为埂。请将束水筑坝停止。①

高斌于乾隆十一年用通州粮仓旧粮袋装沙筑坝，但因工费多，乾隆十二年改筑柴草土坝。后因坝体不坚固，故于乾隆十三年建筑土坝束水攻沙。尽管如此，但因束水坝系河沙所筑，坝体并不坚固，反被在汛期水大时被河水冲毁，在河道中形成梗阻，阻碍漕运。故而仓场总督书山建议停止筑束水坝，实际上表明北运河不适合采用束水攻沙的办法来消除河道中的淤浅。

运河河滩地上往往有与正河并行的分支汊河，河水形成几股分流的形势，往往分散正河水势，影响航运，对河堤也有一定的影响。清代陈潢在其著作《天一遗书》中对堵塞汊河有深入的分析："河身上下凡有支河之处，宜水势消落之时，饬行尽数堵截，永断其流，务使水归正河，专力攻河，则河自能深通，可免泛滥之虞，此河不两行之法也。尤可喜这支河一经堵断，则大河满溢出漕之水，不过蔓延灌注，集聚于土坝之内，不能成流汕刷堤根。"② 此处的河是专指黄河，在黄河河道上堵塞汊河能够起到保护河堤的作用。北运河也曾采用堵塞汊河的办法，乾隆十四年，"直隶总督陈大受以束水坝座，正河可以不筑，惟堵塞汊河，阻其旁洩，于河道有益。但支汊一处并无一定，应临时相度增减，所需物料仍用

---

① （清）杨锡绂：《漕运则例纂》卷12《北河挑浚》。
② （清）陈潢：《天一遗书》，《续修四库全书》史部政书类，第847册，第240页。

秸柴"。乾隆十五年直隶总督方观承建议,"从十五年起运河有汊河处建坝,无汊河处停止建坝"。经过两年的使用,建坝堵塞汊河的效果并不好,乾隆十七年,"仓场总督鹤年以汊河筑坝,每值山水涨发,河流汹涌,水未堵而坝已冲,柴草荡漾,益多阻塞,水小之时,中泓堵塞,虽支汊有坝,无从收蓄,请将汊河筑坝概行停止"①。吴邦庆认为:"若筑堤以束水,于水小之时诚有益,若逢暴涨之时,冲决为害,岂不可虞!此不可行之说。"于是吴邦庆提出"引流"以济运的办法,他认为凉水河源出水头庄,东南流经南苑,而凤河、龙河皆于南苑发源,皆东南流至武清县,"若将龙河自发源相近处,即引入凤河至高各庄,于凤河与凉水河合流处以南,设立闸座,俾龙凤二河之水全入凉水河,至张家湾入河济运;或凉水河东北折流之处,地形本属高仰,即将凉水河全行引入凤河,于下游凤、运两河相近之处,择地挖槽筑堤,俾凤运两河相通,于其南流坚设闸座,使运水小弱之时,则三河之流全行济运,设运河水大,亦可启闭放之南行。如此,则浅阻时既收接济之功,盛涨时亦无增流之患。"他进一步提出引流至运河上游,"助运之水,愈近上游愈为得力。查凤河经由之荆垡、两仪阁等村,斜距运河西岸之榆林庄、苏家庄等村,不过二十余里,使地形不致北下南高,纵中间有土垅梗断,不难人力挖通"②。吴邦庆虽然提出引流济运的办法,仅仅是一个设想,在现实中并未得以实施。

4. 剥运

因北运河河道容易沙淤浅涩,漕船难以浮送漕粮。清代沿袭明代漕运制度,采用了剥运方法,即用浅底小船从漕船上剥载漕粮,减轻漕船载重量,降低船只吃水深度,从而使漕船克服浅阻,得以

---

① (清)杨锡绂:《漕运则例纂》卷12《北河挑浚》。
② (清)吴邦庆:《畿辅水道管见》,载吴邦庆:《畿辅河道水利丛书》。

前行。北运河漕船剥运主要河段在杨村以上至通州之间。成书于道光时期的《转漕日记》记载说:"杨村以上多暗滩,粮艘至此,必须起剥。其地设通判一员,岁备剥船数千艘,以待剥运。"① 清代北运河的剥运制度不同于明代,清初于北运河设红剥船 600 只剥运漕粮②。按乾隆《武清县志》记载,红剥船制度始于顺治四年,"顺治四年因漕运浅阻,于顺天府属之永东香通武宝六州县佥派剥船 600 只"③。《钦定户部漕运全书》也记载:"粮船至天津额设红拨船 600 只输运至通。"康熙三十九年废止红剥船制度,由旗丁自雇民船剥运漕粮,后改为政府封民船,雇运起剥。乾隆二十二年,粮船在天津全数起拨,即用驳船从天津开始剥运。乾隆五十年,因漕船进入北运河后,"俱系官雇民船拨运,未免守候需时,并致商盐艰于挽运"。于是,长芦盐商于乾隆五十年、五十一年先后两次捐资打造剥船共 1500 只,专门用于北运河的漕粮剥运④。此后,朝廷使用上述 1500 只剥船进行剥运,并停止雇运民船剥运。同时,规定剥运制度,在河水浅阻之时,漕粮起六存四,即起卸六成剥运至通州,存留四成仍由原漕船直运通州;河水充足时则起四存六,以保证漕船可以顺利抵达石土二坝。北运河自河西务以上河道,嘉庆年间因河道淤浅严重,漕船难以前行,不得不全数起剥。嘉庆十八年五月,仓场侍郎荣麟等奏称:"南粮首帮行抵杨村,因河水消落,起米七成方能前进,该侍郎等遂驰赴河西务、张家湾一带上下游查看,恐节节浅阻,请将大船米石全行起拨,即由杨村回空等语。向来军船即遇水浅之年,亦不过起六存四,今南粮首帮起七存三,计大船存米无几,而河西务及张家湾一带,水势尚虑浅阻,不得不尽数起拨。"

---

① (清)李钧:《转漕日记》卷 3,《续修四库全书》史部传记类,第 559 册,第 786 页。
② 康熙《通州志》卷 3《漕运志·船只》。
③ 乾隆《武清县志》卷 2《剥船附》。
④ 光绪《钦定户部漕运全书》卷 72《拨船事例·外河拨船》。

嘉庆皇帝遂命温承惠速饬令天津道和通永道率领委员疏浚北运河所有浅涩之处，"多募人夫，随处刮挖"[①]。

第五节 通惠河、温榆河和会清河河道治理

一、通惠河治理

清代通惠河是京仓漕粮自通州转运至北京城的重要通道，"大通桥至通州石坝土坝一带河道来源系由昆明湖分流东注，从护城河灌入通会河以济行运，为粮石铜铅转运要路"[②]。由于河道中修筑河闸，河水几乎处于不流动的状态，致泥沙淤积，河道浅涩。为此，通惠河挑浚工程十分重要，每年河道都要进行挑挖疏浚，此即通惠河的岁修制度。据《两河清汇》记载："北河分司所辖闸河，例有大挑小挑之役，每至岁杪，回空过尽，筑坝绝流，正月初旬动工，二月中旬报完。今改定二月初一日开堤。"[③]《两河清汇》成书于康熙十九年（1680年）前，可知清初通惠河每年于冬季进行通惠河挑浚工作，以前于正月初旬至二月中旬挑浚，后来改为二月初一日开始清淤，至二月底漕船抵通之前完工。除了大通桥至通州之间通惠河需要挑浚之外，自大通桥至朝阳门的护城河因输送漕粮也需进行治理，雍正五年正月总督仓场托时等奏称："查得朝阳门至东便门一带河道每年行运之时，坐粮厅逐段挑挖。"[④]

通惠河每年挑浚工程成本高昂。乾隆二十五年十月，仓场侍郎裘曰修奏："大通桥以下至通州东水关，长四十余里，积淤既久，河

[①] 光绪《钦定户部漕运全书》卷45《漕运河道·挑浚事例》。
[②] 同上。
[③] （清）薛凤祚：《两河清汇》卷一《运河》。
[④] 雍正《漕运全书》卷32《漕运河道·历年成案》。

身愈高，雨大则溃堤，闸水尽洩，水弱则又浅，阻漕运，每年修堤挑浅，名为岁修，与其逐年劳费，不若大加挑浚后，可节省过半。"①裘曰修建议对通惠河进行大规模挑浚，既可免除每年岁修之役，又可节省工费。朝廷应允其请求，实行每十年大规模挑浚河道一次的制度，"通会河为运漕要路，每届十年奏挑一次，闸坝各工遇有损坏在保固限外亦随时奏办"②。

乾隆二十六年，吏部议准直隶总督方观承所奏关于通惠河疏浚及汛期修筑防护工程之事。方观承认为通惠河工既归通惠河道经管，河道沿线应设置汛防，隶属厅员专辖，以重责成。为此，方观承提出建议："通惠河南北两岸各四十里，应分四汛：自大通桥至平下闸南北岸各设一汛，均为上汛；自平下闸至通州北关南北岸各设一汛，均为下汛；即将庆丰、通流两闸闸官改为河缺。自大通桥至平下闸南岸堤坝各工归庆丰闸闸官管理，是为南岸上汛。自平下闸至通州北关外葫芦头，又自分闸至南浦北岸堤坝各工归通流闸闸官管理，是为北岸下汛。其北岸上汛、南岸下汛以古北口、石塘路两处经制外委改设通惠河，与两闸官分司。堤坝工程共为四汛，每汛设兵二十名，共设兵八十名。将大通闸八闸闸夫裁去四十八名，改作河兵四十名，再于务关厅属平上汛内抽拨河兵四十名，王家务汛二十五名，潞县汛八名，通州汛五名，耍儿渡汛二名，共八十名分隶四汛，其庆丰、通流两闸闸官并四汛员弁兵丁均归务关厅管理。"③乾隆二十六年通惠河疏筑工程分汛地管理后，其闸官、外委、河兵等归属于务关厅管理。张家湾设有漕运通判一员专管岁修、抢修等疏筑工程以及外河挑浚工作。乾隆二十八年，"议准通惠河岁修、抢修一切疏筑工程，改令漕运通判就近管理，其庆丰、通流闸

---

① 《光绪顺天府志·河渠志十·河工六》。
② 光绪《钦定户部漕运全书》卷45《漕运河道·挑浚事例》。
③ 光绪《通州志》卷3《漕运·修浚》。

官，及上下汛外委、河兵，均令该通判管辖"①。

乾隆时期，通惠河十年一次的挑浚工程能够按期进行。乾隆五十四年，议挑浚通惠河，次年兴工，至乾隆五十六年竣工。通惠河清淤完毕，仓场侍郎苏凌阿会同工部尚书金简等奏称："通惠河挑浚完竣，起出淤土，运远堆积，有堤之处，即以挖河之土培拥堤工后身。"之后，将上源河水引入河道，"东便门等处拦蓄各土坝次第开放，水势充足，从前多加之板，全行撤去，以复旧制"。本次通惠河挑淤7940丈，改建滚水坝1座，又朝阳门至大通桥挑挖护城河长788丈②。

嘉庆、道光年间，漕政管理已大不如前，通惠河挑浚工程常被延迟，不能按期进行，导致通惠河河道淤浅严重。嘉庆十五年之前，通惠河曾多次对闸坝和堤防进行治理（表5—4）。

表5—4　嘉庆年间通惠河修筑情况

时间	修　筑　情　况
嘉庆二年	减水闸、滚水坝，并平下闸、普济闸，坍塌残坏，支通济库杂税银修理。
嘉庆五年	又修，修如二年
嘉庆六年	通惠河水长，平上、平下、普济等闸，暨王相公庄堤岸漫口，动项抢修。
嘉庆十三年	王相公庄新工岸口，并土坝卸米码头，庆丰闸滚水坝、燕翅处所，漫刷冲坍，通惠河两岸排桩板工朴闪，奏明动用通济库税课银两修筑。
嘉庆十四年	堵王相公庄、普济闸汕刷处。六月通惠河水长丈余，王相公庄及普济闸汕刷数处。
嘉庆十五年	通惠河北岸王相公庄草坝前边埽一段因大雨盛涨平墊入水，甚为险要，奏准加镶。

资料来源：《钦定户部漕运全书》卷45《挑浚事例》。

---

① 《光绪顺天府志·河渠志十·河工六》。
② 同上。

据《钦定户部漕运全书》记载："大通桥至通州石坝、土坝一带河道,灌入通惠河,从前原系十年兴挑一次,自乾隆五十四年之后,至嘉庆十四年,已越二十年,河底愈高,堤岸日形卑薄。"[①] 可见自乾隆五十四年之后,通惠河已有20年没有清淤。嘉庆十四年,朝廷开始对通惠河进行挑浚。当时的工程包括堵截上源筑坝工程,通惠河河道挑挖淤土、修补闸坝工程,河堤单薄处加高培补工程,朝阳门至大通桥护城河挑淤工程,清除河道积水等,详细情况如表5—5所示。

表5—5 嘉庆十四年通惠河挑浚工程

序号	挑浚工程	经费	经费来源
1	通惠河挑土、修补闸座	估银31900余两	支自通济库
2	西直门角楼等处筑坝六座,堵截来源	计银1100余两	支自圆明园库平余
3	河堤单薄处加高培厚、培修	估银5500余两	勒限十五年三月蒇事
4	朝阳门至大通桥护城河挑淤	需银1900余两	支自坝桥办公项下
5	挑河出土运离河堤200丈外运价	例银15400余两	不详
6	戽斗人夫、绳席、水斗	需银6400余两	不详

资料来源:《钦定户部漕运全书》卷45《漕运河道·挑浚事例》。

嘉庆十四年清淤之后至道光五年,通惠河又经过15年的时间未经挑浚,河道淤浅,闸坝失修。"自嘉庆十四年挑修,已历十数年之久,河身淤积日高,堤岸日形卑矮。"[②] 道光三年,通惠河邦子井及各码头等处,淤浅11段,计长700丈,又减水闸等处堤工11段,残缺500丈;又平下闸万年枋糟朽,又葫芦头滚水坝东西,及普济闸上新滚水坝东西;又平上闸滚水坝西排桩5处,长59丈均有

---

① 光绪《钦定户部漕运全书》卷45《漕运河道·挑浚事例》。
② 同上。

损坏。道光四年，通惠河河道淤浅和河堤卑薄之处有25段，工长1520丈，南北两岸堤工16段，855丈；又通州城北门外减水闸被冲刷受损，又葫芦头滚水坝和平下闸滚水坝的金墙闪裂；又普济闸分水雁翅一段墙石坍陷，均需要修复①。于是，朝廷于道光五年再次对通惠河进行挑浚。

清代后期，清政权已内外交困，风雨飘摇，漕政败坏，通惠河治理工程大不如前。咸丰五年，朝廷有修理通惠河闸坝之举。"仓场侍郎元英、乔松年奏：修通州滚水坝三，一葫芦头，一西门外，一普济闸，又葫芦头减水闸一，计银二万九千四百六十三两有奇，淤浅处以岁修银挑。"②

通州护城河是转运通仓漕粮的重要通道，从土坝卸载的漕粮在东门外土坝码头装上浅船，然后顺东护城河南行，至城东南角西折至旧城南门，或再西行至新城南门，在旧城南门起卸的漕粮运入大运中仓，而在新城南门起卸的漕粮运入大运西仓。嘉庆年间，先后两次对护城河进行清淤，以利漕运。嘉庆十九年，仓场奏："通州南门护城河道，为转运西、中二仓白粮要路，河淤东西长二百三十三丈，宽三丈四尺，宜挑。"嘉庆皇帝命荣麟等即多集人夫，挑挖通州护城河。嘉庆二十四年四月，仓场奏称挑挖通州护城河，"自东门榆树湾起，至新城南门码头止，挑土三千七百七十八方"③。

二、温榆河治理

清代运往居庸关等各关口军饷，大体承袭了明代温榆河漕运之制。康熙二十七年十一月，圣祖命靳辅同工部尚书苏赫等前往通州视察北运河，靳辅建议在沙河城东吕各庄、土沟庄、葛渠庄以及通

---

① 《光绪顺天府志·河渠志十·河工六》。
② 同上。
③ 光绪《钦定户部漕运全书》卷45《漕运河道·挑浚事例》。

州两河汇流之处，建闸蓄水，可共蓄水 400 万方。按文献记载，温榆河上从未有建闸之举，从常理来看，温榆河本身就容易淤积，若建闸，势必水停沙落，淤积更甚，故只有议论而未实行。

乾隆三十八年，因温榆河大水，通州境内温榆河河道东徙，在富河村南汇入潮白河，同时，潮白河也被冲东移，并与原温榆河的汇合点从北关附近南移至通州城东南的东岳庙一带。乾隆五十八年，马嘎尔尼使团抵达通州，"船只在距离首都十二哩，距离通州城半哩的地方停泊，日期是八月十六日。过了这里，除小船而外，白河就不再通航了"①。使节团人员在此上岸，住在一个大庙里，庙内供奉着"女像天神"。从该庙距离通州城的距离和供奉神像来看，此庙当为东岳庙，庙中供奉碧霞元君，即民间俗称的泰山娘娘。东岳庙所在地为蛮子营，后改成上营，此处正是温榆河和潮白河汇合之处。自此以上就是通往石坝和土坝的温榆河下游河道，因河道淤浅，故只能行驶小船。

潮白河与温榆河在富河村（今富豪村）南合流后还导致其下游河道东移偏离石坝码头，因而在通州北门外石坝楼前分布有两条河道。一条是经行石坝的早期潮白河河道，如今只有通惠河河水注入，温榆河改道东徙后与潮白河合流后形成一条新河道，位于旧河道东侧，新旧两条河道汇合于东岳庙附近。在清代文献中，原来流经石坝的旧河道在潮白河东移后称作温榆河，或称作榆河。因经过石坝前的温榆河上游改道东流，河水仅仅来自于通惠河，故水量骤减，这使得漕粮运输到土石二坝受到极大的影响，漕船不得不借助通惠河水和潮白河倒漾之水涌至土石二坝。"漕船抵通，由潮白河驶入榆河，直抵石坝楼前，计河长一千余丈，南藉潮白河水倒漾，北藉卧虎桥之水南流，两水并阻，积淤最易。"②温榆河下游河道自

---

① 〔英〕斯当东著，叶笃义译：《英使谒见乾隆纪实》，群言出版社，2014年，第325页。

② 光绪《钦定户部漕运全书》卷45《漕运河道·挑浚事例》。

石坝至东岳庙之间河段因潮白河顶托作用,水流下泄不畅,易于淤积,影响漕船驶入石土二坝,为此清廷多次挖浅清淤,以便漕船顺利抵坝交卸漕粮。乾隆五十五年,清廷挑挖石坝楼前至东岳庙的温榆河下游河段,据《钦定户部漕运全书》记载,温榆河下游分为三段挑浚,挑挖重点是石坝楼前起至工部税局止河段,"系各省每年拨船起卸之所,最为紧要,今刨挖淤滩九十五丈,外用杉木排桩防风板,添作泊岸,河面开宽七丈至十五丈,落深八九尺不等,军船直可抵坝,于起运漕粮更为便捷"①。嘉庆四年,朝廷针对温榆河下游河道疏浚作出规定:"通州温榆河为石坝楼前起卸粮石,空重鳞集之所。每岁于粮竣后,九十月间,漕运通判亲赴河干,按次查勘淤塞处所,即行估报,于年前兴工挑挖完竣,以备次年新漕到通,运行无阻。"②

嘉庆八年,仓场侍郎达庆、邹炳泰奏请于温榆河下游开引河以刷淤。"伏查温榆河上游久无来源,下游自嘉庆六年大水后潮白河之溜偏趋下游东岸,其西岸仅存小沟两道,水势微弱,力不足以刷沙,遂致涸出岸滩,逐渐淤塞","拟开引河一道,或于石坝小口对岸开挖,计长三百零五丈,则温榆水有来源,藉可疏淤。或于工部税局前对岸开挖,计长一百四十丈,旧系潮白、温榆河交汇之处,虽不能刷温榆之淤,而直筑药王庙一带,亦于新淤处所洗刷有益"。清廷派长麟、冀均元进行勘验,据其回奏挑浚情况,漕船抵达通州,从潮白河驶入温榆河,直抵石坝楼前起卸,此段河道长1000余丈。"每年挑淤,例准动用木税项下银税银二千余至三千一百两不等,钱粮少而河道长,仅能自石坝楼起挑至榆河中间之工部税局止,其自工部税局以南尚有五百四十余丈,不能挑挖,日渐淤浅,遂致漕船不能抵坝。"对于达庆、邹炳泰所请开引河情况,二人勘测河道后指出:"温榆河高于潮白河三四尺不等,形势高仰,一开引

---

① 《钦定户部漕运全书》卷45《漕运河道·挑浚事例》。
② 同上。

河，恐潮白之水不能逆流，而温榆之水转先下洩。温榆之水既由新开引河直达潮白，则旧有温榆河南北一千余丈，必致全行淤垫，船不能通，此一带木厂、税局、货店、商艘均多不便。且大雨时行之际，坡水汇注新开引河，两岸峙立，土性浮松，亦必致冲刷坍塌，仍行淤塞，将来亦不免于逐年挑淤，岁增繁费。"为此，长麟等建议不开引河，而对工部税局以南的河道，动用木税挑浚，估算工费银5000余两。最后，议定挑浚温榆河下游河段工部税局以南河道。"挑挖新淤五百四十丈，自工部税局至药王庙一百三十六丈，内八十丈挑深三尺，五十六丈挑深四尺五寸。又至东岳庙一百三十四丈，挑深四尺五寸。又至席厂一百二十五丈，挑深四尺五寸。又至流水沟一百四十五丈，挑深四尺。"① 此河段河深均挑至4尺以上，显然是满足漕船吃水要求，以便行驶到石坝和土坝二码头交卸漕粮。

然而，嘉庆八年温榆河下游河段在挑浚后复又淤浅，次年又进行挑浚。嘉庆十年，漕运结束后，温榆河下游工部税局以下河道又淤浅，仓场侍郎又进行勘察挑浚。

嘉庆十一年，温榆河下游工部税局至流水沟旧挑淤处540丈长河道又淤浅，并且其下游至小神庙一带河道出现新淤。这段淤浅的出现是由于嘉庆十年在流水沟以下东岳庙以东冲开岔河一道，嘉庆十一年夏秋间，运河迭次涨水，潮白河溜均走东岸，以致流水沟以下至杨家坨节节淤垫，新积淤180丈。这样，从工部税局至杨家坨一段河道内新旧淤浅合计长720丈。由于东岳庙东冲开岔河已积淤成陆，难以挑挖，且自流水沟以下至小神庙新淤浅处约200余丈，若挑淤则工长费大，此段河道仅可行驶剥运用的吊载船只，南来漕船只能停在小神庙以下。若如此，则吊载船剥运会出现越剥越远，漕粮起卸愈加迟缓，既误漕运行程，又增加运输成本。仓场侍郎达庆、邹炳泰提议，"请将流水沟以下新淤，毋庸议挑，惟先就近在

---

① 《光绪顺天府志·河渠志十·河工六》。

流水沟席厂以下东岸滩嘴上，斜挑引河一道，长五十丈，南口宽九丈，北口宽七丈，深八尺，如此引入潮白河通流灌注，自能将剥运粮艘浮送抵坝，而帮船并可直到河口，起剥尤便。自工部税局至流水沟旧淤一段，长四百五十五丈，拟分三段挑挖，均宽七丈，加深三尺五寸至二尺五寸不等"。该提议得到批准，于是嘉庆十一年，对工部税局至流水沟一段河道进行挑淤，流水沟以下河则开挖引河一道引潮白河水灌入，两项工程共用银3074两，支自通永道木税。

嘉庆十一年，为了解决石坝前温榆河的河道淤浅问题，清廷决定在果渠村（今葛渠村）疏挖新河道，并建草坝堵闭温榆河，使河水沿新河道南流，直抵石坝，从而使土石二坝前的温榆河水量增加，冲刷泥沙，利于漕运。嘉庆十二年，直隶总督温承惠奏主持堪估温榆河地形，预估河道挑浚工程费用。嘉庆十三年，清政府在温榆河上游葛渠村一带筑坝堵塞温榆河通往富河村的河道，导河南流进入乾隆三十八年前的故道，直抵石坝。此后石坝以下至流水沟一带的温榆河下游河道不复淤浅。

光绪年间，温榆河受到潮白河冲决影响出现淤浅。光绪元年，"潮白河决，与榆河合"。光绪四年，潮白河再次溃决，"榆河被冲西走，分三道，散漫通州北关、卧虎桥、板桥、粮市而西浮桥南北旧河淤平"。光绪五年，直隶总督李鸿章派遣候补道史克宽疏浚温榆河1000丈，自西浮桥至小河口，深1丈2尺，宽10丈，东西浮桥分建土坝、草坝，堵决口，筑土堤，起纪庄，讫北粮市，使潮白、榆河各归故道。[①]

三、会清河治理

清代自康熙皇帝起，为了避暑而在北京城的西郊陆续修建皇家

---

① 《光绪顺天府志·河渠志十·河工六》。

园林，形成后来的三山五园，成为清代皇帝重要的办公场所。雍正即位后扩建圆明园。雍正二年，为护卫圆明园的安全，始设圆明园八旗护军，驻扎在圆明园周围。乾隆十年（1745年）建香山健锐营八旗，三十六年（1771年）又建蓝靛厂外火器营八旗，是为满洲京旗外三营。为了供应军粮，清廷在圆明园附近设置了两座仓储，一个是本裕仓，另一个是丰益仓。据《钦定大清会典事例》载："圆明园八旗官军俸米，东四旗于本裕仓，西四旗于丰益仓支领。"① 外火器营和健锐营官兵俸米也在本裕仓和丰益仓支领。本裕仓建于康熙四十六年，设仓库三十仓廒（150间），"京城海运八仓，清河本裕一仓，通共五百六十二廒"②。据蔡蕃考证，本裕仓约在今清河镇东南一里余的仓营村③。据《漕运全书》记载，每年经会清河运至本裕仓的漕粮有30万石④。丰益仓又名安河仓，建于清雍正七年（1729年），其遗址在今中共中央党校北院的西部。丰益仓存储粮米除了供应圆明园和京旗外三营外，还供应圆明园和万寿山建设工程匠役人夫所需粮米。

为了运米至本裕仓和丰益仓，清廷利用会清河运输漕粮。光绪《通州志》记载："康熙间京西沙子营漕粮由富河转运于上清河。"⑤《畿辅安澜志》记载，康熙四十六年（1707年），"开通惠河，起水磨闸，沙子营，至通州石坝止，中建七闸，闸夫一百二十名，运通州米由通流河至本裕仓"。据《清实录》记载："康熙四十七年正月，内务府会同户部工部总督仓场奏称：查得康熙四十五年奏准自水磨闸起至通州石坝，刨河建闸，河闸工完之日，每年修理挖浅之处交与通永道看守七闸修理等事，仓场不时巡查等因。"⑥《畿辅安澜志》

---

① 《钦定大清会典事例》卷186《户部三十五·仓庚》。
② 《清圣祖实录》卷300，康熙六十一年十一月丁亥。
③ 蔡蕃：《北京古运河与城市供水研究》，北京出版社，1987年，第53页。
④ 《漕运全书》卷32《漕运河道·历年成案》。
⑤ 光绪《通州志》卷2《封域志·山川》。
⑥ 雍正《漕运全书》卷31《漕运河道·历年成案》。

没有弄清楚通惠河、通流河、温榆河和清河之间的关系，故而混淆，实际上是开会清河，自水磨闸起历沙子营，经温榆河至通州石坝，漕船自通州石坝装载粮米起运，溯温榆河而上，至清河口转沙子营，再溯清河而上，至清河镇本裕仓收储。会清河上的七闸，据王履泰《畿辅安澜志》记载："长源闸、长清闸、安丰闸、顺成闸，俱在宛平县"，"云津闸、天兴闸、翔帆闸俱在大兴县"。蔡蕃认为，从河闸顺序以及分布地理位置来看，长源闸在宛平县，位于最上游，应是"水磨闸"，今清华园北有水磨闸村，即是该闸所在地。至于其他几座闸址，已不易查考①。《光绪昌平州志》记载有"康熙四十七年清河等处建闸刨河占去地二十八亩七分"②，说明清河有闸。

温榆河含沙量较大，河道易于淤浅，康熙五十一年四月内务府等衙门奏称："查看得通州石坝起至沙子营止，共淤浅处七十八段，长一千二百九十丈，应逼锭排桩，将中溜酌量刨挖，运行漕粮甚属为便。"经询问运粮经纪、水手等人以前温榆河淤浅情况，议将河道中淤浅处挑挖，漕粮用小船装载运到沙子营，然后自沙子营闸口剥运至本裕仓③。康熙五十五年（1716年）又奏准，温榆河凡遇淤浅，归入北运河岁修。同年，"命遇有停沙浅涩，随时挑浚"④。从此，温榆河岁修有了经费保障，河道得到有效管理。最初，运送本裕仓的漕粮系雇用民船运输，但容易出现偷盗漕粮等弊端。康熙五十八年，署理仓场事务刑部侍郎阿锡鼐等疏言："运送本裕仓漕米，必须雇募民船，但民船每任索价，兼之所雇之船与民船并行，以致偷米甚易。请设立官船运送，则车户额外之费可省，且偷盗之弊亦易于稽查。"⑤经工部复议，朝廷采纳其建议，设立官船往本裕

---

① 蔡蕃：《北京古运河与城市供水研究》，北京出版社，1987年，第53页。
② 《光绪昌平州志》卷11《会计簿第十三》。
③ 《漕运全书》卷32《漕运河道·历年成案》。
④ 《光绪顺天府志·河渠志十·河工六》。
⑤ 《清圣祖实录》卷283，康熙五十八年三月辛丑。

仓运送漕粮。

会清河通航并没有施行太久，雍正初年即停止漕运。关于会清河水运停止的时间，乾隆十八年云南道监察御史耀成奏陈清河两岸居民占垦河地之事："查会清河上自圆明园至通州一带河道，向因清河本裕仓收储号粮，皆由水运，河身河岸俱经修整。后因旱路车载，停止水运。该处居民竟将临河两岸占垦地亩，以致河身淤浅，偶遇阴雨连绵，河水涨溢，有损田禾……据称雍正四年，水运改陆后，河边渐有淤出高处，附近居民零星开种。"①据此可知，会清河漕运在雍正四年停止，改为陆运。

不过，乾隆时期，清廷重新疏通温榆河和清河，部分漕粮通过水运运至本裕仓和丰益仓。乾隆皇帝曾作一首《安河丰益仓》诗："安河通清河，昔留运粮迹，因之建有仓，其名曰丰益。月米资旗兵，施恩非常格。岁久渐淤壅，罢船缘水窄。遵陆车代船，亦未误仰食。水陆虽无异，淤壅岂长策。庚辛秋霖盛，遂致有潦迫。疏通防其后，一劳逸庶获。陆运则仍旧，习惯弗更易。山高河在下，仓原见河侧。馀三非所云，意不为蓄积。"诗中所述，丰益仓建于安河之畔，仓中储米本由清河通过安河船运而来，后河道淤塞，改由陆路车载，乾隆庚辛年以后，动工疏通了河道，从此改为水陆兼运。

第六节　蓟运河河道治理

一、蓟州河漕运

康熙元年（1662年），清廷在遵化之西建造孝陵，派满汉官兵驻扎以护卫陵寝，又有太监官员等人员负责管理。官兵粮米和

---

① 《清高宗实录》卷444，乾隆十八年八月丙戌。

太监官员俸米等均由遵化州采买供应。康熙十八年，因遵化州单独供应米粮困难，于是令蓟州、丰润协助供应米粮。康熙二十年，朝廷又在遵化添建皇后陵及妃衙门等，守陵官兵及太监官员俸米，逐年递增。康熙二十五年，朝廷定遵化、蓟州、丰润三州县分陵供应米粮，孝陵守护官兵人等米粮由丰润县供应，皇后陵守护官兵等米粮由遵化州供应，妃衙门守护官兵等米粮由蓟州供应。康熙二十七年，清廷又添建暂安奉殿，"因丰润道路迂远，脚价不无多费，令蓟遵二州递年轮供，每年约用粟米三万余石"。驻防官兵及太监官员所需粮米均由三州县领价在本地采买，随着粮食需求增加，京东各州县粮米价格飞涨。康熙《蓟州志》记载："陵寝建设以来，官俸兵粮、役匠食米皆给帑采买应用，以至米价腾贵，小民谋食维艰。"①

康熙三十四年（1695年）二月五日，康熙皇帝特谕内大臣朗坦等，"畿东米价腾贵，皆因买米给陵上驻扎官兵、绿旗兵丁，是以价贵。尔等前往畿东一带查看有河路可通至蓟州运送米石之处"。于是，二月上旬，郎坦等人前往蓟州查看水路情况，在奏疏中说："畿东河路自海口以上，由上南河至下仓可行大船，由上仓至蓟州前五里桥，即小船稍有浅涩而行。新河口至北塘有旧河路形迹。"康熙命其与户工二部会议后又派诺尔逊、舒辂、杨柱由天津至蓟州堪估开河工程。经过勘察，诺尔逊三人疏奏称："自天津起至新河口止水路有一百六十里零，新河口起至北塘口止，旧河基三十里。其中，旧河基中间一段被土淤滞，比平地高二三尺不等，自旧河基以北照地势之洼处，挑挖丈量长二千九百二十尺，此河挑口宽三丈，底宽一丈五尺，深一丈，计用夫一十四万四千一百一十二工半。""又自北塘起至下仓止并无淤浅，自下仓以上至蓟州前五里桥止，河路八十余里，内淤浅三十五丈（段），用夫八千二百九十八

---

① 康熙《蓟州志》卷3《赋役志·陵糈》。

工。"本次勘察共有两个地段需要挑浚，一个是新河口至北塘口的海口新河，一个是蓟运河下仓以上至蓟州南五里桥的上游河段。"如将新河挑浚，下仓以上淤浅处挑通，则装米一百石之船，自天津装米直抵蓟州前五里桥。"另外，本次堪估河道，还查得海运船经海道运输情况。"再查自天津河由海运米，以由海之海角船载米候风绕海进北塘河口，竟可至新安镇。自新安镇以上河路海角船难以行走，以载米一百石之船剥运可至五里桥"。

康熙三十四年四月，挑浚河道工程开始，蓟运河下仓以上至蓟州南五里桥河段在蓟州知州张朝琮主持下得以挑浚。另外，清廷没有采用海船经海道运输的办法，而是重新开通了海口新河。"以陵糈转运不便，远涉海口，故重开新河一道于故道北，长两千一百八十丈，底宽二丈，面宽二丈五尺。"①

康熙三十四年以前，遵化陵寝官兵、匠役以及绿旗兵丁等每年需用粮米 30600 石，均由供应粮米各州县采买支给。蓟运河和海口新河挑浚工程完毕后，"运蓟船只到天津，即由宁河县之新河口入海河，转入宝坻县之小河，然后由白龙港、刘家庄等处达蓟州之五里桥交卸"②。朝廷令山东、河南两省漕船所运粮米自天津按照 30600 石之数截留，命原船将漕粮运至新河口。然后自新河口拨红剥船 150 只装载，经新河进入北塘口，再循蓟运河北上，直抵蓟州五里桥。此后，"每年于五六月间大雨时行之候，各帮粮艘乘水北上，直抵蓟州五里桥水次，会同三州县兑收"③。蓟州城建有仓厫，以存储漕粮。蓟州仓是京东仓储重地，负责向蓟州和遵化东陵的驻防官兵发放俸甲米石。"蓟仓坐落蓟州城内，康熙三十八年题建，仓厫十五座，除分给蓟、丰二州县外，分给遵化州仓六座。"

---

① 光绪《宁河县志》卷3《建置志·河渠》。
② 光绪《钦定户部漕运全书》卷44《漕运河道·挑浚事例》。
③ 乾隆《直隶遵化州志》卷4《赋役志·蓟州漕粮》。

二、海口新河和蓟州河河道治理

海口新河和蓟运河的运道均易淤浅而影响漕运，因此新河和蓟运河有分界挑浚的制度。"新河起至蓟州五里桥止一带河道，各有疆界，专司经理，下仓以北系蓟州疆界，下仓以南系宝坻疆界，宝坻新河离蓟五百余里，内丰玉一带河道并无浅阻，蓟州乃独任其事。"① 宝坻新河和蓟运河下仓以上至五里桥河段是整个蓟州漕运河道当中需要疏浚的河段。

1. 新河的挑浚与治理

新河位于今天津滨海新区海河口北侧至北塘河口之间，今地面已无河形。新河最早开凿于明代。最初，明朝为了将漕粮运至蓟州，漕船由天津沿海河而下出海，沿近海北上，进入北塘河口，入蓟运河，上达蓟州。但海上风涛险恶，漕船屡被风波漂溺。为避海上运输之艰难，天顺三年，开凿新河，"自天津直沽河口起至北塘河口止，径四十里"。明末清初，漕渠失于修治而淤浅。康熙三十四年，疏通新河河道时，"因蓟河无水，大船不能前进，故新河亦照蓟河水势止开一百石红剥船行走之河"②。康熙三十四年，于海口重开新河后，"每岁檄邻邑协修"。雍正十年，从宝坻县析置宁河县，新河挑浚由宝坻和宁河县共同承担，"宝邑承挑一千一百丈，宁河承挑一千零八丈"。乾隆元年，清政府拨岁修款于宁河，由宁河一县专门负责新河挑浚③。

2. 蓟运河的挑浚与治理

蓟州河下仓以上至五里桥河段都位于蓟州境内，蓟州河受季

---

① 康熙《蓟州志》卷3《赋役志·陵糈》。
② 同上。
③ （清）王履泰：《畿辅安澜志·蓟运河卷上》。

风气候的影响，全年雨水不均，降水集中于夏季，春季容易出现旱情。《蓟州志》记载："蓟州河道北高南低，所藉雨水及时，山水下河，方得有水。从来三四月，天不施雨，水无来处，河内浅阻已极。"为保证水运畅通，每年疏浚河道成为定例。粮船搁浅时，需要蓟州招募人夫挑浚河道，并依靠人力牵挽漕船而上，抵达五里桥。

蓟运河在蓟州境内河段挑浚工程极为艰难。康熙三十四年，蓟州知州张朝琮主持运河挑浚工作，因蓟运河河道全系流沙，随挑随淤。他在给上级的呈文中曾描述到："河身沙土凝滑如脂，备极捞浅之器具，用尽人夫之工力，始得刨有深坑，甫奏尺寸之效。及至晓起视之，昨日所刨坑洼之处，已为流沙淤满，仍复如旧矣。"康熙三十四年、三十五年，蓟州河上游河段挑浚均系捐资募集人夫完成。基于挑浚工程之难，康熙三十六年，张朝琮请求按照通州运河额设浅夫之例，于蓟州河设浅夫挖浅，可免除蓟州人夫工费之赔累，但未被批准。康熙三十七年，朝廷改令河南、山东截留不曾搭载之轻小漕船运粮直抵蓟州，不需红剥船剥运，但这些漕船载重量大于红剥船，吃水深度增加。"向运一百石之红剥船水深二尺五寸即可通行，原粮船须水深四尺方可行走"。这无疑会大大增加蓟运河河道的挑浚工作量，而挑浅人夫与工费均由蓟州担负，加之蓟州位于清东陵谒陵大道上，工役繁多，百姓困苦已极。

为此，知州张朝琮不避上司之嗔怒，屡次疏请申明情况。"查三十六年红剥船载米百石已经设法挽运，今之淤浅更甚于前……唯有仿照明季筑坝挡水挑浚，仍令十州县合力均修，设立浅夫随时疏浚。"该建议没有被采纳，朝廷仍令各州县设法挑浚河道。张朝琮再次上疏申明，若原漕船直抵蓟州，不仅新河淤浅难以通过，且至蓟州下仓以上河道淤浅更甚，势必导致粮船迟误，因此张朝琮建议"俟六月水发之时，运至蓟州收受"。康熙三十七年三月，装载

30600石漕粮的63只漕船抵达宝坻县之新河口，每船载重在500石，因河身窄小，加之河道淤浅，船只无法通过。仓场总督遂令开河之宝坻、沧州、武清、玉田、东安、丰润、遵化、文安、永清、天津十州县卫人夫挑挖新河，至五月终挑浚完毕。粮船穿过新河后，六月十五后才抵达蓟州境。但是，"河内水已发过，深不及三尺，费尽心力七月初船才至五里桥。"

鉴于蓟运河淤浅严重，宝坻县会同蓟州疏请设立浅夫以挑挖河道。康熙三十八年，直隶巡抚李光地也提议，"新河为陵糈要津，不时沙淤，急需挑挖，蓟州应设浅夫二百名，宝坻县应设浅夫三百六十名，以资挑浚疏通"。工部会议认为，"此河水长之时，无不可以运送，应行该抚于水长之时，运粮可也"。于是，自康熙三十九年起，朝廷命粮船于每年水涨之时，发船过河。但是，蓟运河能否涨水还与当年气候有关，若值水旱之年，则运河并不涨水，以至粮船依期而到，仍旧无法行船。道光《蓟州志》记载了两次蓟运河不发水导致漕运艰难之事，"迨（康熙）四十年河内不发水，徐州帮船直至七月方到，竟不能行船，泊梁家垫头庄收米，用车拉运至仓。四十一年，河内又不发水，东昌帮船各自催夫方运至五里桥交收"①。

蓟州河漕运事宜最初归属通永道管辖。雍正十二年，因蓟州一带河流山水迅急，影响漕运，"每年陵糈转运关系重大，且京东各处河流汇归蓟运，仅有分汛县丞主簿，呼应不灵"，于是吏部题请添设粮河通判一员，驻扎蓟州，"管理京东诸河，并令催儹蓟运空重粮船，验看米色，听该道统辖，以专责成。"②朝廷遂设蓟州通判一名，专管蓟运河陵糈漕粮转运和河道疏浚事宜。蓟运河并没有像北运河一样设置浅夫专门负责挑浚河道，每年河道淤浅之处由各

---

① 道光《蓟州志》卷3《建置志·陵糈始末》。
② （清）陈琮：《永定河志》卷12《奏议三》，"雍正十二年吏部为敬陈河务管见请旨敕议酌行事"。

州县负责募夫挑挖，地方官虽例应挑浚，但因责成不专，挑浚不力，河道不畅，常导致漕船交粮迟误。为加强河道挑浚管理，乾隆二十六年，清廷行令直隶总督责成宁河县和蓟州专门挑浚河道，每年于开冻之后，责令宁河县预先挑挖河道；蓟州刘家庄、五里桥流沙易淤，难以预期挑挖，责成蓟州知州专管此段河道，将浅阻处所，竭力疏浚。① 乾隆三十年，因河道浅涩难行，兼山水陡发，漂没军船七只，直隶总督方观承提请停止蓟运河"截漕运剥"之例，清东陵粮米遂改为陆运。"每年在通州截收官员三色俸米，自通拉运州仓支放，其兵役粟米每岁俱系陵员自行截收陆运，按季支放。"② 随着蓟运河停漕，其岁修工程也于乾隆三十七年奉文停止，"由是此河渐淤"③。

第七节　永定河治理与北运河关系

一、永定河治理与北运河漕运

永定河，古称无定河，因其河道变换无定而著称。《元史·河渠志》载："卢沟河，其源出代地，名曰小黄河，以浊流故也。"《明史·河渠志》载："曰卢沟河，曰浑河。""浑河"、"小黄河"的名称，反映出永定河泥沙含量大的水文特性。《清史稿·河渠志》云："永定河汇边外诸水，挟泥沙建瓴而下，重峦夹峙，故鲜溃决。至京西四十里石景山而南，经卢沟桥，地势陡而土性疏，纵横荡漾，迁徙弗常，为害颇巨。"

金元明清四朝定都北京，永定河治理主要以保卫京城为主，

---

① 光绪《钦定户部漕运全书》卷44《漕运河道·挑浚事例》。
② 民国《蓟县志》卷8《故事·漕运》。
③ 光绪《宁河县志》卷3《建置志·河渠》。

兼考虑漕运问题。"永定河自金元迄明，皆于上流设备。自石景山麓至卢沟桥南，相继建置土石堤工，所以虑其或侵辇跸也。至于下游，则向垫修防，任其散漫，故宛、良、涿、新、雄、霸、固、永之间，久为患苦。"① 元明时期，永定河主河道自石景山经良乡向南流，下游河道在固安、永清、涿州、新城、霸州等地来回摆动，或汇入东淀，或汇入西淀，或与大清河合流，直达天津三岔口，汇南北运河、子牙河等河流入海。永定河虽然迁徙不定，但是其主流一直在京南大兴、良乡、固安、霸州、永清一带，远离北运河，对漕运尚不形成危害，故元明时期对于永定河的治理原则是任其自流。

康熙三十七年，为了去除浑河水害，清廷开始在两岸筑堤。南岸自良乡县之老君堂起，至永清县郭家务止，北岸自良乡之张庙场起，至永清县卢家庄止，筑堤180里，挑河长140余里。其下口至永清县之朱家庄，会安澜城河，即郎城河，由淀达津归海。康熙特赐名"永定"，以期河水安澜。乾隆曾写《阅永定河记》，"桑乾流经近圻，势若建瓴，非挟沙，将一洩而无余，惟挟沙又四出而莫遏，运道民生无堤何赖"②。民国李桂楼曾在《河北省治河计划书》中说："迨至康熙之世，治河诸臣，一面鉴于大清河穿过东西两淀，河水澄清，既有灌溉航运之利，且无泛滥冲徙之灾；一面苦于永定河流湍多沙，迁徙无定，于京师于漕运均有极大之危害。乃师法大清河穿淀澄沙之意，建筑坚堤，决永定河水导入两淀，一时收效。"③ 康熙三十九年，郎城河受淤，永定河东阻不下，入淀北支诸河皆因淤塞南徙。康熙三十九年，自郭家务接筑南堤，卢家庄接筑北堤，并至霸州柳岔口止。在安澜

---

① 水利部中国水利史研究室：《再续行水金鉴·永定河卷》，湖北人民出版社，2004年，第424页。
② （清）陈琮：《永定河志》卷首《宸章纪》。
③ 李桂楼：《河北省治河计划书》，《华北水利月刊》，1929年第1期。

城西，改河南下，流出柳岔口，注大城县辛章河，仍由淀达津归海。辛章河在文安县胜芳镇东北，是东淀中支诸河必经之路。永定河下口入辛章河后，淀池受淤，胜芳至辛章皆淤塞不通。永定河南下受阻，遂回而北流，中支河路也梗塞，遂南徙并入南支河路。雍正四年，怡贤亲王、大学士朱轼兴修京畿水利，治理永定河，乃于柳岔口稍北改为下口，南岸自冰窖村另筑堤工，至武清县王庆坨止，北岸自何麻子营接筑堤工，至武清县范瓮口止，挑河入三角淀，达津归海。康熙、雍正时期，永定河下口治理以导河向南入淀为主，防止其向东摆动，威胁运道。"永定一河，水不循轨，每遇淫雨，淹涝民田，素称难治，蒙圣祖仁皇帝，世宗宪皇帝，屡廑宸衷，动帑建堤，设官防护，上保运道，下护民生，最为紧要。"①

乾隆四年，永定河凌汛期间河水盛涨，河水从郑家楼东民埝缺口流出，入沙家淀归凤河至天津入海。乾隆五年，直隶总督孙嘉淦奏称："今勘下口河流，自郑家楼逆折而北，历龙河、凤河、雅拔河之下游，清水俱有壅滞，且去北运河不远，倘再冲汛，恐碍运道。若欲筑堤挑水，改使南行，不惟地已淤高，工费浩繁，且仍系东淀下游，其淤势何所底止？去年冬间，臣与顾琮奏请于叶淀之东挑河引水，使入西沽之北，今勘入口之处逼近运河，居民稠密，浑水经流，终非长策，则是下口之道穷，必于上游放水。"②孙嘉淦奏请于永定河上游金门闸使河改道南流，导流入金门闸引河，引河分东西两股，建议堵闭东股，全河走西股经中亭河入淀。乾隆皇帝批准该奏议，遂于次年开始金门闸导河工程。乾隆五年，朝廷在金门闸开堤导永定河水入西引河，堵闭东股引河，使永定河全河南下。次年春，因凌汛异常汹涌，永定河新河

---

① （清）陈琮：《永定河志》卷13《奏议四》，"乾隆三年十一月初八日大学士九卿等会议得兵部尚书协办户部尚书事"。

② 《光绪顺天府志·河渠志六·河工二》。

下游各州县均被冲决。乾隆六年，即堵闭堤口，使永定河继续循东流故道而下。由于永定河下游三角淀一带地势淤高，"旧河五工以下至七八工逐渐淤高约至丈余。"① 乾隆七年，直隶总督高斌查勘堵筑东安县郑家楼之水口，从王庆坨东挖引河一道，经三角淀、叉光、凤河归大清河，以防东穿运河之患②。乾隆九年，由冰窖村导水东南出，自得胜口导王庆坨南，挖引河 22 里，穿过淤高之三角淀，向东导入叶淀，以达津归海。因下口淤塞严重，乾隆二十年，于永定河上游贺尧营改河北出，向东直入沙家淀，南趋叶淀，合凤河，达津入海。但自贺尧营改口十余年里，永定河屡次北趋，三十六年永定河溢出越埝外，自葛渔城北，马头之南条河头地方，直往东行。于是，乾隆三十七年，兴工挑河，于贺尧营东条河头村南挑河东出，由毛家洼达沙家淀，会凤河，下游过双口归大清河，以达津归海。自乾隆年间，永定河下游泥沙淤积，致使南下入淀之路受阻，遂改道东流，或入叶淀，或沙家店，均经由凤河入大清河抵达天津入海。凤河东近北运河，为使运道不受永定河泛溢威胁，凤河东岸筑有河堤。乾隆五年，直隶总督方观承在其奏文中说："窃照凤河东堤自庞家庄起至韩家树止计长二十六里，障束永定河全河之水，使不得阑入北运，最为紧要。"③ 凤河东堤最早修筑于雍正十一年，在陈琮所著《永定河志》一书中有《永定河屡次迁移图》，在《三次接堤改河图》中，绘有凤河和凤河东堤（图 5—12），并附有文字标注："东堤自韩家树起至双口止，工长十四里。"④

---

① （清）陈琮：《永定河志》卷 16《奏议七》，"乾隆六年二月三十日大学士伯鄂尔泰等奏为会勘永定河水道事"。
② 乾隆《武清县志》卷 3《河渠》。
③ （清）陈琮：《永定河志》卷 16《奏议七》，"乾隆十九年二月十一日直隶总督臣方观承为奏请改隶以专责成事"。
④ （清）陈琮：《永定河志》卷 1《图》。

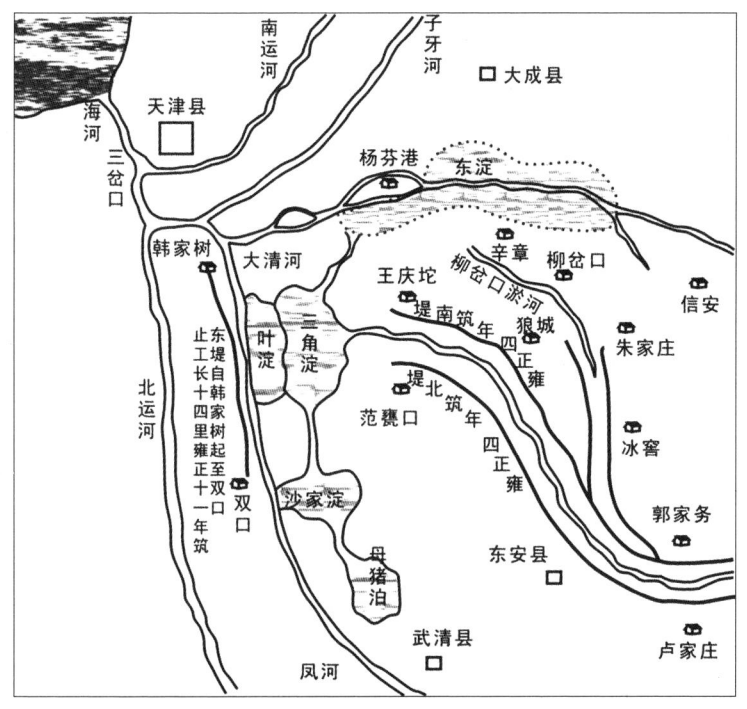

图 5—12　北运河西侧的凤河和凤河东堤

资料来源：乾隆《永定河志》。

　　清中后期，永定河因多次改道，下口地势日高。"嘉道咸同间，复屡改而下口益高仰。"① 嘉庆六年，永定河自条河头北改道东出，奔母猪泊，再由沙家淀达津归海。嘉庆二十三年，东淀杨芬港以下逐渐淤塞，永定河下游南移，与大清河之水合而为一，俱由杨芬港东南之岔河，经杜家道沟入韩家树大清河正河。道光三年，永定河汛涨异常，由南八工尽处决口南徙，直奔汪儿淀，沿堤梢侧注，入凤河故道，以达津归海。道光十年之前，永定河由三河疍道沟一带横漫而出，直冲杜家道沟，杨芬港以东大清河，节节淤浅，弥漫一派，并无一定河身。东西二淀之水，均取道于岔河水沟之中。永定河日益

---

① （清）蔡寿臻纂修：《武清志括》卷 1《地理》。

南趋，对南运河也产生威胁，据《永定河续志》记载："杜家道沟本系堤内水沟，面宽仅四丈，堤出水面仅三尺，堤根已被汕刷。一交大汛，永定河水汹涌而至，堤不能御，势必直灌子牙河，横穿南运河，运河受阻，漕船阻滞。"①道光十一年，凌汛期间，永定河盛涨不消，突然由南八工十五号转向东北，溜走七分，由窦店窑、六道口、双口等处汇入大清河，达津归海。清廷于该年二月间兴役，堵闭汪儿淀金门溜走三分之水，使永定河由大范瓮口新槽引归王庆坨故道。道光二十四年，永定河南七汛决口，自南六汛开引河，经葛渔城北鱼坝口，南入天津县，合凤河入海②。咸丰九年之后，永定河因日渐北徙，且凤河为其去路，淤垫日高，致河水满溢，为患两岸民田。同治三年，清廷遂在南北柳坨村之间挑挖中泓，堵截北流，引归旧日河道，自柳坨起，历张坨、马坟、胡家房一律展宽挑深，东过叉光、二光、鱼坝口，顺天津沟汇入凤河，达津归海。"盖天津沟以下，凤河通畅，并无淤垫，且系咸丰九年以前正河。"③但是由于该河道曲折，同治六年至十年，连年水发溃决。同治十一年，永定河下口再次改道④。光绪年间，永定河下游淤积日甚，凤河东堤屡有溃决。《再续行水金鉴·永定河卷》记载李鸿章光绪十年五月七日奏文："而（凤河）下游东堤，尤为津武一带保障，迭经臣筹款津贴修筑。惟当永定河之冲，屡有溃漫。"⑤光绪十六年，永定河大水，将凤河身数十里淤成平陆，东堤冲刷殆尽。光绪十七年，李鸿章奏请疏浚凤河河道并培筑东堤，他在奏文中说："窃查永定河下口一带，近年淤垫高仰，以

---

① 光绪《永定河续志》卷10《奏议》，"总督那彦成勘明浑水情形估土埽各工疏"（道光十年四月）。
② 尹钧科、吴文涛：《历史上的永定河与北京》，北京燕山出版社，2005年，第221页。
③ 《光绪顺天府志·河渠志八·河工四》。
④ 中国水利学会水利史研究会、北京水利学会水利史研究会：《再续行水金鉴·永定河编》，中国书店，1991年，第185页。
⑤ 水利部中国水利史研究室：《再续行水金鉴·永定河卷》，湖北人民出版社，2004年，第228页。

致下壅上溃，频有漫决之患。兼之冲刷凤河，往往拦（阑）入北运"，"况凤河东堤为通京驿路及北运河保障。东堤之外，地势尤低，若任浑流建瓴而下，径溃驿路，拦入北运，更于运道有碍"。①光绪二十五年，永定河大水，"决东洲一带凤河东堤，以入凤东大洼。再决北运河西堤，全溜复阑入北运，将杨村以下至西沽四十余里，冲坍几尽"②。由此可见，清代后期永定河决口已经对北运河漕运形成了较大影响。

综上，清代鉴于永定河下口迁改无常，为避免永定河冲决影响运道，故对永定河下口治理一直以天津为洪水入海之路。受地理形势控制，河北平原各大河流皆汇聚于天津出海，形成以海河为总汇的扇形水系。而北运河、南运河位于这个扇形水系的最外侧，若各河分途归海，势必有碍运道，影响漕运。南北运河在天津一南一北对永定河、子牙河、大清河等河流形成锁定效应，为了不影响漕运，元明清各朝对于永定河、大清河、子牙河等河流的治理，只能以天津为总出海口，故清代永定河治理以"达津入海"为准则。李桂楼曾评述清代永定河治理特点："后乾隆嘉庆至于同治，治河名流如怡亲王、于成龙、方观承、李鸿章，皆主张以北运河横阻天津通州之间，为保护漕运计，无论如何不能使北运之水不走天津而改走北塘，北塘水道既不能改，永定另辟尾闾之议即不能行。只好使永定仍走天津以出大沽。"③

二、凉水新河开凿与北运河漕运

京东通州、武清、安次一带地势低洼，沥水汇集，常年积涝，

---

① 水利部中国水利史研究室：《再续行水金鉴·永定河卷》，湖北人民出版社，2004年，第258~259页。
② 同上书，第338页。
③ 李桂楼：《河北省治河计划书》，《华北水利月刊》，1929年第1期。

严重影响当地的农业生产，对运道也有潜在的威胁。雍正三年，怡亲王允祥偕朱轼受命总理水利营田事务。同年，大学士朱轼在其奏文中说："白河为漕运要津，农田之蓄洩不与焉。然河西旷野平原数十里内，止有凤河一道自南苑流出，涓涓一带蜿蜒而东，至武清之埝上村断流而河身淤为平陆，此外别无行水之沟，亦无储水之泽，一有雨涝，不但田庐弥漫，即运河堤岸亦宛在水中央矣。"而积涝的原因在于武清埝上村附近因永定河泥沙阻隔，导致其北部地区排水困难。于是提出从凉水河开河引流的建议。"查凉水河源自京城西南，由南苑出宏仁桥至张家湾入运，请于高各庄开河分流至埝上，循凤河故道疏浚，由大河头入。仍于分流之处各建一闸以时启闭，庶积涝有归，且可沾溉田畴而于运道亦无碍也。"①雍正四年，怡亲王允祥等向雍正皇帝汇报通州南部水害情况，并提出疏浚旧河道的建议。"（北运河）河西数十里内止有凤河一道，即桑干河之分流，自芦沟河，经南苑至潞县西南，流入武清县南。河流本畅，自武清之埝上村淤为平陆，偶遇水潦，田庐弥漫。应循故道疏浚，仍于分流处各建闸一座，以时启闭。"②在怡亲王的指导下，凉水新河工程于雍正四年开始进行，第二年工程完工。

根据陈仪《直隶河渠志》记载："雍正四年，怡贤亲王奉命查修水利，欲加疏浚而来源微不足以为恒流，查有凉水河一道，发源水头庄，贯南苑出宏仁桥东流，至高各庄东北流抵张家湾入运。乃奏请于高各庄分流南引，至埝上入凤河故道，一路挑挖，过双口抵青沽港入淀河，仍于分流之处各建一闸，水小则闭东闸，启南闸流入凤河，水大则闭南闸，启东闸泄入运河。"③《再续行水金鉴永定河编》记载："凉水新河者，凉水河之分支也。其正源流经

---

① （清）陈琮：《永定河志》卷11《奏议二》，"雍正三年十二月和硕怡亲王大学士朱轼为敬陈水利等事"。
② 《清世宗实录》，雍正四年三月丙申。
③ （清）陈仪：《直隶河渠志》。

通州，至张家湾入潞河以助运。雍正四年重浚凤河，至堤上村北而竭。改挑向北，至通州回回村。又自高各庄起，浚凉水新河，分支南卡。经杜葛庄，又东经堰上村北、驸马庄南。又东南，经前后银子村、东西永和屯。又东南经柴场营，至回回营东、马房西，入凤河，约长五十里。"上述记载基本正确，但也有讹误，如说凉水新河经过东西永和屯就是十分明显的错误。实际上，凉水新河在通州境内其路线自高古庄起，经堰上、小杜社、东马各庄、于家务、果村、王各庄、富各庄、南堤寺、小南地、德仁务、半截河、兴隆庄出通州境至武清埝上村（图5—13）。凉水新河修建后，京东一带沥水得以疏泄，农田水利大兴。根据记载，河成之后，"宛平、潞县、武清、东安一带积潦尽消"，同时"桐林、牛镇、三间房等处开渠引水各营田数十顷"。

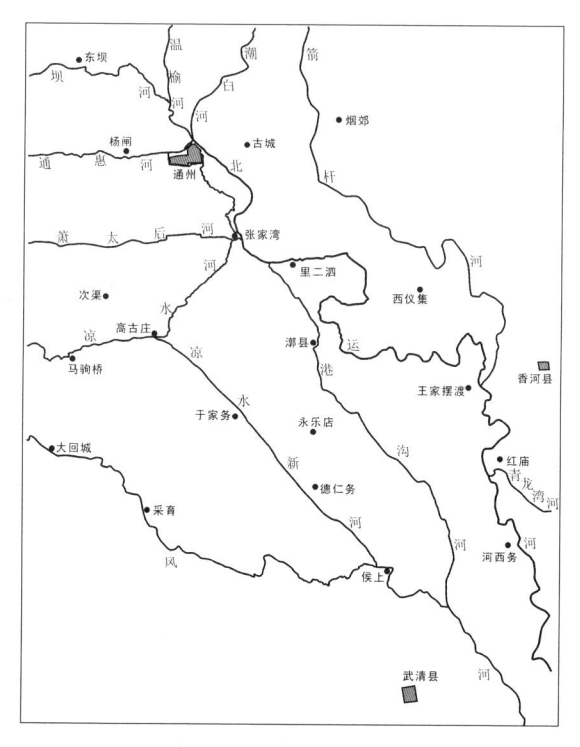

图5—13 清代凉水新河

凉水河本在张家湾入运河，开凉水新河后，水势分泄，导致入运河水量减少，致使运河航运用水不足，河道浅涩，影响漕运。为了保证漕运用水，清廷遂堵闭高各庄引水闸，凉水新河遂废弃。《再续行水金鉴·永定河卷》记载："后因运河病浅，仍自高各庄截归张家湾，而新河遂废。"[①]民国时期，通县南部的凉水新河河道还在，春夏水涨之际，凉水河中溢出之水经由凉水新河河道排水，俗名小沙河。民国《通县志要》记载："清初在白（高）各庄筑有减水闸，闸虽久废，缺口仍在，水涨时必由此外溢，经堰上、杜社、六郎庄、于家务、王各庄、富各庄、三间房、半截河、兴隆庄，入武清县"[②]。在民国十年（1921年）以前，每值夏秋之季，该河与河流无异，冬春则涸，故又名旱河。民国十年，高古庄附近的凉水河缺口愈冲愈大，河水溢出，不分冬夏，凉水新河又成为常年有水的普通河流。1956年为发展农田水利，遂拦蓄地表水，利用凉水河河水，建半截河水库，用以灌溉永乐店地区的农田。由于地势低洼，平原水库的修建引起次生盐碱化问题，于是1958年政府利用凉水新河河床修建通惠南干渠，并废除半截河水库。通惠南干渠南至凤港减河，而凤港减河以下的凉水河河道遂逐渐废弃，并逐渐演变成农田。

---

① 中国水利学会水利史研究会、北京水利学会水利史研究会：《再续行水金鉴·永定河编》，中国书店，1991年，第445页。
② 民国《通县志要》卷1《疆域·河流》。

第六章 北运河治理和变迁的特点与规律

运河漕运关系到王朝的兴亡，因此运河治理在金元明清时期皆为国家大事。乾隆《大清会典》曾说："凡河道工程，黄淮二渎为大，运河次之，永定河又次之。"[①]可见运河治理在国家河道治理当中的重要地位。北运河是整个京杭大运河的最北段，是漕运的汇归之地。自金代实行潞水漕运开始，北运河在整个京杭大运河五个河段当中是距离京城最近的河段，是维持封建王朝运转和京城繁荣的主要河道之一，河道畅通与否关系到漕粮最终能否抵达京城，因此金元明清四朝均十分重视北运河的治理。元代《至正河防记》提出河流治理的几种措施，有治河、治堤、治埽、塞河等法。治河之法，"有疏有浚有塞，三者异焉。酾河之流，因而导之，谓之疏；去河之淤，因而深之，谓之浚；抑河之暴，因而扼之，谓之塞"；治堤之法，"有创筑、修筑、补筑之名，有刺水堤，有截河堤，有护岸堤，有缕水堤，有石船堤"；治埽之法，"有岸埽、水埽，有龙尾、栏头、马头等埽"；塞河之法，"有缺口、有豁口、有龙口"。[②]上述河流治理方法是元代黄河治理的几种技术

---

① 乾隆《钦定大清会典》卷74《工部·都水清吏司·河工》。
② （元）欧阳玄：《河防记》，载王云五主编：《河防记及其他二种》，上海商务印书馆，1936年。

手段，是对历史上黄河治理经验的总结，很多治理方法也同样运用到运河治理上。北运河水文特征类似于黄河，比如河水含沙量大、河道易于迁改、河道淤积严重、洪水来势凶猛等，但北运河治理与黄河相比，黄河水势盛大，可以满足漕运要求，而北运河水势不如黄河，河广水散，既要保证河道有足够的航运用水，又要防止泥河淤积。因此，北运河的治理是在保证航运之利基础上去除水害，具有较高的复杂性。

第一节　北运河治理的矛盾性

受区域气候特点、水文条件的影响，北运河治理主要围绕着开辟水源、保证河道通航这一中心而展开。由于北京地区的气候特点、白河本身水文情况和河道治理带来的次生问题，导致北运河治理出现以下几个矛盾。

第一，年降水量分布不均导致河道水量变化与航运持续用水的矛盾。北京地处暖温带季风气候带，全年降水量在600毫米左右，并且降水分布不均，约80%的降水集中在6月至9月。漕运自每年春季三月一日开始即展开，南来漕船源源不断地北上，然而春夏之交降水稀少致使运河航运用水严重不足，造成漕运迟误。入夏后北京即进入汛期，集中的降雨又造成运河河道中水量过剩，乃至出现河水漫溢或决口，同样对漕运影响较大。汛期过后，北京地区又进入干旱少雨期，河水消落，又造成运河航运用水不足，相比较而言，春夏之际的干旱气候对漕运影响较大。

第二，河道弯环蓄水保证航运水量与河道泥沙淤积的矛盾。由于自通州至天津一带地势较陡，河水流速较快，若河道顺直，河道中无法存蓄足够的河水以供漕船行驶。加上北运河经行地区均为沙土，河道摇摆不定，难以在河道上建闸蓄水，因此北运河的河道在治理上遂采用人为增加河道弯曲度的办法，减缓河道坡降，降低河道纵比降，达到迟滞河水流速，使河道中的河水深度达到漕船航运要求。虽然如此，由于河水流速缓慢同样却减小了河水的搬运力，从而引起泥沙淤积。北运河含沙量较大，河道弯环导致水流难以快速下泄，泥沙淤积严重，进而影响到河水深度，故北运河实际上河水深度很难达到航运的要求。

第三，蓄集水源济运与汛期河道洪水宣泄的矛盾。北运河除去汛期以外的季节河道水量难以满足航运的要求，为了保证漕运，历朝均竭力开辟新水源以保证漕运。从金代开始开凿金口河引卢沟水济运，元代郭守敬引用白浮诸泉水济运，另开凿金口新河再次引用浑河水济运，最终形成以潮白河、温榆河、通惠河、浑河等多条河流汇集于通州的树状水系格局。众水汇聚，可以为运河带来充沛的水源。但是，随之而来的是汛期山洪暴发，各河洪水一齐汇聚于运河当中，导致运河水量骤增，同时受到北运河河道弯曲形状的影响，洪水难以畅流，无法宣泄，从而导致河道漫溢或决堤。

总的来说，北运河受降水影响导致平时水量偏少，汛期水量偏大；受区域地质地貌的影响，河道不稳，河水含沙量高，河道泥沙淤积严重；受较陡地形的影响，河道存水不易。北运河治理的上述三个矛盾相伴而生，无形之中增大了河道治理难度。北运河治理始终围绕着保障漕运这一中心，实现既治水又治沙的目标，保证河道水量的蓄泄平衡，维护河道稳定和堤防安全。古人在运河治理方面极大地发挥了聪明才智，针对各种问题推出了富有成效的治理手段，保证了漕运的顺利进行。

第二节　北运河的水源治理

漕运是朝廷的第一要务，运河河道用水要首先保证转漕需要。春季天气干旱，降水稀少，运河水量不够，需要汇集多条河流在运河北端，以增加水势，保证航运。《明史·职官志》中有明确的记载："舟楫、砲碾者不得与灌田争利，灌田者不得与转漕争利。"①因此，运河数千里河道，沿线农田不能享受灌溉之利，这在大运河山东段表现得十分明显，北运河沿线也面临着同样的情况。春旱之时，漕运用水十分紧张，自然不能用于农业灌溉。为了保证漕运畅通，历朝均大力开辟北运河的水源，引水济运。

为保证漕运水源，历史上北运河治理基本采用在运河北端通州城至里二泗河段汇聚数条河流，扩充水源，保证运河漕运用水的措施。经过金元明清四朝的治理，通州至里二泗河段集中了潮白河、温榆河、通惠河、萧太后运粮河、凉水河等数条自然河道和人工河道，形成了一个巨大的树状水系。北运河北端这个多条河流汇聚的格局是为了北运河漕运的需要而逐渐形成的。金代完颜亮迁都燕京，改称中都。为了将粮食等物资运送到中都，就利用燕京城东五十里外的通州潞水进行漕运。金代，温榆河和潮白河在通州城北关一带汇合，潞水平时水量可以满足航运的需要，但因潞水漕运初开，治理经验不足，对于潞水汛期洪水还无法控制，故金代漕运分为春秋两运，避开洪水期。通州至中都之间陆路距离有50里之遥，因没有大河通过，故漕粮只能依靠陆运至京城，成本高昂。于是，金政府决定开凿人工河渠，利用水运将粮食从通州运至中都。1171年，金政府开凿了金口河，引卢沟水至通州城北，但因水源浑浊，水势迅猛而无法行漕，此次开河失败。1204年，金政府引高梁河、白莲潭等水开凿闸河至通州，取得成功。但漕船自通州入闸河，需要经过十几日才能到达京城，相比于明清时期通惠河朝发夕至的运输效果，可见闸河运输功能极不完善，其主要原因在于水源不充足，无法满足漕船的航行需要。

---

① 《明史》卷72《职官一》。

元至元二十九年，郭守敬重开通惠河，引大都西北白浮泉等诸山泉水入通惠河，并于通惠河上建闸蓄水，较好地解决了通惠河的水源问题，使得漕船能够从通州驶入什刹海。同年，元政府引浑河水至张家湾入白河，进一步增加了运河的水势。金元时期运河河道治理奠定了通州附近潮白河、温榆河、通惠河、浑河四水汇流的水系格局，张家湾以下的白河遂有"泗河"之称，上述四条河也构成了北运河重要的水源河，对北运河通航有着不可忽视的影响。通惠河元代最初在张家湾入白河，漕船可直抵张家湾，再沿河上溯至通州城则因水量不足漕船无法行进。明嘉靖七年，吴仲重新开凿通惠河，将通惠河河口改在通州城北入白河。由此，白河自通州城北至张家湾河段水势增大，水量增加，漕船可以直抵通州城下。于是，吴仲在通州城北关和东关设置石坝和土坝，分别转运京粮和通粮。通惠河河口的变迁直接导致了张家湾至通州城之间运河河道内水量增加，并使漕运终点转移至通州城。经过金元明清历朝对通州附近运河北端的河道治理，逐步解决了运河北端漕粮转运和入仓的问题。

这些河流为北运河提供航运用水，对于运河来讲，不可或缺。以清代凉水新河开凿为例，雍正年间为了治理京东水患，怡贤亲王在通州南部开凉水新河，在高古庄引凉水河水至武清入凤河。由于分流部分水源，导致凉水河入北运河的水量减少，进而影响漕运，于是清政府堵闭凉水新河以使全河之水入运河以保证漕运。另外一个例子是清末潮白河东摆对运河的影响。清道光以后，潮白河在通州城东北的平家疃、北寺庄一带屡次决口东流，因河水不入运河，运河水源减少，对漕运不利。特别是在咸丰三年，潮白河在北寺庄冲决河堤，北运河水势微弱，导致天津漕粮无法运输。于是，清政府屡次修筑潮白河大堤，堵塞决口，以阻挡潮白河决口泛溢，务必使潮白河水全部进入北运河。

第三节　北运河治理的方法

1. 河道宜曲的治理之法

由于河道航运需要，运河中的水位需要保持一定的深度。从明清漕船规制来看，漕船航行对于河道水深要求需维持在 4 尺以上。关于北运河的治理之法，《光绪顺天府志》中有非常精辟的见解："疏之道三：宣下口，其首务也；高滩老坎，弗治则决，浚中泓次之；枝津一渎，弗容则溢，开支河又次之。就河言，疏北运河宜曲，资蓄水也；永定、清河、子牙诸水宜直，免顶冲也。"①书中明确指出，北运河因蓄水通航的需要，其治理以保持河流弯曲为主要特征。北京至天津地势较陡，若河道顺直，则水流迅速，河道中难以存水，这对航运不利。北运河由于河道不稳定，河道易于迁移，因此难以在河道上修建闸坝。因此，为了减缓水面比降，有意使河型保持弯曲形状，避免河水下泄过快，使河水保持一定深度，用以续航通运。运河保持弯环形状，通过增加河流的长度，达到降低纵比降的目的，从而减缓河流的流速，使河道中得以存蓄足够的水量，同样起到了河闸蓄水的作用，故运河上有三湾抵一闸之说。

北运河在张家湾就有一个大弯环，嘉庆六年北运河大水，北运河在小圣庙附近的温家沟决口，径直而下，当时朝廷议论修复运河旧道，就谈到运河河道保持弯曲对于航运的意义。《嘉庆实录》记载说："张湾一带，前人开浚运道，故纡其途，本有深意。盖因地势北高南下，土松沙活，不能建设闸坝，全赖河道弯环，得以蓄水转运。若溜势由北直向南趋，恐不免一泄无余，殊

---

① 《光绪顺天府志·河渠志五·河工一》。

于运道有碍。"①民国人林传甲在《大中华京兆地理志》中说:"北运河多湾曲,治河工者方拟裁湾取直。张家湾为湾之最著者。潞河自东北来,折而东,舟运盛时,运河帆樯,虽遇顺风,亦须拉湾,盖河之湾处,顺风为逆风也。至河滨老舟子,有谓河之湾曲,可杀水之奔放,若一律改直,则恐水患益烈。"②成书于民国时期的《河北五大河概况》载:"(潮白河)至通县会榆河,水势乃盛,惟水流湍急,不利于上行之舟,故以人工迫河曲流以期减杀速率,此为一时交通计,诚善矣。"③因此,古人在治河时,有意维持河道的弯曲,保证河道有足够的存水用于航行。《20世纪初的天津概况》记载了白河名称来源的一个解释,"还有说是因为(白河)流经的区域有九十九道弯,缺一而成百,所以使用'白'字"④。这个解释虽然不是白河名称的真正来源,但是其在文化意义上则说明了白河河道弯环曲折的事实。

2. 河道泥沙治理

北运河发源于塞外,河水含沙量较大,泥沙淤积于河床之上,沙白如雪,故历史上有白河之称。因漕运需要,白河河道需存蓄一定深度的水量,需要维持弯环形状以蓄水,相比于顺直水道,白河河水的流速大大降低。河水的搬运能力与流速呈正相关,随着流速下降,搬运能力也下降,因此白河河道中的泥沙易于淤积。泥沙淤积降低了河水的深度,进而影响航运。对于北运河来说,为保证航行必须将河道保持弯曲形状,以存水通航,这是首要问题;泥沙堆积是次生问题,为保证河流航运深度,河道治理必然

---

① 《嘉庆实录》卷87,嘉庆六年九月丁亥。
② (民国)林传甲:《大中华京兆地理志》第二十二篇"巨镇"。
③ 佚名:《河北五大河概况》,1929年。
④ 〔日〕日本中国驻屯军司令部编,侯振彤译:《二十世纪初的天津概况》,天津市地方史志编修委员会总编辑室,1986年,第70页。

集中在治沙上面。

北运河含沙量大，河道弯曲，加上河床宽广不一，河流中泓不稳定，水势分散，因而易于淤浅，故《光绪顺天府志》说"北河流沙，通塞无定"①。也正是基于北运河河道泥沙淤积不定的水文特性，明清时期在白河沿线设置浅铺组织，专门从事河道淤浅清除工作，以保障漕船不至于搁浅。北运河泥沙治理主要表现为两个方面，一个是每年漕运结束后的定期河道清淤，另一个是漕运期间沿河随时挑除河道内的浅滩。除此以外，还要清理河道内各种杂物，如废弃闸坝石料、残破船体、废弃木料、树根等。北运河泥沙是影响漕运的重要因素，但因难以彻底清理，故在挑浅之外，漕粮运输采用剥运的办法，即通过减少船体漕粮运输重量，降低吃水深度来克服河道淤浅导致的漕船航行浅阻的问题。

3. 汛期洪水治理

北京地区汛期降水集中，降水量大，洪水来势凶猛，加上运河道屈曲，洪水宣泄不及，河水或漫溢或冲决河堤，因此需要解决河道的泄水问题。北运河上下游均建有减水坝或开挖减水河疏洩洪水。在北运河通州段，郝家府附近有一条泄水河道，张家湾以下有港沟河泄水，因此尽管通州附近几条河流汇聚，但由于及时泄水，故张家湾至香河一带河道较少漫溢而发生决口。自香河以下北运河河段，元明时期没有专门的泄水河道。由于箭杆河等河流的汇入，汛期洪水量大增，香河至武清一带北运河河道难以容受，经常漫溢决口。

元明时期对于北运河武清段的治理侧重于"堵"，即采用筑堤堵塞洪水的办法，收效甚微。而清代采用"疏"的办法，即疏挖

---

① 《光绪顺天府志·河渠志十·河工六》。

引河减水，有效地解决了北运河洪水泛溢的问题。与元明时期相比，清代北运河的治理显然是一个巨大的进步。民国时期的《河北省治河计划书》对此有较为客观的总结："康熙、雍正时期，修建筐儿港、王家务两减河，上下分消水势，水患始减。中经乾隆、道光，以迄于同治，岁修甚勤，未出水患。"① 清代直隶总督方观承曾在《方恪敏公奏议》中论述筐儿港和王家务减河时说："北运减河二道，一在务关厅属之王家务，河长一百四十里，由七里海入于蓟运海河；一在杨村厅属之筐儿港，河长五十里，入于塌河淀，又于水利案内开挑引河，亦令由七里海归入蓟运海河，计长四十九里……当日开浚之意，既以除运河堤岸之险，更欲其分流散沙，别为一途，使两运入三岔口之水稍减，庶大清、子牙诸水得以宽然东注于三岔口。"② 从这段文字来看，北运河开挖减河的意义不仅仅是疏泄运河之水，还有减少入三岔河口水量，使众河畅注于海河的作用。

4. 北运河堤防建设

明代万恭在《治水筌蹄》一书中曾谈到白河："自潞河顺天津，为白漕，不宜治。夫白漕，从密云而南下，霁十日，则平沙弥河，雨溢则泛，运辛急则挽舟，又急则直易舟耳，其节短，不并运，故其法治之以不宜治也。"③ 万恭认为，白河因含沙量较高，易于淤积，虽然如此，漕运可因缓急而采取牵挽或剥运形式，加之时间不是很长，对漕运影响不是很大，这就是万恭所提出的"不宜治"的缘由。万恭仅仅从白河泥沙淤积的角度来论证河道不需治理，事实上，白河治理一直存在着较大的困难。首先，白河位于潮白河冲

---

① 李桂楼：《河北省治河计划书》，《华北水利月刊》，1929年第1期。
② （清）方观承：《方恪敏公奏议》卷4《畿辅奏议》，"查勘三岔河等河入海情形"。
③ （明）万恭：《治水筌蹄》自序。

击扇上，土壤皆为细沙，河床不稳，易于改道。其次，白河含沙量大，泥沙易于沉积，河道淤积严重。第三，白河河道水量季节分布不均，春夏之交，北京地区降水稀少，干旱多风，白河水量不足，导致河道浅涩；而汛期降水集中，洪水来势凶猛迅速，决堤泛溢，堤防建设十分紧要。据《至正河防志》记载，元代黄河堤防治理已经出现刺水堤、截河堤、护岸堤、缕水堤、石船堤①。明代潘季驯创立缕堤、格堤、遥堤、月堤系统，进一步完善了堤防治理。众所周知，潮白河河性暴烈，多泥沙，水势浩大，河床不稳定，河道极易迁移，故民间有"自由自在潮白河"的说法。北运河利用潮白河作为航运通道，若河道改道频繁，则于漕运不利，因此北运河堤防不仅在于拦蓄河水防止外溢，还有固定河身的重要作用。金元时期，潞水两岸即修筑有河堤，因文献记载简略，无法知晓详情。为了保护河堤，中国古代发明了特有的埽工技术，用于堤防修守。元代已经出现的治埽之法，"有岸埽、水埽，有龙尾、栏头、马头等埽"②。明清以后，北运河河堤防守也采用埽工之法，并且随着时代的发展埽工技术也不断进步。

明清时期，对于北运河堤防建设更加重视，技术手段也更为成熟。通州是运河漕运的终点，北运河河堤自通州以下开始修筑，有东堤和西堤，沿着运河两岸向南延展至天津。根据文献记载，从明初开始较长时间内对北运河河堤的治理活动较少。明代大规模修筑河堤集中在万历三十一年，这一年朝廷对北运河河道进行清淤，并利用淤土培筑河堤。明代治河能臣潘季驯在治理黄河的基础上发展出"遥堤、格堤、缕堤、月堤"系统的堤防系统，并被应用于大型河流的治理当中。北运河虽然水文特征类似于黄河，但河道治理的

---

① （元）欧阳玄：《河防记》，载王云五主编：《河防记及其他二种》，上海商务印书馆，1936年。
② （元）欧阳玄：《河防记》，载王云五主编：《河防记及其他二种》），上海商务印书馆，1936年。

复杂程度显然比不上黄河，故其堤防治理上相对于黄河比较简单，如北运河沿岸没有修筑遥堤，至少在文献上没有提及。清代，对于北运河的河堤建设更为重视，康熙、乾隆年间均对北运河河堤进行大规模的修筑。清代，北运河治理在埽工之外，还采用了筑造挑水坝技术，即通过控制河流中泓方向避免河流冲刷河堤，从而保护河堤完固。从康熙年间开始，在北运河的香河—武清段还通过开引河，筑减水坝，宣泄运河中的多余水量，减小汛期的洪水压力，运河决堤次数大大减少，取得了较好的治理效果。清代治河名臣靳辅总结说："埽之用，是备其城垣者也，坝之用，捍之于郊外者也；引河之用，援师至近，开营而延敌者也。"[1] 清代北运河的治理重点集中在香河段和武清段，康熙、雍正、乾隆三朝先后开挖王家务减河、筐儿港减河，采取疏浚的手段降低洪水位，有效地防止了汛期河水壅积于河道，进而消除河堤溃决的危险。另外，清代还在河道中修筑顺水坝以导流避开险工的办法防止河堤溃决。清代对于北运河河堤的防护手段和技术均超过了前代，显示了运河治理技术水平发展到一个新的阶段。

第四节　北运河河道变迁的规律

1. 北运河北端向心型河道的形成

金代实行潞水漕运，漕粮至通州陆运至中都。为改善运输效率，先后开凿金口河和闸河引水至通州，奠定了以通州为中心的树状水系雏形。元代利用坝河运输，开凿通惠河，分引浑河和温榆河之水济运，进一步发展了以通州和张家湾为中心的集水型树状水系格局。明代吴仲重开通惠河之后，通州城附近的向心型水系格局

---

[1] （清）靳辅：《治河奏绩书》卷4《治纪》。

最终稳定下来。

2. 北运河河道从弯环型向顺直型的演变

为克服地势较陡带来河道难于存水的缺陷，运河河道需改造成弯环形状以存蓄河水满足航运的需要。金代潞水河道有几个较大的弯环，特别是香河—武清之间河道因弯环形状而导致蓄水功能强泄水功能弱，故汛期河道冲决严重，故金代漕运采用春秋两运制度。元代将香河至杨村之间的白河大弯环改凿为顺直型，解决了汛期河水宣泄的问题，但还不彻底，明代在元白河基础上进一步开凿通济河，增强河道的泄水能力，防止运河冲决河堤。为了保证漕运不受影响，元明时期对于河道堤防冲决采取堵口措施，清代对于该段河道治理采用开挖减河的办法。通过开挖筐儿港和王家务减河，及时疏泄汛期洪水，保证堤防安全，也有利于漕运。嘉庆年间，北运河张家湾段河道开始决口改道，从大棚村决口经康家沟南下至里二泗东北再汇入北运河。1901年北运河漕运停止，北运河河道遂疏于治理。民国初年，为了消除水害，将里二泗以下至儒林之间的东向弯环河道裁弯取直，经沙古堆直达儒林进入北运河。

3. 潮白河从东摆到脱离北运河水系

潮白河原来一直与温榆河在通州北关附近汇合，自清乾隆年间开始潮白河河道逐渐向东摆动。乾隆三十八年，潮白河在通州城东向东摆动，与温榆河汇流点向南移至杨坨附近。道光后期，潮白河开始在北寺庄至平家疃之间开始向东决口，同治、光绪年间更是频繁决口东流，清政府经过大力治理，暂时保持了潮白河河道的稳定。民国年间，潮白河开始在顺义李遂镇决口，民国政府也进行大力治理，但1939年潮白河在李遂决口夺箭杆河南下，从此潮白河脱离北运河水系，形成了今日的现代潮白河水系（图6—1）。

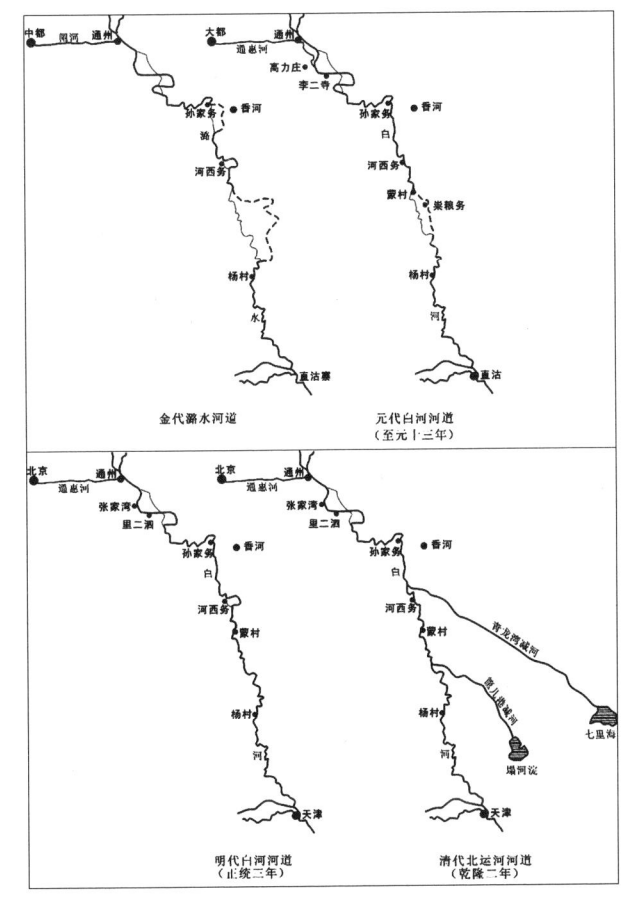

图 6—1 北运河河道的变迁

第五节　北运河治理的特征

一、北运河治理的时段性特征

民国徐世大曾撰写《河北治水方案》一文，对河北地区各大河流共同的水文特征有非常经典的概述，其中包括北运河。①上游山坡陡峻，少回旋之地，一遇霖雨，洪水暴发，一泄无余；②上游支流，多作褶肩骨式，各流齐涨而到达下游之时间，几无先后；③下游河床平坦，奔腾之水，忽而缓流，势难通畅；④雨水分布，极不均匀，故洪水量与寻常水量，相差甚巨，一遇洪涝，则有溃溢之虞，水势稍杀，则淤沙填积；⑤枯水之时，水量甚少，故河北不特苦害水，且亦病旱。①北运河的水文特征与上述描述十分吻合，天旱时节河道中水量稀少，汛期水量增加，洪涝灾害严重，因此北运河治理具有明显的时段性特点，表现为不同的季节北运河的治理方法不同。

每年春季三、四、五月份，秋季九、十月份，气候干旱，降雨量稀少，北运河河道中的水量不足。山东、河南的漕船于农历三月一日要抵达通州，此时正值枯水期，因此运河治理多采用挖浅，增加河道深度，或采用剥运办法，人为降低漕船的吃水深度。

夏秋之际，降水量集中，暴雨时行，导致北运河上游各河一齐涨水；同时汇入北运河道之中，河道无法容受，洪水宣泄不及，往往漫溢河堤，甚至冲决堤坝，进而影响漕运。因此，此时的运河治理采用四防二守之法，时刻防备运河河堤决口，一旦决口则迅速堵口，防止河水外泄影响漕船航行。

每年农历十月漕运结束至第二年春季漕运开始之前，是冬季冰封期。此时段运河停漕，政府组织人力对河堤薄弱之处进行修补，加固河堤，同时对河道进行清淤，浚深河道，为次年漕运做好准备，这是运河河道的岁修。

二、北运河治理的地段性特征

北运河河道自通州至天津，在河道不同区段，水势不同，故其治理也区别对待。按照河道水势，可分为三个河段，通州北关至香

---

① 徐世大：《河北治水方案》，《华北水利月刊》，1929年第10期。

河河段，香河至杨村河段，杨村至天津河段。这三个河段的治理根据各自的河道水势特点，采用了不同的治理办法。

1. 通州北关至香河河段治理

明代，北运河起自通州城北关潮白河和温榆河二水汇流处，清代乾隆中后期因潮白河东摆，北运河起自通州城东关大街南口潮白河和温榆河汇合处。北运河故道在小圣庙北向西南折，经上马头至皇木厂，经张家湾城东南与凉水河汇合，向东流经里二泗，此段河道即今日的小盐河，这是北运河自通州城以下的第一道大弯。自里二泗以下，向东经下店、崔家楼折向东南，经谢家楼至西马坊，而后西折至供给店、儒林，这是北运河故道的第二道大弯；北运河继续向南经榆林庄，流经杨堤、马头村，然后东折北经陈桁、和合站、吕家湾、辛集、萧家林、桥上至香河西鲁家务南折，此为北运河的第三道大弯。在这段河道之间，没有别的河流汇入，河流水势相对平稳，此段河道的三个大弯显然是为了保障河道存水需要而形成的，并且该段河道在历史上相对稳定。为保障河道的稳定，自通州以下河道两岸修筑有沿河大堤，此即东岸大堤和西岸大堤。此外，为了防止汛期洪水漫溢，在该段河道上游还有两条泄水河。一条在运河东岸，泄水处在郝家府村，向东南流经黎辛庄北、七级村，至后榆林庄入箭杆河，该泄水河在七级村至后榆林庄一段河道保留比较完整，《通州志》记载为"七级龙潭"或"七里龙潭"；另一条在张家湾下游的何各庄村东有港沟河从运河分出东南流，沿着北运河西侧经漷县、永乐店向南流入武清县。

2. 香河—杨村段运河治理

香河—武清段运河是北运河整条河道上的重点地段，元明清时期对此段河道治理用工最多，历时最长，成效也最显著。金代首次开辟潞水漕运，运河治理也处于早期阶段。从历史上看，杨村以上至孙家务之间的北运河河道最易冲决，治理难度大。显而易见，金代潞水河道自孙家务以下至杨村之间河道弯环度较大，汛期雨水集中汇集，河道容受不下，自然易于溃决。金代漕运分成春运和秋运两个阶段，"春运以冰消行，暑雨毕。秋运以八月行，冰凝毕"[①]。从此段文字可知，正是由于汛期降水集中，洪水盛涨，自孙家务以下的金代潞水河道由于弯环曲折，河水易于壅积，难以消洩，从而导致溃堤决口，进而影响漕运。因此，金朝在汛期停止漕运，形成春秋两运的制度。

元代在香河—武清段运河的治理上取得了巨大成效，这从元代以后北运河漕运突破了金代春秋两运的制度，漕运能够实现春、夏、秋连贯运输的做法上可以看出来。按《元史》记载，至元十三年元政府改造潞水，先后将孙家务以下金代河道和蒙村以下金代河道进行裁弯取直，从孙家务径直开凿河道直达河西务，再从蒙村径直开凿新河道至杨村接原潞水河道。实际上这摆脱了金代潞水河道由于弯环过大而造成的汛期洪水壅积难以下泄，进而导致河道堤岸溃决的问题，因此元至元十三年的香河—武清段运河治理功效对后来的漕运影响可谓深远。明代在元代的基础上继续对该段河道进行局部治理，正统三年开凿蒙村以下新河道，进一步将元代河道取直，使河道更加顺直以便洪水下泄。从此以后北运河香河—武清段河道就固定下来，并一直延续到今天。

元代和明代对香河—武清段运河河道进行裁弯取直，并非是将运河改造成顺直形河道，而是在宏观尺度上将香河—武清段运河大弯环改成直线型河道，故在地图上可以看到自香河西的孙家务北运河河道呈现直线型一直向南延伸至天津，在微观尺度上河道本身还是留有很多小型河湾。这也是防止河水过快下泄，增加

[①]《金史》卷27《河渠志》。

河道弯曲度，降低河流的纵比降，以保证河道存储足够的水量利于漕船航行。

3. 杨村以下河道治理

杨村以下运河河道距离天津较近，距离渤海不远，因此受到渤海潮汐的影响。"其海河潮汐自大沽海口西抵天津之三岔口，计一百七十里。又自三岔河北溯七十里抵运河之杨村驿，南溯四十里抵津属杨柳青，西溯六十里抵大清河之瘸柳树。一日潮汐再至，自起至落，常至两时，兼以潮起必有东南风随潮捲水，此南北运、大清、子牙等河夏秋水难畅注，且复倒漾之故也。"① 另外，永定河下口在天津三岔河汇入海河，汛期各河争入海河，由于永定河水势大，往往对北运河和南运河产生顶托作用，使得河水难以下泄。民国时期李桂楼在《河北省治河计划书》中指出北运河水患产生原因有四个：①水性湍急，堤防不能捍御；②河道迂曲，流行不畅；③河槽广狭不均，易刷易淤；④下游与永定河汇流，有顶托淤垫之害。② 杨村以下段容易受到永定河的顶托而难以下泄，洪水壅积，容易发生溃决，但清代因建筐儿港和青龙湾减河使洪水在杨村以上河段得以分泄，杨村以下河道洪水压力大大消除，故此段堤防较少发生溃决。

4. 北京和通州之间的运河治理

通州至北京之间因地势原因，少有自然的大河经流其间，因此漕粮自通州运输至北京城不得不通过陆运，成本高昂。为了降低成本，金代就开始探索开挖运河以利用水运将漕粮运送至京城的办法。世宗时，疏浚旧运河未取得如期效果，后开金口河引用卢沟河

---

① （清）方观承：《方恪敏公奏议》卷4《畿辅奏议》，"查勘三岔河等河入海情形"。

② 李桂楼：《河北省治河计划书》，《华北水利月刊》，1929年第1期。

水以通漕济运,也没有成功。直到泰和四年,金政府才开通闸河,利用水路运输漕粮取得成功。由于河道初开,经验不足,制度亦不健全,虽规定五日抵达,但漕粮从通州入闸河需要半个月的时间才能抵达中都,对比于明清时漕粮自通州一日可达北京的运输效果,其运输效率非常低下。元代至元十六年,元政府在阜通河上建坝七座,采用倒搬逐级运输的办法,将漕粮运至大都城。至元二十九年,郭守敬主持在金闸河基础上开凿通惠河,并建立了类似现代的船闸技术来运输漕粮,将中国古代水利工程技术推到了最高水平。金元时期开凿通州至北京之间的运河,首要解决的问题是河流的水源,早期利用高梁河水源,但因水源不足无法有效实现水运。后来引用卢沟河水,但金代开金口河,元末再开金口新河,均证明引用卢沟水不可行。一则水势高仰,对都城形成潜在的威胁;再则河水含沙量大,水流迅速,引起河岸崩塌,建闸则泥沙沉积,堵塞河道。郭守敬另辟水源,从北京西北山区引诸泉之水,引清水入运河,才使通惠河有了充足的水源,可以实现漕运。但是,由于早期经验不足,元代通惠河运输虽然成功地实现漕船从通州直达大都城内,但在使用期间效果并不十分理想,通塞无定,时断时续。明嘉靖年间吴仲在金元闸河的基础上重新疏浚通惠河,从北京至通州之间建造了五闸二坝,并建立了通惠河治理制度,维护河道畅通,从而使通惠河一直使用到清朝末期。

第六节 北运河水系格局与河道治理的关系

京杭大运河由数条自然河道连接而成,自北而南分别利用了白河、卫河、会通河、黄河、苏北湖塘、江南运河等河流和湖泊,构成了一条长达3700里左右的沟通钱塘江流域、长江流域、黄河流域和海河流域的水路运输大动脉。明代志书将京杭大运河各个自然河段分别称之为白漕、卫漕、闸漕、河漕、湖漕、江漕、浙漕。《明

第六章 北运河治理和变迁的特点与规律

史·河渠志》对白河与整个运河水道的各组成部分作了最简洁、最直观的说明：

> 明成祖肇建北京，转漕东南，水陆兼挽，仍元人之旧，参用海运。逮会通河开，海陆并罢。南极江口，北尽大通桥，运道三千馀里。综而计之，自昌平神山泉诸水，汇贯都城，过大通桥，东至通州入白河者，大通河也。自通州而南至直沽，会卫河入海者，白河也。自临清而北至直沽，会白河入海者，卫水也。自汶上南旺分流，北经张秋至临清，会卫河，南至济宁天井闸，会泗、沂、洸三水者，汶水也。自济宁出天井闸，与汶合流，至南阳新河，旧出茶城，会黄、沁后出夏镇，循泇河达直口，入黄济运者，泗、洸、小沂河及山东泉水也。自茶城秦沟，南历徐、吕，浮邳，会大沂河，至清河县入淮后，从直河口抵清口者，黄河水也。自清口而南，至于瓜、仪者，淮、扬诸湖水也。过此则长江矣。长江以南，则松、苏、浙江运道也。淮、扬至京口以南之河，通谓之转运河，而由瓜、仪达淮安者，又谓之南河，由黄河达丰、沛曰中河，由山东达天津曰北河，由天津达张家湾曰通济河，而总名曰漕河。[①]

京杭大运河各河段因地处不同的地理纬度，气候条件、水文状况、地形地貌等差异性较大，因此各河段的治理方式也不相同。如在水源利用上，苏北运河称作湖漕，主要借助洪泽湖、高邮湖、邵伯湖等湖泊提供水源，山东会通河段主要借助汶水、泗水、沿线水柜和鲁西诸泉为运河提供水源。在河水蓄洩方面，山东段主要通过

---

① 《明史》卷85《河渠三》。

建闸蓄水通航，也借助湖泊对河道水量进行蓄泄调节。苏北段运河主要借助西侧的湖泊提供航行用水，在运河东侧通过涵洞、减水坝等进行泄水，借此保持蓄泄平衡。相比较而言，山东运河与汶泗诸水呈垂直关系，沿线分布有众多湖泊，而苏北运河沿线西侧皆为湖泊，东侧为里下河洼地，河水蓄泄调节可以在运河各段进行。而北运河除了上游有几条支流汇于通州外，通州以下河段少有河流汇入，更没有湖泊、泉源等提供水源。因此，北运河的治理采用了上游汇聚水为主、中游存水为主、下游疏泄为主的治河方法（图6—2）。

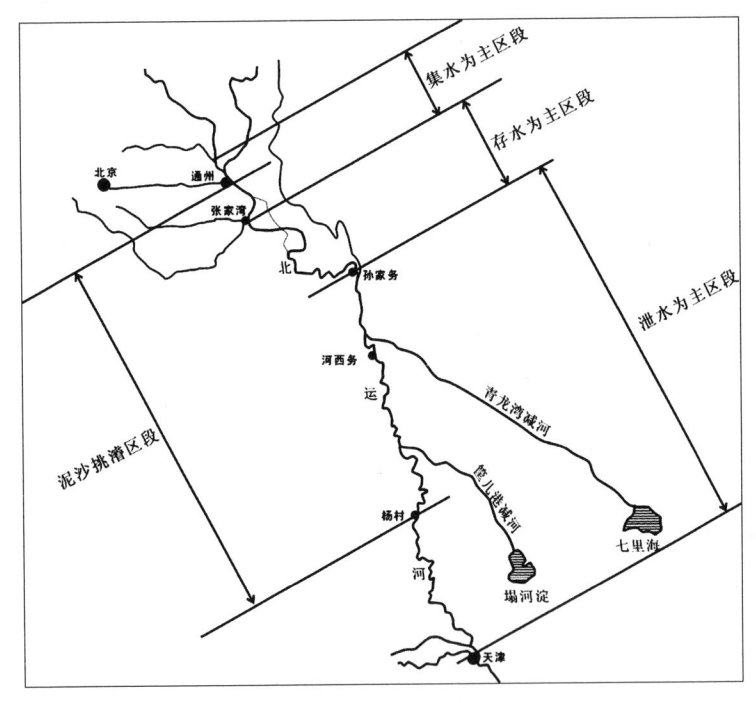

图6—2 北运河治理概况

1. 北运河上游的治理以集水为主

通州至张家湾河段是集水型的树状水系，潮白河、温榆河、通惠河、凉水河、萧太后河等都汇聚在通州城至张家湾一带。众多河流为河道提供了丰沛的水源，保证漕船能够行驶至张家湾或通州附近。该段河道是历史上迁移改造程度最高的地段，因为这里是漕运终点，也是漕粮转运的枢纽。金代开凿金口河和闸河，引水至通州，既能汇聚水源，又能实行漕运。在金代开河基础上，元朝开凿通惠河，分引浑河、榆河至通州济运，经过明清两朝的完善，形成以通州为中心的京东各河汇聚地区。经过历代对该段河道多次加以整治，北运河上游地区成为数条河流汇集的向心型水系格局。

2. 北运河中游的治理以存水为主

张家湾至香河河段是大弯环型河道，河道弯环曲折增加了河流的长度，降低了河流的纵比降，以减缓河水流速，使河道能够存蓄一定深度的河水满足漕船航行需要。该段河道是存水型的水系格局。它在金元明时期保持长期稳定，进入清代嘉庆年间，大棚村至里二泗之间运河改道，张家湾段的河道弯环遂失去作用，里二泗以下河道依然保持稳定，直到清末民初里二泗至儒林村之间的弯环才被裁弯取直。

3. 北运河下游的治理以疏泄为主

香河县城以下至杨村河段因地势低洼，众水汇聚，汛期洪水盛涨，难以宣泄，因此元明清时期对于该段治理一直疏泄洪水为主。金代该段河道弯环多，汛期洪水暴发，破坏运道，因此漕运实行春秋两运，有意避开洪水期。元初对该段河道进行了大规模治理，将金代河道改为顺直型，以便于疏泄洪水。明代在元代治理的基础上进一步改凿顺下。为保障夏季漕运正常进行，元明时期采取堵口的办法。清代在河西务北和杨村北开挖有青龙湾和筐儿港两条大型减河，用于汛期疏泄洪水，保障河道堤防。从历史发展过程看，该段河道治理历经弯环河道、改凿顺直、减河疏泄几个发展阶段，最终形成以泄水为主的水系治理格局。杨村至天津河段也是顺直型河道，该段河道受海潮影响，泥沙淤积程度轻，漕运比较顺畅。

总体来说，北运河的治理在宏观上呈现出上游为集水为主、中游为存水为主、下游泄水为主的水系治理格局。这种水系格局的形成是完全适应于北京和天津地区气候特点、区域地形地貌和水文特点的结果，迥异于运河沿线其他河段的治理方法，也是长期以来古人在河道治理实践中形成的经验与智慧的产物。

参考文献

一、史料文献

1. （周）管仲撰：《管子》，京华出版社，2002年。
2. （汉）司马迁撰：《史记》，中华书局点校本，1959年。
3. （晋）陈寿撰：《三国志》中华书局点校本，1963年。
4. （北魏）郦道元著，陈桥驿点校：《水经注》，上海古籍出版社，1990年。
5. （南朝·宋）范晔撰：《后汉书》中华书局点校本，1965年。
6. （唐）魏徵等撰：《隋书》，中华书局点校本，1973年。
7. （唐）杜佑著：《通典》，商务印书馆，民国二十四年。
8. （唐）皮日休撰：《皮子文薮》，商务印书馆，民国间影印本。
9. （后晋）刘昫等撰：《旧唐书》，中华书局点校本，1975年。
10. （宋）欧阳修、宋祁撰：《新唐书》，中华书局点校本，1975年。
11. （宋）李心传：《建炎以来系年要录》，中华书局，1956年。
12. （宋）吕颐浩：《忠穆集》，全国图书馆文献缩微中心，1986年。
13. （宋）司马光：《资治通鉴》，北京古籍出版社，1957年。
14. （宋）王巩：《闻见近录》，台湾商务印书馆，1983年。
15. （宋）乐史：《太平寰宇记》，清光绪八年金陵书局刻本。
16. （宋）曾公亮等撰：《武经总要前集》（四库全书珍本初集），台湾商务印书馆，1969年。
17. （金）赵秉文撰：《闲闲老人滏水文集》（四部丛刊），涵芬楼民国影印本。
18. （元）脱脱等撰：《辽史》，中华书局点校本，1974年。

19. （元）脱脱等撰:《辽史》,中华书局点校本,1974 年。
20. （元）脱脱等撰:《金史》,中华书局点校本,1975 年。
21. （元）孛兰肹等撰,赵万里校辑:《元一统志》,中华书局,1966 年。
22. （元）欧阳玄著:《河防记及其他二种》（丛书集成初编）,商务印书馆,1936 年。
23. （元）王恽:《秋涧集》,长洲顾氏秀野草堂,康熙三十三年刻本。
24. （元）熊梦祥:《析津志辑佚》（北京古籍丛书）,北京古籍出版社,1983 年。
25. （元）赵世延等纂修,（清）胡敬辑:《大元海运记》,全国图书馆文献缩微中心,1985 年。
26. 《明太宗实录》,台湾"中央研究院"史语所史语所校印本,1962 年。
27. 《明宣宗实录》,台湾"中央研究院"史语所史语所校印本,1962 年。
28. 《明英宗实录》,台湾"中央研究院"史语所史语所校印本,1962 年。
29. 《明宪宗实录》,台湾"中央研究院"史语所史语所校印本,1962 年。
30. 《明世宗实录》,台湾"中央研究院"史语所史语所校印本,1962 年。
31. 《明穆宗实录》,台湾"中央研究院"史语所史语所校印本,1962 年。
32. 《明神宗实录》,台湾"中央研究院"史语所史语所校印本,1962 年。
33. 《明熹宗实录》,台湾"中央研究院"史语所史语所校印本,1962 年。
34. （明）陈子龙:《明经世文编》,中华书局影印本,1962 年。
35. （明）黄承玄:《河漕通考》,《四库全书存目丛书》本,齐鲁书社,1996 年。
36. （明）蒋一葵:《长安客话》（北京古籍丛书）,北京古籍出版社,1994 年。
37. （明）李贤纂修:《大明一统志》,天顺五年刻本。
38. （明）刘效祖:《四镇三关志》,中国文献珍本丛书影印,万历四年刻本。
39. （明）刘天和:《问水集》,《四库全书存目丛书》本,齐鲁书社,1996 年。
40. （明）刘侗、于奕正:《帝京景物略》（北京古籍丛书）,北京古籍出版社,1983 年。
41. （明）潘季驯:《河防一览》（中国史学丛书）,台湾学生书局,1965 年。
42. （明）申时行等修、赵用贤等纂:《大明会典》,《续修四库全书》本,上海古籍出版社,2002 年。
43. （明）沈应文、张元芳纂修:《万历顺天府志》,北京图书馆藏明万历刻本。
44. （明）宋濂等撰:《元史》,中华书局点校本,1976 年。
45. （明）万恭著,朱更翎整编:《治水筌蹄》（中国水利古籍丛刊）,中国水利电力出版社,1985 年。
46. （明）王琼:《漕河图志》,《续修四库全书》本,上海古籍出版社,2002 年。
47. （明）王在晋:《通漕类编》,《四库全书存目丛书》本,齐鲁书社,1996 年。

48. （明）吴仲：《通惠河志》，《续修四库全书》本，上海古籍出版社，2002年。
49. （明）谢纯等：《漕运通志》，《北京图书馆古籍珍本丛刊》第56册。
50. （明）解缙等纂：《永乐大典》，民国三十年北平图书馆影印本。
51. （明）熊相撰：《蓟州志》，嘉靖三年刻本。
52. （明）永乐《顺天府志》（北京旧志丛刊），中国书店，2011年。
53. （明）袁黄：《皇都水利》，《四库全书存目丛书》本，齐鲁书社，1996年。
54. （明）周之翰撰：《通粮厅志》，明万历三十三年元刊本影印，台湾学生书局，1970年。
55. （明）朱国盛：《南河志》，《中国水利史典·运河卷一》，中国水利水电出版社，2015年。
56. 《清圣祖实录》，中华书局影印本，1985年。
57. 《清世宗实录》，中华书局影印本，1985年。
58. 《清高宗实录》，中华书局影印本，1985年。
59. 《清仁宗实录》，中华书局影印本，1985年。
60. 《清文宗实录》，中华书局影印本，1985年。
61. 《清德宗实录》，中华书局影印本，1985年。
62. 《宣统政纪》，《清实录》第60册，中华书局影印本，1987年。
63. （清）蔡寿臻修，钱锡采纂：《武清县志》，光绪七年修，抄本。
64. （清）蔡寿臻纂修：《武清志括》，清抄本。
65. （清）陈琮纂，永定河文化博物馆整理：《永定河志》，学苑出版社，2013年。
66. （清）陈潢：《天一遗书》，《续修四库全书》本，上海古籍出版社，2002年。
67. （清）陈仪：《直隶河渠志》，台湾商务印书馆影印《四库全书》本。
68. （清）丁符九修，谈松林纂：《宁河县志》，光绪六年刻本。
69. （清）鄂尔泰等：《八旗通志初集》，全国图书馆文献缩微中心，2001年。
70. （清）方观承：《方恪敏公奏议》（近代中国史料丛刊一辑），文海出版社，1967年。
71. （清）傅泽洪：《行水金鉴》（万有文库），商务印书馆，1936年。
72. （清）高建勋等修，王维珍等纂：《通州志》，光绪九年、十五年递增刻本。
73. （清）顾炎武：《昌平山水记》，吴江潘氏遂初堂刻亭林遗书本。
74. （清）顾炎武：《天下郡国利病书》，上海古籍出版社，2012年。
75. （清）顾祖禹：《读史方舆纪要》，中华书局影印本，1955年。
76. （清）管庭芬纂修：《漷阴志略》，道光年修，民国抄本。
77. （清）韩淑文纂修：《顺义县志》，康熙年刻本。
78. （清）贺长龄辑：《皇朝经世文编》，中华书局，1992年影印本。

79. （清）洪肇楙修，蔡寅斗纂：《宝坻县志》，乾隆十年刻本。
80. （清）黄春圃辑：《山东运河图说》，清抄本。
81. （清）嘉庆敕撰：《嘉庆重修一统志》，中华书局，1986年。
82. （清）靳辅：《治河奏绩书》，台湾商务印书馆影印文渊阁《四库全书》本。
83. （清）昆冈等修，刘启瑞等纂：《钦定大清会典事例》，清光绪石印本。
84. （清）昆冈等修，吴数梅等纂：《钦定大清会典》，《续修四库全书》本，上海古籍出版社，2002年。
85. （清）李逢亨纂，王岗、易克中等点校整理：《永定河志》，北京燕山出版社，2007年。
86. （清）李绂：《穆堂别稿》，乾隆十三年刻本。
87. （清）李鸿章修，黄彭年纂：《畿辅通志》，光绪十年刻本。
88. （清）李钧：《转漕日记》，《续修四库全书》本，上海古籍出版社，2002年。
89. （清）李梅宾等修，吴廷华等纂：《天津府志》，乾隆四年刻本。
90. （清）刘埥修，边中宝纂：《直隶遵化州志》，乾隆二十年刻本。
91. （清）刘锡信：《潞城考古录》，光绪五年刻本。
92. （清）沈家本修，徐宗亮纂：《重修天津府志》，光绪二十五年刻本。
93. （清）沈锐修，章过等纂：《蓟州志》，道光十一年刻本。
94. （清）孙承泽：《天府广记》（北京古籍丛书），北京古籍出版社，1984年。
95. （清）谈迁著，汪北平点校：《北游录》（清代史料笔记），中华书局，1960年。
96. （清）唐执玉、陈仪纂修：《畿辅通志》，雍正十三年刻本。
97. （清）完颜麟庆等：《河工器具图说（外一种）》，浙江人民美术出版社，2015年。
98. （清）王履泰撰：《畿辅安澜志》，《续修四库全书》本，上海古籍出版社，2002年。
99. （清）王庆云：《石渠余纪》（北京古籍丛书），北京古籍出版社，1985年。
100. （清）王守基：《盐法议略》（丛书集成初编），中华书局，1991年。
101. （清）吴邦庆：《畿辅河道水利丛书》，清道光四年刊本。
102. （清）吴长元辑：《宸垣识略》，北京古籍出版社，1983年。
103. （清）吴翀修：《武清县志》，乾隆七年刻本。
104. （清）吴存礼修，陆茂腾纂：《通州志》，康熙三十六年刻本。
105. （清）吴履福、缪荃孙纂：《昌平州志》，光绪十二年刻本。
106. （清）薛凤祚：《两河清汇》，台湾商务印书馆影印《四库全书》本。
107. （清）杨锡绂：《漕运则例》，清乾隆刻本。
108. （清）于敏中等编纂：《日下旧闻考》（北京古籍丛书），北京古籍出版社，1983年。

109. （清）允祹等奉敕纂修：（乾隆）《钦定大清会典则例》，台湾商务印书馆影印《四库全书》本。
110. （清）允祹等奉敕纂修：《大清会典》，乾隆二十九年武英殿刻本。
111. （清）载龄等修，福趾等纂：《钦定户部漕运全书》，《续修四库全书》本，上海古籍出版社，2002年。
112. （清）张金吾编纂：《金文最》，中华书局，1990年。
113. （清）张朝琮修，邬棠纂：《蓟州志》，康熙四十三年刻本。
114. （清）张茂节修，李开泰等纂：《大兴县志》，康熙二十四年刻本。
115. （清）张鹏翮：《治河全书》，天津古籍出版社，2007年。
116. （清）张廷玉等撰：《明史》，中华书局点校本，1976年。
117. （清）震钧：《天咫偶闻》，北京古籍出版社，1982年。
118. （清）周家楣、缪荃孙等编纂：《光绪顺天府志》，北京古籍出版社，1987年。
119. （清）朱奎扬、张志奇修，吴廷华纂：《天津县志》，民国十七年刻本。
120. （清）朱其诏、蒋廷皋纂，永定河文化博物馆整理：《续永定河志》，学苑出版社，2013年。
121. （清）朱之锡：《河防疏略》，《四库全书存目丛书》本，齐鲁书社，1996年。
122. 北宁铁路经济调查队编：《北宁铁路沿线经济调查报告》第六册，北宁铁路管理局，1937年。
123. 贾思绂纂修：《直隶省志初稿·水道篇》，《保定市图书馆藏稀见方志丛刊》第五册，国家图书馆出版社，2012年。
124. 金士坚修，徐白纂：《通县志要》，民国三十年铅印本。
125. 顺直水利委员编：《潮白河苏庄水闸之养护与管理》，民国二十一年铅印本。
126. 李芳等修，杨得馨等纂：《顺义县志》，台湾成文出版社，1968年。
127. 林传甲：《大中华京兆地理志》，民国八年武学书馆铅印本。
128. 王葆安等修，陈式湛等纂：《香河县志》，民国二十五年排印本。
129. 卓宣谋编纂：《京兆通县农工银行十年史》，大慈商店发行，民国十七年。

二、当代著作

1. 北京市通州区政协文史资料委员会编：《古韵通州》，文物出版社，2004年。
2. 北京市通州区文化委员会等编：《通州文物志》，文化艺术出版社，2006年。
3. 北京图书馆古籍出版编辑组：《漕运全书》（北京图书馆古籍珍本丛刊55史部政书类），据清抄本影印，书目文献出版社，1988年。

4. 卞僧慧：《天津史志研究文集》，天津古籍出版社，2011年。
5. 蔡蕃：《北京古运河和城市供水研究》，北京出版社，1987年。
6. 曹子西主编：《北京通史》第四卷，中国书店，1994年。
7. 常征、于德源：《中国运河史》，北京燕山出版社，1989年。
8. 陈璧显主编：《中国大运河史》，中华书局，2001年。
9. 陈桥驿主编：《中国运河开发史》，中华书局，2008年。
10. 董光和、齐希编：《中国稀见地方史料集成》（稀见地方史料丛书），学苑出版社，2010年。
11. 傅崇兰：《中国运河城市发展史》，四川人民出版社，1985年。
12. 郭涛著：《中国古代水利科学技术史》，中国建筑工业出版社，2013年。
13. 韩光辉：《北京历史人口地理》，北京大学出版社，1996年。
14. 韩茂莉：《辽金农业地理》，社会科学文献出版社，1999年。
15. 侯仁之：《侯仁之文集》（北京大学院士文库），北京大学出版社，1998年。
16. 霍亚贞主编：《北京自然地理》，北京师范学院出版社，1989年。
17. 李俊丽：《天津漕运研究（1368—1840）》，天津古籍出版社，2012年。
18. 李文治、江太新：《清代漕运》，社会科学文献出版社2008年。
19. 刘纬毅辑：《汉唐方志辑佚》，北京图书馆出版社，1997年。
20. 河北省地方志编纂委员会编：《河北省志》第三卷《自然地理志》，河北科学技术出版社，1993年。
21. 吴文涛：《北京水利史》，人民出版社，2013年。
22. 史念海：《中国的运河》，史学书局，1944年。
23. 水利部中国水利史研究室：《再续行水金鉴·永定河卷》，湖北人民出版社，2004年。
24. 孙冬虎、许辉：《北京交通史》，人民出版社，2012年。
25. 徐华鑫：《天津自然地理》，天津市地方史志编修委员会总编辑室出版，1988年。
26. 徐兆奎：《历史地理与地名研究》，海洋出版社，1993年。
27. 严耕望：《唐代交通图考》第五卷，台湾"中央研究院"历史语言研究所，1986年。
28. 姚汉源：《京杭运河史》，中国水利水电出版社，1998年。
29. 尹钧科：《北京古代交通》，北京出版社，2000年。
30. 尹钧科、吴文涛：《历史上的永定河与北京》，北京燕山出版社，2005年。
31. 于德源：《北京漕运和仓场》，同心出版社，2004年。
32. 岳国芳：《中国大运河》，山东友谊出版社，1989年。

33. 《中国河湖大典》编纂委员会编著:《中国河湖大典·海河卷》,中国水利水电出版社,2013年。
34. 中国水利学会水利史研究会、北京水利学会水利史研究会:《再续行水金鉴·永定河编》,中国书店,1991年。
35. 庄明辉:《大运河》,上海古籍出版社,1997年。
36. 周魁一:《中国科学技术史·水利卷》,科学出版社,2002年。

三、外国人著作

1. 〔韩〕林中基编:《燕行录全集》,东国大学出版社,2001年。
2. 〔美〕黄仁宇:《明代的漕运》,新星出版社,2005年。
3. 〔日〕中国驻屯军司令部编,侯振彤译:《二十世纪初的天津概况》,天津市地方史志编修委员会总编辑室出版,1986年。
4. 〔英〕亨利·埃利斯著,刘天路等译:《阿美士德使团出使中国日记》,商务印书馆,2013年。
5. 〔英〕斯当东著,叶笃义译:《英使谒见乾隆纪实》,群言出版社,2014年。
6. 〔英〕约翰·巴罗著,李国庆等译:《我看乾隆盛世》,北京图书馆出版社,2007年。

四、地图资料

1. 北京市文物局编:《北京文物地图集》,科学出版社,2009年。
2. 国家文物局主编:《中国文物地图集·天津分册》,中国大百科全书出版社,2002年。
3. 国家文物局主编:《中国文物地图集·河北分册》,文物出版社,2013年。
4. 李诚主编:《北京历史舆图集》,外文出版社,2005。
5. 侯仁之主编:《北京历史地图集》,北京出版社,1997年。
6. 谭其骧主编:《中国历史地图集》,中国地图出版社,1987年。
7. 天津市规划和国土资源局编著:《天津城市历史地图集》,天津古籍出版社,2004年。

后　　记

　　2006年,我因来北京物资学院工作,就搬到了通州。对于通州的认知,首先就是大运河,既然来到了通州,以后就与运河为伴了,心里头急切地想到运河边去看一看。学校位于京杭大运河的北端,向东走约1公里就是温榆河,沿温榆河再向南走约1公里多,就是北关二道闸,往下就是北运河了。

　　第一次去运河边的时候,望着宽阔的水面,心里就涌起了一种莫名的兴奋,这就是京杭大运河啊!家乡也有一条河,"我家就在岸上住",小时候常在河边嬉戏玩耍,直到我考上大学,才离开了家乡,离开了那条河。或许与河有缘吧,如今在通州工作,住在运河岸上,虽然没有听到"舶公的号子",也没有看到"船上的白帆",昔日漕运盛景不再,无法体会那种"不见潞河之舟楫,则不知帝都之壮也"的心理震撼感,但每次看到运河,总能想起家乡的河,心里会产生一种亲切感。人对于水的感情,也许来自于水对生命的滋润作用,也许是人类起源于海洋吧。

　　因为居住在运河岸边,并且由于专业的关系,我开始关注运河,有意识地收集漕运和运河治理方面的资料。再加上平时常骑着自行车沿运河岸边进行考察,于是对大运河逐渐熟悉起来。最初,我主要关注运河的漕运问题,随着研究的深入,发现影响漕运的深层次问题是运河的水利治理。有人说,中国历史就是一部水利发展史,研究中国史必须研究水利史,诚如斯言。在历史上漕运畅通与否,与运河河道的治理密切相关,漕运制度的制定与实施都是基于运河水利治理基础之上的结果。于是,我就开始专注于北运河河道治理的研究,几年时间下来,在运河水利治理研究方面多少有了一些学术积累。2013年我申报的"历史时期京津地区运河水道变迁"课题获得国家自然科学基金项目资助,有了科研保障,我在运河河道治理和变迁研究方面又获得了较大进展,本书就是这个项目资助成果的一部分。

看的书多了,跑的路也多了,对于运河的理解和感觉就越发不一样了。例如,今天通州北运河城市段有着宽达200多米的河道,这是适应人们对于运河壮观气势主观想象的结果。实际上,北运河在漕运时期河道并不十分宽阔,过宽的河道会导致水势散漫,无法满足漕船航行所需的河水深度。因此,北运河并不是波澜壮阔的,这其中隐藏着运河水利治理的高度智慧。从这一方面来说,北运河是朴实的,就如运河两岸淳朴的民众一样。北运河早已失去了漕运功能,看上去与任何一条普通的河流无异,但论其内在价值,却是中华民族的文化瑰宝。昔日漕运盛景已经成为一个伟大民族的集体记忆,古代改造和利用自然的民族智慧已经融入了民族血液之中。潞水奔腾不息,承载着中华民族不屈不挠和生生不息的奋进精神,扬泛着拥有千年漕运历史的文化波澜,不舍昼夜,流向未来。

特别感谢北京大学的韩光辉老师、岳升阳老师,北京社科院的尹钧科老师,衡阳师范学院的刘沛林老师,台湾青刊社地图工作室的黄清琦先生,商务印书馆的颜廷真先生。本书在写作中还得到了其他人的热忱帮助,无法一一列举,在此一并致谢!

陈喜波

2017年4月30日